사랑의
노동

사랑의
노동

가정, 병원, 시설,
　　임종의 침상 곁에서,
돌봄과 관계와
　　몸의 이야기

매들린 번팅

김승진 옮김

반비

이 책은 인간의 조건인 돌봄의 현장과 이론을 정확하게 아우른다. 저자는 사랑과 노동 사이의 오랜 논쟁을 '사랑의 노동'으로 설득하는 데 성공했다. 사회는 돌봄을 제공하지 않고 사람들은 오래 살게 되었다. 돌봄을 제공해왔던 가족 제도가 와해된 당대의 '대안'이 이 책에 있다.

우리가 삶이라는 강을 건너는 뱃사공이라면, 누구나 "자신의 손에 들렸던 노의 감각과 물살의 저항"을 잊지 못할 것이다. 리어왕, 나이팅게일, 존 버거까지…… 독서의 즐거움도 컸지만, 나는 내내 흐느꼈다. 사랑하는 이들에게 말하고 싶다. 치유와 기운을 얻길 원한다면, 꼭 읽기를 바란다.

— 정희진(여성학자, 이화여대 정책과학대학원 초빙교수)

질병은 맞서 싸워야 할 적으로, 노화는 가치 절하로, 장애는 실패로 은유하며 자본주의는 돌봄을 서비스로, 의료를 소비재로 전락시켰다. 자율성과 자유의지, 끊임없는 자기계발의 주문이 울려 퍼지는 이 시대는 돌봄이 필요한 존재들을 비가시화하고 불건강과 취약성을 돌보는 일들에 너무 적은 가치를 부여한다. 그 결과 지금 우리가 보고 있는 것은 의료와 돌봄 영역의 만성적인 저임금, 과잉노동, 인력 부족이라는 악순환의 고리다. (코로나19 팬데믹을 거치며 많은 의료인과 돌봄 인력이 이직하거나 번아웃을 호소하고 있는데, 이는 단순히 노동시간의 증가 때문만이 아니라 이들에게 동기와 자긍심을 부여하는 데 실패했기 때문이다.) 이 책은 '요람부터 무덤까지' 국가가 복지를 보장한다고 표방한 영국의 NHS 시스템이 신자유주의와 민영화로 어떻게 실패해가고 있는지, 그 안에서 여전히 헌신하고 있는 개인들이 돌봄의 가치를 되살리기 위해 어떤 변화를 모색해나가고 있는지를 탐구한다. 또한 NHS 일반의 진료실, 요양원, 호스피스, 장애아동 시민단체 등 다양한 공간에서 이뤄지는 실천을 지켜보고 고민한 여정을 담아낸다. 페미니즘은 돌봄노동의 젠더 불균형을 계속 이야기해왔지만 그 해답이 돌봄의 외주화·시장화로 그쳐서는 안 된다. 돌봄을 경험하고 베푸는 것이 인간성을 회복하는 일이라는 고전적이면서도 급진적인 주장은, 고령화로 인한 인구 절벽을 목전에 둔 우리 역시 새겨들어야 할 이야기다.

나를 돌봐온 존재들과 내가 돌볼 존재들을 계속 상기시키는 책. 그들에 대한 부채감이 아니라 인간성의 회복이라는 안도를 느끼게 해준다.

— 윤정원 (산부인과 전문의)

일러두기

1. [ ] 안의 내용은 이해를 돕기 위해 옮긴이가 넣은 것이다.
2. 원서에서 이탤릭으로 강조한 부분은 고딕으로 표시했다.
3. 본문에 언급된 단행본은 한국에서 번역 출간된 경우 국내에 소개된
   제목을 따랐다. 원제는 국내에 출간되지 않은 경우에만 병기했다.

차례

독자들에게

이 책의 교정지가 도착했을 때는 글로벌 코로나바이러스감염증-19COVID-19, 이하 코로나19 위기가 막 터진 시점이었다. 런던은 긴 사이렌 소리만 울릴 뿐 죽음 같은 정적 속으로 떨어졌다. 우리 집은 딸이 확진되어 격리 상태였고 우리 집 말고도 그런 집이 많았다. 내가 상상해본 어떤 상황도 훌쩍 뛰어넘는 방식으로, 덜컥 이 책의 주제가 모두에게 가장 긴요한 문제가 되었다.

글로벌 팬데믹의 그림자 속에서 우리 모두 우리의 신체가 얼마나 취약한지, 우리가 다른 이들의 돌봄에 얼마나 크게 의존하고 있는지, 돌봄 분야 종사자들과 우리 자신이 수행하는 돌봄 역할이 얼마나 귀한 것인지를 실로 극적이고도 갑작스럽게 절감했다. 지난 5년 동안 나는 '개인들의 삶 속에 파묻혀 있는 조용한 위기(15쪽)'를 취재했다. 그런데 2020년 3월에 돌연 정반대 상황이 펼쳐졌다. 돌봄의 위기가 우리의 일상과 세계 경제를 정신없이 뒤흔들다 멎어버리게 만든 것이다. 코로나19는 돌봄 영역이 만성적으로 겪고 있던 투자 부족과 가치 절하를 우리 앞에 극명하게 드러냈다. 코로나19의 초기 국면인 지금[2020년 3월] 영국에서는 가뜩이나 위태롭게 과부하가 걸려 있던 의료 및 사회적 돌봄 시스템이 무너질 것이고 그 결과

수만 명이 목숨을 잃을 수도 있다는 예상이 나오고 있다. 코로나19 상황이 더 진행되고 (바라건대) 지나가고 나면, 이러한 재앙을 예견하고 대비하지 못했던 정치 행정 시스템에 대대적인 문제 제기가 일게 될 것이다. 이는 분노를 촉발하기도 하겠지만, 우리 사회가 모든 인간의 후생well-being이 의존하고 있는 돌봄의 토대에 대해 새로이 가치를 인식하는 문화적 전환을 촉발할 수도 있을 것이다. 의료와 사회적 돌봄이 구성되는 방식과 그것에 자금이 투여되는 방식이 대거 변화할 수도 있을 것이다. 코로나19는 사람들(노숙인, 난민, 과밀한 수용시설의 수감자 등)을 주변화하면 팬데믹 피해가 한층 더 심각해진다는 사실을 잔인한 방식으로 상기시켰다. 인류 역사상 처음으로, 누구도 현재의 위기에서 안전을 장담할 수 없으며 이 점에서만큼은 모든 인간이 함께다. 비극은, 우리가 공동의 존재라는 사실을 알기 위해 재앙이 필요했다는 것이다.

팬데믹 동안의 정부 발표를 보면, 돌봄 서비스를 일컬을 때 '필수적essential[본질적]'이라는 단어가 반복적으로 사용된 것을 볼 수 있다. 수많은 방식으로 일상에 제약이 가해지는 경험을 하면서, 우리는 이 단어의 의미를 빠르게 깨닫고 있다. 삶에 복잡성, 자유, 기회, 풍요가 가득하던 부유한 나라의 많은 사람들에게 현재의 봉쇄 조치lockdown는 전적으로 낯선 경험이다. 갑자기 우리는 돌봄이 필수적인 것임을 깨달았고 돌봄에 접할 수 없게 되는 것이 가장 두려운 악몽이 되었다. 의사와 간호사가 있을까? 병상과 의료 장비가 있을까? 무서울 때 손을 잡아줄 사람이 있을까? 집에 격리되어 있는 사람들도 그에 못지않게 절박한 질문에 직면해 있다. 먹을 것을 가져다줄 사람이 있을까? 누구한테 약을 가져다 달라고 하지? 이 글을 쓰고 있는 지금, 다행히도 돌봄을 주고받는 네트워크들이 생겨나고 있다. 내 스마트폰에는 우리 동네 왓츠앱 그룹에서 오는 메시지 알림이 수시로 뜬다. 장 보는 것을 도와줄 수 있다거나 음식이나 약을 가져다줄 수 있다는 메시지들이다. 한편 코로나19는 우리를 겸손하게 만드는 또 하나의 진실도 명백히 드러냈다. 우리가 지위와 가치를 나타내준다고 믿었던 징표들이 얼마나 얄팍하고 찢어지기 쉬운 것이었는지, 그리고 청소 노동자, 슈퍼마켓 점원, 간병인 등 저임금 영역에 종사하는 노동자들이야말로 얼마나 필수적인지 말이다. 우리가 어찌어찌 먹을 것을 구할 수 있고 안전하게 있을 수 있다면, 즉 생명을 이어갈 수 있다면, 그들 덕분일 것이다.

이 책은 돌봄의 비非가시성과 가치 절하의 오랜 역사를 다루고 있다. 그런데 코로나19로 돌봄이 갑자기 무대 중앙에 올라왔다. 2008년 금융위기 이후 영국 여왕은 한탄하며 이렇게 질문했다. "이 위기가 오고 있음을 왜 아무도 알지 못했습니까?" 지금의 위기 이후에도 같은 질문에 답을 찾아야 할 것이고, 그러한 성찰의 과정에 내 취재가 도움이 되길 바란다. 지난 10년 동안 우리는 돌봄 시스템에서 살을 모조리 발라냈다. 공식적인 의료 및 사회적 돌봄 시스템만 앙상해진 것이 아니라 이웃도 그렇게 되어서, 사람들은 서로서로 도움을 청하고 베푸는 습관을 잃어버렸다. 그러는 와중에 의료 기술의 발달로 수명이 늘면서 취약한 건강 상태로 살아가는 사람의 비중이 높아졌다. 앙상해진 의료 및 돌봄 시스템의 위험성이 한층 더 커진 것이다. 코로나19는 바로 이 간극, 즉 돌봄에 대한 수요는 증가하는데 돌봄을 충분히 제공하기에는 너무나 부적절해진 시스템 사이의 간극을 파고들어 파열을 일으켰다.

팬데믹 이후 전 지구적인 논의가 이뤄지게 될 때, 이 책은 우리가 전에 간과했던 점들을 짚어보는 데서 나름의 역할을 할 수 있을 것이다. 이 책에서 나는 우리 사회가 새로이 가치를 인정해야 할 많은 요소, 행동, 사람 들이 드러나도록 불을 비춰 보이고자 했다. 가족으로서, 친구로서, 공동체로서, 도시로서, 국가로서, 또 인류로서 우리가 갖게 되는 상호의존성을 인정하고 그러한 의존성에 토대를 두는 '돌봄의 정치'가 새로이 생겨나고 있다. 지금의 상황이 너무나 무섭긴 하지만, 우리는 생명을 구하기 위해 전 지구적으로 놀라운 노력이 펼쳐지고 있는 것 또한 목격하고 있다. 여기에서 희망을 보아도 좋겠다. 모든 곳에서 사람들이 이 하나의 임무에 한마음으로 매진하고 있다. 퇴근도 잊고 일하는 의사, 환기시설을 만드는 엔지니어, 백신을 연구하는 과학자, 외출을 삼가며 집에 머물고 있는 수십억 명의 사람들 모두 말이다. 무엇이 중요한지를 우리는 다시금 깨닫는 중이다. 중요한 것은 생명과 그 생명을 지탱해주는 돌봄이다.

2020년 3월, 매들린 번팅

서문

서로에게 삶을 조금이나마 덜 고단하게 해주는 게 아니라면 우리
삶이 무슨 의미겠어요?

조지 엘리엇George Eliot, 『미들마치 *Middlemarch*』(1871)

우리 모두는 타인의 돌봄에 의해 형성된 존재다. 세상으로 우
리를 꺼내주는 조산사의 쪼글쪼글한 손에 닿던 순간부터 지
금 이 시점까지, 우리 각자의 삶은 우리의 발달과 후생을 보살
피고 지원해준 수많은 사람들 덕분에 지탱되어왔다. 앞으로도
우리는 많은 사람에게 돌봄을 받게 될 것이고 언젠가는 편안
함, 식사, 청결 등과 관련된 기본적인 필요를 전적으로 타인에
게 의존하게 될 것이다. 가까운 사람의 보살핌도 받겠지만 분
명히 상당 부분은 모르는 사람에게 의존하게 될 것이다. 돌봄
이슈에 관심을 가지지 않아도 되는 사람은 없다.

'돌봄care'이라는 짤막한 단어의 의미를 우리는 더 잘 이해
해야 한다. 돌봄을 제공하고자 하는 동기는 어디에서 오는지,
돌봄에 필요한 지식과 기술은 무엇인지, 우리는 더 잘 알아야
한다. 돌봄노동의 일부는 가정에서 이루어진다. 부모가 아이
를 돌보고, 형제자매가 서로를 돌보며, 정도의 차이는 있지만
자녀가 부모를 돌보기도 한다. 어떤 돌봄은 친구 사이의 우정,
연인 사이의 사랑, 이웃 사이의 유대 관계를 타고 이뤄진다. 한
편 수백만 명에게 돌봄은 일자리이기도 하다. 요양원, 진료소,

병동 등의 돌봄 종사자들은 정신없이 돌아가는 업무 속에서 빠르게 신뢰와 공감을 일구는 능력이 필수적이다.

돌봄은 몇몇 전문 직종에서도 핵심 요소이며, 그와 동시에 '비즈니스' 혹은 '산업'이라 일컬어지기도 한다. 뇌 수술처럼 사회적으로 매우 높은 권위를 지니는 분야도 있고, 친밀한 관계에서의 돌봄처럼 우리 삶에서 막대한 의미를 가지는 영역도 있다. 하지만 돌봄의 많은 부분은 삶을 편안하고 무사하게 유지해주는 일상적인 일들이며, 너무나 쉽게 당연시되고 우리의 시야에서 미끄러져 사라진다.

그렇더라도 대부분은 인생의 어느 시점에 돌봄을 제공하는 역할을 맡게 될 것이고, 특히 여성이라면 수개월 혹은 수년간 지난하고 지치는 돌봄노동에 관여하게 될 가능성이 크다. 돌봄 관계에는 의존성, 취약성, 친밀성, 위험, 분노, 충족감 등 쉽지 않은 이슈가 얽히고설킨다. 어떤 이들은 비교적 어린 나이에 이러한 삶의 교훈을 알게 된다. 영국에서 18세 미만 아동 중약 18만 명이 돌봄제공자다. 더 일반적으로는 육아를 통해 돌봄노동을 본격적으로 경험하며, 배우자나 친구의 질병, 부모의 노환 등을 통해 돌봄제공자 역할을 처음 경험하기도 한다. 오늘날 이러한 유형의 돌봄은 수십 년간 이어질 수도 있다. 매년 영국에서 210만 명의 성인이 노인 또는 장애인인 친인척을 돌보는 역할을 새로이 맡게 된다.(매년 비슷한 수가 노인 또는 장애인인 친인척을 돌보는 일에서 벗어난다.) 영국 성인 인구 8명 중 1명(약 650만 명)이 노인 또는 장기 질환자를 돌보고 있는 것으로 추산되며, 향후 20년 사이 [2037년까지] 이 숫자는 40

퍼센트나 늘어날 것으로 보인다.[1]

보수가 있는 경우와 무보수인 경우 모두에서 돌봄노동의 방대한 부분이 여전히 여성의 몫이다. 내가 살아온 기간 내내 (나는 1964년생이다.) 여성들은 자신의 삶을 규정하는 고정관념에 도전하면서 가정 밖에서 일할 권리, 커리어를 추구할 권리, 재정적 독립성을 가질 권리를 주장해왔다. 그렇지만 돌봄은 여전히 여성의 일로 여겨진다. 육아와 가사노동 부담도 여성이 더 많이 지고 있고 부모와 배우자를 돌보는 사람도 압도적으로 여성이 많다. 수명이 길어지면서 50대와 60대[50~64세] 여성 4명 중 1명이 돌봄제공자 역할을 맡고 있으며, 이 숫자는 빠르게 증가하고 있다.[2] 여성은 59세 시점까지 반반의 확률로 노인이나 아픈 사람을 간병하고 있거나 간병해본 적이 있게 된다.[남성은 반반의 확률로 그렇게 되는 시점이 75세다.] 그와 동시에 상당수는 아직 10대인 자녀를 키우고 있으며 55세 이상인 여성 절반 가까이가 손주를 정기적으로 돌보고 있다. 삶의 중반에 해당하는 이 시기는 노년에 접어든 부모의 취약성이 커져가는 것을 절감하는 시기인 동시에 아직 어리거나 갓 성인이 된 자녀의 필요도 여전히 챙겨야 하는 시기다. 여성에게 중년은 생애 중 가장 강도 높은 돌봄노동의 시기가 될 수도 있다. 이 책을 쓰는 동안 나 역시 절감했듯이, '샌드위치 케어러 sandwich carer'라는 표현은 차로 몇 시간씩 오가며 족히 70년은 차이 나는 위아래의 두 세대에게 돌봄을 제공해야 하는 부담의 고통을 충분히 전달하지 못한다. 그리고 이 모든 돌봄노동을 제공하고 나서, 여성은 남성보다 수명이 길기 때문에 말년에 자신을 돌봐줄 배우자 없이 홀로 남게 된다.

　돌봄노동의 성별화된 패턴은 가정뿐 아니라 노동시장에서도 명확하다. 간호사(89퍼센트가 여성), 사회복지사(75퍼센트), 아동돌봄 종사자(98퍼센트) 등 돌봄 관련 직군에는 여성이 압도적으로 많다.[3] 이제는 일반의General Practitioner(54퍼센트)도 여성 비중이 더 많아지고 있으며, 교사는 4명 중 3명이 여성이다. 또한 여성은 질병, 장애, 노년기의 건강 악화 등으로 장기적인 수발이 필요한 노인에게 돌봄을 제공하는 사회적 돌봄 종사자(82퍼센트)와 영국 국민보건서비스NHS의 의료 보조 종사자(80퍼센트)의 다수를 차지한다. 최근 몇십 년 동안 여성의 삶이 많이 달라졌는데도 이 비중은 거의 변하지 않았고 어떤 분야는 여성 비중이 더 높아졌다. 일반의 중 여성 비중은 2007년에서 2017년 사이 12퍼센트 포인트나 증가했다.[4] 남성도 아빠로서, 간호사로서, 의사로서, 또 그 밖의 여러 위치에서 돌봄제공자로 중요한 역할을 하지만 성별 불균등이 지속되고 있다는 사실이 달라지지는 않았다. 돌봄은 가정과 일터 모두에서 여성의 삶을 근본적으로 규정한다는 점에서 가장 중요한 페미니즘 이슈다.

　돌봄노동의 방대한 규모에도 불구하고, 우리 사회에는 그것이 보이지 않게 만드는 문화적 가림막이 존재한다. 인간의 후생을 지탱해주는 노동의 가치를 한사코 인정하지 않는 뿌리 깊은 문화가 존재하는 것이다. 돌봄의 중요성, 돌봄노동의 정도, 돌봄노동에 필요한 복잡하고 섬세한 기술 등 가려져 있는 방대한 돌봄의 직조와 연결망을 가시적으로 드러내는 것이 이 책의 목표다. 우리 사회는 돌봄경제에 시간, 돈, 가치를 투자하지 않으며, 돌봄의 관계에 흐르고 있는 시간, 관심, 공감, 존중, 신뢰, 존엄, 호혜, 연대를 인식하지 않는다. 또한 우리 사회는 양질의 돌봄이 충분한 보상과 좋은 노동조건, 적절한 자금 지원, 효과적인 조직 관리, 문화적인 인정과 같은 더 큰 맥락에 달려 있다는 사실도 인정하지 않는다. 지겹도록 신화화되는 것과 달리, 돌봄은 성인이나 천사나 영웅의 일이 아니다.

우리는 오래전부터 이어져온 경향과 현재의 정치가 충돌해 위기를 촉발한 국면에 도달했다. 경악스러운 요양원의 실태나 정신질환 돌봄 시스템의 붕괴 등을 드러내는 사건이 언론을 장식하면, 돌봄의 위기 중 일부 측면이 정치의 장에 등장하고 조사위원회와 청문회가 구성되어 분별 있는 정책안이 제시되곤 한다. 하지만 공분이 일었다가 무관심해지기를 반복하는 순환 고리 속에서, 말은 무성히 쌓이되 실효성 있는 행동으로는 이어지지 못한다. 이러한 상황에서 당장 자신이 보살피는 사람들에게 닥치는 영향을 어떻게든 줄이기 위해 개인의 신체적, 정서적 자원을 소진해가며 위기의 여파를 알아서 메우도록 내맡겨지고 있는 사람들은 (가정에서도, 돌봄 시스템에서도) 종종 여성이다.

'미투 운동'을 촉발한 에너지와 관심의 몇 분의 1에 해당하는 만큼이라도 우리 사회가 돌봄의 결핍을 드러내고 문제 제기하는 데 기울여준다면 얼마나 좋을까. 돌봄은 대중의 관심을 얻는 데 너무나 고전하고 있으며 비가시성과 현실 안주의 오랜 역사 속에서 크게 훼손되어왔다. 영국에서 긴축이라는 이름으로 이뤄진 예산 삭감은 가뜩이나 불충분하던 서비스를 한층 더 줄였고, 한 세대 이상 지속된 만성적인 저투자는 충격적인 사건이라도 터져야 그나마 사람들에게 알려진다. 모든 돌봄 관계에는 리스크와 의존성의 개념이 깔려 있기 마련이라서 돌봄이라는 주제는 사람들에게 본능적으로 두려움을 일으킨다. 하지만 경악스러운 사건과 뒤이은 공분은 더 많은 규제와 감독으로만 이어질 뿐 돌봄 종사자들의 업무 부담을 완화하고 교육 훈련을 향상하는 데 꼭 필요한 자금 지원의 증가로는 거의 이어지지 않는다. 이러한 저투자의 대가는 생명을 잃는 것이며 돌봄을 제공하는 쪽과 필요로 하는 쪽 모두에서 수백만 명이 이루 말할 수 없는 고통과 압박을 겪는 것이다. 개인들의 삶 속에 조용한 위기가 파묻혀 있다. 그리고 이 위기로 겪는 피해는 종종 개인의 문제로 여겨진다.

돌봄에는 많은 요소가 필요하다. 전문 지식과 기술도 있어야 할 것이고 통찰력, 창조력, 공감 능력도 발휘해야 할 것이다. 하지만 이에 못지않게 중요한 것은 일상적이고 되풀이되는 일과들이다. 수학자이자 간호학 교수인 앨리슨 리어리Alison Leary 는 돌봄이란 복잡계 이론으로만 이해될 수 있다고 말했다. 너무나 많은 변수가 관여되어 있고 그 변수들 사이의 관계 또한 너무나 복잡하기 때문이다. "그것은 깔끔한 범주로 말하는 것이 불가능합니다. 돌봄은 언제나 상황적이고 맥락적이기 때문에 다양하고 다층적인 의미를 가질 수밖에 없거든요." 커피를 마시면서 이야기하던 리어리는 내 미간이 점점 더 찡그려지는 것을 보고 웃었다. 나는 돌봄이 무엇인지 알아보고 분석하기 위해 취재에 착수했다가 다양한 의미의 거대한 제국을 맞닥뜨린 터였다. 종종 돌봄과 관련된 언어는 사람들이 나에게 설명하고자 하는 바를 제대로 담지 못해서 그 무게에 짓눌려 무너지는 것 같았다. 한 가지 이유는 돌봄의 너무나 많은 부분이 암묵적 지식에 기반한다는 점일 것이다. 돌봄은 마음과 촉감으로 느끼는 것이지 말로 설명되는 것이 아니다. 또 하나의 어려움은 돌봄의 언어가 너무 닳아서 의미가 텅 비어버렸다는 데 있다. 나는 이 책 각 장의 말미에 돌봄과 밀접하게 관련된 단어를 하나씩 제시하고 그것의 어원과 의미를 밝힘으로써 우리가 돌봄을 이해하는 방식을 틀 지은 문화적 가정들을 들여다볼 열쇠 구멍을 찾아보고자 했다. 한편 최근 몇십 년 사이에 돌봄은 상업적, 소비주의적, 그리고 경영관리적인 새 어휘의 쓰나미에 파묻혔는데, 정작 중요한 돌봄의 본질을 이러한 어휘들이 위협하고 있다. 오늘날 돌봄은 '산업'이라든가 '비즈니스 영역'이라고 일컬어지지만, 돌봄의 뿌리는 연대와 윤리다. 12시간 내리 이어지는 근무시간 동안 병동에서 환자를 씻기고 병상을 갈고 환자에게 밥을 먹이는 저임금 의료보조사healthcare assistant는 수세기 동안 확립되고 이어져온 윤리, 정치, 경제, 그리고 종교적 이상의 산물이다.

나는 영국 곳곳에서 타인에게 돌봄을 제공하는 사람들을 취재했다. 회의에도 들어가보고 사람들이 일하는 동안 따라다니며 참관하기도 했다. 나는 보고 들었다. 생각했던 것보다 접근이 쉽지는 않았다. 외부인의 조사와 감시는 혹독하기 쉬워서 많은 곳이 외부인에게 내부를 드러내기를 꺼렸다. 이 프로젝트의 중요성을 이해해주고 위험을 기꺼이 감수해준 이들에게 감사드린다. 접근을 허락받은 대신 익명성을 반드시 보장해야 했고, 따라서 이름 등 세부 사항의 표기를 조금씩 바꾸었다. 누구인지 특정되지 않게 하느라 돌봄이 인간관계의 지리적인 측면에 놓여 있다는 점은 이 책에서 온전하게 드러낼 수 없었다. 우리의 삶이 온라인으로 많이 옮겨 갔고 스마트 기기 화면이나 [아마존의 인공지능] '알렉사'를 통해 필요한 것들을 즉각 불러올 수 있게 되었지만, 돌봄은 여전히 오프라인 활동이다. 목욕시키기, 식사시키기, 청소하기, 정리 정돈하기, 손 잡아주기, 지켜보기 등 너무나 많은 면에서 물리적으로 대상자의 곁에 존재해야 하기 때문이다. 물리적 근접성이 돌봄에 결정적인 요소가 되기도 한다. 들러볼 수 있을 정도로 가까운 곳에 누가 사는가, 먹을 것을 가져다주거나 말벗이 되어줄 만한 사람이 가까이에 있는가와 같은 점이 결정적일 수 있는 것이다. 영국의 경우, 돌봄에 대한 접근성은 지역별 편차가 크다. 가령 노인 인구가 많은 농촌이나 해안 마을에서는 돌봄 격차의 문제가 특히 더 절박할 수 있다. 익숙하지 않은 동네에서 어린아이를 키우는 싱글맘의 경우도 그럴 것이다. 돌봄은 온전히 개인에게만 맡겨지는 일일 수 없다. 가까이 사는 누구를 누가 아는가, 그들이 어떻게 만나는가, 그들이 어떤 관계를 발달시켜가는가 등이 만드는 연결망에서 이뤄지기 때문이다. 그런데 지난 수십 년 사이 지리적인 이동성이 높아지면서 과거 돌봄의 제공에 필수적이었던 공동체 네트워크가 잠식되어왔다.

돌봄이라는 주제에 뛰어든 것은 내게 개인적인 숙고와 발견의 여정이기도 했다. 나는 다른 어느 책보다 이 책을 강도 높고 밀도 있게 '살았다'. 나는 쓰고 있는 것들을 실제로 하고 있었고 취재와 돌봄 사이를 정신없이 왔다 갔다 했다. 이 책 작업에 임할 때 엄마로서, 딸로서, 친구로서, 언니로서, 또 짧은 기간이나마 자원봉사자로서 경험했던 바를 가져왔고, 앞으로도 여러 계기를 통해 돌봄을 더 알아가게 될 것이다. 하지만 돌봄이 내직업이었던 적은 없었다. 이 책을 위해 만난 모든 취재원에게 나는 잘 모르는 세계를 들여다보려 애쓰는 외부인이었다. 나는 질문했고, 너무도 폭넓고 다양한, 그리고 진심 어린 대답들을 들었다.

나는 돌봄이 성별로 패턴화되지 않아야 한다는 것을 알게 되었고, 돌봄이 '머리 대 가슴', '적극성 대 소극성', '숙련 대 미숙련' 같은 거짓 이분법으로 쉽게 짓뭉개질 수 있다는 것을 알게 되었다. 좋은 돌봄은 기술인 만큼이나 예술이며, 요령인 만큼이나 전문적인 역량이다. 매우 고학력인 의사 못지않게, 학력이 높지 않은 저임금의 방문 간병인도 돌봄 역량 발달에 기여할 수 있다. 또한 나는 돌봄이 결코 표준화될 수 없다는 사실도 알게 되었다. 이것은 현재 돌봄이 처한 위기의 일부이기도 하다. 누군가를 돌보는 과정에는 예측 불가하고 자연발생적인 면들, 그리고 지극히 개인적인 면들이 가득하다. 나는 이야기를 듣거나 회의실 뒤에 앉아 참관하다가 눈시울이 뜨거워지는 경험을 여러 번 했으며, 내게 이야기하다가 감정이 북받친 사람들을 기다려주기 위해 질문을 멈춰야 했던 적도 많았다. 돌봄은 종종 반복적이고 일상적이지만, 아주 작고 구체적인 부분에서 예기치 못했던 커다란 의미를 찾을 수도 있다. 돌봄을 제공하는 사람과 받는 사람 모두에게 삶의 의미와 존엄을 만들어주는 날것의 재료를 발견할 수 있는 것이다. 이 취재는 상상했던 것보다도 훨씬 더 나를 겸손해지게 만들었다. 그리고 사회가 매우 수완 있게 우리의 시야 밖으로 밀어내온 사안들을 정면으로 마주하면서, 나는 내 취재가 중요하다고 느꼈다.

앞으로를 내다보면서 나는 내 딸과 아들이 무엇을 알아야 할지 생각해본다. 그들 앞에 기다리고 있을 고통스럽고 놀라운 일들에 대해 어떻게 미리 경고해줄 수 있을지, 그리고 바라건대 어떻게 아이들이 그에 대비하게 할 수 있을지 생각해본다. 또 돌봄이 가져다줄 어떤 풍성한 보상이 아이들에게 동기를 부여해줄지도 생각해본다. 돌봄에 대해 내 나름으로 내려본 다음과 같은 정의를 알려주는 것으로 시작할 수 있지 않을까? 나는 돌봄이 취약성, 의존성, 고통을 다루는 다양한 인간관계에서 유통되는 흐름이라고 생각한다. 각각 매우 다른 방식으로 이뤄지지만 모든 돌봄은 취약성, 의존성, 고통을 다룬다. 얼마나 직면하기 싫든지 간에, 이 세 가지는 우리가 살아가면서 겪게 될 경험을 구성한다. 누구나 자신의 문화에 돌봄의 전통을 육성해야 할 이유가 있다. 모두의 삶이 그것에 의존하게 될 것이기 때문이다. 그리고 우리가 알 수 있는 범위를 넘어서는 아주 많은 방식으로 우리의 삶은 이미 돌봄의 문화에 의존하고 있다.

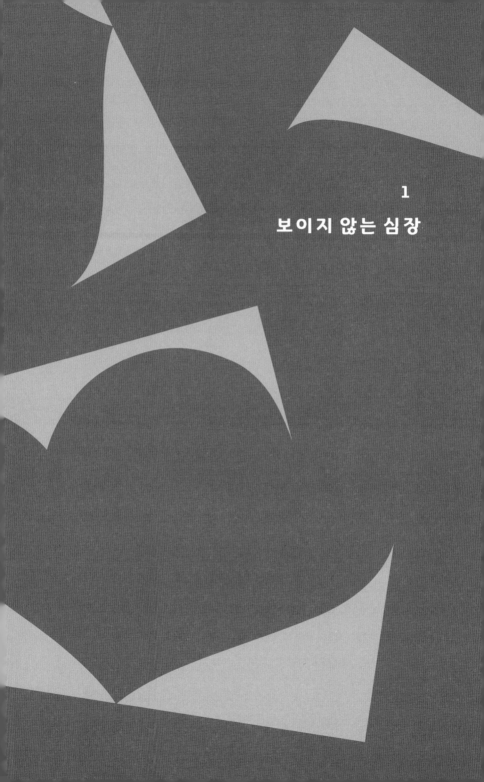

1

보이지 않는 심장

오로지 그것에 대해 말함으로써만 우리는 세상과 우리 자신에게서
벌어지고 있는 일들을 인간적으로 만들 수 있다. 그리고 그것에 대해
말하는 과정에서 우리는 인간으로서 존재하는 법을 배운다.

한나 아렌트Hannah Arendt, 『어두운 시대의 사람들Men in Dark Times』(1968)

맑고 쌀쌀한 어느 가을날, 햇빛이 마지막 나뭇잎들을 비추는
가운데 공원에서 한 무리의 어린아이들이 걸어가는 것이 보였
다. 만 세 살 정도 되어 보였고 세어보니 모두 여덟 명이었다.
눈에 잘 띄는 초록색의 펑퍼짐한 조끼를 입은 아이들을 교사
두 명이 인솔하고 있었다. 아이들은 둘씩 손을 잡고 촘촘히 줄
지어 걸어갔다. 더 자세히 보니 아이들은 옆, 그리고 앞뒤 아이
들과 끈으로 손목을 묶고 있었다. 한 명이 넘어지면 와르르 넘
어질 수 있으니, 인솔 교사는 아이들이 멈추지 않고 계속 앞으
로 이동하도록 이끌어야 했다. 맨 앞의 아이는 이 표지판에서
동그라미, 저 표지판에서 네모를 발견해 신나게 외치며 도형
알아보는 능력을 뽐냈다. 아이들은 좁게 붙어 걸어가느라 떠
밀리고 부딪히면서 친구 발에 걸려 넘어질까 봐 긴장한 채 총
총히 이동했다.

우리 동네 공원에서 흔히 볼 수 있는 이런 모습은 마음을 매
우 불편하게 한다. 그 또래 아이들은 돌아다니다가 멈췄다가
뒤로 갔다가 뱅뱅 돌았다가 하면서 탐험하고 실험해보고 싶어

한다. 내가 본 광경은 가장 군대식의 (말 그대로 오와 열을 맞춘) 아동 돌봄 형태일 것이다. 놀이의 본질인 자유롭고 즉흥적이고 자발적인 모습이라기보다 수감 상태와 더 비슷해 보였다. 우리는 무엇을 잊고 있는 것일까? 어쩌다가 아이들의 손목을 서로서로 묶어두는 것이, 혹은 어른 한 명이 유아 네 명을 맡는 것이 용인 가능한 돌봄의 형태가 되었을까?

응급 상황이 발생해 다른 사람의 돌봄에 갑자기 의존해야 할 때 우리는 돌봄의 질을 체감하게 된다. 불안한 순간에 응급 구조사의 부드러운 유머나 간호사의 세심한 보살핌, 혹은 의사의 친절함은 매우 소중하게 여겨질 것이다. 반면 그러한 유머나 세심함이나 친절함이 없을 때, 의료진이 과다한 업무에 지쳤거나 바빠서 참을성이 없을 때, 아니면 아예 의료진을 만날 수도 없을 때, 우리는 우리가 의존하고 있는 돌봄의 구조가 너덜너덜하게 해져 있다고 느끼게 된다. 돌봄은 우리 삶의 아주 많은 면을 떠받치고 있어서 그것이 발현되는 맥락과 양태도 굉장히 다양하기 때문에, 아동 돌봄, 환자 돌봄, 노인 돌봄 등의 공통점을 인식하기가 쉽지 않다. 하지만 그 공통점에 주목하면 돌봄이 인간의 번영에 해로운, 그러면서도 잘 인식하기 어려운 무언가로 달라지고 있다는 사실을 깨닫게 된다. 서로서로 손목을 묶고 촘촘히 붙어서 공원을 걸어가던 아이들의 모습만큼이나 불편하고 서늘한 광경을 우리집 근처 버스정류장 가는 길에 있는 요양원에서도 볼 수 있다. 그 앞을 천 번은 지나갔을 텐데도 요양원 마당에 사람이 있는 것도, 창문이 열려 있거나 햇빛이 들어오도록 두꺼운 망사 커튼이 젖혀져 있는 것도

본 적이 없다. 이 요양원은 영국 전역에 있는 수많은 요양원과 마찬가지로 분리된 세계다. 이 비밀스럽고 내향적인 세계에서 노인들은 그저 앉아서 하염없이 기다린다.

돌봄의 위기는 극적인 사회변화에 직면한 문화의 위기이자 정치의 위기이며 윤리의 위기다. 오래도록 돌봄의 가치와 중요성을 폄하해온 뿌리 깊은 편견이 21세기의 현실과 충돌하고 있다. 돌봄의 위기에는 두 가지 차원이 있다. 첫째는 돌봄에 접근할 수 없거나 접근성의 격차가 벌어지는 것이고, 둘째는 돌봄의 질이 심각하게 훼손되는 것이다. 나는 가정, 병원, 일반의 진료소, 돌봄 관련 단체, 요양원, 호스피스 병동 등을 방문해 사람들을 만났고, 업무 중간중간 짬이 날 때, 또는 직원 휴게실이나 어수선한 사무실에서 샌드위치로 식사를 때우면서 그들이 해준 이야기에서 공통된 주제를 포착할 수 있었다. 우선 몇 가지 두드러진 요인이 결합해 돌봄에 대한 수요가 크게 증가하고 있다. 잘 알려진 원인 하나는 인구학적 변화다. 2001년에서 2015년까지 85세 이상 인구는 38퍼센트나 증가했고,[1] 2016년에서 2041년 사이 이 인구는 두 배가 될 것으로 보인다.[2] 길어진 수명 중 평균적으로 마지막 6년은 매우 취약해진 신체를 가지고 여러 종류의 약을 상시 복용하면서, 또한 복잡한 진료와 치료를 받으러 병원을 들락거리면서 보내야 한다. 여기에 더해 대개는 먹고, 씻고, 용변 보는 것을 돕는 전통적인 종류의 돌봄도 필요하다. 2018년 의학 학술지 《랜싯 The Lancet》에 실린 논문에 따르면 2035년까지 85세 이상 인구 중 24시간 돌봄이 필요한 사람이 두 배가 될 것으로 보인다.[3] 그런데 이렇게 전례 없는 도전에 직면한 우리 사회가 제도, 정책, 재원 등의 면에서 지속적으로 유지 가능한 돌봄 구조를 만들고 있다는 증거는 찾아볼 수 없다.

'노인을 누가 돌보는가'의 문제는 두 가지의 강력한 사회적 기대 사이에 끼어 있다. 한편으로는 가정이 이 필요를 충족해야 하며, 다른 한편으로는 일찍이 '요람에서 무덤까지'라는 역사적으로 중요한 야심을 표방한 바 있는 국가가 복지제도를 통해 이 책임을 맡아야 한다. 하지만 사실 평균적인 가정이나 국가 모두 이런 종류의 돌봄을 수행할 것이라고 기대된 적이 없다. 국가가 제공하는 연금이 처음으로 법제화된 1908년에 기대수명은 남성 47세, 여성 50세였다. 19세기 소설에는 연로한 부모를 돌보는 사랑스러운 딸의 낭만적인 이미지가 종종 등장하지만 현실에서 이런 경우는 매우 예외적이었다. 많은 여성이 출산 도중 숨졌기 때문이다. 옛 조사 자료들을 보면, 영국에서 한 가구에 위아래로 3대 이상이 사는 경우는 매우 드물었다.[4] '방 한편에 계시는 할머니'는 신화다. 많은 가정이 노인을 집에서 부양할 수 없었거나 부양하지 않았고, 원래는 게으른 부랑자를 수용할 목적으로 지어졌던 19세기의 참혹한 구빈원이 비극적이게도 노인들로 가득 찼다. 게다가 복지제도가 생긴 뒤에도 노인에 대한 돌봄이 곧장 개선되지는 않았다. 일례로 1960년대와 1970년대에 정신질환이 있는 노인을 과밀하게 수용한 이른바 '뒷병동back wards'에서 환자들을 가혹하게 다룬 실태가 폭로되어 대중의 공분이 일었다. 그리고 오늘날에는 [사회적 돌봄 시스템의 부족으로] 노인들이 병원 입퇴원을 반복하는 사이클에 끼이게 되면서 우리 사회는 또다시 돌봄의 수요와 공급 간 불일치가 일으키는 위험에 처해 있다.

노인 돌봄은 가정에 막대한 부담을 주는데, 그 부담의 상당 부분은 본인 역시 노인인 배우자가 진다. 잉글랜드와 웨일스의 65세 이상 인구 중 130만 명이 돌봄제공자이며, 이 숫자는 빠르게 증가하고 있다.[5] 전형적으로는 아내가 남편을 돌보지만 반대의 경우도 있다. 75~84세에서는 돌봄제공자의 남녀 비중이 거의 비슷해지고 85세 이상에서는 돌봄제공자의 41퍼센트가 여성, 59퍼센트가 남성으로, 남성이 더 많아진다. 배우자 다음으로 돌봄제공자 대열에 서 있는 사람은 노인인 부모를 돌보는 50, 60대 자녀로, 이들의 수는 급격히 증가하고 있다. 2001년에서 2015년 사이 이 연령대 중 돌봄제공자 수가 16.5 퍼센트 증가했다. 같은 기간 이들이 돌봄에 쓰는 시간도 증가했다. 이들 중 주당 50시간 이상 돌봄을 제공하는 사람은 33퍼센트, 20~49시간 돌봄을 제공하는 사람은 43퍼센트 늘었다. 이 연령대 돌봄제공자의 3분의 1이 돌봄 일에 주당 100시간 이상을 쓴다는 연구 결과도 있는데,[6] 이들은 절박하게 지원이 필요하다. 노인인 부모를 돌보는 부담도 주로 여성이 진다. 노동시장에 있는 50, 60대 여성 4명 중 1명은 가정에서 비공식 돌봄노동도 제공한다. 이는 동일한 연령대 남성의 경우보다 두 배 높은 비중이다.[7] 또한 50, 60대 여성의 상당수는 여러 겹의 돌봄 역할을 맡는다. 이 연령대 여성들은 중년 이후 시기에 오랫동안 부모를, 그다음에는 배우자를 돌보아야 하는 상황에 직면하는데, 이전 세대에게는 드물었던 일이다. 가족 중 누군가를 돌보기 위해 직장을 그만두어야 했던 여성이 170만 명에 달하는 것으로 추산되는데, 본인이 돌봄을 맡지 않는 다른 방법은 너무 비싸거나 돌봄의 질이 너무 나쁘리라고 생각해서인 경우가 많다.

　돌봄 수요를 증가시키는 또 다른 요인은 장기 질환자의 증가다. 영국에서 장기 질환자는 2001년에서 2015년 사이 16퍼센트나 늘어서 현재 1200만 명에 달한다.[8] 암, 뇌졸중 등 중대 질병의 생존 확률은 높아졌지만 당뇨나 치매 같은 질환이 급격히 증가했다. 이에 더해, 병원들이 환자를 빨리 퇴원시켜야 한다는 압력을 받다 보니 회복기 환자를 돌보는 임무가 가족에게 떠넘겨진다. 코티지 병원[소규모 병원]은 이제 거의 사라졌다. 장애가 있는 사람들이 더 오래 살게 되었고 물론 이것은 의학의 놀라운 성취이며 환영할 일이지만, 더 길어진 삶을 어떻게 지원할지, 그들이 그 삶을 어떻게 누리게 할지에는 그만한 관심이 주어지지 않았다. 회복기 환자, 장기 질환자, 장애인 모두 한때는 의료 전문가가 있는 기관에서 돌봄의 많은 부분을 담당했지만 이제는 가족에게 의존하고 있다. 그런데 설상가상으로 가족 구조가 달라졌다. 늘어나고 있는 '빈폴 가족beanpole family[세대 내에서 형제자매가 적어 삼촌, 이모 등 옆으로 퍼지지는 않고 고령화로 위아래로만 여러 세대에 걸쳐 길게 늘어진 구조의 가족 형태]'은 여러 세대에 걸쳐 있는데 구성원들이 지리적으로 떨어져 사는 경우가 많다. 사회과학자 데이비드 핼펀David Halpern은 "그 결과 위험이 훨씬 더 집중되고 그 파괴력이 잠재적으로 더 커진다."라고 설명했다. "대가족이 함께

사는 경우에는 가족 중 누가 아파도 부담이 분산될 수 있지만 가족 구성원이 서너 명뿐이면, 혹은 심지어 한 명뿐이면 재앙에 맞먹는 거대한 부담이 될 수 있다."[9]

역사적으로 가정 내 돌봄은 으레 여성의 역할로 여겨졌으며 이 강력하고 끈질긴 가정은 지금까지도 이어지고 있다. 그런데 이것은 21세기 영국의 부인할 수 없는 사실 하나와 정면으로 충돌한다. [2017년, 25~54세 인구 중] 여성의 고용률이 역대 최고인 78퍼센트에 달했다는 사실이다.[10] 전에는 집에서 노인이나 환자를 돌보는 일에 투입될 수 있었던 여성들이 이제는 밖에서 일을 하고 있다. 고용주는 상대적으로 저렴하고 유연한 노동력으로서 여성을 환영했고, 가정 밖의 일은 대부분의 여성에게 재정적인 독립과 지위, 그리고 가정에 고립되는 데서 벗어날 기회를 얻기 위해 힘들게 싸워 거둔 성과였다. 지난 20년 사이, 미취학 아동이 있는 엄마 중 유급노동에 종사하는 사람의 비중은 절반 이하에서 약 3분의 2로 증가했다. 좌우파를 막론하고 모든 정부가 여성이 일자리를 잡아서 가계소득을 높이도록 독려했고, 또한 이를 통해 편모 가정의 국가 의존도를 줄이고자 했다. 하지만 여성의 고용을 독려한 만큼의 열정이 돌봄에 대한 투자에는 적용되지 못했고, 여성들은 '퇴근 후 또 한 차례의 근무'를 하도록 내몰렸다. 바깥일을 마치고 집에 돌아오면 돌봄노동이 시작되는 것이다.

아동 돌봄에서 국가는 놀랍도록 미온적인 태도를 보여왔다. 몇 차례 땜질식 조치만 있은 뒤, 1998년에야 4세 아동에게 겨우 주당 12.5시간의 무료 돌봄을 제공하는 프로그램에 자금이 지원되었는데, 형식적인 제스처에 지나지 않았다. 그리고 거의 20년이 더 지난 2017년이 되어서야 정부는 3, 4세 아동에게 30시간의 무료 돌봄을 제공하기로 했다. 3세 미만 아동을 돌보는 비용은 여전히 영국이 유럽에서 가장 비싸서, 가구 가처분소득의 40퍼센트를 차지한다. 운 좋게 조부모가 가까이 사는 경우, 조부모는 너무나 소중한 구명줄이다. 900만 명의 조부모가 일주일에 평균 8시간의 돌봄을 제공한다.[11] 네 가구 중 하나는 조부모 노동력에 의존하며, 이렇게 해서 절약되는 가계지출이 연간 160억 파운드[약 25조 원]가량으로 추산된다. 1940년대에 복지제도를 설계한 윌리엄 베버리지William Beveridge도 '요람을 흔드는 일'은 계속 여성들이 담당할 것이라고 가정했고 그 이후의 많은 정치인도 마찬가지였다. 그 결과 만성적인 자금 부족에 시달리는 임시방편적인 아동 돌봄 시스템이 생겨났고, 이는 돌봄의 질을 훼손하는 결과로 이어졌다. 여기에 오늘날 돌봄이 처한 위기의 또 한 가지 측면이 있다.

바깥일과 집안일을 저글링하면서 방과후클럽이나 아침식사클럽[학과 외 시간에 돌봄이 필요한 맞벌이 부모 등의 아동에게 학교 공간을 활용해 제공되는 돌봄 프로그램]이 있는지 알아내야 하는 부모들, 그리고 낮 시간 동안 부모가 없는 채로 동생들을 돌봐야 하는 열쇠 아동들[집 열쇠를 가지고 다니는 맞벌이 부모의 아이들]이 겪는 어려움은 영국 가정의 흔한 일상이 되었다. 그런데 이런 상황에서는 가령 독감에 걸리거나 병원 갈 일이 생기는 등의 작은 변수만 발생해도 가정생활이 통째로 흔들릴 수 있다. 가정생활이 마치 '적시공급just-in-time' 모델(유통업체나 제조업체에서 재고 보유 비용을 최소화하기 위해 정확히 필요한 순간에 자재가 들어오도록 고안한 시스템)처럼 돌아가면서 내재적으로 위태로운 속성을 갖게 되었다. 오늘날에는 맞벌이가 일반적인데, 이는 예측 불가능한 일에 대응할 여력이 거의 없다는 뜻이다. 또한 이웃은 물론이고 친지를 도울 만한 여유시간과 에너지도 내기 어렵다. 게다가 노동 연령이 60대 후반까지로 길어지면서 조부모들도 손주를 돌보는 일과 자신의 직장 일을 병행하느라 고전하고 있다. 언제라도 무너질 수 있는 이러한 패턴은 가정만이 아니라 더 넓은 공동체에도 커다란 우려 요인이다. 또한 이것은 예기치 못한 부담이나 너무나 압도적인 부담을 분산하기 위해 많은 노동자계급 동네에서 여성들 사이에 상부상조의 돌봄 네트워크가 형성되어 있었던 과거와의 뚜렷한 단절을 의미한다. 마이클 영Michael Young과 피터 윌모트Peter Willmott가 유명한 저서 『이스트 런던의 가정과 친족Family and Kinship in East London』에서 묘사한 1950년대의 공동체 돌봄 인프라는 이제 거의 사라졌다.

가정에 돌봄 부담을 가중하는 또 다른 요인은 양육이 전보다 더 오래 걸리는 일이 되었다는 점이다. 스무 살이 한참 넘어서까지도 (재정적으로, 종종 정서적으로도) 자녀를 계속해서 부양해야 하는 것이다. 주거 비용이 오르면서 젊은 성인이 20대 후반이나 더 늦게까지도 부모 집에서 생활하는 새로운 가족 구조가 생겨났다.[12] 1999년에서 2014년 사이 18~24세의 성인 중 부모 집에 사는 사람 수가 46퍼센트 증가했다. 과거에는 이러한 가구 형태가 매우 드물었다. 대개 부모들은 양육의 책임이 어느 시점에 끝난다고 생각했고, 아이들은 10대가 되면 조수나 견습 일을 해서 가계에 소득을 보태거나 어린 동생들을 돌보면서 가사노동에 기여했다. 1900년에는 숙식을 제공하며 아이를 키우는 기간이 12~15년이었는데(물론 정서적인 유대는 이보다 더 길게 이어졌다.), 젊은 성인이 독립해서 '정착'하는 것이 점점 더 불확실해지고 임시적인 성격을 띠면서 이제 양육은 25년짜리 프로젝트가 되었다. 게다가 지난 60년 사이에 부모에게 기대되는 양육자 역할이 더 복잡해졌다. 식사와 주거를 제공하는 기본적인 돌봄 외에, 부모가 자녀와 강한 정서적 유대를 발달시켜야 한다는 높은 기대치가 생겼다. 과거의 권위주의적 양육 모델은 정서적으로 친밀감을 쌓고 아이와 시간을 많이 보낼 것을 강조하는 양육 모델에 자리를 넘겼다. 세탁기, 조리식품 등으로 돌봄의 물리적인 부담은 줄었는지 몰라도 정서적인 요구는 증가했고, 부모(보통은 엄마)는 자녀가 성인기로 들어가기까지 긴 성숙의 시기 동안 공감해주고 마음을 알아차려주며 유대를 제공해주리라고 여겨지게 되었다.

물론 이러한 노력은 부모와 자녀 모두에게 보람 있고 삶을 풍성하게 해주는 경험일 수 있지만 양육의 강도가 더 높아졌다는 의미이기도 하며, 이는 가정 일과 직장 일을 저글링해야 하는 부모의 부담을 가중시킬 수 있다. 이에 더해, 어린 연령대에서 정신질환이 증가하면서 부모에게 가해지는 압력이 더욱 높아졌다. 아이에게 도움, 지원, 보호를 제공하면서 혹시 있을지 모를 치료법도 찾아 헤매야 하기 때문이다. 일자리를 어떻게든 유지하려는 부모에게 이러한 노력은 너무나 심신을 소진시키는 일일 것이고 때로는 감당할 수 있는 범위를 넘어설 수도 있다. 그래서 공공 서비스의 도움을 받으려 하면, 기다란 대기자 명단을 맞닥뜨리게 되고 과부하가 걸려 제한적으로만 분배되는 공공 서비스를 찔끔찔끔 받을 수 있을 뿐이다. 많은 여성에게 돌봄은 여성으로 살아간다는 것, 아내, 엄마, 누이, 딸로 존재한다는 것의 의미에 깊이 각인되어 있다. 그런데 자녀 쪽에서도 부모 쪽에서도 돌봄에 대한 요구가 증가하면서, 여성들은 합치가 불가능한 것들을 합치시키기 위해, 그리고 여러 새로운 상황 속에서도 돌봄의 전통을 유지하기 위해 고통스럽고 때로는 영웅적인 노력을 쏟아야 한다.

하지만 돌봄을 핵가족이 떠맡아야 할 책임으로 보는 것은 20세기 후반에나 생겨난 최근의 현상이다. 아주 어린 아이와 아주 나이 든 노인을 돌보는 일은 막대하게 과중할 수 있기 때문에 사람들은 늘 좁은 범위의 가족 구성원을 넘어서는 네트워크에 의지했다. 친척의 도움을 구할 수도 있었고, 더 중요하게는 가사노동에 종사하는 막대한 여성 노동력이 존재했다. 1931년에 가내 서비스 노동은 여성 고용의 가장 큰 원천이었다. 보수를 받고 일하는 여성 4명 중 1명이 가내 서비스 노동에 종사했다.[13] 영국 드라마 「다운튼 애비」에 나오는 상류층 집안의 우아한 집사나 응접실 하녀장의 이미지는 더 평범했던 사람들의 일상과는 동떨어진 면이 있다. 보통은 일반적인 식모를 두고 살았다. 식모는 대부분의 가정에서 꼭 필요한 존재로 여겨졌고 비교적 가난한 집도 아이를 몇 시간 정도 돌봐주는 소녀의 손을 빌릴 수 있었다. 그런데 2차 대전 이후 이 거대한 여성 노동력이 공장으로, 소매점으로, 사무실로 이동하면서 20세기의 가정 내 돌봄에서 자원이 대거 빠져나갔다. 그리고 다시 몇십 년 뒤, 이번에는 아내와 엄마 들이 바깥일을 하게 되면서 두 번째 썰물이 닥쳤다.

20세기 중반의 중산층 여성에게 '하인 문제'는 매우 심각한 사안이었다. 식모를 구하기가 어려워지면서 가내에서 수행해야 하는 돌봄의 임무를 온전히 맡아야 하게 되었기 때문이다. 1970년대 이후 여성의 노동시장 참여가 증가하는 동안, 가사노동은 세탁기나 식기세척기 같은 기술 발달로 해결되리라고, 혹은 저녁이나 주말에 몰아서 하면 되리라고 간단히 여겨졌다. 하지만 이러한 기대는 애초에 여성(주부와 가사노동자 모두)이 집에서 정확히 어떤 일들을 해왔는지에 대해 생각하지 않은 것이다. 돌봄 위기의 핵심에는 오랜 역사 내내 이어져온 돌봄노동의 비가시성이 있다. 이러한 비가시성은 가내 돌봄노동에서 시작되었지만, 이제는 모든 영역의 돌봄노동에 긴 그림자를 드리우고 있다.

서구 사상에서도 돌봄은 수백 년간 명백하게 비가시화되어왔다. 경제학자 애덤 스미스Adam Smith는 1776년에 '호모 이코노미쿠스homo economicus'라는 전제에 기반해 『국부론』의 논지를 전개했다. 경제적 인간은 이기심에 의거해 시장에서 비용-편익 분석에 따라 독립적으로 판단하는 주체로 설정되었고, 이러한 인간은 언제나 남성이었다. 스미스의 이론에서 여성은 아무런 역할을 하지 않았다. 독립적인 판단을 할 자율성이 없었고 남편에게 종속되어 있었으며 자신에게 의존하는 아이들이 있었으니 말이다. 가정에서 여성이 수행하는 역할을 설명하는 논리는 시장에서의 노동에 대한 논리와 판이했다. 가정에서 여성은 경쟁이 아니라 자신을 내세우지 않는 이타심에 의해, 합리성이 아니라 감수성에 의해, 계산이 아니라 친절함에 의해 동기부여되리라 여겨졌다. 페미니스트 경제학자 낸시 폴브레Nancy Falbre가 지적했듯, 남성의 노동이 시장의 "보이지 않는 손"의 작동을 따른다고 여겨졌다면 여성의 노동은 "보이지 않는 심장"의 작동을 따른다고 여겨졌다. 돌봄은 "본능적이고 생물학적이고 자연스럽고 도덕적인 것"으로 이야기되었으며 "따라서 18세기 경제학이 이해한 좁은 의미의 노동의 범주에 속하지 않았다."[14]

상인의 딸로 태어나 독학으로 공부한 메리 아스텔Mary Astell은 1694년에 놀랍게도 이에 대해 명시적으로 목소리를 내면서 성별 노동분업에 문제를 제기했다. "우리가 그들을 위해 너그럽게 수행하는 일들과 그들이 우리에게 제공하는 인색하기 짝이 없는 보상."[15] 하지만 이렇게 예리한 분석이 제기되는 경우는 매우 드물었다. 여성들은 돌봄제공자로서 행하는 일을 인내, 겸양, 자기희생 같은 영성의 실천으로 여기도록 배웠다. 여성은 돌봄을 비가시화하는 데 공모자가 되어야 했다. 돌봄은 여성성의 진정한, 그리고 소박한 표현이 되었다. 산업화는 공적 세계와 사적 세계의 구분을 한층 더 강화했고, 시장과 가정의 가치 차이, 남성과 여성의 차이에 대한 개념도 한층 더 공고화했다. 존 스튜어트 밀John Stuart Mill은 『여성의 종속』

(1869)에서 여성이 "스스로를 자기희생적인 존재로 창조되었다고 여기도록 교육받고 있다."라며 "여성성에 대한 현재의 인위적인 이상에 불과한 과장된 자기부인"을 한탄했다.[16] 그런가 하면 캐서린 비처Catherine Beecher와 해리엇 비처 스토 Harriet Beecher Stowe 자매는 『미국 여성의 가정 The American Woman's Home』(1869)에서 여성의 "위대한 임무는 자기희생"이라고 조언했다. 여성은 남편에게, 아이에게, 환자와 노인에게 불평 없이 돌봄을 제공하리라 여겨졌다. 돌봄은 여성에게 의무이기도 하지만 구원이기도 하다고 이야기되었다. 폴브레가 언급하듯 "가부장제는 남성에게 특권을 주는 시스템이기만 했던 것이 아니라 돌봄노동의 충분한 공급을 확보하는 수단이기도 했다."

19세기의 이상화된 개념에서 가정은 "가차 없는 세상에서의 은신처"가 되었고 여성은 "가정의 천사"가 되었다. 사회학자 새런 헤이스Sharon Hays는 여성이 "자본주의 세계에 대해 구원적인 역할을 하는 대응 세계"로 자리매김되었다며 "여성과 가정에 대한 이토록 강도 높은 이상화는 시장의 가치(호모이코노미쿠스의 계산적인 행동)와 비인간적인 관료제에 대해 널리 퍼져 있었던 양가적 감정을 반영한다."라고 설명했다.[17] 자본주의 이론은 모든 것에, 또 모든 사람에게 가격이 있으며, 이 가격은 합리적이고 인간의 감정이 개입되지 않은 진리라고 말했고, 이것이 진보라고 설파했다. 하지만 시장 패러다임은 잔인할 만큼 비인간적이고 고통스러운 현상(일자리에서 내몰리는 노동자, 공장에서 장시간 노동하는 아동 등)을 수반하면서 사람들의 마음에 깊은 불편을 불러일으켰다. 그뿐 아니라 자본주의 논리는 친밀한 인간관계에 매우 냉기 도는 처방을 내놓았는데, 적어도 가정이라는 사적 세계에만큼은 이것이 적용되지 말아야 했다. 산업 자본주의가 사회에 탄탄하게 자리 잡으면서, 사적 영역에는 더욱 단단하게 방어막이 쳐졌다. 점점 규모가 커져가던 중산층은 가정과 가족의 의미를 열정적으로 재발명했다. 결혼은 더 이상 자산이나 연줄을 확대하기 위한 실용적인 전략이 우선인 것이 아니라, 천사 같은 아내가 구원과 상냥함을 제공하는 관계로 재설정되었다. 마찬가지로 아동기는 순수함, 즐거움, 매혹의 시기가 되었다. 둘 다 자본주의 경제라는 남성의 세계에서는 더 이상 받아들여지지 않는 종류의 경험과 감정과 관계를 표현하기 위해 새로이 상상된 개념이었다.(현실이 어떠했는지는 별개의 문제다.)

공적 영역과 사적 영역이 구분되면서, 남성과 여성은 각각 엄격하게 고정된 역할에 한정되었고 여성들은(일부 남성들도) 여기에서 벗어나고자 투쟁했다. 이상화된 가정상과 여성상은 수백만 명의 노동자계급 여성이 처한 현실과는 부합하는 면이 거의 없었다. 그리고 중산층 여성의 경우에는 가내 서비스를 제공하는 값싼 여성 노동력에 의해, 그리고 독립성에 대한 자신의 열망을 모조리 억압함으로써 그런 이상이 지탱되었다. 코번트리 팻모어Coventry Patmore의 1854년 서사시 「가정의 천사The Angel in the House」는 이 이상화된 개념을 단적으로 보여주는 작품으로 유명한데, 버지니아 울프Virginia Woolf는 풍자적인 수필 「여성을 위한 직업Professions for Women」에서 이를 다음과 같이 비꼬았다. "가정의 천사는 …… 엄청나게 매력적이었습니다. 그녀는 전적으로 이타적이었고요. 가정생활이라는 고도로 까다로운 기예에 뛰어났어요. 그녀는 날마다 자신을 희생했습니다. 닭이 있으면 안 좋은 부위를 먹었지요. 찬바람이 새어 들어오면 거기에 앉아 바람을 막았습니다." 그리고 울프는 그 여성을 죽이고자 한다. "나의 행동은 정당방위였다고 말하겠어요. 내가 그녀를 죽이지 않았다면 그녀가 나를 죽였을 거예요. …… (하지만 그녀는 여간해서 사라지지 않았어요.) 내가 멀리 떼어놓았다고 생각했을 때마다 늘 그녀는 소름 끼치게 슬며시 되돌아왔지요."[18]

"가정의 천사"는 실로 끈질기게(아마 울프가 생각했던 것보다도 훨씬 더 끈질기게) 살아남아 지금까지도 유급과 무급을 막론하고 돌봄노동에 투사되는 사회적 기대 위에 넘실대고 있다. 1982년에 페미니스트 웬디 휫필드Wendy Whitfield는 잡지 《스페어 립Spare Rib》에 기고한 글에서 가사노동 파업에 돌입했던 일화를 소개했다. "내 몫만큼만 장을 보고, 요리하고, 청소할 참이었다. …… 치워주지도 않을 것이고, 끝없이 정리정돈하지도 않을 것이고, 할 일 목록을 적지도 않을 것이고, 빈 우유병을 씻어서 반납하지도 않을 것이고, 그가 물기를 닦지 않고 건조대에 그냥 둔 접시들을 정리하지도 않을 것이고, 솥을 닦거나 냉장고의 성에를 제거하지도 않을 것이고, 커피잔을 치우지도 않을 것이고, 그의 친지들에게 편지를 쓰지도 않을 것이었다. …… 우리는 남성들이 으레 자신은 서비스를 받으리라 생각하도록 조건화되어 있다는 것을 기억해야 한다."[19] 거의 40년이 지난 오늘날에도 휫필드의 선언은 유효하다. 영국 여성의 노동시장 참여는 많이 늘었지만, 여전히 여성은 일주일에 16시간가량 집안일을 하며 이는 남성(약 6시간)보다 훨씬 많은 것이다.[20] 격차가 더 큰 나라도 많다. 포르투갈에서 여성은 가사노동에 하루 평균 5시간 28분을 쓰는데 남성은 1시간 36분만 쓴다.[21]

18세기 경제학자들은 아리스토텔레스가 경제학을 논했을 때 가정을 뜻하는 오이코스oikos로부터 그 개념을 발달시켰다는 사실을 간과했다. 아리스토텔레스는 『정치학』에서 보수를 받는 남편의 일과 가정에서 수행되는 아내의 의무를 모두 고찰했다. 하지만 이후 수천 년을 거치는 사이 가정에서의 일은 철학자와 경제학자의 논의에서 제거되었다. 최근 몇십 년 동안 페미니스트들은 이렇듯 대대적으로 제거된 것을 벌충하기 위해 투쟁했다. 돌봄에 대한 논의를 개척한 철학자 버지니아 헬드Virginia Held는 이렇게 지적했다. "제한적인 목적에서만 보자면 우리가 서로를 시장에서의 자유롭고 자율적이고 합리적인 개인으로 여길 수도 있을 것이다. …… 하지만 우리는 인간 사이의 상호의존성에 대한 더 깊은 진실을 잊지 말아야 하며 그러한 상호의존적인 구성을 필수적으로 떠받치고 있거나 둘러싸고 있는 돌봄 관계들이 갖는 중요성을 간과하지 말아야 한다. 자유로운 개인이라는 인위적이고 추상적인 모델은 인간의 삶 전체가 아니라 제한적인 일부를 설명하는 한에서만 합당할 수 있다." 헬드는 관계를 일구는 역량 및 감정에 가치를 부여할 수 있는 돌봄의 윤리를 주창한다. 이러한 윤리에서 "연민, 공감, 감수성, 반응성 등은 육성되어야 할 도덕적 감정으로 여겨지며, 어쩌면 분노도 한 요소일 수 있을 것이다. 날것의 감정들을 말하는 것이 아니다. 이러한 감정들은 여전히 성찰되어야하고 교육되어야 한다." 헬드는 "우리가 맡는 책임의 많은 부분이 우리에게 자연스럽게 들어오는 것이 아니라 가정과 사회와 역사적 맥락에 우리가 맞물려 있기에 발생하는 사건들에 의해 우리 앞에 제시되는 것"이라고 지적했다. "여기에서 우리는 그러한 책임을 기꺼이 가져와서 지도록 요구된다. 자유주의적 개인주의의 도덕률은 우리가 서로를 홀로 두어야 한다는 데 집중하지만 말이다."[22]

돌봄의 비가시성을 극명하게 보여주는 사례 하나는 간호나 사회적 돌봄 같은 현대 돌봄노동의 조상뻘이라 할 수 있는 가내 하인의 노동이다. 오랫동안 이들의 노동은 없는 셈 치부되어왔다. 하인들은 자신의 삶에 대해 기록을 거의 남기지 않았고 역사학자들은 이들의 삶에 관심을 갖지 않았다. 가사노동은 20세기에 들어서까지도 여성 고용의 가장 큰 원천이었지만,[23] E. P. 톰슨E. P. Thompson은 『영국노동계급의 형성』에서 이 주제를 세 번밖에 언급하지 않았다. 하인들은 문자 그대로 '없는 존재'로 여겨졌다. 중산층 가정에서 하인은 별도의 출입구, 계단, 거주 공간을 이용했다. 때로 하인들은 존재가 드러나지 않도록 아주 먼 동선으로 다녀야 했다. 주인이나 안주인과 마주치는 것을 피하기 위해 문 뒤로 물러서 있거나 벽을 보고 있어야 했고, 하녀들은 발소리가 나지 않는 신발을 신고 조용조용 움직이도록 지침을 받았다. 하인들은 일반적으로 노크를 하지 않고 방에 들어갔고, 가령 쟁반이나 난로에 추가할 석탄을 가지고 방에 들어가도 고맙다는 인사나 알은척도 받지 못했다. 소설가 G. K. 체스터튼G. K. Chesterton은 중산층 가정에서 자란 어린 시절을 회고한 글에서 자신의 가족이 하인들에 대해서는 "아는 것이 거의 없었다."라며 그 주제에 대해서는 늘 "모종의 침묵과 당황스러움"이 감돌고 있었다고 언급했다.[24] 프로이센의 한 논평가는 영국 하인들이 "친밀함의 여지를 모조리 제거하고 그토록 완벽하게 존중의 태도를 보이는 것, 그리고 자신이 주인과 동일한 차원의 존재가 아니라 마치 기계처럼 여겨지게끔 행동하는 것"에 크게 감탄했다. 하인들은 매우 장시간 노동했다. 새벽같이 일어나서 불을 지피고 하루 종일 끝없이 온갖 일을 했으며 늦게야 잠자리에 들었다. 1853년에 나온 지침서 『가내 하녀의 상식Common Sense for Housemaids』은 "정말 좋은 하녀라면 테이블이라도 닦지 않고 방에 혼자 있어서는 안 되며, 만약 방에 누가 있어서 테이블을 닦을 수 없다면 닦고 싶다는 생각이라도 들어야 마땅하다."라고 조언했다. 1930년대에 《타임스The Times》에 게재되던 인기 칼럼의 가상 저자 미니버 여사는 집안일이 "멀리서 들리는 낮은 배경음 같은 것"이어야 한다고 언급했다.

20세기 들어 가내 하녀들이 새로운 고용 형태로 옮겨 가면서 그들이 하던 노동은 과거 그들의 여주인이었던 사람들에게 넘어갔지만, 돌봄노동에 부여되는 문화적 가치는 여전히 미미했다. '여성의 일'은 비하적인 표현이었다. 이런 역사는 돌봄의 문화적 가치에 지금까지 계속해서 영향을 미치고 있으며,

이는 돌봄이 여전히 저숙련 노동으로 여겨지고 무료이거나 값이 싸야 한다고 기대되는 한 가지 이유다. 돌봄노동은 일상적으로 비하되고 무시당하며, 돌봄노동에 종사하는 당사자마저 자신의 일을 비하하기도 한다. 취재 과정에서 만난 많은 돌봄노동자들은 자신이 하는 일의 가치를 설명하는 것을 어려워했고, "나는 그저 간병인이에요." 같은 말로 자신의 낮은 지위를 표현했다. 그리고 자신이 무시받거나 멸시당한 여러 가지 사례를 이야기했다.

하지만 산업화된 국가에서 돌봄노동은 가장 빠르게 성장하는 고용 분야다.[25] 영국에서는 돌봄 분야가 모든 일자리의 13퍼센트를 차지해 단일 영역으로는 가장 큰 고용 원천이다. 무보수 돌봄노동의 금전적 가치를 계산하려는 시도가 여러 차례 이뤄졌는데, 그 숫자는 어질어질할 정도로 막대하다. 예를 들어 1995년에 국제연합UN은 (어린아이, 환자, 노인에 대한) 전 세계 무보수 돌봄노동의 가치가 약 16조 달러라고 추산했는데, 이것도 과소계상된 수치일 것이라며 '가내의 비시장 활동' 규모가 전 세계 총생산의 80퍼센트에 맞먹을 수 있다고 언급했다. 더 최근에 영국 통계청은 영국의 무보수 돌봄노동('비공식 돌봄노동'으로 불리기도 한다.)의 가치를 595억 파운드[약 94조 원]로 추산했다. 학자들에 따르면, 어느 국가든 대개 무보수 돌봄노동이 GDP의 3분의 1에서 절반 정도에 해당하는 가치를 갖는 것으로 보인다. 2015년에 한 연구팀은 영국에서 환자와 노인에게 제공되는 무보수 돌봄노동만 계산해도 그 가치가 연간 1320억 파운드[약 206조 원]에 달할 것이라고 추산했는데, 이것은 HSBC 홀딩스의 시가총액보다 크며 NHS의 연간 지출에 맞먹는다. 무보수 돌봄제공자들이 일주일에 25억 파운드[약 4조 원]씩, 하루에 3억 6200만 파운드[약 5660억 원]씩, 1시간에 1510만 파운드[약 236억 원]씩 공공 지출을 절약해주고 있다는 뜻이다.[26] 당신이 이 책의 한두 장章을 읽는 동안 무보수 돌봄제공자들이 국가에 수천만 파운드를 절약해주었을 것이다. 이러한 자발적인 돌봄 서비스에 NHS가 크게 의존하고 있고 이러한 서비스의 규모는 계속 증가하고 있지만, 이들의 노동은 거의 인정받지 못하며 무보수 돌봄노동자에게 제공되는 유일한 금전적 지원인 '돌봄제공자수당Carer's Allowance'은 복지수당 중 가장 급여 액수가 낮다.

자본주의는 여성의 돌봄노동을 간과하고 주변화하는 것을 토대 삼아 지어졌다. 여기까지는 수백 년에 걸친 이야기인데, 지난 10~20년 사이 한때는 시장 관계에서 명시적으로 분리되어 있던 돌봄 영역에 시장 원리가 들어오기 시작하면서 또 하나의 은밀한 전환이 벌어졌다. 철학자 마이클 샌델Michael Sandel은 우리가 "우리 자신과 모든 것을 시장가치를 기준으로 생각하고 규정하기 시작했다."라고 경고했다.[27] 샌델은 금전적인 기준이 다른 의미들, 가령 윤리적이고 정치적인 고려들을 몰아내었다고 지적하면서, 이로써 경제 행위를 하는 '사람'이 보이지 않게 되었고 과거에는 소명으로 여겨지던 것이 이제 순전히 고용 계약으로 상품화되었다고 언급했다. 그 결과 오늘날 수많은 형태의 돌봄노동에서 문화적 상충과 모순이 고질적으로 존재하게 되었다. 시장은 효율성, 생산성, 경쟁력 등을 분석하기 위해 측정에 의존한다. 이것을 돌봄에 적용하려면, 돌봄을 각각 특정한 산출과 연결되는 세부 업무로 재정의하고 각 업무에 가능한 한 낮은 수준의 숙련 인력을 배치해야 한다. 이 모델은 20세기 초 경영이론가 프레더릭 테일러Frederick Taylor가 '과학적 경영' 이론을 개척하면서 선보였으며 포드 자동차의 어셈블리 라인에 적용되었다.

사우스뱅크 대학의 간호학 교수 앨리슨 리어리는 돌봄에는 이 모델이 적합하지 않다고 주장했다. "테일러 모델은 통제와 예측 가능성에 대해 착각을 일으킵니다. 과자나 자동차 제조에는 적용할 수 있겠지만, 의료에는 아니에요. 의료에 적용하면 위험합니다. 반복적인 업무라면 저숙련 노동자에게도 가르칠 수 있지만, 일어날 수 있는 모든 결과에 대응하고 그러한 결과들의 가능성을 제때 감지하려면 아주 많은 교육과 숙련이 필요하기 때문입니다. 간호 일은, 수학 용어를 빌리자면 '스토캐스틱stochastic'하다고 말할 수 있습니다. 시스템과 과정이 무작위적인 방식으로 달라질 수 있다는 뜻입니다. 간호 일은 결정론적이지 않아요. 즉 하나의 요인이 특정한 결과를 산출하리라고 안정적으로 예측할 수 없습니다. 의료에서는 모든 과정이 각각 아주 많은 가능성을 산출합니다. 사방으로 터지는 불꽃놀이 같다고나 할까요? 모든 변수로 모든 결과를 예측한다는 개념이 불가능합니다." 리어리는 항암 화학요법을 위한 중심정맥관 삽입을 예로 들어 이야기해주었다. "중심정맥관은 심장까지 곧바로 들어갈 수 있습니다. 방사선 영상을 보면서 삽관을 해야 하죠. 우리가 연구한 사례에서는 종일 그것만 전담하는 간호사 팀이 있었고 이들은 환자 상태를 안정적으로 유지하는 데 매우 뛰어났습니다. 그래서 진정제를 투약할 필요가 없었지요. 그런데 병원 경영자는 이 일을 단순하고 반복적인 일로 여기고 저숙련 노동력이 해도 된다고 판단했습니다. 하지만 중심정맥관 삽입을 잘못하면 기흉 등의 부작용이 발생할 수 있고 큰 위험을 초래할 수 있습니다. 숙련된 간호사는 그런 경우 어떻게 대처해야 할지 알 것입니다. 이와 같은 리스크를 관리하려면 작은 징후를 포착할 수 있는 고도의 판단력이 필요합니다."[28]

리어리는 최적 업무량을 계산하기 위한 연구도 진행하고 있었는데, "[간호사들이] 초점을 두는 우선순위가 투약 회진 같은 기술적인 업무"라는 것을 발견했다. "관계를 맺는 것, 소통하는 것, 환자에게 정보를 주는 것은 우선순위에서 밀리고 있었다." 하지만 이 세 가지는 환자를 돌보는 데 결정적이다.

돌봄 종사자들은 시장의 원칙과 스스로가 생각하는 자신의 역할 및 환자가 정말로 필요로 하는 바 사이의 불합치를 각자 알아서 메꿔야 한다. 취재 과정에서 만난 많은 사람들이 이러한 모순이 다루기 힘들다고 토로했다. 병원 비품함의 물건에, 혹은 일반의 진료소의 백신에 가격표를 붙이는 것은 별것 아닌 듯 보이지만, 의료와 돌봄의 모든 일과에 스며든 새로운 개념을 상기시키는 중요한 이데올로기적 장치다. 의료에 도입된 상업적 개념은 이렇게 모든 곳에 깃발을 꽂았고 모든 행위, 대화, 의료적 조치가 금전적 가치를 띠게 되었다.

이뿐 아니라 광고가 기대치를 한층 더 높임으로써 더 많은 모순을 불러왔다. 간호사의 일과를 참관하러 어느 병원에 나가던 동안, 나는 정문 옆에 잘 보이게 붙어 있는 광고와 날마다 마주쳤다. "돌봄을 집에 들이세요. 원하시는 방식으로요." 돌봄은 소비자의 욕망의 대상이 되었고 금전 거래로 얻을 수 있는 사물이 되었다. 한 간호사는 내게 이렇게 말했다. "원하는 것과 필요한 것의 구분이 흐릿해지고 있습니다. 이것이 소비주의가 작동하는 방식이죠. 원하는 것을 절실히 필요한 것으로 여기게 하는 거요." 이러한 필요가 다시 수요로 바뀌면서 의료 및 돌봄 시스템에는 막대한 과부하가 걸렸고, 돌봄을 제공하는 사람과 받는 사람의 관계에서 본질적인 측면, 가령 호혜성이라든가 자신의 일에 손과 머리뿐 아니라 어떻게 심장도 개입시킬지를 판단하는 돌봄제공자의 자율성 같은 것은 숨겨지거나 아예 제거되었다.

정문 옆에 나붙어 있던 광고는 이런 과정에서 나름의 역할을 수행한다. 병원에 들어서는 모든 의료진, 환자, 방문자의 기대와 이해를 특정한 방식으로 재구성하는 것이다. 짬을 내어 커피를 마시며 나와 이야기를 나눈 한 간호사는 "맡겨놓은 거라도 있는 듯이 구는 문화"에 분개하면서, 손가락을 튕겨 딱 소리를 내는 것으로 간호사를 부르는 환자도 있다고 했다. 일반의 진료소에서 진료를 받고 나면 환자들은 비행기 승무원 서비스를 평가하듯이 진료 경험을 평가해달라는 요청을 받으며, 여기에서 진료 관계는 소비자 계약과 비슷한 것이 되어버린다. 의료와 사회적 돌봄 분야의 문건에서 흔히 볼 수 있는 '전달하다deliver[배달하다]'라는 단어도 문제가 있다. 물품이나 패스트푸드를 전달할 수는 있지만 사람 사이의 관계는 그럴 수 없다. 전달한다는 것은 무언가를 넘겨준다는 의미인데, 돌봄은 그렇게 유한하거나 깔끔한 경계가 있는 것이 아니다. 돌봄에는 친밀성이나 취약성 같은 측면이 얽히고설키게 마련이기 때문이다.

영국의 신노동당 정부는 2000년대에 의료, 교육 등 공공 서비스에 소비주의 개념을 맹렬히 도입했다. 2019년 작가 윌 데이비스Will Davies는 그 과정을 되돌아보면서 "블레어가 둔 수는, 공공 서비스가 점점 더 소비주의적으로 변해가는 문화의 기대치에 부응하려 계속 종종거려야만 신뢰와 지원을 받을 수 있게 한 것"이었다고 예리하게 지적했다.[29] 그는 "중기적으로는 이렇게 해서 신뢰와 지원을 유지할 수 있을지 모르지만, 결국에는 공공 서비스가 그 자체의 문화적 정체성이나 정당성의 토대를 갖지 못하게 만든다."라고 언급했다. 그에 따르면 "신노동당 정부는 공공 서비스에 전례 없는 돈을 퍼부으면서도 한편에서는 국가 주도로 공공 서비스를 (민간 비즈니스 영역과 대비해) 비하하고 실효성 없게 만들고 있었다."

의료 및 사회적 돌봄 종사자들은 파고드는 상업화 추세와 돌봄이란 돈으로 사고팔 수 없는 특질들을 필요로 하는 관계라는 자신의 직관적 이해 사이에서 난타당하고 있다. 그리고 이 상충을 가장 첨예하게 체감하는 사람들은 직업 위계의 가장 아래쪽에 있는 이들임을 취재 과정에서 볼 수 있었다. 이들은 자신이 믿는 가치를 고수하려 애쓰면서 투덜대고, 불평하고, 버티는 등 나름의 저항 방식으로 대처하고 있었다. 직업 위계의 위쪽에도 의료와 사회적 돌봄이 상업적으로 재구성되면서 모든 사람이 발 딛고 있는 토대가 달라져버린 데 문제의식을 느끼는 사람들이 있었다. 한 간호부장은 자신도 종종 간호를 "비즈니스"로 묘사하곤 한다며, 가령 간호에 자금 지원이 더 많이 필요하다고 주장하기 위해 비용 절감을 근거로 댄다고 털어놓았다. "저는 돌봄에 금전적 가치를 붙여야 합니다. 돌봄의 질을 높이면 당장은 비용이 더 들겠지만 장기적으로는 돈을 절약해줘서 이득이 된다는 식으로 주장해야 하는 것이지요. 그러려면 간호에 비즈니스 논리를 끌어와서 근거를 대야 합니다. 하지만 이런 어휘들을 사용하면 상업적이지 않은 것을 상업화하게 될 위험이 있습니다. 병원의 모든 것이 꼭 금전적인 가치를 가져야 할까요? 물론 아닙니다." 이어서 그는 돌봄이란 윤리적 발달의 한 형태라며 자신이 믿는 돌봄의 의미를 상세히 설명했다. "돌봄 기술은 배움의 여정을 통해 획득됩니다. 저 자신과 다른 이들에 대해 알아가면서 획득되는 것입니다. 간호사에게 가장 중요한 것은 인간애의 감각입니다. 간호사들은 사람마다의 차이를 받아들여야 하고 사람에게 관심과 호기심을 가져야 합니다. 친절은 매우 중요합니다."

그는 돌봄을 개념화하는 상이한 방식 사이에서 왔다 갔다하고 있었다. 돌봄은 비즈니스이고 비용을 절약하는 것이 관건인 영역인가, 아니면 누구나 공유하는 인간애와 관련된 영역인가? 이 둘은 각각 인간 행동의 근본적으로 상이한 형태를 가리킨다. 상업적 맥락에서는 경쟁, 추진, 목표, 초점 같은 경영의 윤리가 적합할 수 있겠지만, 그것이 돌봄에 적용되면 종종 관심의 장을 너무 협소하게 만든다. 또한 불안과 스트레스를 유발하면서 더 확장적이고 표현적인 특질, 가령 친절이나 공감 같은 특질을 발휘할 수 있는 역량을 위축시킬 수 있다.

돌봄의 지위와 가시성이 매우 낮았음을 생각하면, 이제까지 페미니즘이 돌봄에 반대하는 것으로 스스로를 규정했다는 사실은 놀랄 일이 아니다. 시몬 드 보부아르Simone De Beauvoir는 육아에 따르는 허드렛일을 "불합리한 식물 상태"라고까지 이야기하며 격렬히 비판했다. 보부아르는 『제2의 성』에서 여성이 가정에 매여 있는 것을 맹비난했다. "무한히 반복되는 집안일만큼 시시포스의 고통과 비슷한 일도 없을 것이다. 치우고 돌아서면 더러워지고 다시 치우는 일이 날마다 무한히 반복된다." 보부아르는 어떻게 "돌봄과 여성성의 밀착이 한 성별을 다른 성별과 구분하는 방식이 되었는지" 분석하면서, 보살피는 태도가 [여성에게] "자신의 정체성과 생애에 걸쳐 수행하는 일을 규정하는 속성이 되었고" 보살피지 않는 태도는 "남성의 정체성을 규정하는 속성이 되었다."라고 언급했다.[30]

　　『제2의 성』은 가내 하인들이 막 떠나가기 시작하면서 생긴 간극을 중산층 여성들이 메워야 하던 1949년에 출간되었다. 이어서 1957년에는 베티 프리단Betty Friedan이 『여성성의 신화』에서 "이 문제는 이야기되지 않고 묻혀 있었다."라며 이렇게 말했다. "이것은 매우 이상한 동요였고 무언가 불만족스럽다는 느낌이었으며 간절한 갈망이었다. 침대보를 정리하고 장을 보면서, 여성들은 스스로에게마저 그 침묵의 질문을 던지기를 두려워했다. '이게 다일까?'라는 질문 말이다."[31] 이 책들은 제2세대 페미니즘의 선언문이 되었고 많은 여성이 가정과 가족의 테두리를 벗어나 자신의 삶을 일구도록 영감을 주었다. 1971년에 마거릿 애덤스Margaret Adams는 돌봄으로 여성성이 규정되면서 여성이 "자멸적인 하찮은 일들"에 갇히게 되고 사회는 여성의 잠재적 기여를 잃게 되었다고 주장했다.[32]

나의 사고에도 이러한 유형의 페미니즘이 깊이 각인되어 있다. 나는 어렸을 적 어머니의 책 중 한 권의 표지에 매료되었다. 그물에 걸린 채 가정의 지붕을 깨고 나오려 애쓰는 여성의 모습이 그려져 있었다. 그 그림은 흥미로운 동시에 두려웠다. 이 새로운 페미니즘은 보수를 받는 노동과 커리어에 초점을 두었고 여성의 독립성과 자율성을 열렬히 주창했다. 1980년대 중반에 미국에 도착한 나는 내 세대의 열망을 단적으로 담고 있는 한 담배 광고를 보았다. 칼같이 깔끔하게 차려입은 아름다운 여성의 이미지에 허리를 굽히고 바닥을 닦는 이전 세대 여성의 빛바랜 이미지가 겹쳐 있었고, 이렇게 쓰여 있었다. "먼 길 오셨습니다." 여성들은 바깥일을 하기 시작했고, 직종마다 높은 자리를 죄다 남자들이 차지하게 둔 것은 오로지 여성의 의지력 부족 문제였다고 믿었다. 아이가 태어나도 출산 한두 달 뒤에는 다들 일터로 복귀했다. 1990년대 초면 전례 없는 수의 여성이 고용 상태였고, 페미니즘의 임무가 달성되었다고 말하는 사람도 있었다. 한편에서는 여성들이 소진되고 있다는 느낌을 솔직하게 인정하기도 했다. 여성들은 집 밖의 노동으로 이동했지만 그만큼 남성들이 가사노동을 더 많이 하지는 않았다. '모두 갖는다having it all'는 말은 여성을 몰아붙이는 표현이 되었다. 이는 여성이 가정과 직장 모두에서 잘 해나갈 수 있다고 스스로를 기만하면서 자신을 극한까지 방전시킨 채로 양쪽 일을 저글링해야 하게 되었다는 의미이기도 했다.

1990년대 중반 모린 프릴리Maureen Freely는 용기를 내서 이 문제에 목소리를 냈다. 페미니스트들이 모성을 내버렸다고 말이다.[33] 15년 위 연배의 페미니스트들은 가정의 덫을 깨고 나오는 데 결연히 매진했고, 15년 아래 연배의 페미니스트들은 섹슈얼리티와 정체성 문제에 초점을 두었다. 프릴리는 그 결과 1990년대의 엄마들이 옆으로 밀려나버렸다고 지적했다. 여성은 먼저 노동자였고 그다음에야 엄마였다. 아니면 엄마가 아니고 노동자이기만 했다. 모성은 부차적인 일이 되었다. 더 많은 시간과 에너지를 투여해야 하는 일이지만 마치 여가활동처럼 여유시간에 하는 일로 밀려난 것이다. 1980년대의 자유주의 페미니즘은 여성에게 새로운 지평을 열어주었을지 모르지만 무보수 돌봄경제를 앙상하게 만들었고, 여기에서 중대한 간극이 생겼다. 여성들은 이 간극을 메울 방법을 각자 알아서 찾아야 했고 그러지 못하면 비난을 받았다. 사회주의 페미니즘은 이 딜레마의 유일한 해법은 여성이 수행하는 무보수 돌봄노동의 가치를 명시적으로 인정하고(가사노동 임금Wages for Housework 운동은 이러한 주장의 한 표현이다.) 여성의 자유를 실현하기 위한 선결 조건으로 종합적인 공공 돌봄 서비스를 제공하는 것이라고 주장했다. 도라 러셀Dora Russell과 실비아 팽

크허스트Sylvia Pankhurst 등 이러한 주장을 편 초창기 여성들은 출산과 육아가 여성의 삶에서 중심을 차지해야 하며 그것이 여성의 경제적 역할보다 부차적인 것이 되어서는 안 된다고 주장했다. 하지만 1980년대 무렵이면 이러한 집합적 해법과 너그러운 복지의 비전은 영국 정치에서 이미 주변부로 밀려나 있었다.

아이가 있는 맞벌이 가정 모델은 두려운 실험이었고 많은 이들이 거기에 동참하지 않기로 했거나 동참하려는 배우자를 찾지 못했다. 아이가 없는 가구가 거의 두 배로 늘었다.[34] 2017년에 45세 여성의 18퍼센트는 아이가 없었다. 1945년에 태어난 세대에서는 그 비중이 10퍼센트 정도였던 것과 대조적이다. 전에 없이 높은 비중의 여성이 자신을 돌봐줄 자녀가 없는 채로 노년을 맞을 것이고, 이는 가정 밖의 돌봄에 대한 새로운 수요로 이어질 것이다.

최근에 페미니즘이 많은 전선에서 대의를 진전시켰지만, 돌봄노동을 인식하고 그것에 가치를 부여하는 작업은 눈에 띄게 부재했다. 성별 임금격차나 너무 낮은 고위직 여성 비중 문제 등이 종종 분노를 촉발하곤 하는데, 이 문제들을 일으킨 주요 요인은 돌봄을 가치 절하하고 비가시화한 데 있다. 그런데도 여성운동의 초점은 수많은 여성의 삶을 지배하고 있는 돌봄노동보다 성취, 자기표현, 정체성, 이미지 등에 여전히 고정되어 있다.

또한 우리는 더 만연한, 하지만 더 눈에 띄지 않는 종류의 손실에 대해서는 가늠조차 시작하지 못하고 있다. 여성들이 다양한 인간관계에서 (종종 자신이 비용을 감수해가며) 유지해오던 여러 가치가 상실되고 있다는 문제 말이다. 사회학자 앤절라 맥로비Angela McRobbie는 2006년에 BBC와의 인터뷰에서 이렇게 말했다. "페미니스트들이 말하던 '돌봄의 윤리'에서 여성들이 현저하게 멀어지는 추세가 있었습니다. 타인을 위해 마음을 쓰고 아이, 노인, 공동체를 보살피는 돌봄의 윤리는 여성들의 삶에서 결정적인 특징이었습니다. 그런데 여성이 노동시장에 진출하면 돌봄에 쓸 수 있는 시간은 당연히 줄어들게 되지요. 이에 대해 쉬운 대답은 '돌봄 자체도 노동시장에서 하나의 직업이 되었으며 이는 적절한 일'이라는 주장일 것입니다. 일견 합당한 측면도 있습니다. 그러나 다른 한편으로, 사회에서 돌봄의 제공으로 이어지던 더 폭넓은 가치들에 대한 논의들을 우리 모두 잘 알고 있습니다. 그것이 가차 없는 개인주의와 순전한 경쟁관계로 대체된다면 매우 위험한 일이 될 겁니다."[35] 돌봄을 주제로 한 한 콘퍼런스에서도 맥로비가 말한 것과 같은 우려가 제기되었다. 콘퍼런스에 참석한 한 간호사는 돌봄에 대한 이해 부족이 우리 문화에서 "여성성의 원칙"을 억압하는 결과로 이어질 수 있다고 언급했다.[36] 그가 말한 여성성의 원칙은 "완벽이나 권력을 추구하기보다 인간 사이의 연결, 양육, 공감을 촉진하는 원칙"을 의미한다. 버지니아 헬드 또한 『돌봄: 돌봄 윤리』에서 "여성들이 평등을 추구하는 것은 물론 정당한 일이지만 그러한 정의를 돌봄을 희생해 달성하고자 한다면 도덕이 훼손될 것"이라고 언급했다. 또한 그는 "이전에 돌봄을 수행했던 사람들이 점점 더 정의 이론이 말하는 자유롭고 평등하고 합리적이고 제약받지 않는 개인처럼 되면서, 가정과 친구, 이웃 사이에 관계를 육성하고 돌봄의 유대를 촉진할 사람은 아무도 남지 않을지도 모른다."라고 지적했다.[37]

자본주의 시스템 내에서 자신의 자리를 찾아야만 했던 페미니즘은 파우스트의 거래를 했다. 여성들은 어느 정도 자유를 얻었지만, 돌봄의 윤리를 사적인 영역으로 밀어넣었고 그 결과 돌봄의 윤리를 인간의 후생이 의존하는 토대라기보다는 개인적인 선호나 성격 문제로 축소하는 대가를 치렀다. 페미니스트들은 직장에서 자신의 가치를 입증하는 데 매진하느라 돌봄을 위한 시간과 공간을 충분히 주장하지 못했고, 돌봄은 직장 일 주위에 알아서 욱여넣어야 하는 것이 되었다. 한편 돌봄을 분담하려는 남성은 충분히 늘지 않았다. 사회적 혁명은 절반의 성공으로 그쳤다.

우리 사회가 돌봄을 인정하지 않게 된 데는 이렇듯 오랜 역사적 뿌리가 있다. 하지만 2010년 이래 복지제도의 핵심 부문들이 해체되면서 상황이 한층 더 심각해졌다. 여성의 노동시장 진출 증가와 돌봄에 대한 수요 증가, 불충분한 공공 서비스라는 세 요소의 위태롭고 지속 가능하지 않은 조합은 2008년 글로벌 금융위기 이후 10년간 불어닥친 예산 삭감의 돌풍을 정면으로 맞았다. 긴축 정책에는 돌봄 종사자들의 임금을 내리누르는 것도 포함되었다. 사회적 돌봄부터 아동 돌봄 그리고 간호 영역까지, 대체로 여성인 돌봄노동력이 긴축 정책으로 인한 임금 삭감의 직격탄을 맞았다. 돌봄은 값싼 일이어야 한다는 문화적 고정관념이 다시 고개를 들었다.

지역 당국들은 몇몇 영역에서 최악의 예산 삭감을 맞았다. 중앙에서 지역으로 들어오는 자금은 2010년에서 2018년 사이에 반토막이 났고, 노인 인구 증가로 사회적 돌봄 수요가 늘어나는 와중에 사회적 돌봄 예산은 8퍼센트나 줄었다.(이에 비해, 같은 기간 NHS 예산은 늘어나는 수요를 감안해 9퍼센트 증가했다.)[38] 지역 당국은 두 가지 방식으로 지출을 줄였다. 우선, 돌봄 서비스를 받을 수 있는 자격을 더 엄격하게 했다. 이 때문에 전에는 수혜 대상이었지만 이제 정부가 제공하는 어떤 서비스도 받지 못하게 된 노인 인구가 140만 명이나 되는 것으로 추산된다.[39] 둘째, 외주 돌봄 서비스 업체에 들어가는 비용을 낮추었다. 이는 돌봄노동자들의 임금을 내리누르는 결과로 이어졌다. 지역 당국 중 서비스를 안정적으로 제공하고 최소한의 고용 기준을 맞출 만한 비용을 돌봄 서비스 업체에 지급하는 곳은 일곱 곳당 하나에 불과하다.[40]

그 결과 147만 명가량의 사회적 돌봄 인력이 전반적으로 만성적인 저임금에 시달리고 있다. 최저임금에 미달하는 사례도 고질적으로 존재하며(많게는 22만 명의 노동자가 이러한 상태인 것으로 추산된다.)[41] 이동시간에는 임금을 지급하지 않는 '제로아워' 계약도 일반화되었다. 사회적 돌봄 시스템은 만성적으로 자금이 부족한 상태다. 노동법이 있어도 소용없다. 관리감독이 최소한으로만 이뤄지기 때문이다.[42] 2017/2018 회계연도에 영국에서 총 2만 1200명의 돌봄 사업자 중 80명이 불법적인 저임금 지급으로 국세청에 적발되었다. 전체 사업자의 약 0.3퍼센트에 해당하는데, 2011년의 한 연구에 따르면 돌봄 관련 일자리의 9~13퍼센트(15만 7000~21만 9000명)가 최저임금에 미달하는 보수를 받는 것으로 추산되었다.[43] 최근의 숫자는 더 높을 것이다. 사회적 돌봄 영역이 그 이후로도 계속해서 예산 삭감의 영향을 받았기 때문이다. 그런데 이들의 임금을 법정 최저임금 수준에 맞게 올리면 전체 시스템을 위험에 빠뜨릴 수 있다. 의미심장하게도, 최근의 한 법원 판결은 밤에 대기하며 현장에서 자야 하는 근무sleep-in shift 시간에 대해서도 최저임금이 적용되어야 한다고 판시했는데, 국세청이 그 집행을 중지했다. 집행을 위해 추가적으로 들여야 할 비용과 앞으로 발생할 비용이 "돌봄 서비스 업체의 장기적인 지속 가능성과 안정성을 위협할 수 있기 때문"이라는 것이었다.(현재 항소가 진행 중이다.) 사회적 돌봄 영역의 재정적 불안정성과 실질적 중요성이 희한하게 결합해, 노동자에게 정당한 보수를 지급하지 못하는 문제가 법도 어쩌지 못하는 상황에 놓이고 말았다.

만성적인 저임금은 높은 이직률과 결원율로 이어진다. 매년 돌봄노동자의 거의 절반이 그만두는데,[44] 이는 재앙 수준으로 높은 이직률이다. 연속성과 업무 경험이 사라지고 계속해서 사람을 채용하는 데 따르는 비용도 크기 때문이다. 이직률과 결원율은 돌봄노동이 심각한 정신적 고통을 유발할 수 있다는 것을 보여주는 것이기도 하다. 2017년 3월에 발표된 자살 연구에 따르면 돌봄노동자들의 자살률이 전국 평균의 두 배였다.[45] 돌봄 업체 고용주들은 사람을 구하기가 점점 더 어렵다고 토로한다. 2019년에 결원율은 7.8퍼센트로 총 12만 2000개의 일자리가 채워지지 않은 상태였는데, 전체 경제 결원율의 두 배에 해당하는 수치였다.[46] 돌봄노동력의 미래 전망도 암울해 보인다. 젊은 사람들이 다른 일자리를 찾아 떠나면서 돌봄노동력의 연령대가 급격히 올라간 것이다. 최근 몇 년 사이 돌봄노동자의 평균 연령은 47세로 크게 높아졌다.[47]

전부터 영국은 아일랜드, 카리브해 연안 국가들, 영연방과 유럽연합EU 국가들에서 돌봄노동자들을 수입했다. 하지만 이민자에 대한 정치적 반감 때문에 해외로부터의 인력 공급이 막히고 있다. [2018년의 한 보고서에 따르면, 2020년 말 이주 제한 실시를 감안할 경우] 2028년이면 사회적 돌봄 분야에서 부족한 인력이 40만 명에 달할 것으로 추산되었다. 현재도 부족한 서비스 제공은 개선이 요원해 보인다. [이주 제한을 감안하지 않을 경우에도 35만 명이 부족할 것으로 추산되었다.] 하지만 심각한 경보를 울리는 지표가 이렇게 많아도 정부가 행동에 나서도록 강제할 만큼 대중의 관심을 충분히 불러일으키지는 못하고 있다. 영국의 여론조사 업체 입소스 모리가 2019년에 진행한 설문조사는 대중의 무관심을 명백히 드러냈다. NHS를 예산 삭감에서 보호해야 한다는 사람은 응답자의 87퍼센트에 달한 반면, 사회적 돌봄 분야를 보호해야 한다는 사람은 34퍼센트에 지나지 않았다.(2015년보다 거의 10퍼센트 포인트나 줄어든 것이다.)[48] NHS의 병상과 자원에 미치는 연쇄적인 영향을 막기 위해 사회적 돌봄을 긴급히 지원해야 한다는 주장이 수없이 제기되었는데도 정치적 관심은 여전히 NHS에만 쏠려 있다.

간호사 또한 긴축으로 인한 임금 동결의 타격을 받았다.[49] 2018년 간호사 초임 2만 3000파운드[약 3600만 원]는 인플레이션을 감안했을 때 2010년 이래 8퍼센트나 하락한 것이다.[50] 이는 10퍼센트에 달하는 결원율로 이어졌고, 2018년의 이직률은 2012년보다 20퍼센트나 높아졌다. 새로 간호 일에 들어오는 사람보다 간호 일을 떠나는 사람이 더 많다. EU 국가들에서 들어오는 간호사가 급격히 줄면서, 2018년에 하원의 보건특별위원회는 NHS가 증가하는 수요를 맞추려면 간호 인력이 "규모와 속도 모두에서 시급히 확대되어야 한다."라고 촉구했다. 이 위원회는 간호사들이 막대한 과부하에 시달리고 "가차 없는 압력"을 다루느라 고전 중이라고 지적하면서 이런 상황에서 전문가로서의 기준을 현실적으로 어떻게 유지할 수 있을지를 간호사들이 정말로 우려하고 있다고 언급했다.[51] 또한 보고서는 다른 나라들이 더 나은 보수와 교육을 제공하고 있으므로 해외에서 간호사를 채용해오는 것도 쉽지 않을 것이라고 지적했다.

최악의 임금 수준을 보이는 곳은 아동 돌봄 분야다. 2018년에 이 분야에서는 인력의 40퍼센트가 임금을 제대로 받지 못했는데, 저임금위원회Low Pay Committee에 따르면 이는 "이제까지 통틀어" 어느 영역보다도 임금 미달률이 높은 것이었다.[52] 2017년 어린이집 경영자의 임금은 시간당 평균 13.43파운드[약 2만 1000원]였는데 비교 가능한 다른 직업들은 평균 20.62파운드[약 3만 2200원]였다.[53] 그리고 아동 돌봄 분야 일반 노동자의 임금은 시간당 8.49파운드[약 1만 3200원]에 불과했다. 이러한 저임금에도 불구하고 시간 외 추가 근무가 종종 요구된다.(2018년의 한 설문조사에 따르면 많게는 아동 돌봄 분야 노동자의 81퍼센트가 정해진 시간을 넘겨 일해야 했던 적이 있다고 답했다.)[54] 저임금은 불가피하게 고질적인 채용 및 인력 유지 문제로 이어진다. 아동 돌봄 분야에서도 이 문제는 사회적 돌봄 분야에 필적할 정도로 심각하다. 아동 돌봄 시설은 아동의 성장 발달에 대해 더 높아진 기준을 충족하도록 요구받고 있는 데다 복잡한 자금 지원 시스템을 헤쳐가며 부모들을 지원하느라 가뜩이나 많은 관료제적 업무로 고전하고 있는데, 인력 채용 문제가 여기에 부담을 한층 더 높인다.

전문가들은 2019년 영유아 돌봄 분야의 자금 부족분이 6억 6200만 파운드[약 1조 353억 원]에 달한다고 추산했으며, 잘 교육받은 종사자가 줄고 돌봄제공자 대 아동의 비율이 악화되면서 돌봄의 질이 저하되었다고 지적했다.[55] 교육부가 "법이 정한 한도 내에서 돌봄 서비스 사업자가 종사자들을 효율적으로 배치해 시간당 비용을 줄이라."라고 조언한 것도 여기에 한몫한 것으로 보인다. 영유아 발달 및 돌봄 전문가 수 카울리Sue Cowley는 블로그 글에서 "아동 돌봄에 대한 이러한 관점은 현실을 간과한다는 점에서, 더 나쁘게는 이 영역에서 일하는 사람들을 간과한다는 점에서 문제가 있다."라고 지적했다.[56] 카울리는 아동 돌봄기관에서 인력을 여유 있게 두는 것은 질병 같은 예기치 못한 상황에 대처하는 데 꼭 필요하다고 언급했다. 영국에서 돌봄제공자 1인당 아동의 비율은 많은 이들이 돌봄의 질이 심각하게 저하될 수 있다고 우려하는 수준까지 높아졌다. 성인 돌봄제공자 1명이 2세 아동 6명, 또는 1세 이하 영아 4명을 돌볼 수 있다. 또한 정식 교사가 있는 어린이집의 경우 교사 1인이 3세 아동을 13명까지도 돌볼 수 있다. 이것은 값싼 노동력에 의존하는 위험한 돌봄이고, 아동의 성장 발달이라는 핵심 목적을 잃어버린 것이다. 아동 돌봄은 엄마들이 바깥일을 할 수 있도록 아이들을 그저 데리고 있어주는 용도가 되었다. 한 보고서는 공포를 애써 억누르는 어조로, 더 많은 투자, 적절한 교육 훈련, 그리고 "사회가 영유아 교육 및 돌봄을 생각하는 방식과 그것에 가치를 부여하는 방식에서의 전반적인 변화"를 간절히 촉구했다.[57]

돌봄노동자들과 대화를 나누다 보니 많은 이들이 조부모와 부모의 영향을 언급한다는 사실이 눈에 띄었다. 그들은 자신이 돌봄노동을 이해하는 방식이 조부모와 부모를 보고 배운 것이라는 식으로 자주 말했다. 이들에게 위 세대는 영감의 원천이었고 생생한 연속성의 감각을 나타내는 존재였다. 돌봄의 임무를 부모에게서 자녀에게로, 시간이 더 지나면 다시 자녀에게서 부모에게로 바통처럼 넘겨주며 이어간다는 것이다. 돌봄에 대한 이런 관점은 타인의 후생을 위한 봉사, 낯선 사람에 대한 친절, 그리고 유대의 형성이라는 더 폭넓은 개념으로 확대되곤 했다. 내가 만난 많은 사람이 "하느님, 그래도 제 처지에 감사하며 이 일을 합니다."라거나 "남에게 대접받고자 하는 대로 남을 대접하라."라는 종교의 규율을 이야기했다. 내가 만난 사람 중 몇몇 돌봄 종사자들과 부모를 돌보고 있는 사람들은 종교가 있었으며 그들이 수행하는 돌봄은 신앙에 깊이 뿌리를 두고 있었다. 이러한 측면은 인종적 소수자에게서 더욱 두드러졌다. 더 일반적인 경우는 부모나 조부모는 종교가 있지만 본인은 종교가 없다고 말한 사람들이었는데, 이들도 자신에게 영감과 동기를 불어넣고 가치 있는 일을 한다는 느낌을 주는 윤리적 전통을 언급했다. 그리고 이러한 요소가 이제는 점점 사라지는 것 같다고 말했다. 이들이 소중히 여기는 개념들, 가령 의무, 친절, 심지어는 책임 같은 개념마저 그들의 고용주에게서, 더 일반적으로는 사회에서 가치 절하되거나 무시되고 있었다.

역사적으로 종교는 돌봄을 조직하는 데 주된 역할을 해왔다. 병원은 종교기관으로 출발했다. 모든 종교가 긍휼을 실천해야 한다고 강조하는데, 긍휼은 돌봄의 본질적인 속성이기도 하다. 비종교적인 인본주의에도 이러한 윤리적 실천이 상당히 많이 통합되었지만, 종교는 이러한 이상을 사람들에게 교육하고 불어넣는 일을 체계적이고 확고하고 반복적인 방식으로 수행한다. 물론 종교가 양질의 돌봄을 보장하지는 않으며 종교기관이 경악스러운 학대를 저지른 사례도 있다. 하지만 돌봄 영역의 개혁과 돌봄 서비스 제공 확대를 위한 운동은 종교적인 동기에서 추동된 경우가 많다. 오늘날까지 막대한 영향력을 미치는 두 개척자도 그런 사례다. 크림전쟁 때 활약한 간호사 플로렌스 나이팅게일Florence Nightingale과 초창기 복지제도의 열렬한 주창자였던 베아트리스 웹Beatrice Webb 모두 어린 시절의 강렬한 종교 경험과 그리스도교적 긍휼을 실천해야 한다는 종교적 도덕률에 크게 영향을 받았다. 나이팅게일은 줄곧 자신의 일을 종교적 프레임으로 이야기했고, 웹의 경우에도 나중에는 정치적 프레임으로 옮겨 가지만 누가 누구를 어떻게 돌봐야 하는지를 급진적으로 재상상하는 데 불을 댕긴 출발점은 그리스도교였다.

나이팅게일(1820~1910)과 웹(1858~1943)은 교육의 혜택을 받은 첫 세대 여성에 속한다. 그들은 이러한 교육에서 배운 것을 여성으로서 모범을 보여야 할 덕목으로 여겨진 그리스도교적 윤리와 공감을 실천하는 데 적용했고, 병원 개혁이나 노동자 권리 옹호 같은 새로운 대의의 기치를 들었다. 안주와 무관심에 도전했고 자신이 주창하는 대의를 진전시키기 위해 증거, 통계, 논변, 유명인의 신화, 종교적 이상 등 필요한 것들을 적극적으로 동원했다. 그들은 돌봄이 완전히 새로운 방식으로 조직되는 사회를 꿈꾸었다. 그들은 돌봄을 사적 영역과 시혜적인 자선활동의 맥락에서 끄집어내 국가의 행동을 필요로 하는 공적인 사안으로 만들었다. 또한 그들은 간호와 사회복지 분야에서 새로운 직업이 생겨나는 데 일조했고, 이 새로운 직업이 여성들에게 열리면서 현재까지 이어지는 고용 패턴이 자리 잡았다. 돌봄에 여성성과 미덕을 강하게 결부하는 이데올로기는 20세기 후반까지도 간호와 교육에 양질의 여성 노동력이 대거 공급되는 데 기여했다. 그러다가 전통적으로 남성이 장악했던 법조, 회계, 경영 등으로 여성들이 옮겨 가자, 논평가들은 이를 "여성적 이타심의 종말"이라고 묘사했다. 이 추세는 여성에게 더 많은 기회를 열어주었지만 의도치 않게 돌봄의 가치를 절하하는 결과를 낳았고, 남성이 직업적 선택지를 넓혀 돌봄노동을 포함시키도록 동기부여할 방법에 대해서는 고민이나 논의가 거의 이루어지지 못했다.

서구 사회에서 종교가 쇠퇴하는 상황에서 비종교적인 인본주의가 시장의 가치로부터 돌봄을 지탱해주던 이상들을 방어하기에 충분할까? 이제 돌봄은 점점 반反문화적인 무언가가 되어가고 있다. 돌봄에는 자신의 필요보다 타인의 필요를 먼저 충족시키는 자기희생을 일상적으로 발휘할 것이 요구되므로, 자아, 자아 이미지, 자아의 욕망, 그리고 그 욕망의 실현에 집착하는 우리 사회의 지배적인 문화에 대한 저항이 필요한 것이다. 돌봄제공자들은 더 이상 그들의 노동을 독려하거나 정당화해주지 않는 문화에서 주류 문화에 대한 저항자가 되는 상황에 처했다. 조부모와 부모의 영향이나 종교적 원칙을 자주 언급하는 것도 이와 무관하지 않을 것이다. 자신의 일을 유의미한 것으로 자리매김시킬 수 있을 법한 더 큰 맥락과 프레임을 발견하려는 노력인 것이다. 없어서는 안 될 인간 활동인 돌봄이 문화적인 고아 신세가 되었다.

이런 요소들이 결합해 돌봄의 위기를 불러왔다. 오래전부터 누적되어온 추세가 최근 국가의 돌봄 서비스가 급격히 철회되면서 한층 더 악화되었다. 돌봄은 전에도 제대로 이해되거나 적절히 가치를 인정받은 적이 없지만, 자본주의 발달과 긴축정책으로 훼손되고 자유주의 페미니즘에 의해서도 대체로 버려지면서 이제는 이전의 지위마저 가지지 못하게 되었다. 전문직 종사자도 포함해 돌봄노동에 종사하는 사람들은 이제 시장 메커니즘을 모방한 시스템에서 일해야 한다. 그리고 효율성과 생산성이라는 기준으로 자신의 일을 정당화해야 하는데, 효율성과 생산성이라는 시장의 용어는 돌봄 제공에 본질적인 가치들에 종종 적대적이다.

가정과 노동시장 모두에서 돌봄의 문화적 중요성, 그리고 여기에 필요한 시간, 관심, 접촉, 곁에 있어주는 행동 등은 점점 더 벗겨져나갔다. 역사를 대충만 보더라도 돌봄의 실천이 얼마나 허약하고 부서지기 쉬운 문화적 구성물인지 알 수 있다. 돌봄은 친밀성과 의존성을 다루는 행동이기 때문에 학대로 변질되기도 쉽다. 하지만 지난 한 세기 동안 서구 민주주의 국가들은 높은 수준의 돌봄을 보장하려는 노력에서 막대한 진전을 이루기도 했다. 의료 시스템과 복지국가 시스템이 그러한 사례다. 이제 우리는 이 시스템을 당연하게 여기며 마땅히 제공되어야 하는 것이라고 여긴다. 하지만 이것이 세대를 이어 지속되려면 사회적 인정, 자금 지원, 합당한 존중과 가치 부여가 필요하다는 사실은 충분히 인지하지 못하고 있다.

돌봄

care

명사 1. 누군가 혹은 무언가의 건강, 복리, 유지, 보호를 위해 필요한 것을 제공함.
2. 무언가를 정확하게 수행하기 위해, 또는 손상이나 위험을 피하기 위해 들이는 진지한 관심과 고려.
3. 마음이 쓰이는 상황이나 감정.

동사 1. 신경을 쓰거나 관심을 갖다, 무언가에 중요성을 부여하다. 1.1) 애정이나 좋아함을 느끼다. 1.2) 무언가를 하고 싶거나 갖고 싶어 하다.
2. 누군가가 필요로 하는 바를 신경 써서 살피거나 제공하다.

돌봄을 뜻하는 영어 단어 케어care는 보살핌, 관심, 걱정, 슬픔, 비통함을 의미하는 고대 영어 카루caru와 한탄이나 마음의 부담을 뜻하는 고대 게르만어 카라chara에서 나왔다. 또 다른 어원은 병상을 뜻하는 고대 스칸디나비아어 코르kor다. 돌봄은 늘 고통과 밀접하게 관련이 있었다. 돌봄에는 누군가의 삶에서 가장 고통스러운 순간을 꿋꿋하게 직면하고 버티면서 슬픔을 함께 나누고 변함없이 곁에 있어주고 신체 및 신체의 배설물로 엉망진창인 물리적 현실을 기꺼이 다루고자 하는 마음이 수반된다. 베르길리우스Vergilius는 돌봄을 너무나 큰 부담으로 여겨 명계의 입구에 "복수심에 불타는 돌봄들ultrices

Curae"이 서 있다고 의인화해서 표현하기도 했다.[1] 하지만 라틴어 쿠라cura는 이러한 부담의 감각에 타인의 후생에 관심을 기울인다는 더 긍정적인 해석을 결합했다. 세네카Seneca는 돌봄에 인간을 신의 수준으로 고양시켜주는 힘이 있다고 보았다. 인간은 논리력을 가지고도 '선'을 달성할 수 있지만 그 선을 '완벽하게 만드는 것은 돌봄'이라는 것이다. 스토아학파 철학자들은 돌봄이 우리가 온전히 인간이 되게 해주는 길이라고 생각했다.

그리스-로마 신화 중 잘 알려지지 않은 한 이야기에서, 여신 쿠라가 진흙으로 인간 형상을 빚고서 제우스에게 생명의 영을 불어넣어달라고 청했다. 하지만 대지의 여신 테라는 이 존재가 흙으로 만들어졌으니 마땅히 자신의 이름을 따야 한다고 주장했다. 중재에 나선 크로노스는 이 존재가 죽고 나면 영혼은 제우스가 거둬가고 육신은 테라가 가져가되, 살아 있는 동안에는 이 존재를 만든 쿠라가 그것을 "갖고 지탱하라."라고 결정했다. 그리고 그 존재의 이름은 라틴어로 땅을 뜻하는 후무스humus를 본떠 호모homo로 정해졌다. 쿠라 여신은 소유possession의 의미에서가 아니라 (그리스도교의 결혼 서약에 나오는 것처럼) 소중히 보살핀다cherish는 의미에서 인간을 '갖고 지탱해'준다. 이는 모든 생명을 지탱해주는 것이 바로 돌봄임을 인정하는 것이다.

돌봄의 어원을 보면 두 개의 꽤 상이한 개념이 결합되어 있음을 알 수 있다. 돌봄은 타인의 후생을 위해 행하는 구체적이고 실천적인 '행동'이기도 하고, 타인에 대해 공감, 관심, 때로는 슬픔을 가지고 마음을 쓴다는 '의도'이기도 하다. 이것은 누군가를 위해 돌봄을 행하는care for 것과 누군가에 대해 마음을 쓰는care about 것의 차이인데, 행동에서 의도나 감정으로 넘어가는 것이다. 종종 우리는 우리가 돌보는 사람에게 마음을 쓴다. 하지만 늘 그런 것은 아니다. 보수를 받는 돌봄노동에서는 꼭 그렇지 않을 수도 있다. 환자나 노인은 일 처리로서의 돌봄 행위뿐 아니라 소중하게 살펴주는 보살핌을 받고 싶어 할 수 있겠지만, 아무리 헌신적인 간호사나 간병인이라도 담당하는 모든 사람을 그렇게 신경 써서 소중히 대하기는 어려울 것이다. 돌봄 자체가 윤리, 구체적인 행위, 정서적인 반응과 생각 등 다양한 영역에 걸쳐 있기 때문에, 돌봄이라는 단어에도 이러한 모호함이 담길 수밖에 없다.

널리 알려진 저서 『존재와 시간』에서 철학자 마르틴 하이데거Martin Heidegger는 인간이 된다는 것이 무엇을 의미하는지를 탐구하기 위해 돌봄을 뜻하는 조르게sorge라는 단어를 사용했다.[2] 조르게는 태도만 말하는 것이 아니라 감수성과 이해력을 의미하기도 하며 이 세상에서 존재하는 방식을 뜻하기도 한다. 하이데거는 인간의 실존을 환경과 지속적으로 물리적, 정서적 상호작용하는 과정이라고 보았다. 그리고 이러한 상호작용을 추동하는 동력이 바로 돌봄[염려]이다. 조르게는 우리가 세상에 관여하는 방법, 우리가 세상에 관심을 가짐으로써 불가피하게 스스로를 걱정과 슬픔에 처하도록 하는 과정을 의미한다. 얼마나 마음 쓰고 염려하든 간에 그 대상은 변하고 병들고 나이 들고 죽는다. 관심을 기울이고 신경을 쓸수록 이 사실을 더 깊이 깨닫게 된다. 조르게는 슬픔sorrow과 어원이 같다. 우리는 '근심 걱정으로 초췌해졌다careworn'라거나 '온 세상 걱정은 다 한다cares of the world' 같은 표현을 쓰곤 하는데, 돌봄이 얼마나 막대한 부담을 일으키며 얼마나 많은 것을 요구할 수 있는지를 말해준다. 에릭 에릭슨Erik Erikson은 하이데거의 영향을 받아 인간의 생애주기를 8단계로 설명하면서 돌봄을 핵심에 놓았다. 그는 성인 단계에서 돌봄은 "다음 세대의 강인함과 역량을 육성하는 세대 간의 임무"이며 이것은 "양육적일 수도 있고 교육적일 수도 있고 생산적일 수도 있고 치유적일 수도 있다."라고 언급했다.[3]

간호에 대한 논문들을 일별해보면 20세기 전반에는 간호 분야에서 '돌봄'이라는 단어가 잘 사용되지 않은 것을 알 수 있다. 하지만 그 이후로 돌봄은 간호 분야에서 가장 핵심적인 관심사가 되었고, 과거에 쓰이던 '(환자에게) 세심하게 관심을 기울이다attend', '(아이에게) 신경을 쓰다mind', '(노인을) 안심시켜주다relieve' 같은 표현을 대체했다. 또한 이 단어는 복지제도의 수많은 측면으로도 확산되었다. 노인 돌봄, 아동 돌봄, '공동체에서의 돌봄' 등은 이 단어가 얼마나 유연하게 적용될 수 있는지를 보여준다. '건강 잘 챙겨!Take care!'는 작별 인사로 '안녕goodbye' 대신 흔히 쓰이며, '잘 보살피는caring'이라는 단어는 친절하고 기분을 북돋우는 성격을 말하는 형용사로 쓰인다. 한편 상업적, 정치적 로비스트들은 '셀프 돌봄self-care'이라는 개념을 밀고 있는데, 자신의 건강을 스스로 모니터링하고 관리할 수 있는 테크놀로지를 사용하라는 의미다.

복지 정책에서는 '돌봄'이라는 단어가 의존성과 주로 결부되어 사용되면서, 장애인 권리 활동가들로부터 비판이 일기도 했다. 돌봄에는 권력관계가 수반되므로 '권리right'나 '역량 강화empowerment' 같은 어휘로 바꿔야 한다는 것이다. 돌봄이 늘 무해하고 좋기만 한 것은 아니다. 돌봄은 간섭과 통제를 의미할 수도 있다.

많은 페미니스트 철학자들이 돌봄이라는 단어의 의미를 명확히 규정하고자 노력해왔다. 조앤 트론토Joan Tronto는 돌봄이 도덕적인 개념일 뿐 아니라 정치적인 개념이기도 하다고 본다. 그에게 돌봄은 "우리가 그 세계 안에서 되도록 잘 살아갈 수 있도록 우리의 세계를 지속시키고 유지하고 고치기 위해 하는 모든 활동"을 포함하는 노동이다.[4] 트론토는 이러한 노동을 구성하는 네 가지 윤리적 요소로 관심, 책임, 역량, 반응성을 꼽는다. 세라 러딕Sara Ruddick은 "돌봄은 노동인 만큼이나 관계이기도 하다."라며 "돌봄노동은 내재적으로 관계적인 노동"이라고 말한다.[5] 롤로 메이Rollo May는 돌봄이 감정 이상의 것이며 "무언가를 행하는 것, 무언가에 대한 의사 결정"이라고 본다.[6] 한편 돌봄을 미덕으로 이야기하는 사람들도 있지만, 버지니아 헬드는 이에 동의하지 않는다. 헬드는 돌봄이란 이타적인 관계가 아니라 "그것을 제공하는 사람과 받는 사람이 후생에 대해 호혜적인 이해관계를 공유하는 관계"라고 설명한다.[7]

2

유지의 예술

윤리는 돌봄의 심장이다. 의존성과 취약성과 신뢰, 그리고 부서지기 쉬운 위태로움과 연결성을 어떻게 다룰 것인가, 자아와 타인 사이의 경계를 어떻게 구축할 것인가에 대한 끝없이 되풀이되는 문제인 것이다.

셀마 세벤하위선Selma Sevenhuijsen, 『시민정신과 돌봄의 윤리Citizenship and the Ethics of Care』(1998)

육아는 돌봄에 대해 내가 알고 있는 대부분을 가르쳐준 훈련장이었으며 이 책에서 제기한 많은 질문을 촉발한 계기이기도 했다. 나는 어린아이들을 키워야 하던 혼란스럽던 시기에 처음으로 돌봄의 의미를 생각해보게 되었고 그 이후로 계속해서 돌봄에 대해 배워가고 있다. 아이를 키우려면 기존의 나와는 완전히 다른 존재가 되어야 했고 성인기의 인간 존재란 무엇인가에 대해 알고 있던 것의 상당 부분을 머리와 습관에서 지워야 했다. 내게 이것은 너무나 충격적으로 놀라운 일이었다.

내 딸은 늦은 저녁에 태어났다. 나는 아기 아빠, 내 여동생, 조산사, 산부인과 의사 모두 돌아가고 없는 병실에서, 누운 채 침대 모서리에 바짝 기대 옆에 있는 아기 침대를 들여다보았다. 그리고 엘리너를 만났다. '모두' 돌아가고 없는 것이 아니었다. 여기 엘리너가 있었다. 진실로 경이로운 밤이었다. 나는 잠을 자지 않았고 엘리너도 그랬다. 엘리너는 아직 초점은 없지만 다 아는 것 같은, 그리고 놀라움으로 가득한 커다랗고 푸른 눈으로 나를 응시했다. 엘리너는 어딘가 먼 곳에서 온 존재 같았다. 그리고 지금 여기에 우리가, 엄마와 딸이라는 신체적 관계에서 자신을 발견한 두 영혼이 있었다. 그날 밤 내내, 나는 많은 것을 알고 있고 또 알아가고 있는 새 생명에게 수많은 이야기를 속삭였다. 아이가 자신이 도달한 세상에서의 삶에 대해 알고 싶어 할 것 같은 것과 알아야 할 듯싶은 것을 두서없이 말해주었다. 나중에 나는 그날 밤에 우리가 정당, 정부, '국정 현안' 등을 논의했다고 농담했다. 그것은 독백 같지 않고 토론 같았다. 아이의 눈은 이해하는 듯했고 내가 말하는 내용을 모두 흡수하는 것 같았으며 나를, 그리고 살아 있다는 물리적인 감각 둘 다를 파악해가는 것 같았다. 분주한 산부인과 병동의 불빛, 소음, 냄새…… 아이는 무엇인지 묻는 것 같았고 나는 열심히 설명했다.

아침이 왔고 우리는 퇴원해서 집으로 돌아와, 젖을 먹이고 기저귀를 가는 신생아 육아의 현실적인 세계로 들어왔다. 아이를 돌보는 관계가 몹시도 적나라하게 신체적인 관계라는 사실이 놀라웠고 겁이 나기도 했다. 그 이전의 25년 동안 나는 책에 파묻혀 지냈다. 책을 읽고, 책에 대해 글을 쓰고, 책을 쓰는 것이 나의 주된 일이었다. 자아와 정체성에 대한 나의 감각은 학문적인 성취와 저널리스트라는 직업에 깊이 뿌리 박혀 있었다. 어찌어찌 흘러온 인생의 과정에서, 또한 모종의 필연이라는 느낌에서 엄마가 되긴 했지만, 정확히 이것이 무엇을 수반하는지에 대해서는 아주 모호한 생각밖에 없었다. 유일하게 확실한 것은 커리어를 이어가야 한다는 것이었다. 출산하고 하루이틀 뒤 기사를 써야 할 사건이 터졌을 때 나는 아기 침대를 발치에 두고 컴퓨터에 로그인했다. 한없이 순한 아기 엘리너는 내가 기사를 쓰는 동안 종일 거기 누워 있었다. 나중에 나는 아기에게 젖도 먹이지 못했다고 조산사에게 걱정스럽게 털어놓았다. 아이가 졸린 것 같아서 자게 두었다고 말이다.

이제 나는 그 첫 몇 달간의 중대한 의미를 잘 알고 있으며 감사하게 생각한다. 그것은 삶이 완전히 새로운 경로를 향해 영원히 방향을 틀게 되는 순간들 중 하나다. 그때 나는 남편 못지않게 커리어에 몰두하고 있었고, 처음에는 이제 내 삶에서 직장생활에 맞춰야 하는 아이가 추가된 것이라고만 생각했다. (덧붙이자면, 직장생활과 아이를 조율해야 하는 쪽은 거의 언제나 남편이 아니라 나였다.) 하지만 병실에서 딸과 함께 보낸 그 첫날은 비용과 편익으로 계산이 불가능한 관계의 시작이었다. 이것은 무조건적이고 무제한적인 헌신이었고, 말 그대로 '죽음이 우리를 갈라놓을 때까지' 이어지도록 맺어진 관계였다.

우리 대부분은 돌봄을 받는다는 것에 대해 신체에 체화되는 지식(느낌, 감촉, 맛)을 부모를 통해 처음 축적하며, 이러한 기초 지식은 이후에 살면서 맺는 관계들에 반영된다. 정신분석학자 웬디 홀웨이Wendy Hollway는 모든 이에게 돌봄은 "자아를 받쳐주는 바닥을 만들어낸다."라며 "그 바닥에 각자의 개인성이 굴곡을 지어나간다."라고 말했다. 또한 홀웨이는 "돌봄의 관계는 우리의 신체기억에 지속적으로 남아 있으면서 미래의 모든 만남에 쓰일 자원이 된다."라고 언급했다.[1]

일반적으로 이 돌봄 관계, 즉 부모가 수행하는 육아parenting는 보람과 기쁨을 주는 활동으로 이야기되며, 여전히 문화적으로 특권적인 지위를 누리고 있다. 육아는 돌봄의 의미를 파악하고 규정하기에 좋은 출발점이다. 돌봄의 윤리에 대한 연구에서 철학자 버지니아 헬드는 돌봄이 친생모나 여성에게만 해당되는 행위가 아니라 타인의 삶을 양육하고 지탱하는 데 도움을 주는 일군의 습관을 의미한다고 주장했다. 따라서 '엄마가 된다mothering'는 것은 모든 성별에 적절하게 사용될 수 있는 은유다. 돌봄에 대해 연구한 남성 철학자 모리스 해밍턴Maurice Hamington도 어린 딸의 머리를 감겨준 일화를 통해 비슷한 논지를 전개했다. 그는 따뜻한 물을 뿌려 아이의 머리를 적시고 샴푸로 거품을 내면서 딸과 농담을 주고받고 함께 노래를 부른 것을 묘사하며 이렇게 언급했다. "딸아이는 몸으로 돌봄과 사랑을 알게 될 것이다. 우리는 접촉으로 돌봄을 소통할 수 있고 근육에 남는 기억으로 돌봄의 경험을 간직할 수 있다." 돌봄은 "말로 늘 설명되지는 않는 방식으로 우리가 우리의 신체를 통해 이해하는 윤리의 형태로 체화된다. 우리는 아기일 때, 언어를 알기 전에 먼저 신체를 통해 돌봄을 배우기 시작한다." 해밍턴은 "우리는 돌보도록 만들어진 존재"라며 우리 신체의 생리학적 특성(감각, 근육기억, 미세한 촉감, 표정, 집중력, 공감을 가능하게 하는 신경구조 등)은 돌봄의 역량을 촉진하도록 되어 있다고 설명했다.[2]

해밍턴은 돌봄이 탐구 혹은 지식 노동의 한 형태라고 본다. 모르는 것에 마음을 쓸 수는 없기 때문이다. 또한 여기에는 막대한 부담에 직면하는 것이 두려워 알지 않기로 선택하느냐, 아니면 그러한 두려움에도 불구하고 기꺼이 알기로 선택하느냐에 관련된 윤리적 측면도 있다. 한 간호학과 교수는 지원자를 평가할 때 복닥대는 지하철에 앉아서 가다가 누군가 앉을 자리가 필요하지는 않은지 살펴보려고 간간이 고개를 들고 주위를 둘러보는지를 본다고 말했다. 자신이 채울 수 있는 필요가 존재하는지를 기꺼이 알아차리고자 하는 자세가 있어야 한다는 것이다. 아이리스 머독Iris Murdoch도 좋은 사람이 되기 위해 기본적으로 필요한 것은 "주변에 대해 무언가를 아는 것, 가장 명백하게는 다른 사람들의 존재와 그들이 필요로 하는 바를 아는 것"이라고 말했다.[3]

해밍턴은 "돌봄이란 정치적으로 체화된 수행"이라며 "이러한 수행은 모두 동태적으로 형성되는 도덕적 정체성의 감각에 기여하며, 우리를 반복적 일상에서 끌어내 무언가에 관심을 쏟고 행동하도록 요구하므로 우리를 뒤흔들 지식을 가져올 수도 있다."라고 설명했다. 우리는 어떻게 돌볼지를 알아내야 하고, 그러려면 "탐구하는 습관과 역량"이 필요하다. 이것이 돌봄 역량의 출발점이고 돌봄의 본질적인 특성이다. 이러한 지식은 행동하고 관찰하고 반추하는 과정을 통해 발달한다. 잘 수행된 돌봄은 언제나 혁신, 적응성, 그리고 자생성이 개입되는 창조의 행동이다. 딸의 머리를 감겨준 경험은 해밍턴에게 "세심하고 배려를 담은 모든 접촉이 앞으로도 돌봄의 행위를 되풀이해 수행할 수 있게 해주리라는 강력한 생각"을 남겼다.[4]

출산 후 갓난아기와 함께 집에 있으면서 나는 아기가 스스로의 신체를 이해하지 못한다는 사실을 알게 되었다. 자신의 딸꾹질이나 방귀에 화들짝 놀랐고 내가 자신의 몸을 이해하고 알려주기를 원했다. 물살을 가르는 희한한 바다 생물처럼 손가락을 흔드는 아기는 반쯤 외계인 같았다. 실제로 한두 주 전까지 아이는 양수 안에서 손가락으로 물살을 가르고 있었을 것이다. 아이만큼이나 나도 당황했고 어쩔 줄 몰랐다. 어떻게 아이를 데리고 용변을 보지? 어떻게 거품 범벅인 채로 바닥에 물을 뚝뚝 흘리면서 달려 나가 오들오들 떨며 아이에게 모유를 먹이는 일 없이 목욕을 하지?

내 앞에 놓인 긴 여정을 통해 나는 엄마가 되는 법을 배워가게 될 터였다. 나는 엄마가 나를 키웠을 때 내 신체에 각인되었을 기억에서 견본을 발견했고 의식적으로 엄마의 습관과 패턴을 모방했다. 그러다가 점차 육아에 대한 나만의 지식으로 그것들을 통합할 수 있었다. 이제 나는 이 길에 끝이 없다는 것을 안다. 간혹 갓길에서 잠시 쉬었다 갈 수 있을 뿐이다. 아이가 커가는 모든 단계는 새로운 도전이며 다음의 질문을 계속해서 제기한다. 부모가 된다는 것은 무엇인가? 어떻게 아이의 성장과 발달을 보살필 수 있는가? 한때는 아이들을 재촉해 학교에 보내느라 난리를 치렀는데, 어느 순간 나는 일이나 학업으로, 또는 여행하느라 바쁜 아이들이 상의할 일이 있을 때나 밥 한 끼 얻어먹으러 잠깐 들를 때 보는 사람이 되어 있었다. 나는 내 아이들이 모험심이 많고 독립적인 사람이어서 기쁘다. 성인이 된 자녀에게 부모란 그들의 삶에서 '있으면 좋은 옵션'이 된다는 것을 의미한다. 한 정신분석학자가 명료하게 요약했듯이, 엄마가 된다는 것은 "거기에 계속 있어주는" 평생 동안의 과정이다.[5] 아이들이 바깥 세계로 나가 세상을 탐험하려 할 때 엄마인 내게 필요로 하는 것은 거기에 계속 있어주는 것, 그래서 닻으로 삼을 만한 익숙함을 제공해주는 것이다. 지루한 일처럼 들리고, 사실 지루한 일이어야 마땅하다. 지금 이 순간에도 이 임무는 진행 중이지만, 추측하건대 부모가 된다는 것은 아이들의 삶이 펼쳐지는 것을 계속해서 지켜보는 '목격자 되기'의 용감한 형태가 될 것이다.

한편 이제 조금씩 시간을 낼 수 있게 되었고 양육이라는 어마어마한 과정에 대해 나 자신의 관점도 갖게 되었다. 아이를 키우느라 너무 바빴을 때는 한 발 물러서서 돌아볼 기회가 거의 없었다. 할 일이 밀려드는 속도가 너무 빨랐고 육체적으로 힘들었을 뿐 아니라 감정적으로도 나를 통째로 쏟아야 했다. 아이들이 다 큰 지금도 위기가 발생하면 몸과 마음을 온통 쏟아야 하는 돌봄 임무로 갑자기 다시 뛰어들어야 할 수도 있다. 하지만 육아를 시작하고 나서 처음으로 생각을 정리해보면서, 내가 알게 된 것들과 다음 단계에서 내가 알아야 할 것들에 대해 숙고할 수 있었다. 양육의 후반부에서는 엄마의 역할이 무엇일까? 어떻게 하나의 단계가 끝나고 새로운 단계가 시작될까? 양육과 엄마 되기에 대한 모든 조언과 설명은 왜 처음 몇 년에 대해서만 이야기하고(그 몇 년이 어마어마하게 압도적인 시기이기는 하지만) 그다음에 대해서는 이야기가 점점 없어지는 것일까? '엄마가 된다는 것이 무엇인가'의 문제가 비교적 빠르게 해결된다는 듯이 말이다. 그러나 이 문제는 (씻기고 먹이고 눈을 떼지 않고 지켜봐야 하는 신체적인 일은 훨씬 줄지만) 아이들이 성인이 되어도 마찬가지로 복잡하고 어렵다.

25년간의 육아를 돌아보니 내가 얼마나 준비가 안 되어 있었는지, 얼마나 많은 부분이 내게 충격으로 다가왔는지에 웃음을 터뜨리게 된다. 멀리사 벤Melissa Benn은 『딸에게 말해줘야 할 것들What Should We Tell Our Daughters?』에서 엄마가 되는 것에 대한 지식은 "어째서인지 문화적으로 파묻혀 있어서" "알게 되었다가 잊기를 계속 반복해야 한다."라고 언급했는데, 정말 늘 그랬다.[6] 대체로 첫 몇 년은 서툰 솜씨로 허둥지둥하며 겪는 좌절과 분노의 연속이었다. 내 삶의 방향이 완전히 재설정되는 것 같았다. 아이의 안녕과 행복이 나의 최우선 관심사가 되었고 독립적이고 의지가 굳고 야망 있는 사람이라는 나의 자아 정체성은 재구성되어야 했다. 사랑의 노동인 돌봄이 나를 완전히 집어삼켰고 내 삶을 근본적으로 바꾸어놓고 있었다. 아마 나를 낳고 내 어머니의 삶도 그랬을 것이다. 이 작은 생명체가 내게 전적으로 의존하고 있다는 사실에서 나는 타인의 취약성을 절감했고 내게 요구되는 것이 협상이나 타협이 가능하지 않은 종류의 헌신이라는 것을 깨달았다. 이는 독립성이란 희한한 야망이자 착각이라는 단순명백한 사실을 적나라하게 드러냈다. 1980년대의 페미니즘은 나를 막다른 골목에 데려다놓았다.

하지만 직장에 복귀했을 때는 이런 깨달음을 숨겨야 했다. 나는 첫째를 출산하고 4개월 만에 직장에 복귀했다. 1990년대

에는 다들 그랬다. 워킹맘은 출산 후에도 일을 계속할 수 있다
는 것을 그저 감사히 여겼다. 출산휴가로 업무 공백이 생긴 것
이 너무 걱정되었고(파트타임으로 일하는 것은 다들 꺼렸다.),
무언가를 요구하기는커녕 아이를 키우고 있다는 사실을 명시
적으로 드러내는 것조차 너무 조심스러웠다. 우리는 스스로를
검열하면서 일터에서는 집에서의 삶을 깔끔하게 떼어놓았고,
업무 역량과 직장에 대한 헌신이 전혀 줄지 않았음을 보여주기
로 결연히 마음먹었다. 멀리사 벤은 『마돈나와 아이*Madonna
and Child*』에서 1980년대와 1990년대에 페미니스트들은 "강
인해지도록 교육받았고 노동 윤리가 우리의 사고에 너무 깊
이, 또 너무 많이 스며들어 있었다."라고 언급했다.[7]

둘째가 태어나자 두 세계에 겨우겨우 걸쳐 있다는 생각이
나를 집어삼켰다. 그런 생활이 위태롭게 느껴졌고 너무나 불
편했다. 노동시간과 보수에 대해 상사와도 아이를 돌봐주는
도우미와도 어려운 대화를 해야 했고, 가정과 직장 모두에서
내가 잘하고 있는지 자문하는 내면의 목소리가 늘 따라다녔
다. 더 힘들었던 것은, 가정과 직장이라는 두 세계가 근본적으
로 상충한다는 인식과 내 안에서 정반대되는 두 개의 나를 끄
집어내야 한다는 느낌이 점점 커지는 것이었다. 직장에서 나
는 진취적이고 목표 지향적이고 생산적이어야 했다. 내가 일
하는 직종에서는 인내심 없는 게 자랑이었다. 신문사 편집부
한쪽 벽에는 이렇게 쓰여 있었다. "가장 먼저 쓰고 빨리 써야
한다." 신문사에서 더 두드러지게 표현되기는 했지만, 인내심
없는 문화는 신문사만이 아니라 사회 전반에 퍼져 있었다. 이

러한 문화에서 기다림을 필요로 하는 일은 모종의 공포를 내포한다. 그런데 엄마로서 내게 가장 크게 요구되는 것이 바로 인내심이었고 나는 인내심이 너무 부족했다. 내 친구 한 명은 아이들을 매우 느긋하고 부드러운 태도로 대했는데, 내게는 늘 존경과 경이로움의 대상이었다. 어떻게 해야 나도 그 수준으로 인내심을 끌어올릴 수 있을지 도무지 알 수가 없었다. 집중력, 결단력, 열정이 가득한 성격을 나의 정체성으로 발달시켜 놓은 터라, 좌절과 분노를 무수히 겪을 수밖에 없었다.

문제의 핵심은 시간이었다. 시간을 어떻게 보내고 사용하고 활용할 것인가? 아이가 있으면 늘 사건이 생겼고 따라서 늘 계획을 포기하거나 변경할 준비가 되어 있어야 했다. 임시변통적인 대응이 매우 중요했고 그것을 놀이처럼 즐길 수 있다면 더욱 좋을 터였다. 하지만 나는 엄마가 되는 것에 수반되는 느림에 분통 터졌을 뿐 아니라, 날마다 두 세계를 넘나드는 것이 불가능에 가깝다는 것을 절감했다. 퇴근이 늦어서 아이들 목욕 시간도 넘기고 모두 잠든 후에 집에 들어오는 날이면 죄책감은 조금 들었지만 내심 안심이 되었다. 『등대로』의 등장인물 램지 여사처럼, "아이들이 잠자리에 들고 나면 안심이 되었다. 이제 그녀는 누구도 생각할 필요가 없다. 그녀는 자기 자신일 수 있고 혼자일 수 있다. 그 덕분에 이 순간에 그녀는 절실히 필요했던 것을 할 수 있다. 생각하는 것. 아니, 생각하는 것도 아니다. 그저 조용히 있는 것, 그저 홀로 있는 것이 절실히 필요했다."[8]

최악은 직장에서의 습관이 집에서 튀어나오는 경우였다.

아이들 앞에서 내가 효율적이고 조직화된 자아를 내보이면 내가 울든 아이가 울든 아무튼 우는 것으로 끝났다. 셋 다 울기도 했다. 빨래가 쌓여 있거나 부엌이 지저분하거나 장을 봐야 하면 나는 모든 것을 다 해치우고 싶었다. 그래서 아기를 들쳐업고 꼬맹이의 손을 잡고 슈퍼마켓에 갔다. 그러나 고무 젖꼭지가 없어진다든지 아이가 성질을 부린다든지 하는 예기치 못한 일로 당황하기 일쑤였다. 우유 한 팩 사러 가게에 가는 것조차 거의 불가능한 작전이었다. 싫어서 칭얼대는 아이 둘에게 옷과 외투를 입히고 신발을 신긴 후 아이들이 한눈팔지 않게 하면서 가게에 데리고 가야 하는 것이다. 도중에 물웅덩이라도 있으면, 혹은 따고 싶은 나뭇잎이 있거나 예쁜 꽃이 눈에 띄면, 이 작전에 1시간도 넘게 소요될 수 있었다.

나는 부모가 된다는 것이 불쑥불쑥 밀고 들어오는 수많은 방해에 익숙해지는 일이라는 것을 고통스럽게 깨달았다. 바닥 청소를 하려던 계획이 장난감이 부서지거나 아이가 넘어지거나 아이가 성질을 부리는 바람에 틀어지는 경우, 그에 맞춰 일정을 변경할 수 있는 여유를 항상 가지고 있어야 했다. 아이들이 다 큰 지금도 가끔씩 아이들로 지장이 생길 때가 있다.(이 글을 쓰는데 아이에게서 문자가 왔다. 전에 말한 것을 정정할 필요가 있었나 보다. 샌드위치가 12시 35분에 필요하단다. 이 정도로 정확한 요구는 드문 일이다.) 그리고 이런 상황은 지금도 종종 아이들이 어렸을 때만큼이나 협상이 불가능하다. 아이가 크게 맘이 상했을 수도 있고, 두려움에 질려 있을 수도 있고, 시험을 망쳤을 수도 있고, 일자리를 잃었을 수도 있다. 이 모든 사건에서 부모는 적어도 사안의 심각성을 알아주고 왜 아이가 그것을 위기로 느끼는지 이해해줘야 한다. 방해와 혼란을 기꺼이 받아들이느냐는 부모 노릇을 잘 수행하고 있는지 가늠하는 척도다.[9]

방해는 전복적이다. 시간을 목적 지향적으로 사용하지 못하게 하기 때문이다. 방해를 받고 계획이 가로막히면 시간을 말할 때 우리가 흔히 쓰는 두 가지 은유적 표현, 즉 시간을 사용하는use 것과 시간을 쓰는spend 것 모두가 불가능해진다. 육아를 할 때 엄마는 시간을 그렇게 바라보는 방식에서 떼어져 나와서 한 페미니즘 사상가가 "시계 시간의 그림자"라고 부른 것 속으로 내던져지게 된다.[10] 역사가 E. P. 톰슨은 「시간, 노동 규율, 산업 자본주의Time, Work-Discipline and Industrial Capitalism」라는 논문에서 산업화를 거치면서 시간을 "정확하게" 인식하는 습관이 생겨나고 그것에 가치가 부여되는 과정을 설명했다. 아이들은 시간을 정확히 지키고 시간 낭비라는 가장 사악한 악덕을 저지르지 말도록 교육받았다. 공장에서는 수많은 사람의 작업을 동기화하고 그들의 노동을 상품화하기 위해 시간을 '과업task 단위'로 인식하던 전前산업사회적 개념으로부터 대대적인 문화적 변화가 일어나야 했다. 이제 시간은 돈이 되었다. 시간은 소비되고 마케팅되고 사용되는 것이 되었다. 그런데 이러한 문화적 전환에서 한 가지 예외가 있었다고 톰슨은 대수롭지 않다는 듯이 덧붙였다. "가정에서 여성이 수행하는 일의 리듬은 시계의 측정에 전적으로 맞춰지지 않았다. 어린아이가 있는 엄마는 시간에 대해 완벽하지 않은 감각을 가지고 있었고 다른 이들의 흐름에 맞춰 움직였다. 엄마들은 '전산업사회'의 관습에서 아직 완전히 나오지 못하고 있었다."[11] 여성을 이렇게 간단히 제쳐놓고서, 톰슨은 훨씬 긴 지면을 할애해 남수단 누에르족의 시간 감각을 설명했다.

톰슨의 놀라운 편견은 지금도 이어지고 있다. 내가 둘째를 낳은 뒤에 우리 집에 찾아온 동료들은 아직 아이에게 루틴을 만들어주지 못했느냐고 물었다. 나는 정해진 시간표에 아이를 맞추려 하는 것은 아무리 종종걸음을 쳐봤자 실패할 수밖에 없음을 반복적으로 깨달았다. 하지만 출산을 하고 나서 자신을 시계의 시간에 도로 집어넣으려면 그렇게 해야 한다. 한 이론가가 설명했듯이, 한 사회가 시간을 이해하고 설명하는 방식은 사람들에게 방향성을 부여하고 사람들이 행동을 함께 조정할 수 있게 하는 가장 기본적인 사회적 관습 중 하나다.[12] 그런데 돌봄은 사회가 시간을 이해하고 묘사하는 방식과 매우 상충되는 상황에 엄마를 밀어 넣는다. 많은 돌봄제공자들이 이 불편한 지점에 도달하며, 예측 가능하지 않은, 그러면서도 반복적인 육아의 과정에 의해 방향 감각을 상실하고 혼란에 빠진다. 간병인처럼 보수를 받는 돌봄노동자는 첨예한 어려움에 직면한다. 시계 시간과 과업 단위의 시간 사이에 끼이게 되는 것이다. 가령 30분이라는 시계 시간은 치매가 있는 노인을 씻기고 옷을 입히는 과업에 충분하지 않을 수 있다.

시간을 둘러싼 충돌은 더 심화되고 있다. 존 톰린슨John Tomlinson은 『속도의 문화The Culture of Speed』에서 속도가 점점 더 문화적으로 특권적인 지위를 누리고 있으며 이것은 "이상, 진보, 질서"와 흔히 관련된다고 언급했다. 그에 따르면, 우리 사회는 "즉각성"이라는 새로운 시간 인식을 받아들이고 있다. "지연이나 시간 경과 없이" 일이 "즉각적이고 곧바로" 일어나기를 기대한다는 것이다. 이러한 즉각성의 문화에서 우리는 "원하는 것이 빠르게 배송되고 어디에서나 접근 가능하며 즉각적으로 충족될 수 있기를" 기대한다. 톰린슨은 "지금과 나중, 여기와 어딘가 다른 곳, 욕망과 그것의 충족 사이를 구분해 주었던 간격이 닫히고 있다."라고 언급했다.[13] 즉각성은 참을성 없음, 멀티태스킹에 대한 선호, 한시도 가만히 있지 못하는 버릇 등을 키우며, 이는 돌봄에 요구되는 '함께 있어주기'라든가 '세심하게 주의를 기울이며 살피기' 등을 수행하기 어렵게 만든다.

이론가 밸러리 브라이슨Valerie Bryson은 시간에 대한 상이한 문화 사이의 충돌은 본질적으로 정치적 속성을 띤다고 말했다. 노동자계급이 시간을 '낭비'하는 버릇이 있다고 맹렬히 책망했던 이들은 19세기의 산업 자본가였다. 소비자본주의는 시간의 가치가 물질적 교환에 의해 측정될 수 있다고 가정한다. 그만큼의 시간으로 얼마큼의 돈을 벌고 썼는지, 얼마큼의 물건을 구매할 수 있는지 등으로 시간의 가치를 따질 수 있다는 것이다. 밥 딜런Bob Dylan은 자서전에서 남북전쟁이 산업 위주이던 북부와 농업 위주이던 남부가 "두 종류의 시간을 놓고 벌인 전투"였다고 표현했다.[14]

돌봄제공자에게 시간은 늘 안달복달해야 하는 대상이다. 시간을 '통제'한다는 흔한 환상은 언감생심이다. 때로는 모든 것이 동시에 벌어지거나 동시에 이뤄져야만 한다. 하지만 또 때로는 아무 일도 일어나지 않아서 하루 종일 하염없이 시간을 보내기도 한다. 아주 아픈 사람을 돌보는 것이든, 연로한 부모를 돌보는 것이든, 걸음마하는 아기를 돌보는 것이든 마찬가지다. 자질구레한 할 일이 하루를 가득 채운다. 젊은 엄마이던 시절에 나는 하던 일을 문득 멈추고 내가 지금 '시간을 낭비하고 있는 것은 아닌가?' 하고 잠시 생각했다가 곧바로 시간을 낭비한다는 개념 자체가 얼마나 불합리한지를 깨닫곤 했다. 아이와 함께 오후를 보내는 것, 아기 목욕통을 채웠다 비우고 요구르트 통을 채웠다 비우고를 되풀이하며 아이와 오후 내내 시간을 보내는 것은 배움의 과정으로도, 놀이의 과정으로도, '아무것도 하지 않는' 것으로도 묘사될 수 있다. 나는 그러한 시간이 가치가 있다고 주장하기가 너무 힘들었다.(물론 아동 발달에 대한 책들은 그런 시간이 당연히 가치 있다고 쾌활하게 안심시켜주었다.) 나는 언제나 바빴지만 무엇 때문에 바빴는지 보여줄 수 있는 게 하나도 없는 것 같았다. 때 맞춰 먹이고 씻기고 재우는 것만으로는 성취라고 하기 어려울 것 같았다. 에이드리엔 리치Adrienne Rich는 돌봄을 "해놓고 돌아서면 누군가가 하지 않은 것처럼 되돌려놓는 일들, 자질구레한 할 일들, 어린 아이가 끊임없이 필요로 하는 일들에 대한 관심"이라고 정의했다.[15]

시간은 내가 원하는 방식으로 생산적이지 않았다. 육아는 선형으로 전개되는 과정이 아니다. 육아는 순환적이고 반복적이다. 반복적인 일에서 보람을 찾는 것은 부분적으로는 예술이고 부분적으로는 기술이며 부분적으로는 헌신이다. 우리의 문화는 새로운 것, 흥미로운 것, 자극을 주는 것, 빠른 것에만 관심을 기울인다. 엔터테인먼트는 이러한 욕구를 충족하고 강화하도록 고안되어 있다. 반복은 운동선수의 훈련과 같은 성취 내러티브의 맥락에서만 받아들여진다. 하지만 육아의 시기를 거치면서 나는 가정생활에서 반복적으로 수행하는 습관적인 일들을 점차 감사히 여기게 되었다. 정리 정돈, 요리, 등하교 시키기, 세탁하기, 빨래 개기 등 삶이 지속적으로 유지되게 하는 데 헌신하는 반복적인 루틴에 나를 맞추는 것의 가치를 인정하게 된 것이다.

1969년, 뉴욕에서 예술을 공부하는 학생이던 미얼 래더먼 유켈리스Mierle Laderman Ukeles는 「유지의 예술Maintenance Art」 선언문과 함께 「돌봄이라는 제목의 전시회에 관한 제안서Proposal for an Exhibition entitled Care」를 작성했다.[16] 유켈리스는 예술가로서 예술이 무엇인지 숙고해 결론을 내렸다며 청소, 빨래, 기저귀 갈기 등 날마다 자신이 하고 있는 허드렛일이 바로 '유지의 예술'이라고 선포했다. 유켈리스가 제안한 전시회는 날마다 아트 갤러리로 가서 바닥을 쓸고, 벽을 닦고, 먼지를 털고, 요리를 하는 등 자신이 집에서 일상적으로 하는 모든 일을 하는 것이었다. 유켈리스는 뉴욕시 위생국에서 10년간 '스스로 임명한 뉴욕시청 거주 예술가'로 퍼포먼스를 진행하며 이 주제를 이어갔다. 그 일환인 '청소 노동자와 악수하기 Touch Sanitation' 프로젝트에서는 1년여간 뉴욕시 위생국 직원

8500명과의 만남을 기록했다. 유켈리스는 청소 노동자 한 명한 명과 악수를 하면서 뉴욕이 계속 살아 있을 수 있게 해주어서 고맙다고 인사했고, 그들과 나눈 대화를 모으고 기록했다. 이 프로젝트는 계속 이어졌고, 2013년에 유켈리스는 브루클린 뮤지엄에서 청소 노동자들에게 '유지의 예술과 돌봄'에 대해 진행했던 퍼포먼스를 돌아보는 강연을 했다. 유켈리스는 "그동안 내가 하고자 했던 것은 장막 뒤에, 계단 아래에 있던 일들, 누구도 이야기하지 않는 일들을 잘 보이도록 전시되는 공간에 가져다 놓는 것이었다."라고 설명했다. 그는 청중에게 그들의 일이 그 뮤지엄의 소장품 못지않은 "문화"라며, 유지는 성취와 새로움에 집착하는 문화의 정반대에 서 있다고 말했다. 돌봄을 유지의 예술이라고 규정한 것은 한나 아렌트가 지혜란 세상의 지속성을 위한 애정 어린 관심이라고 말한 것과도 일맥상통한다.

눈에 보이지 않는 돌봄의 상당 부분이 지속성 유지에 투자되는데, (변화를 열망하든 변화를 두려워하든 간에) 모두가 변화에 집착하는 시대에 지속성은 간과되거나 무시된다. 여러 방식으로 지속성을 원하고 필요로 하면서도 말이다. 그러는 동안, 권위는 성취achievement와 관련된 것들에 쌓인다. 이 단어에는 완성과 종결의 뉘앙스가 담겨 있다. 성취는 '노력을 통해 획득하다', '수행하다'라는 뜻의 프랑스어가 어원이며, 개인에게 꼭 필요한 프로젝트로서의 활동으로 여겨진다. 대조적으로 유지는 공동의 노력으로 이뤄지는 일이고 반복적인 일과와 지속적인 습관을 필요로 하는 일이다.

엄마가 되는 것은 돌봄을 배우게 되는 여러 경로 중 하나일 뿐이다. 우리 문화에서는 육아가 돌봄의 지배적인 패러다임일수 있지만, 아이가 없는 사람도 타인의 취약성에 대해 도움을 제공하면서 인내를 훈련하고 관심을 기울이는 경험을 한다. 나는 두 명의 지인에게 그러한 경험에 대해 들었다. 둘의 이야기에는 비슷한 점이 많았다. 둘 다 20대에 공부를 마치고 돈을 벌기 위해 돌봄 영역에서 일자리를 잡았다. 한 명은 사회적 돌봄 영역에서 일했고 다른 한 명은 의료보조사로 일했다.

제임스는 케임브리지를 졸업하고 구세군 요양원에서 야간 간병인으로 일했다. 우리는 어느 저녁에 인도 음식점에서 커리를 먹으면서 이야기를 나누었다.

"저는 침상에서 환자의 몸을 씻기고 관장을 했어요. 소변 냄새와 소독세제 냄새가 그치지 않고 났어요. 두 사람이 30명의 환자를 돌봤죠. 우리는 환자들을 침대에 누이고 밤새도록 상태를 확인하고 기본적인 의약품을 나누어 주는 일을 했습니다. 노인들과 이야기하는 것이 좋았어요. 저는 호기심이 많고 사람들에 대해 알아가는 것을 좋아하거든요. 훈련은 많이 받지 못했고 간호에 대해 알게 된 것도 많지 않습니다. 하지만 사람들에 대해서는 많이 배웠어요. 요양원에서 18개월 일하고서 가정 방문 간병인으로 일하게 되었고 이 일을 3년 넘게 했습니다. 시간을 조정해서 다른 일과 병행할 수 있었어요. 클럽에 가고 데이트를 하는 스물세 살의 삶에 정반대 쪽 균형추와도 같았지요. 그 일을 하면서 인내를 배웠습니다. 학교에서는 배워보지 못한 것이었어요. 진이 다 빠지게 힘들긴 했어요. 특히 치매 걸린 분들을 도와드려야 할 때요.

그 일은 계급과 관련해, 또 제가 자라온 환경 전체와 관련해 유용한 탐구였습니다. 저는 줄곧 누군가가 챙겨주는 환경에서 자랐습니다. 어렸을 때는 집에 보모가 있었고 청소하는 분, 정원 손질하는 분도 따로 있었어요. 그리고 이튼에 진학했는데 이곳은 기숙학교잖아요. 그곳에서도 케어를 받았지요. 심지어는 케임브리지에서도 침상 정리해주는 분이 있었어요. 학교와 대학이 계속해서 저를 어린아이로 대한 셈이지요. 그런데 이 일에서는 제가 맡은 환자 대부분이 노동자계급이었고 어떤 분들은 정말 가난했어요. 그리고 많은 사람이 유색인종이었지요. 한 남자분은 몸 전체를 덜덜 떨곤 했어요. 굴삭기 기사로 평생 도로 내는 일을 하셨는데, 그 일이 신체에 회복 불가능한 피해를 입힌 것이었어요. 아내는 남편 수발을 드느라 너무 지친 상태였고요. 다른 사람들의 삶, 저와는 매우 다른 삶에 대해 정신이 번쩍 들게 해주는 경험이었어요. 그리고 그들이 저의 이웃이라는 사실에 대해서도요. 그 일이 그립습니다.

저는 사람의 신체가 어떻게 무너지는지를 봐야 했어요. 그것을 다루는 것이 제 일이었지요. 어떤 경험은 정말로 심원한 영향을 미칩니다. 저는 성적이지 않은 방식으로 신체적인 쾌감을 주는 경우가 있다는 것을 알게 되었어요. 할머니 환자를 안아줄 수 있고 돌봐줄 수 있고 질을 씻겨줄 수 있었습니다. 그것이 환자에게 편안함과 쾌감을 준다는 것을 분명히 볼 수 있었는데, 전혀 성적인 종류가 아니었어요. 누군가가 정말로 몸이 약하고 아프면 대화조차 힘들게 됩니다. 대화 소재가 없어

지기도 하고, 그분들이 대화를 잘 따라오거나 하고 싶은 말을
명료하게 하는 것이 어려워지거든요. 그래서 신체적인 관계가
매우 중요해질 수 있습니다. 옷을 입히고 목욕을 시키는 등의
신체적인 일이 제가 해야 할 중요한 일이 됩니다. 누군가와 살
을 맞대고 접촉하는 것은 매우 강력할 수 있습니다. 요즘은 아
버지를 돌보고 있는데, 신체적인 친밀함이 너무 좋습니다. 간
병인이 쉬는 날이면 제가 아버지 간병을 해요. 제가 어렸을 때
아버지는 신체적 접촉이 수반되는 종류의 육아를 하지 않으셨
습니다. 제가 자라면서 배운 문화대로라면 아버지의 뒤를 닦
아드리는 일은 하지 않았겠죠.

아버지를 깨워서 자리에서 일어나시게 하는 데는 한두 시
간이 걸립니다. 아버지와 같은 방에서 자야 해요. 화장실 가시
는 것을 도와드리기 위해 밤에 네 번이나 깨기도 합니다. 하지
만 이렇게 우리는 함께 있습니다. 때로는 아버지가 너무 고집
을 부리고 이기적으로 행동하시기도 해요. 늘 쉽지는 않습니
다. 하지만 함께 낄낄거릴 일도 많아요. 종종 유쾌하고 재미있
을 수 있다는 말이지요. 세상사가 한바퀴를 돌아 다시 제자리
에 온다는 게 참 신기합니다."

라미로가 영국에 와서 잡은 첫 일자리는 병원의 의료보조사
였다. "전에는 이런 일을 해본 적이 없었어요. 저는 철학을 공
부했는데, 공부와 병행할 수 있는 일자리가 필요했습니다. 2주
동안 교육을 받았어요. 체온 재는 법, 병상 정리하는 법, 환자들
이 움직이거나 식사할 때 돕는 법 같은 간단한 교육이었어요."

"이 일은 날것 상태의 삶이 시작되는 경계로 저를 데려갔습

니다. 열여덟 살 때 할아버지가 암으로 돌아가셨는데, 그때는 할아버지를 찾아 뵙고 싶지 않았어요. 삶의 이 측면에 직면할 용기가 없었던 것 같아요. 나중에 불교를 공부하게 되었는데 그것이 도움이 되었습니다. 얼마 후에는 제가 그 측면을 다룰 수 있다는 것을 알게 되었고, 그러한 고통에 가까이 가야 한다는 부름을 받았다고 느꼈어요. 인간 실존의 모든 면에 접하고 싶다는 느낌이 들었습니다. 아무리 힘겨운 부분이라도요.

첫 서너 달은 스트레스가 엄청났어요. 할 일이 정말 많았고 환자가 계속해서 큰 소리로 부르곤 했지요. 환자들은 약이 아니라 사람과의 접촉을 원했어요. 차고에 넣어놓은 차 취급을 받고 싶어 하지 않았습니다. 하지만 시간이 너무 빠듯해서 어떤 환자들은 도울 수가 없었어요. 한번은 전직 교수인 남자 환자가 있었는데, 정말 많이 아팠고 통증도 너무 심한 상태였어요. 그는 계속 저를 불러서 몸을 이리 조금 움직여달라, 저리 조금 움직여달라, 끊임없이 요구했습니다. 급기야는 간호사가 제게 와서 그를 그만 움직이라고 말했어요. 하지만 그렇게 움직여주면 몇 초간이라도 통증이 누그러졌을 수 있고, 인간과의 접촉이 그에게 도움이 되었을 수도 있었을 거예요. 저는 정말 슬펐습니다. 하지만 다음부터는 그가 불러도 대응하지 말아야 했어요.

고통스러운 상황을 겪고 났을 때 터놓고 말할 사람이 없는 것이 힘들었어요. 정말 외로웠습니다. 병원에 오래 있지 않았기 때문에 다른 직원들을 잘 알지 못했고 이야기할 만한 상사도 없었어요.

한 젊은 환자는 다정한 여자 친구와 사랑스러운 가족이 있었습니다. 제가 '어떻게 도와드릴까요?' 하고 물었더니, '새 창자 하나만 갖다주세요.'라고 말하더군요. 그는 대장암으로 죽어가고 있었어요. 그가 겪는 고통의 막대함이 느껴졌습니다. 저는 그 고통과 슬픔에 마음을 열기만 하면 되었어요.

모든 인간은 고통을 겪고, 그 고통에 마음을 여는 것은 곧 모든 인간에게 마음을 여는 것입니다. 그것을 인정하면 모든 사람에게 더 가까워질 수 있습니다. 말을 하지도 못할 정도로 아픈 사람에게도 말이에요. 인간으로 존재한다는 것이 무엇인가에 대해 많이 배울 수 있었습니다. 저는 많은 환자의 뒤를 닦아주었는데, 그러한 친밀함은 인간의 조건이 얼마나 바스라지기 쉽고 약한 것인지, 인간 조건의 한계가 어디까지인지 등을 상기시켜줍니다. 이 일은 제게 그런 면들을 인식하게 해주는 여정이었어요. 알고 싶어 하지 않았던 데서 그것의 핵심에 뛰어드는 데로, 그리고 다시 제가 사람을 바라보는 방식에 그 경험을 통합하는 데로 이동한 것이지요. 극히 취약한 상태의 사람을 돌보는 것은 삶을 풍성하게 해주는 경험입니다. 그리고 이제 저는 모든 사람에게서 그 취약성을 봅니다. 누군가를 만나면 20년 뒤의 그를 상상할 수 있어요. 몸을 씻고 용변을 보는 것 같은 가장 기초적인 일에도 다른 사람의 도움이 필요해지리라는 것을요. 그 일은 제가 사람에 대해 생각하는 방식을 완전히 바꾸어놓았습니다. 이제 저는 젊음과 건강을 찰나적인 것으로 봅니다."

돌봄노동은 제임스와 라미로 둘 다에게 심원한 영향을 미쳤다. 또 다른 측면에서도 두 사람의 말에는 거울처럼 닮은 면이 있었다. 두 사람 다 전에는 이런 이야기를 해본 적이 없다는 사실을 알아차리고 놀랐다고 했다. 아무도 그들에게 굳이 물어볼 만큼 이 일에 호기심이나 관심이 있지 않았던 것이다.

돌봄은 마치 화폐처럼 지속적으로 돌고 돈다. 이누이트족은 돌봄을 "미래에 누가 누구를 위해 무엇을 하도록 과거에 누가 누구를 위해 무엇을 했던 (혹은 했어야 했던) 것에 대한 대가로 지금 누가 누구를 위해 무엇을 할 것인가?"를 규정하는 호혜적 균형의 활동으로 여긴다.[17] 스코틀랜드 시인 이언 크라이턴 스미스Iain Crichton Smith는 자신이 자란 헤브리디스 제도 루이스섬의 작은 농촌 마을에서는 모든 사람이 "수영을 할 때처럼 물 위로 떠받쳐 올려주는 부력을 얻을 수 있었다."라고 표현했다.[18] 매리언 쿠츠Marion Coutts도 뇌종양인 남편 톰 러벅Tom Lubbok을 돌본 경험을 통해 질병과 죽음에 대해 성찰한 회고록 『빙하*The Iceberg*』에서 이러한 감각을 완벽하게 포착하고 있다. 책의 말미에서 쿠츠는 남편의 임종 직전에 있었던 놀라운 순간을 묘사한다. 그들은 호스피스 병동에서 세 살 난 아들 에브와 크리스마스를 보냈다. "내가 본 것은 위로 높이 들어 올려진 뛰어난 공예품이었다. 많은 집에서 크리스마스는 작은 일들로 이뤄지는 의례의 패턴이다. 하지만 그런(아이, 크리스마스 선물, 종이 왕관 등이 등장하는) 일이 여기에서 일어나게 하기 위해, 그나마 가능할 법한 유일한 장소인 여기에서 일어나게 하기 위해 수많은 사람이 저마다 역할을 해야 했다. 흐릿하면서도 투명하게 기억이 나는데, 내가 모두를 알지는 못했기 때문에 그 사람들을 다 셀 수는 없었지만 아무튼 교수인 고참 의사, 외과 의사, 간호사, 상담치료사, 일반 의사, 친지, 친구, 동료, 낯선 사람, 후원자, 지원자, 자원봉사자 등이 거기에 있었다. 침상에 있던 톰과 에브는 놀랍도록 빼어나게 구성된 보기 드문 문화적 작품이었다."[19]

돌봄에 언어가 부족한 한 이유는 종종 돌봄이 말없이 수행되고, 때로는 말을 하지 않아야 하기 때문이다. 여기에서 돌봄제공자의 재량과 요령이 매우 중요할 수 있다. 돌봄의 질은 돌봄제공자가 돌봄을 받는 사람에게 (또 그 밖의 관찰자에게) '알아차려지지 않는' 존재가 되는 데 달린 것인지도 모른다. 돌봄 과정에서 벌어지는 사건들은 '그저 작은 일'이라는 식으로 늘 별것 아닌 듯 이야기되곤 한다. 이러한 자조적인 표현은 돌봄에 대한 대화 내내 계속해서 등장한다. 해변에 솟은 바위마다 글자들이 새겨져 있듯이 말이다. "아무것도 아니에요." 하지만 자조적인 표현 뒤에는 그 일의 가치를 인정하는 말이 뒤따라 나오기도 한다. "하지만 저에게는 정말 의미 있는 일이었어요." 제스처는 언어적 표현을 넘어서는 중요성을 갖는다. 제임스 조이스James Joyce의 말을 빌리면, 돌봄은 "지극히 섬세하고 찰나적인 순간"이지만 계시와도 같은 기능을 한다.[20] 꼭 새로운 지식으로 이끄는 것은 아니더라도 이미 알고 있었던 무언가의 중요성을 다시금 인식시켜주는 것이다. 딱 맞는 시점에 딱 맞게 내보이는 제스처는 말이 닿을 수 있는 범위를 훨씬 넘어서는 진실한 감정을 드러낼 수 있다.

한 여성이 바로 그러한 순간을 이야기해주었다. 6년 전에 아이를 사산했고 과다 출혈로 본인도 사망할 뻔했는데, 간호사들의 돌봄이 슬픔과 공포를 견디고 마음을 추스를 수 있게 해주었다고 했다. 한번은 진통제로 몽롱한 와중에 옆에서 간호사들이 그 여성이 가장 좋아하는 브랜드의 무화과 과자에 대해 이야기하는 것이 들렸다. 다음 날 아침에 일어나보니 무화과 과자가 침대 옆에 놓여 있었다. 한 간호사가 쉬는 시간에 잠깐 나가서 과자를 사다가 놓아두고 퇴근한 것이었다. 그 여성은 이렇듯 낯선 사람이 베풀어준 친절이 몇 년 동안 마음을 추스르고 회복되는 과정에서 중요한 역할을 했다고 말했다.

아픈 아이를 둔 또 다른 여성은 간호사가 어떻게 병실에 들어오고 어떻게 문을 닫는지를 보면 그가 제공하는 돌봄의 질을 가늠할 수 있다고 말했다. 어떻게 움직이는지에 돌봄이 체화되어 있을 수 있다는 것이다. 하지만 말하는 것에 굉장히 중요성을 부여하는 시끄러운 문화에서 말없이 일어나는 작은 행동들은 쉽게 간과된다.

대개 문학에서 돌봄노동은 단순하고 중요치 않아서, 혹은 신체의 작용과 너무나 밀착되어 있어서 작품에서 다루기에 적절한 주제가 아니라고 여겨진다. 돌봄이라는 주제를 많은 작가들이 노골적으로 적대시한 긴 역사도 있다. 가령 시릴 코널리Cyril Connoly의 언급은 유명하다. "복도에 놓인 유모차는 좋은 예술의 가장 음울한 적이다."[21] 제인 오스틴Jane Austen은 결혼 못지않게 돌봄에 대해서도 많이 알고 있었을 것이다. 노인이나 병자, 임종을 앞둔 환자를 간병하는 임무가 오스틴처럼 미혼인 여성에게 가장 먼저 떨어졌기 때문이다. 하지만 결혼과 달리 돌봄은 오스틴의 소설에 거의 등장하지 않는다. 예를 들어 『오만과 편견』 앞부분에서 제인 베넷이 미스터 빙리의 저택에 갔다가 병이 나 고열에 시달리는 바람에 여동생 엘리자베스가 애써 그곳까지 가서 언니를 간호하는데, 자매가 만나서 반가워하는 모습과 제인의 증상에 대한 묘사는 나오지만 그 단락은 다음과 같이 끝난다. "엘리자베스는 조용히 언니를 보살폈다." 그것이 구체적으로 어떤 행동이었는지에 대해서는 아무런 묘사가 없다.

『병듦에 관하여On Being Ill』에서 버지니아 울프는 "문학은 자신의 관심사가 정신이며 신체는 영혼을 투명하게 감싸고 있는 얇은 유리에 불과하다고 주장하기 위해 최선을 다해왔다."라고 언급했다. 울프는 소설에서 질병이 사랑이나 질투만큼 중심적인 주제의 자리를 차지하지 못하는 것을 개탄하면서 질병에 대한 "언어의 빈곤"을 지적했다. 질병에 반드시 따라오는 주제, 즉 돌봄에 대해서도 마찬가지로 말할 수 있을 것이다. 울프는 이렇게 말했다. "사람들은 늘 정신이 하는 일에 대해서만 글을 쓴다. 정신에 떠오르는 생각, 고상한 계획에 대해, 또 정신이 어떻게 우주를 문명화했는지 같은 것에 대해서만 말이다. 그들은 정신이 철학자의 탑에서 신체를 무시하는 것을 보여준다. 아니면 정신이 정복과 탐구를 추구하며 신체를 저 멀리 눈밭이나 사막에 내던져버리는 것을 보여준다. 신체가 스스로와 벌이는 거대한 전쟁, 신체가 고열과 우울의 공격에 맞서 병실에서 홀로 싸우는 과정, 정신은 노예에 불과할 뿐인 이 과정은 문학에서 간과된다. 이유를 알기는 어렵지 않다. 이러한 문제에 정면으로 마주하는 데는 사자 조련사 못지않은 용기가 필요하기 때문이다. 여기에는 강고한 철학과 지구의 핵심에 뿌리를 둔 탄탄한 이유가 필요하다."[22]

돌봄에 대한 언어의 빈곤은 점점 더 심해져왔다. 하루는 교통체증으로 막히는 길에서 작은 밴의 뒷좌석에 앉아 있는데 뒷문에 붙어 있던 슬로건이 우연히 눈에 띄었다. "전 세계 부동산 케어care해드립니다." 몇 시간 뒤에는 셔츠에 묻은 얼룩을 닦다가 보니 얼룩 지우는 약이 내 옷을 "케어care해줄" 것이라고 약속하고 있었다. 돌봄은 의미가 발라내져 텅 빈 말이 되었다. 너무나 도처에 쓰이면서 의미가 소진되었다. 동일한 단어가 보안 관리부터 세탁까지 온갖 곳에 쓰인다. 케이크 장식처럼 수만 가지 상업활동에 흩뿌려져 있다. 늘 불안해하는 소비자들이 존재하는 불안정한 세계에서 자본주의는 돌봄의 언어로 자신을 치장한다. 영어는 어휘가 풍부한 언어라고 알려져 있는데, 어떻게 동일한 단어가 상업적인 부동산 관리부터 인간관계의 가장 친밀한 순간에까지 두루 사용될 수 있는가?

이 단어를 사방에 흩뿌려놓은 것은 자본주의만이 아니다. 공공 서비스에 개혁의 파도가 몇 차례 일면서, 돌봄은 '패키지'로 제공되고 수혜자는 '서비스 이용자'이며 관리자는 파워포인트와 서비스 디자인 '도구'로 관리한다는 식의 어휘가 만연하게 되었다. 서비스 담당자의 역할은 다른 공공 서비스로 가는 방향을 알려주는 '표지판'이 되었다. 내가 참관했던 회의에서는 한 관리자가 직원들에게 '사람 중심 돌봄'의 한 형태로서 '서비스 이용자'들이 '좋아하고 싫어하는 것'들을 자세히 기록하라고 지시했다. 체크박스로 누군가를 잘 파악할 수 있다는 의미로 들렸다. 정신의학과 의사인 노먼 도이지Norman Doidge는 의료 분야에서 우리가 사용하는 "거리감 있고 헛갈리는 용어는 치료자와 환자 사이의 고도로 개인적이고 인간적인 관계, 지금은 파묻혀 사라지고 있는 그 고대의 원형에 대한 한심하기 짝이 없는 대체물"이라고 표현했다. 그는 "오늘날 같은 '사용자-제공자 시스템'에 들어오는 순간 사람들은 자신의 존엄, 자율성, 인간성이 박탈되었다고 느끼게 된다."라고 지적했다.[23] 또한 복지제도의 관료제적 과정들이 리스크, 규율 준수, 안전, 규제 등과 관련한 걱정거리를 잔뜩 주입하는 과정에서도 돌봄이라는 단어가 오염되었다. '돌봄 시스템하의 아동children in care[보호 아동을 뜻한다.]'이라는 용어는 '보살핌을 받는 아동looked-after children'이라는 말로 바뀌었다. 극작가 앨런 베넷Alan Bennett은 『레이디 인 더 밴The Lady in the Van』에서 한 노숙인 여성이 그의 집 앞 도로에 자리를 잡고 지내자 사회복지사가 그를 찾아온 상황을 묘사했다. 사회복지사에게 그는 이렇게 말했다. "저는 저분 돌봄제공자가 아니에요. 저는 돌보는 것을 싫어합니다."[24] 돌봄제공자라는 말은 삶에서의 경험을 일컫는 것이 아니라 어떤 관계를 관료제적으로 지칭하는 용어로 축소되었다. 다운증후군이 있는 아이를 키우는 한 엄마는 결국 '돌봄제공자수당'을 신청하기로 했는데 자신을 '주 돌봄제공자'라고 지정해야 하는 것이 너무 싫었다며 이렇게 일갈했다. "저는 그애의 엄마예요. 돌봄제공자가 아니라고요. 제가 주 돌봄제공자라면 아이의 아버지는 뭐가 되나요? 부차적 돌봄제공자인가요?"

부동산 관리 회사는 자신이 하는 일이 '돌봄'이라고 말하기를 좋아하지만, 장애 아동의 어머니나 노숙인을 너그럽게 대하는 앨런 베넷은 그 단어와 연결되기를 원하지 않는다. 단어들이 의미의 측면에서 파산할 때 우리가 걱정해야 할 이유는 아주 많다. 그리고 돌봄이라는 단어는 늘 이렇게 곤두박질칠 위험에 아슬아슬하게 놓여 있는 듯 보인다. 한 인간이 또 다른 인간의 후생을 부양해주는 의존 관계를 묘사할 단어가 사라지면 우리는 어떻게 될까? 조지 오웰George Orwell은 소설 『1984』에서 어떤 개념을 묘사하는 단어가 파괴되면 우리는 그 개념을 상상할 수 없게 됨을 보여주었다.[25] 『1984』에 등장하는 디스토피아에서는 기존 어휘를 편집하고 수정해 끊임없이 "신어Newspeak"가 만들어지는데 그 과정에서 특정한 단어들이 제거된다. 오웰은 이렇게 되면 어떤 개념에 대해 이야기하거나 글을 쓰거나 사고하는 것이 그야말로 불가능해진다는 것을 알고 있었다. 그렇게 할 수 있는 언어가 없기 때문이다. 따라서 그는 어떤 개념이 변경되고 훼손되고 파괴되고 있다면 언제나 경각심을 가져야 한다고 경고했다.

'돌봄'이라는 단어는 이중 제약에 처해 있다. 역사적으로 비가시적이었고 언어로 제대로 표현되지 못했을 뿐 아니라, 이제는 관료제적이고 상업적인 요구 사항들에 식민화되기까지 한 것이다. 작가 마이클 이그나티에프Michael Ignatieff는 이렇게 말했다. "우리에게는 우리가 계속해서 인간적일 수 있도록 해주는 단어들이 필요하다. 우리의 필요는 단어로 만들어진다. 우리의 필요는 언어를 통해 우리에게 오며, 표현이 결여되면 그것은 죽는다. 우리가 자신의 필요를 말할 단어를 찾도록 도와주는 공적인 언어가 없다면 우리의 필요는 침묵 속에서 말라버릴 것이다. 언어의 빛이 없다면 우리는 우리의 더 나은 자아에게 낯선 사람이 될 위험이 있다."[26]

'돌봄'이라는 단어가 관료주의화되면 우리는 인간관계의 중요한 차원을 보지 못하게 될지 모른다. 예를 들어 언어를 배우기 전이거나 자신의 필요를 말로 표현할 역량이 없는 누군가(아기, 식물인간, 중환자, 치매 환자 등)를 돌보려면 주의를 기울여 살피는 것이 필수적이다. 해석과 대처뿐 아니라 세심한 관찰도 필요하다. 때로는 주의를 기울이는 것이 '몰두'를 의미한다. 한 위탁모는 문제를 일으키는 위탁아동에게 대응하는 자신의 방식을 이렇게 설명했다. "저는 말해지는 것과 말해지지 않는 것까지 제 눈과 귀로 듣습니다. 날마다, 언제나요."[27] 심하게 아프거나 위기에 처한 사람을 돌보려면 돌봄제공자 본인의 자아 감각은 주변적인 것이 될 정도로 타인에게 전념해 몰두하는 것이 필요할 수 있다.

더 일반적으로는, 주의를 기울이는 것은 넓은 영역을 두루 챙기는 것을 의미한다. 부모는 아이의 신체적, 정서적, 교육적 상태에 지속적으로 주의를 기울인다. 친구부터 치과 치료까지, 수학 시험부터 축구 팀까지, 모든 이슈를 계속 염두에 두며 따라가기 위해서다. 연로한 부모를 돌보는 경우에도 관심을 기울여야 할 면이 아이 돌볼 때 못지않게 많다. 걸음걸이가 달라지시지는 않았나? 보도에 금 간 곳은 없나? 찬바람이 불지는 않나? 약은 잘 챙겨 드시나? 보청기는 잘 작동하나?

한편으로는 돌봄제공자가 그저 물리적으로 곁에 존재하는 것이 필요할 때가 있다. 거기에 존재한다는 것 자체가 중요해지는 경우다. 한 지인이 어린 시절 어머니가 다림질을 하는 동안 발치에서 놀았던 생생한 기억을 이야기해주었다. 그때 돌봄을 받고 있다는 느낌은 거기에 있는 엄마의 존재 자체에서 암묵적으로 나오는 것이었다. 돌봄은 종종 '행위'로 이야기되지만 때로는 아무것도 하지 않음으로써 표현되기도 한다. 완화치료 분야에서 활동하는 한 사회복지사는 언제 물러나 있어야 하고 언제 아무 말도 하지 말아야 하는지를 가늠해야 한다고 설명했다. 불확실성과 불안을 잠시 붙들어둔 채로 딱히 결론이나 결과나 확실성에 도달하려 하지 않으면서 상황이 알아서 진행되게 두는 것이 필요할 때가 있다는 것이다. 강렬한 감정을 억눌러야 하는 종류의 돌봄은 몹시 어려울 수 있다.

톨스토이Lev Nikolayevich Tolstoy는 이런 종류의 드러내지 않는 돌봄을 단편 「이반 일리치의 죽음」에서 감동적으로 묘사했다. 버지니아 울프가 문학에 질병이 부재한다고 일갈한 것의 강력한 예외로서, 톨스토이는 이 소설에서 부유한 남성인 주인공이 고통스러운 질병으로 죽어가면서 아내와 가족, 의사와 친구와 동료에게 버림받는 과정을 묘사했다. 그의 집에 들어온 지 얼마 안 된 농민 소년 게라심만이 이반 일리치를 기꺼이 돌본다. "용변을 처리하기 위해 별도의 일이 필요했는데 그에게 이것은 매번 커다란 고통이었다. 불결함이라는 고통, 꼴

사납다는 고통, 냄새, 다른 이가 관여해야만 한다는 사실에 대한 인식 …… 하지만 이렇게 지극히도 불쾌한 방식으로만 이반 일리치는 편안함을 얻을 수 있었다."

게라심은 "주인의 감정을 고려해 아픈 주인을 바라보지 않는 절제를 발휘"한다. 그리고 일리치가 불쾌한 일을 하게 한 것을 두고 사과하자 게라심은 이렇게 대답한다. "아무 문제 없습니다. 병 때문인걸요." 게라심은 강하고 건강하면서도 섬세하고 부드러우며 가볍게 걷는다. 일리치의 다리에 통증이 심해지자 게라심은 다리를 자기 어깨 위로 올려 쉴 수 있게 해준다. 이를 통해 그들은 움직임, 제스처, 접촉으로 서로 소통한다. "누구도 그[이반 일리치—저자]에게 연민을 느끼지 않았다. 그의 처지를 생각해보려 한 사람조차 없었기 때문이다. 게라심만이 그것을 알 수 있었다."[28]

T. S. 엘리엇T. S. Eliot은 시 「재의 수요일Ash Wednesday」에서 돌보되 돌보지 않는 법을 배워야 한다는 불편한 역설을 다음과 같이 표현했다.

복된 누이여, 신성한 어머니여, 샘의 영이여, 정원의 영이여,
거짓으로 우리가 스스로를 조롱하지 않도록 고통을 주소서
돌보되 돌보지 않는 법을 알려주소서

이 시는 정신질환을 앓고 있던 아내 비비엔에게 헌정된 시다. 하지만 시를 썼던 시점에 그들은 이미 사이가 소원했고 곧 법적으로 헤어졌다. 비비엔은 나중에 오빠에 의해 정신병원에

보내지며, 그 이후로 엘리엇은 비비엔을 다시 보지 않았다. 이 희한하면서도 통렬한 시구는 그가 개인적으로 겪은 고통스러운 딜레마와 공명한다. 많은 돌봄제공자들이, 특히 친밀한 관계에서 돌봄이 행해질 때, 어느 순간엔가는 마주치게 되는 딜레마이기도 하다. 어떤 이들은 소진된 느낌, 분노, 죄책감에 시달린다. 돌봄의 한계는 어디까지인가? 돌봄이 직업일 때는 엘리엇이 말한 "돌보되 돌보지 않는" 것이 반드시 필요하다. 병원을 나설 때 의사와 간호사는 병원 일은 병원에 두고 자기 삶의 일과 즐거움으로 돌아와야 한다. 신경외과 의사 헨리 마시 Henry Marsh는 한 라디오 인터뷰에서 외과 의사는 환자로부터 냉정하게 거리를 두어야 한다고 언급했다. 그것이 뇌 수술에 반드시 수반되는 막대한 위험을 다룰 수 있도록 그들을 보호하는 방식이라는 것이다. 하지만 엘리엇의 시구가 말하는 바는 사악한 측면도 담고 있다. 돌보지 않는 것은 학대가 될 수도 있다. 무관심과 방치는 크게 해를 끼칠 수 있다. 노인 환자에게 물한 컵을 주긴 했는데 팔이 닿는 위치에서 조금 벗어난 곳에 놓아두었다고 생각해보라. 환자가 탈수증을 겪을 가능성이 높아질 것이다. 면밀히 주의를 기울이지 않으면 돌봄이 순식간에 돌봄과 정반대인 것으로 돌변할 수도 있다.

호스피스 병원에서 일군의 자원봉사자들과 모임을 가졌다. 나는 돌봄을 무엇이라 정의하겠느냐고 물었다. 커피를 마시면서 우리는 어린아이를 키우던 시절의 일화를 나누며 웃었고 이야기는 곧 연로한 부모님, 손주, 친구나 아픈 친척을 돌보는 것으로도 이어졌다. 한 명씩 자신의 경험을 이야기하면서 문화, 종교, 개인적인 삶의 경로 등에서 나오는 다양하고 대조되는 견해들의 만화경이 펼쳐졌다.

재키가 가장 먼저 말했다. "부모님은 아일랜드 출신이신데 읽고 쓰실 줄을 몰랐어요. 그래서 우리가 늘 돌봐드려야 했지요. 저는 손주가 둘인데 한 명은 매우 공감을 잘해요. 같이 길거리를 걸어가면 제 속도에 맞춰서 일부러 천천히 걸어주려 할 겁니다. 그런데 다른 애는 정반대예요. 돌봄은 무언가 내재적인 게 아닌가 싶어요. 타고나는 것 말이에요."

루실은 동의하지 않았다. 루실은 돌봄 역량이 학습되고 육성되는 것이며 그 학습은 가정에서 시작된다고 보았다. "저희 부모님은 가까이 있든 멀리 있든 아픈 사람들을 늘 도우셨어요. 누군가 아프다는 이야기를 들으면 우리는 모두 이렇게 물었죠. 우리가 뭘 도울 수 있을까? 이것이 바로 카리브해 쪽 방식이에요. 제가 자란 마을의 방식이기도 했죠. 여기에 와서는 자존심 때문에 도움을 청하고 싶지 않았어요. 도움이 필요했는데도요."

이 대목에서 그레이스가 끼어들었다. "제가 첫 번째로 돌봐야 할 사람은 저 자신입니다. 다른 이를 도우려면 자신을 먼저 돌봐야 합니다. 저는 자메이카에서 보호 아동이 된 적이 있었어요. 판사가 '돌봄과 보호 시스템'에 나를 넣겠다고 했을 때 그 말이 마음에 깊이 맺혔어요. 저는 고통을 겪었고 다른 이들은 이런 일을 겪게 하지 않겠다고 결심했지요. 새아버지와 어머니가 아기 같아졌을 때 제가 그들을 돌봤습니다."

다음에는 은퇴한 사회복지사 프랭크가 어휘를 조심스럽게 선택하려 애쓰며 말했다. "돌봄은 간과되고 있습니다. 이것은 추상적인 개념입니다. 돌봄은 영혼에 대한 것이지 실용적인 문제에 대한 것이 아닙니다. 돌봄은 받는 사람뿐 아니라 주는 사람도 풍성하게 해줍니다." 프랭크는 다발성경화증을 앓고 있는 사람을 방문 간병했던 자원봉사 경험을 이야기했다. 환자의 아내는 그를 떠나고 없었다. "매우 고양된 영혼을 가진 분이었고, 저는 그가 제게도 매우 많은 영감을 준다는 것을 깨달았습니다. 하루는 그 집 복도에 여행가방이 있었습니다. 아내가 아프리카로 가기 전에 잠시 들른 것이었어요. 저는 자기 내키는 대로 왔다 갔다 하는 아내, 남편을 이렇게 취급하는 아내를 어떻게 견딜 수 있느냐고 물어보았습니다. 그러자 그는 '여자가 나 같은 남편에게 원하는 것이 무엇이겠습니까?'라고 말하면서 웃었습니다. 하도 웃어서 저도 덩달아 웃었을 정도였어요. 그는 자신의 끔찍한 상황에 대해 웃을 수 있는 사람이었습니다."

재키가 다시 말했다. "저는 제가 아이들을 돌보는 만큼 아이들도 나를 돌보게 했어요. 아이들은 늘 집안일을 했어요. 아들은 사람들이 못 보게 커튼을 닫고 다림질을 했지요."

이 모임의 코디네이터인 미리엄은 큭큭 웃으면서 자신이 마음 쓰는 존재의 목록을 읽어주었다. 우선순위가 높은 순서대로였는데 고양이가 제일 먼저였고 그다음이 동료, 이곳 자원봉사자들, 부모 그리고 마지막이 남편이었다.

이어서 하산이 말했다. "제가 가장 마음 쓰는 사람은 부모님입니다. 그분들은 저를 돌보았고 이제는 제가 그분들을 돌볼 차례죠. 그다음은 아내와 아이들이고, 그다음은 이웃입니다. 소말리아 문화에서는 노인을 공경합니다. 손위의 모든 사람을 이모나 삼촌이라고 여기면서 자랐습니다." 모인 사람 모두가 각자의 문화를 떠올리면서 이 말에 동의를 표했다. 하산은 "저는 다른 이를 돌봄으로써 저 자신을 돌보게 된다고 생각합니다."라고 덧붙였다.

다들 고개를 끄덕였지만, 재키는 페미니스트로서 자신이 수십 년 동안 돌봄을 의무, 권력, 존중의 프레임이 만든 산물로 여겨왔다고 말했다. 이어서 대화는 '돌보지 않음'이라는 주제로 넘어갔다. 케이트는 병원에서 누군가가 임종이 얼마 남지 않은 어머니에게 젖은 양말을 신긴 일이 있었다고 말했다. 아직도 그 일을 생각하면 화가 치미는 듯했다. NHS에서 돌봄이 제공되는 방식에 대한 비판과 과거의 황금기가 사라진 것을 아쉬워하는 회상이 열띠게 이어졌다. 누군가가 이것이 종교의 쇠퇴와 관련 있는 것 같냐고 질문했다. 다른 사람이 아닌 것 같다고 대답했다. 종교기관에서 벌어진 학대 사례를 보라면서 말이다. 그것은 돌봄일 수 없었다.

대화는 한참 더 이어질 수도 있었을 것이다. 하지만 커피와 과자가 동났다.

empathy

깊이 생각하는 대상이나 사람에 대해 자신을 동일시할 수 있는 (혹은 그 대상이나 사람을 완전하게 이해할 수 있는) 역량.

sympathy

다른 이의 고통을 이해하고 살피고자 하는 마음의 표현.

돌봄과 가장 많이 연결되는 단어는 공감empathy이다. 이 용어는 모든 영역의 공적 담론에 넘쳐난다. 아마존에서 검색을 해보면 제목에 '공감'이 들어간 책이 1500권이 넘는다. 버락 오바마Barack Obama는 "공감의 결핍"이 "우리 시대가 직면한 도덕적 시험"이라고 말했다.[1] 미국의 심리학자 브린 브라운Brene Brown은 테드TED 강연과 저서를 통해 수백만 명에게 이렇게 설명했다. "공감에는 다른 이의 고통을 느끼는 것, 우리 자신의 감정적 경험에서 그러한 감정을 이끌어내는 것, 그리고 그에 대해 무언가를 행하는 것이 필요합니다. 누군가의 고통을 덜어주는 가장 좋은 방법은 옆에 앉아서 함께 느껴주는 것입니다. '어떤 심정인지 알아요.'라고 말할 수 있는 것 말입니다."[2] 하지만 브라운의 확신에 찬 정의는 이 단어의 흥미로운 역사에 의해 뒷받침되지는 않는다.

'공감empathy'이라는 단어는 1909년에야 만들어졌다. 심리학자 에드워드 브래드퍼드 티치너Edward Bradford Titchener가 독일어 아인퓔룽einfühlung을 번역하면서 만든 말로, '감정을 이입'하는 것을 뜻했다.[3] 이때의 의미는 다른 이의 감정을 느끼는 것이 아니라 상상된 자신의 감정을 세상에 투사하는 것이었다. 공감에 대한 초기 실험들은 사물과 융합되는 감각을 산출하는 신체적 느낌이나 움직임에 초점을 두었다. 그러다가 더 나중에 심리학자들이 이 단어의 의미를 사람 사이의 관계에까지 적용되는 것으로 재규정했다. 1955년에《리더스 다이제스트Reader's Digest》는 "자신의 판단력이 영향을 받을 만큼 감정적으로 몰입하지는 않으면서 다른 이의 감정을 이해하고 인정할 수 있는 능력"이라고 이 단어의 뜻을 설명했다.[4] 아직 윤리적인 명령이 담겨 있지는 않은데, 이후에 그러한 의미가 더해지게 된다. 그리고 최근 몇십 년 사이에 공감은 마치 근육처럼 발달시킬 수 있으며 뇌의 특정 부분에서 작동하는 식별 가능한 생리학적 기능으로 다시 한번 재정의되었다. 사회심리학자 C. 대니얼 뱃슨C. Daniel Batson은 공감이라는 단어의 의미가 짧은 역사 동안 여러 차례 바뀌었으며 이제는 여덟 가지 서로 다른 현상에 쓰이는 단어가 되었다고 설명했다.[5]《애틀랜틱The Atlantic》에 실린 한 기사는 "친구들에게 이 단어의 정의를 물어보면 얼마나 많은 의미가 쏟아지는지 보게 될 것"이라고 언급한다.

오늘날 공감 개념은 매우 상이한 두 가지 질문에 답하는 데 사용된다. 첫째, 다른 이의 감정을 어떻게 추측할 수 있는가? 둘째, 고통받는 타인을 돕게끔 추동하는 요인은 무엇인가? 첫 질문은 지식에 대한 것이고 두 번째 질문은 윤리적 행동에 대한 것이다. 그리고 이 둘이 꼭 연결되는 것은 아니다. 아마도 고문 기술자의 솜씨 역시 공감 능력에 토대를 두고 있을 것이다. 심리학자 테리사 와이즈먼Teresa Wiseman은 공감을 필요로 하는 다양한 직군에 대한 연구를 통해 공감이 네 가지 특징을 갖는다고 결론 내렸다. 1) 다른 이의 관점을 취한다. 2) 가치 판단을 내리지 않는다. 3) 다른 이의 감정을 인지한다. 4) 그것에 대해 소통한다.[6] 40년 전에는 의사와 간호사가 전문적인 기술과 존중하는 태도만 갖추면 충분하다고 여겼지만, 이제는 기대치가 높아져서 환자와 가족 들은 의료진이 공감도 표현해주기를 바란다.

특정한 감정을 내보이도록 노동자들을 훈련하고 그것을 측정할 수 있다는 개념은 비즈니스 분야에서 처음 발달했다. 공감 감찰empathy audit은 소매 기업들에서 표준적으로 사용되는 제도이며, 2000년대 들어 공공 서비스, 특히 의료 분야에도 적용되기 시작했다. NHS의 정책 중 하나는 간호사들이 더 많이 미소 짓도록 요구한다.[7] 보건장관은 이 방침에 대해 설명하면서 "포커스그룹 논의에서 간호사들로부터 충분히 보살핌을 받고 있다고 느끼지 못했다는 이야기가 많이 나왔고 사람들은 간호사들이 더 많이 웃어야 한다고 생각했다."라고 언급했다. 그래서 앞으로는 간호사들이 '공감적인 돌봄'을 제공할 수 있게 할 것이며 그것을 측정하고 점수화한 '공감 지수'를 온라인에 게시하겠다고 약속했다. 어떤 나라에서는 환자를 더 깊이 이해할 수 있도록 가상의 상황에서 환자 역할을 해볼 수 있는

'공감 실험실'을 운영하기도 한다. 하지만 공감에 대한 높은 기대치가 의료진들에게 일종의 연기를 유도하는 면이 있다는 문제가 있다. 한 완화치료 전문의는 이를 "잘 훈련된 고개 기울이기"라고 표현했다.

공감을 표현하리라는 기대는 의료진에게 너무 큰 부담을 지울 수 있다.[8] 훈련 중인 의사와 간호사에 대한 몇몇 연구는 그들이 환자를 대하는 일을 할 때 공감이 감소한다는 것을 보여주었다. 한 간호사는 돌봄의 의미에 대한 정의들과 그것에 의해 간호사에게 기대되는 감정들에 두들겨 맞는 느낌이라고 표현했다. "저는 도무지 견디기 어려운 사람들을 돌봅니다. 그들에게 관심이 없습니다. 다시는 그들을 볼 일이 없었으면 좋겠어요. 하지만 제 일을 잘 수행하는 데는 아주 관심이 많습니다. 담당 환자 모두에게 정말로 최상의 신체적인 간호를 제공하기 위해 마음을 많이 씁니다."[9] 일반의이자 작가인 개빈 프랜시스 Gavin Francis는 "의사가 효과적으로 환자의 고통을 경감해줄 수 있으려면 공감의 부족과 과잉 사이에서 균형을 잡아야 한다."라고 주장했다. 공감은 "적절한 시간에 적절한 사람에게 적절한 만큼" 드러나야 한다는 것이다.[10] 의사이자 작가인 레이먼드 탤리스Raymond Tallis는 의사들은 "좋은 의사 역할, 즉 잘 들어주고 신경 써서 살피고 공감해주는 의사 역할을 어떻게 연기할지를 훈련하게 된다."라며 "진심인지는 중요하지 않다."라고 지적했다. 그에 따르면 "의사는 자신의 실제 감정에 관계없이 공감하는 태도를 보이는 법을 터득해야 한다."[11] 옛말에 많이 웃는 의사는 소송에 잘 안 걸린다고 한다. 환자들이 돌봄의 질을 판단하는 데는 의사의 연기가 실제 치료 결과보다 더 많이 고려되는지도 모른다.

이제는 공감을 뜻하는 단어로 empathy가 대세로 자리 잡았지만, 전에는 sympathy가 많이 쓰였다. 둘 다 고통을 뜻하는 그리스어 파토스pathos가 어원이다. 계몽주의 철학사 데이비드 흄David Hume은 공감sympathy을 통해 감정이 윤리적 행동과 연결된다고 주장했다. 다른 이의 고통을 느낀다면 그를 도우려는 마음이 들게 되리라는 것이다. "사람의 마음은 서로에게 거울이 된다. 다른 이의 감정이 반영되기도 하지만, 고통, 감정, 견해의 광선이 반향을 일으키고 공명하며 인지되지 못할 만큼 잠식되기도 하기 때문이다."[12] 우리의 정서적인 삶은 상호연결되어 있고, 주관적 감각도 상호관계적인 것이 될 수 있다. 즉 사람들 사이에서 공유되고 함께 느껴지는 경험일 수 있다. 하지만 그러한 정서적 반응이 반드시 침착하고 탁월한 돌봄으로 이어지는 것은 아니다. 수술 광경을 보고 생생하게 느껴지는 공감에 너무 압도되면 수술실을 나와야 할지도 모른다.

　버지니아 울프는 공감sympathy이라는 개념을 조롱했다. 『병듦에 관하여』에서 울프는 씩씩하게도 이렇게 말했다. "그것 없이도 우리는 잘 살아갈 수 있다. 그것은 모든 신음소리가 공명의 메아리를 울리는 세계, 인간들이 공동의 필요와 두려움에 너무 강하게 묶여 있어서 한 명이 손목을 까딱이면 다른 사람의 손목이 홱 움직이는 세계의 환상이고 착각이다. 내가 아무리 이상한 것을 경험하더라도 다른 이들 또한 그것을 느끼리라는, 또 나의 마음이 아무리 먼 곳에 가더라도 다른 누군가도 전에 그곳에 가보았으리라는 생각인데, 이는 다 착각이다. 우리 자신의 마음도 알지 못하는데 하물며 다른 사람의 마음이랴. 인간은 자신이 가는 길 전체를 다른 모두와 손에 손 잡고 걸어가지 않는다. 우리 각자의 안에는 아무도 가지 않아 길이 나지 않은 원시림이 있다. 새의 발자국도 찍히지 않은 눈밭이 있다. 그곳에 우리는 홀로 가며, 홀로 가는 것이 더 좋을 것이다. 늘 공감을 얻고 늘 동행자가 있고 늘 이해받는다는 것은 견딜 수 없는 것인지도 모른다."[13]

빅토리아 시대에 널리 쓰이면서 sympathy라는 단어에는 부정적인 동정의 뉘앙스가 덧씌워졌고 오늘날까지도 이 단어는 적선하는 듯한 이미지에서 벗어나지 못하고 있다. 공감empathy의 가치를 주창하는 브린 브라운은 이것을 동정sympathy[연민]과 구분하면서, 후자는 타인과 거리를 두는 방법이라고 비난했다. 그것이 불균등한 권력관계 속에서, 더 큰 고립과 단절을 가져온다고 보았기 때문이다. 하지만 미국 철학자 마사 누스바움Martha Nussbaum은 연민이 윤리적인 입장을 취하게 해준다는 바로 그 점에서 연민을 되살려야 한다고 주장했다.[14] 한편 브라운이 공감이 '연결을 촉진'한다는 점을 설명하기 위해 전기와 광섬유 은유를 사용했다는 점도 주목할 만하다. 이 은유는 강렬함을 의미하기도 하지만, 디지털 소통의 특징인 관계의 안정성에 대한 높은 불확실성(내가 차단되지는 않을까?)에서 생기는, 맹렬하게 소진시키는 속성을 의미하기도 한다. 대조적으로 흄을 비롯해 계몽주의 시대 철학자들은 더

부드러운 은유를 사용했다. 그들은 우리가 다른 이의 고통에
대해 갖는 느낌을 현악기의 공명에 비유했다.

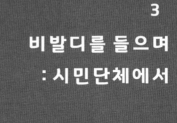

3

비발디를 들으며
: 시민 단체에서

"자폐를 다루는 TV드라마가 있었는데, 볼 수가 없었어요. 그들은 내가 상실한 것, 대부분의 사람들은 자기가 가지고 있는지도 모르는 것을 오락거리로 사용하고 있었어요. 너무 괴로웠습니다."

샐리, 자폐가 있는 아들을 둔 엄마

장애 아동의 가족을 지원하는 시민단체를 방문하러 북쪽으로 향했다. 그곳에서 보내게 될 시간이 그토록 강렬하고 밀도 높을 줄은 정말 몰랐다.

며칠에 걸쳐 그곳에서 회의를 참관하고, 가정 방문을 따라가고, 직원들을 만나 이야기를 들었다. 분주한 도시의 골목길 건물 지하에 자리 잡은 사무실은 변전소 같은 느낌이었다. 하지만 그 안에서 직원들은 전기를 송출하는 것이 아니라 사람들의 삶과 관료제적 절차를 뒤흔들 수도 있는 감정을 다루고 있었다. 슬픔, 분노, 두려움, 부끄러움, 좌절. 이 사무실의 업무시간에 일상적으로 등장하는 날것의 재료들이다. 우선 그들은 이야기를 듣는다. 그다음에 장애 아동의 가족이 수개월, 때로는 수년에 걸쳐 의료 서비스, 교육 서비스, 사회 서비스의 복잡한 관료제를 헤쳐가면서 아이를 돌보기 위해 고군분투하는 것을 돕는다. 이곳에 찾아오는 사람들은 복지 시스템과 관련해 가장 까다로운 문제로 어려움을 겪는 사람들이다. 진단이 어떤 병명에도 딱 맞아떨어지지 않거나, 부모가 복지 담당자들과의 방대한 상호작용과 아이가 필요로 하는 바의 무게에 짓눌려 압도된 경우 등이다. 이 단체는 절박한 가족과 예산 삭감으로 돌봄 서비스를 최대한 제한적으로 제공하려 하는, 과부하가 걸릴 대로 걸린 복지 시스템 사이를 아슬아슬하게 연결하고 있다.

회의를 참관하고 직원들과 이야기를 나누면서 돌봄이 세 가지 방식으로 제공되는 것을 관찰할 수 있었다. 부모에 의해, 국가의 복지 서비스에 의해, 그리고 이 단체에 의해. 장애 아동 부모들의 돌봄에 대한 관점과 의료 시스템, 교육 시스템, 사회복지 시스템 담당자들의 관점이 달라서, 또 때로는 각 영역 담당자들 사이에 관점이 서로 달라서 고통스럽고 맹렬한 갈등이 벌어지기도 한다. 나는 돌봄을 전쟁터에 비유하는 표현을 계속 들을 수 있었다. 영국 전역에서 장애 아동 부모들은 아이를 도와줘야 할 공적 서비스가 오히려 적대적이라고 토로하며 많은 부모가 분쟁을 해결하기 위해 소송까지 간다.

이 단체는 장애 아동의 부모를 지원하는 모임으로 출발했고, 많은 경우 무너지기 직전의 한계점에 와 있는 장애 아동 가족들과 연대하고 그들의 권리를 옹호하는 활동을 벌인다. 어느 한 시점에 이 단체가 돕는 가구는 최대 800가구 정도다. 무엇보다 이 일은 보고 들으며 목격자가 되어주는 일인데, 막대하게 버거울 수 있다. 한 직원은 일상적으로 비극과 불의를 다뤄야 한다며 이 일이 요구하는 감정의 밀도를 무장 투쟁 상황에 비유했다. 내가 온 곳은 위기의 현장이었다. 여기를 찾아온 가족들의 삶에도 위기가 있었지만, 돌봄을 제공하고자 고안된 시스템에도 위기가 있었다. 취재 막바지에는 감정적으로 진이 다 빠졌고 이곳 직원과 부모 들이 이러한 고통의 중력장 안에서 직면하는 현실에 완전히 압도당했다. 그리고 그들의 결연함과 참을성에 한없이 나는 겸손해졌다.

이곳에 도움을 청하러 오는 사람은 대부분 엄마다. 나와 이야기를 나눈 사람 중 몇 명은 배우자가 떠나버려서 혼자 아이를 키우고 있었다. 어떤 이들은 그간의 고투로 트라우마에 시달리고 있었지만, 그래도 이야기를 하고 싶어 했고 때로는 정말 상세하게 이야기했다. 모두가 이야기를 들어줘서 고맙다고 연신 인사를 해서 나는 놀랐다. 한 명은 "이렇게 이야기를 하니 카타르시스가 느껴지는 것 같다."라며 낮이고 밤이고 자신을 지배하고 있는 두렵고 끔찍한 일들에 대해 다른 사람에게 이야기하는 일은 거의 없다고 덧붙였다. 또 한 명은 "이것은 또 다른 세상"이라고 말했다.

이것은 많은 이들이 잘 모르는 세상이다. 이 세상의 이야기를 전달해줄 번역가도 거의 없고 이 세상을 찾는 방문객은 더 적다. 부모들은 약어, 의료 용어, 관료제적 절차와 관련된 용어 등으로 이뤄진 생판 낯선 언어를 새로 배워야 한다. 진단, 임시 위탁 돌봄respite care, 장비와 교육 지원 등을 둘러싼 분쟁은 몇 년씩이나 이어지기도 한다.

내가 만난 장애 아동 엄마들은 친구들을 잃었고 친척들과 소원해졌으며 다른 가정에서라면 일상이었을 평범한 활동들을 꿈도 꿀 수 없게 되었다고 말했다. 이들은 자신의 삶을 여기저기 쳐내는 법을 터득해야 했다. 친지, 친구, 동료 들이 감당하기에 이들의 고통은 너무나 강도가 높고 낯설다. 아이가 '발달 단계'에 맞게 성장하지 않을 때 부모는 단절과 고립을 느낀다. 식당, 놀이터, 극장 등에 가는 것도 엄청난 시련이다. 낯선 사람들은 함부로 판단하고 혀를 끌끌 차면서 불평을 제기할 뿐 이해하려고는 하지 않는다. 부모는 아이를 보호하고 아이와 세계를 매개하며 아이의 말을 번역하는 완충지대 역할을 해야 한다. 부모가 쏟아야 하는 어마어마한 노력을 아무도 알아차리지 못하기도 한다. 그 고투에서 의미를 찾으려면 부모는 자기 내면의 깊숙한 곳으로 들어가 거기 있을지 모르는 자원을 필사적으로 찾아내야 한다. 『사랑의 노동Love's Labor』에서 미국의 페미니스트 철학자 이바 페더 키테이Eva Feder Kittay는 장애가 있는 딸 세샤에 대해 이야기했다. 그는 세샤가 한 인간으로서 가지고 있는 고유한 개인성을 사회가 받아들일 수 있도록 정상성의 의미를 재정의해야 한다고 촉구하면서도, "그와 동시에 나 역시 남들이 세샤를 보는 방식으로 보아야만 세샤와 세상 사람들 사이에서 세샤가 얼마나 많이 받아들여질 것인가에 대해 협상하고 아이와 세상을 매개할 수 있다."라고 인정했다. "그렇다면, 부모의 임무는 부모가 할 수 있는 최대한으로 사회가, 혹은 세계가 아이를 받아들일 수 있도록 아이를 사회화하고, 또한 세계를 사회화하는 일이다."[1]

많은 이들이 공통적으로 말한 괴로움 하나는 장애 아동의 가족이 겪게 되는 프라이버시 상실이었다. 장애 아동을 키우려면 가정에서 벌어지는 가장 사적인 부분까지 복지 시스템의 감독, 관찰, 분석, 판단에 낱낱이 드러내야 한다. 양육의 가장 기본적인 전제, 즉 부모가 아이와 관련된 의사 결정에서 가장 큰 권한을 가져야 한다는 전제가 흔들린다. 정부 서비스 담당자의 개인적인 편견이 광범위한 의사 결정에 스며들 수 있다. 부모는 어디에 사는지, 어떻게 집을 관리하는지, 어떤 양육 방식을 취하는지, 무엇을 어떻게 먹이는지 등에 대해 담당자에게 설명해야 한다. 여기에 양자 사이의 계급 차이와 문해력 차이까지 더해지면, 이 과정은 매우 모멸적일 수 있고 그 모멸은 영구적으로 흔적을 남길 수 있다.

아기의 탄생에 대해 우리가 으레 하는 가정은 아이가 기쁨의 원천이 되리라는 것이다. 병원을 나서는 나에게 조산사는 "즐거운 시간 보내세요!"라고 말했다. 아기가 식당에서 가져다주는 음식인 양 서비스 제공자가 소비자에게 하는 말 같아서 그때는 조금 거슬리기도 했다. 그런데 새로 태어난 아기의 부모가 그 순간부터 기쁨이 아니라 슬픔을 다루게 된다면 어떨까? 이 경우에 돌봄의 관계는 어떻게 달라질 것인가? 이 단체를 찾아온 엄마들의 이야기를 들으면서, 그들이 돌봄을 나름대로 정의하는 법을 어떻게 터득해가는지 조금이나마 엿볼 수 있었다. 꿋꿋하고 결연하게, 엄마들은 상황이 허락할 때면 언제나 아이를 축복하며 기뻐했고 가능할 때면 언제나 평범한 순간을 즐겼다. 물론 온갖 실패를 겪는 것은 불가피하며 실패는 일상에서 늘 일어난다고 했다. 한 엄마는 "해피엔딩은 없다."라고 강조해서 말했다. 행복한 결말은 고사하고 끝이라는 것 자체가 보이지 않고 아득하다. 어떤 기적의 치료제도 없이, 그저 하루하루 의미와 존엄을 유지하기 위해 결연하고 묵묵하게 견디는 고투가 평생 이어질 수도 있다.

출판업에 종사하던 샘은 일을 무척 좋아해서 30대 중반까지 아이 갖는 것을 미뤘다. 아이가 다운증후군이라는 것을 알게 되었을 때 삶이 송두리째 뒤집혔다.

"아들이 태어나고 나서 이 아이가 직면할 어려움을 생각하니 너무 슬펐습니다. 아이 아빠는 다르게 반응했어요. 아이에 대해 상처가 되는 말을 했습니다. 가령 아이가 하는 특정한 표현을 싫어하면서 심한 말을 했어요. 첫해는 아이 아빠의 날선 말로부터 아이를 지키는 데 다 보낸 것 같습니다. 아이 아빠는 너무나 상심했는데, 첫해가 지나자 진단을 받아들였습니다. 지금은 아이를 매우 사랑합니다.

아이가 두 살이 되었을 때부터 다른 다운증후군 아이들과 다르다는 것을 알았습니다. 처음에는 내 잘못이라고 생각했어요. 나 때문일 거야. 내가 엄마 역할을 잘못해서 그래. 원래 나는 아이를 낳고 싶지 않았거든요. 남편이 원해서 아이를 가진 거였어요. 그리고 내 역량에 대해 의구심에 빠졌습니다. 아이는 일반 초등학교에서 1학년을 보냈는데 견디지를 못했습니다. 공간의 규모, 아이들 수, 소음을 견디지 못했어요. 여러 감각 자극에 과부하가 걸린 것이었습니다. 그런데 신경 쓰이는 부분들을 학교에 설명하기가 너무 어려웠어요. 어디를 가나 반응은 한숨이었습니다. '또 까다로운 중산층 극성 엄마 납셨네.' 이런 꼬리표가 붙는 것이 너무 힘들었습니다. 나는 분명하게 말하기 위해 매우 애를 썼고 공적 서비스 담당자들이 어디에서 개입할 수 있는지 파악하기 위해서도 굉장히 노력했습니다. 고학력에 전문직 종사자인 나도 이렇게 힘든데 다른 사람들은 얼마나 더 힘들까를 많이 생각하게 되었습니다.

더 무거운 부담을 지는 쪽은 대부분 엄마입니다. 관료제를 헤쳐나가는 것 같은 힘들고 막중한 일을 대부분 엄마가 해요. 제 아이는 여섯 살 때 자폐 공식 진단을 받았습니다. 많이 늦은 것이었지만, 그래도 진단을 받으니 안심이 되었어요. 내가 엄마 역할을 잘못해서가 아니라는 의미였으니까요. 그리고 사용할 수 있는 전략들이 생겼다는 의미이기도 했습니다. 전투 장소를 제가 선택할 수 있게 된 것이지요. '이중 진단'은 매우 도움이 됩니다. 누구도 우리가 특별 지원을 받는다며 뭐라 할 수 없으니까요.

우리는 '추가적인 지원이 필요한 아동'의 부모가 되는 것의 '만성적인 슬픔'에 대해 이야기하곤 합니다. 그 슬픔은 정말 쉽게 터져 나옵니다. 적응을 시작하기까지 6년을 슬픔에 빠져 살았습니다. 지금도 슬픔의 시기입니다. 아이가 학교를 마칠 나이가 되어가고 있거든요. 저는 아이와 기념할 만한 일들을 축하하는 것을 좋아합니다. 생일 같은 것이요. 아이는 춤추는 것을 좋아하는데요, 그래서 아이가 공연을 하게 되었을 때 꽃을 들고 가서 문간에서 사진을 찍었어요. 아이가 정말 좋아했습니다.

세상이 제 아이를 어떻게 받아들일지를 알 수가 없습니다. 우리는 아이가 으레 환대받으리라고 절대 당연시할 수 없습니다. 커피숍에서 젊은 사람들이 친절하고 편안하게 대해주면,

좋은 의미에서 놀라곤 합니다. 아이가 말을 하면 매우 주의 깊게 들어야 합니다. 어떤 행동을 할지 종잡을 수 없어요. 아이가 즐거움을 주기도 하고 사람들이 사랑스러워하기도 해요. 하지만 자폐 때문에 아이는 다른 이들에게 관심이 없습니다. 아이가 어렸을 때는 아이와 세상 사이에서 제가 통역가이자 번역가 역할을 하고 있다고 느꼈습니다.

때로는 부끄러운 감정을 떨치기 위해 애써야 했습니다. 바로 내 눈앞에 뻔히 살아 있는 아이의 존재를 놓고 슬퍼하고 있다니, 부끄러웠습니다. 아이의 미래가 두려워서 아이가 내게 온 것이 축복이라고 생각되거나 기쁘지 않았어요. 나는 가치 판단을 당하지 않고 아이에 대해 말할 공간이 필요했습니다. 그저 함께 안타까워해주는 사람들이 이야기를 들어주는 공간 말이에요. 그래서 이 단체에서 한동안 일하게 되었습니다. 비슷한 처지의 엄마들이 있었고 우리 모두 서로를 지원했습니다. 다 같이 우는 날도 있었지만 믿을 수 없을 만큼 긍정해주는 분위기였습니다. 저는 직장을 그만두고 장애 아동 부모를 위한 상담치료사 교육을 받았습니다. 그리고 자신의 아이가 세상에서 사랑받지 못할까 봐 크나큰 두려움을 가지고 있는 부모들을 상담했습니다. 그들 옆에 앉아서, 나도 그들의 아이가 이 세상에서 사랑받지 못하는 것에 대해 함께 깊은 슬픔을 느꼈습니다. 그것은 영혼을 갉아먹는 고통이에요.

시시콜콜한 것까지 지켜보는 눈이 너무 많기 때문에 육아 방식이나 가정생활 등에서 프라이버시는 꿈도 꿀 수 없습니다. 당국의 담당자가 집 안에 들어와서 집이 얼마나 단정한지,

집이 얼마나 좋은지 등을 살피는 경우가 아주 많아요. 많은 엄마들이 물리치료사가 방문하기 전에 서둘러 집을 치웁니다. 잘 대처해나가는 것처럼 보이려고요. 엄마로서 모든 일을 잘 부여잡고 대처해나가고 있다는 것은 그들에게 자존감의 일부이기도 합니다.

노동자계급 엄마들은 나라에서 아이를 데려갈지도 모른다는 두려움이 클 거라고 생각합니다. 수혜자의 계급이 담당자들의 판단에 영향을 미친다는 건 명백해요. 제가 아는 한 사례가 있는데요, 그 가정에 분명히 문제가 있었는데도 사회복지사는 집이 아름답고 안락한 것이 너무 인상적이었는지 다른 것은 눈에 들어오지 않는 듯했어요. 어떤 담당자를 만나는지는 결국 운인 것 같아요. 공감해주는 의사와 사회복지사와 교사도 있지만 안 그런 사람들도 있거든요.

본인의 자식에 대해 힘겹다고 느껴지거나 부정적인 생각이 드는 것은 너무나 괴로운 일입니다. 하지만 그것을 표현하지 않으면 결국에는 행동으로 비어져 나오게 됩니다. 자폐 아이를 키울 때 겪게 되는 커다란 문제 하나는 개인적인 서운함이나 상처로 반응하게 되는 것입니다. 이를테면 아이가 길에 드러눕는 경우에 '나한테 왜 이러지?'라고 생각하게 되는 거예요. 나는 내 삶, 내 아이, 내게 놓인 선택지 등을 비교할 때 일곤하는 몇몇 어려운 감정에 불을 비추고 직면해야 했습니다. 일종의 프레임 재설정이 필요했지요. 부끄러움은 비밀과 어둠을 좋아합니다. 환하게 불빛을 비추고 그것에 대해 이야기해야 합니다.

우선 상황을 인정하고 그다음에 그에 맞게 적응하고 조정하는 것이 그러한 과정입니다. 그리고 이 과정을 아이의 삶의 경로에서 매 단계마다 해야 합니다. 이것은 고립된 과정입니다. 아이가 사회적인 기대를 따라가지 못하고 있으니까요. 또 때로는 '이 상황은 내가 원했던 것이 아니야.'라고 인정해야 하는데, 내가 내 자식을 배신하는 것처럼 느껴지기도 합니다.

너무나 복잡하고 깊은 여정이었습니다. 이 여정에서 저는 우리 모두가 상호의존적이라는 것을 알게 되었습니다. 하지만 의존성에는 낙인이 찍힙니다. 나는 이 이야기를 바깥에 하고 싶습니다. 이것은 인간 경험의 일부이고, 따라서 우리 모두에게 속한 것이라는 점을요."

케이트는 부드럽고 나긋나긋하게 말하는 사람이었다. 이 단체에서 일하고 있었고 본인의 아들도 '추가적인 지원이 필요한 아동'이었다. 케이트는 용감한 쾌활함을 담은 미소를 짓고 있었지만 그가 느끼는 슬픔 또한 손에 잡힐 듯 생생했다.

"태어났을 때는 정상으로 보였어요. 그런데 언젠가부터 아이가 발달 단계대로 성장하지 않는다는 생각이 들었습니다. 자폐 진단은 굉장히 모호해요. 우리는 아이가 네 살이 될 때까지 공식 진단을 받지 못했습니다.

자폐아를 돌보는 것은 감정을 크게 소진하는 일입니다. 아들은 지금 열다섯 살인데 공감 수준이 매우 낮아요. 무언가 공격적인 행동을 하고서도 그것이 가져올 감정적 영향을 알지 못합니다. 이런 상호성의 결핍을 다른 사람에게 납득시키기는 너무나 어렵습니다. 내가 아프거나 허리를 다쳐서 아이와 밖에 나갈 수가 없을 때면 아이는 화가 나서 커튼을 찢습니다.

조금 더 정돈되어 있고 평온해 보이는 집도 있겠지요. 제 경우는 아니었어요. 적어도 우리는 매우 선제적으로 노력했습니다. 해법을 찾으려 하고 아이에게 대화하는 법을 가르치려 노력했어요. 우리는 아이를 가르치려는 시도에 정말 많은 시간과 돈을 들였습니다. 어떤 때는 잘 진행되는 것 같았다가, 어떤 때는 아이의 화만 돋우는 것 같았습니다.

매주 집 어딘가가 부서지고 망가지고 물이 흥건해졌습니다. 그게 일상이었어요. 커튼과 카펫을 수없이 갈아야 했습니다. TV도 다섯 번이나 새로 사야 했고, 아이가 깨부순 전등은 셀 수도 없을 정도입니다. 게다가 아이가 우리를 공격해서 다치게 하기도 합니다. 10대가 되고서 상황은 더 나빠졌어요. 때로는 전원을 다 내리고 수도도 다 잠그고 아이가 서랍장을 부수도록 그냥 두어야 했던 적도 있습니다. 한번은 침대를 부수고 있더라고요. 이런 일은 예측이 불가능합니다. 한두 달 잠잠하다가 갑자기 일주일 동안 상황이 크게 악화되기도 해요. 아주 작은 일로도 아이의 행동이 촉발될 수 있어요. 비가 온다거나, 누군가가 아이에게 너무 빠르게 다가온다거나, 개가 짖는다거나 하는 일들 말이에요.

한번은 눈이 내려 눈을 맞았는데 아이는 그것을 감당하지 못했습니다. 다시 안정을 찾기까지 석 달이나 걸렸어요. 더 어린 아이라면 주의를 다른 데로 돌릴 수 있지만 아이가 크면 아이의 걱정과 불안이 심화되어서 다른 쪽으로 관심을 돌리기가 쉽지 않습니다. 우리가 할 수 있는 활동은 범위가 매우 좁아요. 휴일에 여행이나 콘서트 가기를 시도해보았다가 15분 만에 안 되는 일이라는 것을 깨닫고 돌아온 적도 있습니다.

공감 역량이 결여되어 있고 행동이 비협조적인 사람을 돌봐야 할 때 겪는 감정적 트라우마에 대한 이해가 많이 부족합니다. 서비스 담당자인 전문가들도 잘 이해하지 못하는 것 같아요. 절박한 심정으로 도움을 구하러 가도 돌아오는 답이라곤 우리가 이미 다른 집보다 지원을 더 많이 받고 있다는 말뿐이었습니다. 하지만 우리에게 그 지원이 꼭 필요할 수도 있잖아요. 결국은 우리가 아이를 돌볼 수 없다는 것을 인정해야만 했어요. 여기에는 지쳐서 나가떨어지지 않는, 많은 사람으로 이뤄진 팀이 필요합니다. 지금 아이는 거주시설형 학교에 다닙니다. 그곳에는 교직원이 많아요. 현재까지는 아이에게 굉장히 잘 맞는 것 같아요. 처음으로 우리는 한숨을 돌릴 수 있게 되었습니다. 몇 달 전에 15년 만에 처음으로 우리끼리 시간을 보냈어요. 주중 닷새는 아이가 학교에서 지내니까요.

아이는 자전거 타기, 승마, 요리, 청소를 좋아합니다. 옷도 혼자서 입을 수 있어요. 하지만 학업과 관련된 것들은 잘하지 못합니다. 우리는 아이가 할 수 있는 일들이 너무 좋아요. 아이는 매우 키가 크고 건장합니다. 그리고 밖에서 하는 활동을 좋아해요.

사람들은 해피엔딩을 이야기하고 싶어 합니다. 하지만 나는 여전히 지치고 힘이 듭니다. 내게 조금도 관심을 보이지 않는 듯한 누군가에게 이토록 많은 것을 쏟아붓기란 정말로 힘들어요. 내 생각에 남편과 나도 몸이 많이 약해진 것 같아요. 우리는 트라우마를 겪고 있습니다. 걱정과 불안에 쉽게 빠지고요, 남편은 경미한 외상후스트레스장애 진단을 받았어요. 나는 밤에 잠을 잘 못 자요. 비명을 지르고 무언가를 움켜잡으면서 깨곤 합니다. 우리는 아이가 잠을 잘지, 언제 잘지 모르는 채로 몇 년을 보냈습니다. 잘 잔 날이 한 달에 세 번뿐인 때도 있었어요. 사람들은 아이가 임시 위탁 돌봄을 받을 수 있게 된 다음에 무엇을 하느냐고 묻곤 하는데요, 내 대답은 정말 간단합니다. 잠자기와 산책 같은 것이에요.

지금도 매주 우리는 굉장히 불안정한 상황에서 살아갑니다. 곧 아이가 집에 와서 나흘을 지낼 거예요. 좋게 잘 지나갈 수도 있지만 아이가 방에서 때려 부수는 동안 우리 자신을 보호하기 위해 닫은 문을 꼭 붙들고 있어야 할지도 모르지요.

재미있는 순간들도 있어요. 얼마 전에 아이를 데리고 공원에 갔습니다. 아이는 반복적으로 '소년은 코카콜라를 원해.'라고 말했습니다. 300번은 말했을 거예요. 그런데 정작 카페에서는 환타를 시키더군요. 남편과 나는 웃음을 터뜨렸죠. 우리는 아이의 별난 점을 인정하고 감사히 여기는 법을 배웠어요. 재미있고 유쾌할 수도 있으니까요. 아이에 대해 정말로 좋아하는 점도 많습니다. 하지만 정말로 무서운 사건들도 많이 겪지요. 대개 사람들은 아이를 처음 보면 매력적이라고 생각합니다. 그다음 순간에 아이에게 머리채를 잡혀 방 저쪽으로 끌려가는 일을 당하지는 않으니까요. 우리 모두 그것 때문에 많이 바뀌었습니다. 딸아이가 우리를 정말 많이 도와주어야 했어요. 아마 우리는 남은 평생 이런 일을 헤쳐나가야겠지요.

더 이상 사람들과 어울리지 않아요. 사람들이 우리 집에 오지 않습니다. 자연스러운 교류는 우리 삶에서 빠져나가버렸어요. 엄마가 연로하셨을 때 더 잘해드리지 못한 것이 후회됩니다. 하지만 나는 늘 우리 집 전선에서 전투 중이었어요. 오빠는 우리 집 일에 관여하지 않았어요. 그래도 남편의 형제 두 명은 잘 도와주는 편입니다. 적어도 여전히 우리를 집에 초대해주곤 합니다. 하지만 내 여동생은 '언니는 와도 좋아. 애는 데리고 오지 말고.'라고 말해요.

노동연금부와의 일을 헤쳐가는 것은 중소기업 하나를 운영하는 것에 맞먹습니다. 일주일에 꼬박 하루는 노동연금부와 씨름하는 데 들어가는 것 같아요. 나에게도 충분히 어려운데, 읽고 쓰는 것에 곤란을 겪는 사람들은 얼마나 더 어려울까요? 정부가 지원을 삭감하려고 하기 때문에 우리는 늘 싸워야 합니다. 장애인생활수당Disability Living Allowance은 1, 2년에 한 번씩 신청해야 합니다. 노동연금부에 전화를 하면 20분 정도 비발디의 곡을 들으면서 대기해야 하죠.

장애인생활수당 신청서는 50쪽이나 됩니다. 작은 전화번호부처럼 생겼어요. 처음에는 혼자서 신청서를 작성할 수가 없었습니다. 너무나 속상했습니다. 아이가 장애 진단을 받은 것만으로도 너무 슬펐는데, 앞으로 상황이 얼마나 더 힘들어질지 그때 알았더라면 훨씬 더 마음이 무너졌을 거예요. 사회복지사 한 명이 안쓰러워하면서 도와주었습니다. 아이의 가장 안 좋은 날을 요약해야 했는데, 아이가 가진 장애에 대한 그 모든 공포스러운 이야기를 신청서 양식에 적어 넣어야 했어요. 그런데 장애 아동의 가족은 그것을 축소해서 말하려는 습관이 있습니다. 그것이 그들이 현실에 대처하는 방식이니까요.

이 세계에서 꽤 오래 일했는데, 지난 25년 사이에 국가와 단체 모두에서 지원이 조금씩 깎여나가는 것을 보았습니다. 대부분의 사회복지사는 환자 가족의 고통에 진심으로 공감합니다. 하지만 그들이 제공할 수 있는 지원이 적어져서 무력함을 느끼고 가족에게 부담을 넘기려 하지요. 가족 입장에서는 조언만 잔뜩 듣고 정작 지원은 별로 받지 못하는 것입니다.

지금도 우리는 진행 중인 싸움에서 계속 전투를 벌이고 있습니다. 아이가 거주시설형 학교에 들어가게 되면 복지수당이 굉장히 복잡해지거든요. 돌봄제공자수당 같은 몇몇 수당은 신청을 다시 해야 해요. 요즘은 아이가 집에 있는 날짜를 세어서 6주에 한 번씩 신청서를 씁니다. 그러면 그들이 급여를 다시 계산하지요. 한번은 그들이 돌봄제공자수당 지급을 누락했는데, 해결하기까지 몇 개월이 걸렸어요. 5개월 동안 비발디를 들어야 했지요.

아이가 어떤 약을 먹어야 할지에 대해서도 정신의학과 의사, 심리학자와 싸움을 했습니다. 우리는 아이에게 약을 먹이기 전에 학교가 도움이 되는지를 먼저 알고 싶었어요. 약은 되도록이면 적게 쓰고 싶었죠. 우리는 계속 그런 입장입니다.

크리스마스와 새해는 악몽입니다. 임시 위탁 돌봄이 제공되지 않거든요. 놀이 지원도 운영되지 않습니다. 나만 빼고 모두가 좋은 시간을 보내는 것처럼 느껴집니다. 사람들은 나를 파티에 초대했다가도 내가 아이와 함께 나타나면 당황합니다. 나도 아이가 부적절한 일을 할까 봐 안절부절못하고요. 그래서 우리는 중증 장애인 가족끼리 어울립니다. 어떻게 대처해야 할지 모두가 알고 있으니까요.

남편도 나도 의지력이 강한 사람입니다. 다른 사람들이라면 우리 아이의 삶에서 몇몇 부분을 포기했을 것 같아요. 우리는 아이에게 해줄 수 있는 최선의 것들을 제공하고 있습니다. 이 과정에서 남편도 나도 자신의 삶은 달려오는 버스 아래에 내던진 셈이 되었지요. 나는 설령 최악의 적이라도 우리가 겪은 일은 겪지 않았으면 합니다."

다음 날 나는 케이트를 우연히 다시 만났다. 케이트는 자신이 대응해야 하는 온갖 담당자와 지원 서비스 기관을 지도로 그려주었다. A4 용지 위에 화살표와 표식이 깔끔하게 그려져 있었다. 소규모 회사의 조직도 같았고, 홍보 부서가 주요 부서인 것 같았다. 케이트는 자신과 남편이 그들에게 할당된 담당자들과 친밀하고 좋은 관계를 쌓고자 노력했다며, 대체로 성공했는데 예외가 한 번 있었다고 했다. 담당 사회복지사가 너무 무능해서 담당자를 바꿔달라고 요구한 적이 있었다는 것이다.

복지 당국과의 상호작용은 가족과 복지 서비스를 운영하는 전문가 및 공무원 사이의 갈등으로 점철될 수 있다. 한편에는 매우 강렬한 개인의 감정들이 요동치고 있고 다른 한편에는 객관성을 확보하기 위해 고안된 관료제의 형식과 절차가 있다. 특별 지원이 필요한 아동을 위한 프로그램은 의료, 교육, 사회 서비스 분야 각각에 섬처럼 고립되어 있다. 상호 조율을 개선하려는 시도가 수차례 있었지만, 여전히 가족들은 전투에 등장하는 상대가 계속 바뀌는 여러 개의 전선에서 싸우고 있다고 느낀다. 2019년에 의회의 인권합동위원회가 작성한 보고서가 지적했듯이 종종 전문가들은 부모를 아동의 가장 강력한 옹호자가 아니라 문제로 여긴다. 이 보고서는 학습장애와 자폐가 있는 아동, 청소년, 젊은 성인을 수용하는 정신건강 병원들의 처우와 여건에 대한 "끔찍한 실태"를 적나라하게 드러내면서 다음과 같이 언급했다. 신체에 제약을 가하고 독방에 가두는 일이 자주 일어나며 지역사회 돌봄이 충분히 이뤄지지 못해 부당한 시설 수용으로 이어지면서 "수용자에게 막대한 고통과 가족에게 비통함을 야기한다." 또한 이 보고서는 감독이 제대로 이뤄지지 않아 이와 같은 잔혹성을 드러내는 일이 언론과 가족의 몫이 되어버린 점도 지적했다.[2]

명확한 의학적 진단이 있으면 일이 조금 더 수월해질 수 있다. 이 단체의 도움을 받고 있는, 혈우병 앓는 아이를 둔 한 엄마가 의료진과 밀접하게 협업한 과정을 들려주었는데, 발달장애 아동 엄마들이 말하는 내용과 크게 달랐다. 하지만 그 엄마는 치료가 건성이거나 실수가 있는 듯해도 일단 의료진을 믿는 것부터 시작해서 의료진과 친밀한 관계를 유지하기 위해 매우 많은 노력을 기울였다고 말했다. 그는 병원의 환자 기록에서 그의 가족에 대해 "참을성이 있다."라고 적힌 것을 보았다며, 그런 노력이 성공적이었다는 의미로 생각한다고 말했다. 명확한 의학적 진단이 없으면 길고 고통스러운 전투가 벌어질 수 있다. 자폐증이 있는 아들을 둔 한 엄마는 "핀잔과 이래라저래라 하는 말을 들은 지가 10년"이라고 했다.

이 단체가 도움을 제공하고 있는 사례의 상당수가 정부 돌봄 시스템의 자금 부족과 관련이 있다. 지역 당국의 사회복지 및 사회적 돌봄 예산은 긴축 정책 기조에서 여러 차례 삭감되었다. 이르게는 2012년부터 영국사회복지사협회British Association of Social Workers는 감당이 불가능할 정도로 사례 건수가 많아지고 있다며 "지원이 필요한 사람들에게 당장 심각한 위험을 야기할 수 있다."라고 경고했다. 사회복지사 절반 이상이 지원 부족이 서비스 이용자에게 비극적인 결과를 가져올 수 있다고 우려했다. 사회복지 분야는 교육, 의료 등 여타 공공 서비스 영역과 달리 2000년대 노동당 정부하에서 정부 지출의 혜택을 본 바가 없었는데도, 이후의 긴축 국면에 지역 당국의 지출을 줄일 때는 여타 영역과 마찬가지로 삭감을 겪었다. 영국 전역에서 복지 분야의 서비스와 일자리가 없어졌다. 발달장애 간호 전문교육을 받은 간호사의 수는 2010년에서 2018년 사이 40퍼센트나 줄었다.[3] 일자리가 사라지면서 교육기관에 지원하는 사람도 줄었다. 예산 삭감이 현장에 어떻게 적용되는지가 2017년 사회복지사를 대상으로 한 설문조사에서 적나라하게 드러났다. 거의 70퍼센트가 관리자들이 복지 서비스를 제한적으로 제공하기를 원한다고 답했고, 3분의 1은 사람들이 필요로 하는 서비스를 제공하는 것이 불가능하다고 답했다. 또 4분의 1은 제공되는 지원 패키지가 "공정하고 안전한지"도 확신하지 못하고 있었다. 이 보고서는 "시스템이 무너지고 있다.”라며 “어떤 곳들에서는 지역 당국이 막대하게 부족한 자원을 가지고 법으로 정해진 책임들을 수행하려다 보니 그나마 괜찮게는 법이 ‘휘어지고’ 있으며 나쁘게는 법이 체계적으로 위반되고” 있다고 언급했다. 또한 “당국자들이 사회적 돌봄의 귀중한 자금이 지출되는 방식을 점점 더 창조적으로 때로는 대놓고 불합리한 방식으로 제약하고 있다.”라고 지적했다.[4]

2014년 아동가족법Children and Families Act 도입은 희망을 불러일으켰다. 정부는 장애 아동을 둔 부모들의 의견을 수렴한 뒤, 더 이른 시기의 지원과 덜 적대적인 시스템에 대한 부모들의 바람을 충족하겠다고 약속했다. 새로운 법에 따르면 장애 아동이 필요로 하는 바는 “가장 이른 시점에, 또한 가장 빠르게 정규 지원 시스템에 포착되어 개입이 가능해져야” 한다.[5] 하지만 희망은 빠르게 사그라들었다. 지역 당국들이 새로 생긴 의무 실행에 필요한 자금을 구할 길이 없어 고전했기 때문이다. 2016년의 한 연구에 따르면 장애 아동 부모의 4분의 3은 교육 지원을 받기 어려웠다고 답했고, 지원을 받아내기 위해 결국 변호사를 선임하고 법적 절차를 밟아야 했다는 사람도 많았다. 자폐 진단을 받는 데 걸리는 기간은 평균 3년 반이었다.[6] 마지막 수단으로 부모의 싸움은 ‘특수교육 필요 및 장애Special Educational Needs and Disability, SEND 법정 [지역 당국이 특수교육 지원이 필요한 아동에게 정당한 지원을 제공하지 않거나 학교 또는 지역 당국으로부터 장애를 이유로 차별당하는 등의 경우에 소송을 제기할 수 있는 법정]’까지 가게 되는데, 이곳에서는 사건이 부모 쪽에 유리하게 결론 나곤 했다. 하지만 2016년에 버킹엄셔, 노픽, 글로스터셔 등 몇몇 지역 당국과 계약을 맺은 법무법인 베이커 스몰이 SEND 법정 사건들에서 부모들을 상대로 거둔 승리를 자랑하는 글을 고소하다는 듯한 어조로 SNS에 올렸다. 이러한 무신경은 언론의 도마에 올랐고, 지역 당국의 비용 삭감을 도운 성과를 자랑하는 내용이 베이커 스몰의 홈페이지에 실려 있다는 사실도 드러났다. 장애 아동 부모들 사이에서 베이커 스몰의 적대적인 스타일은 전부터도 악명이 높았다.

2018년 말에는 장애 아동 교육 지원에 부족한 자금을 메우기 위해 지역 당국이 영유아 교육 등 여타 분야의 교육 예산을 삭감하려 한다는 기사가 나왔다.[7] 서더크 당국은 "중앙 정부에서 내려오는 자금이 우리가 지원해야 할 서비스에 돈을 대기에는 턱없이 부족하다."라고 언급했다. 몇몇 지역 당국은 예산을 줄였다가 부모들의 소송에 직면했다.(2018년 브리스톨이 500만 파운드[약 78억 원]의 지출을 삭감한 데 대해 부모들이 소송을 제기해 승리하면서 이런 소송이 많아졌다.) 예산 삭감의 비극적인 결과로, 특수교육이 필요한 장애 아동들은 교육에서 배제되거나 위법한 방식으로 '이름이 제외될(학교가 비공식적으로 부모에게 아이를 자퇴시키도록 요청하는 것)' 가능성이 다른 아이들에 비해 크게 높아졌다. 지원 서비스 담당 인력이 줄면서 적절한 조기 개입이 이뤄지지 못해 아동의 문제행동이 심화되고 결국 학교에서 배제되는 사례가 많아진 것이다. 특수교육이 필요한 남아의 경우 영구적으로 교육에서 배제될 가능성이 다른 아이들보다 거의 네 배나 높은 것으로 나타났다.

야심찬 법이 널리 환영받으며 도입되었지만 실행에 필요한 자금을 확보하지 못한 상태였다 보니 지역 당국은 새로운 의무가 발생했으되 그것을 지킬 수단은 없는 상황에 내몰렸다. 정치인과 비영리단체 들의 제도 개선 활동은 입법에만 초점을 두는 경향이 있고, 지역 당국 차원에서 해당 법의 실현 가능성이나 실행 과정에 대해서는 그만큼 관심이 주어지지 않는다. 그 결과 의원들의 야심과 실제 현실 사이에 희한한 괴리가 발생한다. 지난 30년간 자폐를 포함한 여러 장애에 관해 많은 지식이 축적되어 효과적인 개입과 교육 방법을 더 잘 알게 되었음을 생각하면, 이러한 괴리의 아이러니는 한층 더 통렬하다. 장애 아동의 가족은 이제 무엇이 아이에게 도움이 되는지를 아는데도 그것에 접근할 수 없는 고통스러운 간극에 빠져 있다.

부족한 지원을 어떻게 쪼개어 제공할지 결정하는 일은 이전에도 사회복지사가 하는 일의 일부이긴 했다. 그러나 예산이 삭감되면 이것이 가장 중요한 일이 된다. 몇몇 연구에 따르면, 자격심사에서 거르기, 기다란 대기 명단 다루기, 다른 지원 서비스로 넘기기 등에 들어가는 자원이 많게는 80퍼센트에 달한다.[8] 예산 삭감으로 사회복지사의 1인당 담당 사례 건수는 과도하게 늘었고, 행정 직원은 줄었고, 소프트웨어가 충돌하거나 먹통이 되기 일쑤인 컴퓨터 시스템에 서비스 대상자와의 모든 상호작용을 입력하느라 씨름해야 해서 장애 아동 가족들과 관계를 구축할 시간은 거의 남지 않았다.[9] 나와 이야기한 사회복지사 한 명은 장애 아동 가족들이 절박하게 의존하고 있는 지원을 끊어야 할 때 큰 정신적 트라우마를 겪는다고 말했다.

그는 돌봄을 제공하기 위해 교육받았는데 정작 그 반대로 돌봄을 제공하지 않기 위해 일하는 팀을 이끌고 있었다. 이러한 모순이 고통스럽도록 첨예해진 나머지 그는 신경쇠약에 걸렸고, 결국 사회복지 분야를 떠나 다른 분야에서 새로 교육을 받았다. 그의 사례는 특이한 경우가 아니다. 한 연구에 따르면 40퍼센트의 사회복지사(75퍼센트는 여성이다.)가 일을 그만둘 생각을 하고 있다고 답했으며,[10] 이직률이 연간 3분의 1에 달하는 팀도 적지 않은 것으로 나타났다.[11]

긴축은 복지 시스템을 뼈만 앙상해지게 만들었고, 탄탄한 인간관계를 일구는 데 꼭 필요한 시간을 고갈시켰다. 관계에 투자하지 않는 것은 복지 정책 전반의 특징이 되었다. 나는 부모들을 만나면서 서비스 담당자들이 가치 판단을 하려 하고 무디고 무뚝뚝하며 심지어는 잔인하다 싶을 정도로 냉담하다는 이야기를 계속 들었다. 관료제는 위험관리, 불편부당, 책무성, 예산 제약 등의 개념 위주로 짜여 있다. 관료제는 공정성이라는 목표를 달성하기 위해 표준화된 의사 결정 절차를 따르는데, 이는 개개인의 구체적인 상황과 필요에 대한 반응성을 떨어뜨리고 개개인의 필요에 신경 쓰는 것을 성가신 일로 여기게 했다. 장애 아동 지원 담당자의 일차적인 임무는 해당 가정의 필요를 파악하는 것인데, 그 필요의 산정이 관료제적 절차에 따라 이뤄진다. 가령 앞에서 케이트가 언급한 장애인생활수당도, 부모가 공문서 양식에 기입한 정보가 숫자로 환원되어 지급 여부와 지급액이 산정된다.

내가 취재한 많은 부모들이 이 공문서 양식이 끔찍하다고 이야기했고, 양식을 채우는 과정이 그들이 정말 원하지 않는 방식으로 아이를 보게 만든다고 말했다. 아이를 장애와 그로 인해 필요한 지원으로만 환원해서 보아야 하는 것이다. 시민 단체 직원의 임무 중 하나는 수십 쪽에 달하는 양식 작성을 돕는 일이다. 케이트는 이 과정이 내재적으로 모멸적이고 비인간적이라고 말했다. "관료제는 정해진 규격에 맞지 않는 사람을 무너뜨립니다. 자신감 넘치는 전문가도 자신의 아이에 대해서는 마찬가지입니다. 중견 의대 교수가 울음을 터뜨리기도 했고, 응급실 의사가 장애인생활수당 양식을 작성하지 못하기도 했어요. 그 과정이 너무나 큰 스트레스를 불러일으켰기 때문입니다. 장애 아동의 부모는 자신의 아이를 실패작으로 묘사해야 하는 것에, 아이가 무엇을 할 수 없는지를 샅샅이 묘사해야 하는 것에 심리적인 장벽을 가지고 있습니다. 어느 부모가 그런 일에 마음의 준비가 될 수 있겠습니까? 장애인생활수당 신청서 작성과 처리 과정에서 눈물을 흘리지 않는 부모를 본 적이 없습니다. 부모들은 언제나 아이가 받은 진단에 맞서서 아이를 옹호하려고 합니다. 진단은 아이를 질병으로 환원하고, 부모가 아는 아이의 사랑스러움이나 부모가 인식하는 인간성을 드러내지 못하니까요."

처음 복지국가를 설계한 사람들 사이에서도 국가 관료제가 돌봄을 필요로 하는 인간 여건에 내재한 예측 불가하고 혼란스럽도록 복잡한 면을 잘 다루지 못할 가능성이 있다는 우려가 있었다. 20세기 전반기에 활동한 사회주의 경제학자 시드니 웹Sydney Webb은 "국가 서비스는 마치 다른 손가락은 없고 엄지만 있는 것처럼 무심하고 뭉툭해지기 쉽다."라고 말했다.[12] 1945년 노동당 정부가 추진하는 복지국가의 청사진이 될 유명한 보고서를 작성한 윌리엄 베버리지는 자신이 제시한 대담한 개혁안이 실제로 실행되는 과정을 보면서 점점 더 경각심을 느끼게 되었다. 그는 모든 서비스가 공무원에 의해 배분될 것이라는 이야기를 듣고 "솔직히 섬뜩했다."라고 말했다. 원래 베버리지가 기대한 바는 빅토리아 시대 산업화의 위대한 발명품인 우애조합friendly society이 중요한 역할을 맡는 것이었다. 하지만 완전한 불편부당성을 확보해야 한다고 생각한 동료들이 그를 누르고 공무원 중심으로 제도를 설계했다. 그리고 노동당 정부는 거대하고 중앙집중화된 전쟁 시기 관료제 모델을 전후 새로운 복지제도의 서비스 운영에도 적용했다. 이를 우려한 베버리지는 1946년에 또 다른 보고서를 작성해 새로운 제도의 구조가 시민과 공동체의 역량을 간과해서는 안 된다고 촉구하면서 거리감 있고 위계적인 기관은 필요를 산정하거나 해법을 찾는 데 최선의 방식이 아니라고 주장했지만, 이 보고서는 앞서의 보고서에 비해 훨씬 주목을 끌지 못했다. 베버리지의 우려를 이어받아서, 2018년에 사회 개혁가 힐러리 코텀 Hilary Cottam은 이것이 널리 찬사받는 베버리지 복지국가 계획의 치명적인 결함이었다고 주장했다. 베버리지가 너무 늦게 "그가 설계한 복지제도에 관계와 사람이 제거되어 있다는 것을 깨달았다."라는 것이다. 코텀은《래디컬 헬프Radical Help》에서 "관계, 그리고 사람은 기껏해야 중요치 않은 것으로, 나쁘게는 사회 진보에 방해가 되는 것으로 여겨졌다."라고 설명했다. 정치 철학자 한나 아렌트도 베버리지의 우려와 맥락을 같이하면서, 규칙과 규제에 따라 기계적으로 돌아가게 되어 있는 20세기의 관료제가 "마음 쓰지 않는 태도"를 내재화한다고 지적했다.[13] 정치학자 데이비드 런시먼David Runciman에 따르면, 그러한 시스템에서는 "인간적인 가치들보다 기술적인 전문성이 우선시된다." 또한 런시먼은 "현대 민주주의의 가장 큰 위험은 유의미한 인간의 개입에서 점점 분리되어 그 자체가 인공적인 삶을 획득한다는 데 있다."라며 "중요한 결정은 여전히 인간이 내리지만 창조적인 통찰 없이 내린다."라고 지적했다.[14]

150년간의 돌봄의 역사를 돌아보는 감동적인 전시회가 2019년 런던 브렌트 지구에서 열렸는데, 베버리지가 나중에 한탄했던 면의 중요성이 잘 드러나는 행사였다. 가장 초기 시절에 대한 몇몇 전시물은 영국의 많은 도시와 마을에 생겨났던 우애조합 포리스터스Foresters 이야기를 담고 있었다. 이 우애조합의 화려하게 수놓은 장식 띠와 깃발, 의례용 도끼 사이에, 회의의 시작과 끝을 알릴 때 쓰는 작은 상아 망치와 낡은 회계 장부가 있었다. 토론과 책무가 상호성의 원칙을 지탱했고, 바로 이것이 돌봄을 집합적으로 제공하는 데 핵심이었다. 우애조합은 보험의 초기 형태라고 볼 수 있다. 조합원들은 소액의 분담금을 정기적으로 납부해 본인과 가족이 병에 걸리거나 사망했을 때 급부를 보장받았다. 19세기에 영국 전역에서 포리스터스 지부가 생겨났다. 지부는 약 3킬로미터 거리 안에 사는 회원들의 모임으로, 코트court라고도 불렸다. 이는 분담금을 걷고 자원을 빠르게 분배하는 데 매우 효과적이었다. 함께 술을 마시는 의례는 조합원들이 서로를 잘 알게 하고 호혜성을 실천하게 하는 데 도움이 되었다. 베버리지는 산업화된 영국 도시에서 우애조합이 빠르게 퍼져나가는 것을 인상적으로 보았다. 1913년 무렵이면 영국 노동력의 75퍼센트가 우애조합에 속해 있었는데, 노동조합과 감리교회 소속원을 합한 것보다도 많은 것이었다.[15] 우애조합은 가장 강력하고 유연한 노동자계급 조직이었다. 우애조합은 과거 농촌에서 복지를 담당하던 교구를 대신해 새로운 형태의 소속감과 호혜성을 발명했고, 이동성이 높은 도시민들 사이에서 매우 효과적으로 작동했다.

하지만 전쟁에 승리한 뒤인 1945년에는 중앙 계획과 관료적 국가에 대한 대중의 신뢰가 유례없이 높았고 관계 지향적인 소규모 지역 조직은 옆으로 밀려났다. 상당수의 자선단체와 우애조합이 국가 서비스로 통합되었다. 새로 등장한 시스템은 권위주의적이고 다 안다는 듯이 구는 전문가 위주의 하향식 위계구조였다. 그러자 1980년대 이래 관료제의 결함을 극복해야 한다는 문제 제기와 함께 여러 개혁이 도입되었는데, 공공 서비스가 소비자 대상 비즈니스를 모방하도록 독려하는 방식이었다. 즉 공공 서비스도 상업 서비스처럼 수행되어야 한다는 기대가 형성되었다. 중앙 통제를 더 엄격하게 하고 효율성을 높이기 위해 새로운 경영 관리 기법이 도입되었다. 그 결과 거래적인 문화가 확산되면서, 코텀이 현재 영국의 돌봄 영역이 직면한 문제 해결에 필수적이라고 꼽은 탄탄한 관계를 구축할 기회는 더욱더 줄었다. 코텀은 관계를 중심에 두고 핵심 의사 결정에서 서비스 수혜자의 권한이 강화될 수 있도록(가령 담당 자를 직접 정할 수 있고 담당자와 함께 실제로 필요한 지원을 직접 개발해갈 수 있도록) 복지제도를 근본적으로 재설계해야 한 다고 주장했다.

내가 참관한 시민단체는 현재의 국가 제도가 가진 빈틈들을 메우고 있었다. 무엇보다 이곳에서는 관계를 제공했다. 이들은 부모의 이야기를 들어주었다. 때로는 복잡한 사례에 대해 조언하고 변론을 제공하는 실용적인 도움도 주었지만, 많은 경우 이곳은 부모들이 벌이는 영웅적인 투쟁에서 든든한 연대를 제공했다. 단체 직원 중 많은 이들이 본인 역시 장애 아동을 돌본 경험이 있었고, 장애 아동 부모가 사회에서 맞닥뜨리기 일쑤인 무관심과 적대감으로 부모들을 대하지 않았다. 그들은 가치 판단을 내리지 않고 부모들을 인정하고 격려해주었다.

나는 단체 직원 한 명이 도시 외곽에 있는 킴의 집에 가정 방문을 갈 때 따라가서 참관했다. 킴은 우리가 도착하자마자 경찰, 사회복지사, 교육 서비스 담당자 들과 상호작용하는 과정에서 있었던 일련의 위기에 대해 두서없이 말을 쏟아냈다. 서서히 이야기의 윤곽이 드러났다. 10대인 아들이 있는데 각기 다른 시점에 할머니와 어린 사촌, 누이, 교육심리학자, 그리고 몇몇 이웃을 공격한 모양이었다. 킴 본인도 건강 문제가 있었고 장애가 있는 아이가 한 명 더 있었다. 킴은 자신의 암과 관련해 새로운 정보를 아는 것이 두려워서 우편물을 뜯어보지 않고 그냥 쌓아둔다고 했다. 그는 헷갈려서 복지 급여 신청이 엉망이 되었기 때문에 감옥에 갈지도 모른다며 공포에 질려 울음을 터뜨렸다. 똑똑하고 유능한 여성도 장애 아동을 키우는 현실의, 그리고 감정의 복잡성에 쉽게 압도당할 수 있었다.

우리가 앉아 있던 응접실에서 시야의 초점은 갓난아기인 킴의 손녀였다. 우리가 이야기를 나누는 동안 킴의 딸들과 어머니가 들락날락했다. 아기는 분홍색의 예쁜 카디건을 입고 있었고 아기 용품이 여기저기 널려 있었다. 4대에 걸친 여성이 번갈아 가며 아기를 지켜보았다. 모성은 이들 정체성의 핵심이었다. 킴의 머리 위로는 화려한 금박 액자에 담긴 가족 사진이 걸려 있었고, 사진 속에서 꼬마 아이 세 명이 활짝 웃고 있었다.

킴이 때로는 쓰디쓴 유머와 함께 계속해서 들려주는 여러 트라우마 이야기를 듣다 보니, 이야기 구조가 하나의 축을 중심으로 돌면서 새로운 세부 사항이 추가된다는 것을 알 수 있었다. 아들은 2시간 반 떨어져 있는 거주 요양시설에 있었고 약을 아주 많이 복용하고 있었다. 킴은 아들의 행동을 통제하기 위해 그렇게 가둬두는 방식을 쓰는 데 대해 걱정이 많았다. 아들은 성인이 되어도 정신의학과 치료를 계속 받아야 할 것이었고 어쩌면 시설에 평생 있어야 할지도 몰랐다. 킴은 이러한 상실에 깊이 상심했다. "유대가 사라졌어요. 나는 그 아이를 사랑합니다. 하지만 아이를 다룰 자신이 없어요. 이제는 아이가 보고 싶어지지도 않기 시작했습니다."

킴은 울음을 터뜨렸고 마음을 추스르기 위해 옆방으로 갔다. 하지만 돌아왔을 때도 여전히 울고 있었다. "내 아이를 위한 의사 결정을 다른 사람들이 내립니다. 언제 신발을 사야 하는지, 머리는 언제 잘라야 하는지 같은 것까지도요. 아이에게서 부모를 앗아가는 것이나 마찬가지입니다. 아이가 있는 시설에 면회를 가서 좋은 시간을 보내고 온 날이면 왜 아이가 집에 올 수 없는지 자문하게 됩니다. 네, 그럴 수 없다는 건 저도 알아요. 집에서 너무 많은 사람이 위험에 처하게 될 테니까요."

인터뷰를 마치고 우리가 집을 나서려 하는데 킴이 말했다. "들어주셔서 감사해요. 저는 그 아이에 대해 이야기하는 것이 좋아요." 이것이 킴에게 아직 남아 있는 엄마로서의 역할인 것 같았다. 차를 타고 시내로 돌아오는 길에 커다란 전광판 하나가 보였다. 늦은 오후의 비 오는 회색 하늘을 배경으로 "다 괜찮아질 거예요."라는 네온 사인이 번쩍이고 있었다.

리즈는 위트가 넘쳤고 문득문득 얼굴에 아름다운 미소가 스쳤다. 그는 그래픽 디자이너이며 우리는 점심시간에 만났다. 이야기에 몰두하느라 리즈는 많이 먹지 못했다. 늘 웃을 준비가 되어 있는 유형의 사람이었지만 리즈가 들려주는 이야기는 마음 아팠다. 우리가 만난 날 리즈는 기분이 매우 좋다고 했다. 드디어 아들의 교육과 관련해 소송을 진행할 권리를 획득했다는 것이었다. 리즈는 자신이 수년 전부터 알고 있던 무언가를 드디어 인정받은 느낌이라고 했다. "아이는 일찍부터 행동이 이상했어요. 찻잔을 밀어서 떨어뜨리기도 하고 성질을 부렸다하면 난리가 났죠. 머리를 벽에 부딪치면서요. 일반의와 가정 방문 건강상담사에게 연락했더니, 그들은 내가 엄마가 된 것이 처음인 데다 풀타임 직장이 있어서 힘든 거라고 했어요. 스트레스를 너무 받아서 그렇다며 일하는 시간을 줄여보라고 하더군요. 나는 전화를 붙잡고 화가 나서 울었어요."

"아이가 세 살이 되었을 때 마침내 소견서를 받아서 소아과 의사에게 가볼 수 있었어요. 하지만 멍청한 소리 말라더군요. 제 아이는 전형적인 자폐 증상이 아니라는 거예요. 아이가 네 살 반이 되어서야 자폐 스펙트럼 장애가 있다는 진단을 받을 수 있었습니다. 안도의 눈물이 터지더라고요. 이제 공식적인 설명을 갖게 되었으니까요. 언뜻 보면 아이는 정상으로 보이고 매우 그럴듯하게 행동하기 때문에, 자폐 진단에 대해 의심받는 경우를 많이 겪었어요. 몇 년에 걸쳐서 네 명의 소아과 의사에게 열아홉 건의 보고서를 받았습니다. 하지만 어느 것도 진단과 관련해 전보다 명확한 결론을 내려주지 않았어요.

아이는 크면서 「스타트렉」의 모든 장면 대사를 줄줄 읊기도 하고, 공원에 가면 비명을 질러서 다른 아이들을 공포에 질리게 만들기도 했어요. 그런데도 아이를 일반학교에 보내라는 조언을 들었고 순진하게도 그대로 했습니다. 저라고 더 잘 아는 것도 아니었으니까요. 가장 후회되는 일이에요. 그때부터 아이가 덫에 갇힌 것 같아요.

사람들은 제 아이의 진단에 '경미한'이라는 표현을 넣더군요. 하지만 아이는 정말로 심각한 상태예요. 그애는 집중을 거의 하지 못해요. 다른 부모들은 제 아이가 자기 아이에게 너무 강박적으로 집착한다고 불평하곤 합니다. 아이가 쓰는 언어가 매우 원색적이어서 당황스러운 경우도 많았어요. 어떤 부모는 '당신 아이는 따끔하게 매를 들 필요가 있는 것 같다.'라고 말하기도 했습니다. 정말 괴로웠습니다. 저는 함부로 판단되고 있었어요.

하루는 놀이터에서 일이 터졌습니다. 제가 산 교복 셔츠에 로고가 없기 때문이었어요. 아이는 소리를 지르기 시작했고 다른 엄마들이 서서 바라보았어요. 그들은 나와 같은 처지에 있다는 것이 어떤 것인지 결코 알지 못했습니다.

학교에서 제 아이는 자폐가 있는 아이가 아니라 행실이 나쁜 아이로 취급받았습니다. 학교에 불려 가 이야기를 해야 할 때면 끔찍했습니다. 학교에 들어서는 순간부터 적대감을 느껴야 했습니다. 학교의 학습 조교는 제 아이가 '어떻게 해도 자극을 주거나 동기부여를 할 수 없는 상태'라고 했습니다. 그들은 자폐 아동을 다루는 데 필요한 기본적인 것도 몰랐어요. 한참 나중에야 소아과 의사가 제 아이에게 아스퍼거증후군과 통합 운동장애가 있다고 학교 측에 통지해주었습니다.

아이는 자신이 정상이라고 생각합니다. 다른 아이들이 하는 것을 자기도 하려 하고 장애를 숨기려 하죠. 우리는 다른 사람들이 아이의 문제를 받아들이게 하느라 고전했는데 아무리 노력해도 우리가 놓치는 것이 있었습니다. 그러면 아이는 집에 와서 불만을 터뜨렸어요. 아홉 살 아이가 대성통곡을 하며 울었습니다. 한번은 아이가 목에 벨트를 감고 있는 것을 보았어요. 아이는 살고 싶지 않다고 계속해서 말했습니다. 아이는 중증 우울장애 진단을 받았고 약을 처방받았습니다.

지금은 중학교 3학년인데 상황은 정말 나빠졌습니다. 너무 화가 나요. 일반학교에서 일반 아이들과 '통합'되게 하는 것은 효과가 없었습니다. 선생님들은 그저 원래 하던 대로 돌아갔어요. 아이는 소음이 너무 많은 학급회의 같은 시간을 정말로 힘들어했습니다. 아이가 몸집이 커요. 키가 180센티미터가 넘습니다. 몇몇 교직원은 위협을 느낀다고 합니다. 그래서 아이가 배제된 적도 몇 차례나 있었어요. 그러다가 드디어 한 회의에서 교장 선생님이 우리에게 동의해주셨습니다. 우리가 실패했다고 충분히 솔직하게 말씀해주셨지요.

아이가 폭력성을 보이기도 합니다. 아이의 휴대폰을 빼앗았을 때 저를 벽에 밀어붙인 적도 있어요. 경찰을 불러야 했지요. 한번은 아이 약을 사러 약국에 가서 집에 전화를 했는데 아이가 지금 막 아빠를 때려눕혔다고 말하더군요. 아이가 제게 칼을 꺼내 든 적도 있어요. 이제 저는 겁을 먹지는 않습니다. 아이가 여전히 예전의 어린아이라고 상상해요. 제가 씻겨주고 재워주었던 어린아이 말이에요. 이 아이는 제 아들입니다. 무섭지 않아요. 하지만 아이가 다른 이들에게 하는 행동은 무섭습니다. 아이가 아빠를 해칠까 봐 무섭습니다. 아이는 화를 통제하지 못해요. 경찰을 불러야 했던 적이 서너 번은 될 거예요. 우리는 정말로 힘들게 싸우고 있어요. 저는 지쳤습니다. 아이는 여전히 밤에 잠을 잘 자지 못하거든요. 아침에 아이를 침대에서 나오게 하려면 3시간이나 전투를 치러야 하기도 합니다.

거주 요양시설에 신청을 했는데 당국이 승인한 시점에는 이미 시설이 아이의 필요를 충족할 수 없었습니다. 아이의 행동이 그사이 더 악화되어 규칙적인 일과가 불가능해졌거든요. 지금은 학교에 못 다니고 도우미가 집에서 돌보고 있습니다.

직장 일은 유일한 은신처입니다. 제가 꽤 잘한다고 느낄 수 있는 유일한 것이에요. 집에 있으면 자아감을 상실합니다. 전투 상황에 들어오게 되니까요. 저는 이제 좋게 좋게 가는 사람이 아닙니다. 전에는 그럴 수 있었을지도, 혹은 그래야 했을지도 모르지만요. 저는 계속 좌절했고 믿었던 담당자들에게 배신당했습니다.

하루는 퇴근하고 집에 오는 길에 아세트아미노펜 한 병을 통째로 먹어야겠다는 생각이 들었습니다. 할 만큼 했다 싶었거든요. 나답지 않은 일이었지요. 저는 강한 사람이거든요. 하지만 복지 시스템의 담당자들, 전문가들이 어디로도 우리를 데려다주지 않을 거라는 막막함을 느꼈습니다. 저는 직설적으로 말하는 편입니다. 소리를 지르거나 욕설을 하지는 않지만요. 지난 9월에 사회복지사에게 더 이상 못하겠으니 당신이 도와주지 않으면 아이를 데리고 와서 당신에게 놓고 가겠다고 말했습니다. 그들은 청문 심사 패널로 저를 의뢰해주었고, 우리는 임시 위탁 돌봄을 일주일에 2시간씩 더 이용할 수 있게 되었습니다.

우리는 매우 고립되어 있습니다. 다들 거리를 두니까요. 그래서 오늘 이야기 들어주셔서 너무 감사해요. 치유되는 느낌입니다. 우리는 우리가 겪고 있는 일이 정상이 아니라는 것을 알아요. 하지만 이야기라도 하면 우리가 무언가 고유한 것을 거쳐왔구나 하고 깨닫게 됩니다."

장애 아동 엄마에게 가장 외롭고 힘든 싸움은 아이의 삶이 가치 있음을 주장하기 위해 해야 하는 역할이다. 수년째 장애 아동 가족을 지원하며 본인도 자폐가 있는 성인 아들을 돌보고 있는 이 단체의 한 직원은 담당자들이 경악스러운 태도로 대응한 적이 있다고 했다. "그들은 자폐 아이들이 매우 비싼 돌봄 지원을 받는다고 생각하는 것 같았어요. 어떤 이들은 그것을 낭비라고 생각했고 이 아이들의 삶은 가치가 없다고 생각했습니다. 하지만 누구의 삶이 가치 있고, 무엇이 그 척도가 되지요?"

돌봄은 우리 사회가 개개인의 삶이 갖는 가치에 대한 근본적인 의사 결정을 집합적으로 내리는 영역이다. 누군가 고용되는 것이 불가능해서 늘 다른 이의 돌봄에 의존해야 한다면 그는 다른 사람보다 가치가 덜한 것인가? 시장에 참여하는 것, 돈을 벌고 물건을 사는 것이 우리 사회가 인간의 가치를 산정하는 방식이라면, 명백히 우리는 여기에 반대해야 한다. 전후 복지국가 수립이 이룩한 가장 큰 성취는 보편주의라는 거대한 야망이었다. 모든 영국 시민이 돌봄을 받을 자격이 있다고 선포되었고, 모든 이가 삶의 매 단계마다 돌봄을 받을 수 있는 종합적인 체계가 만들어졌다. 일찍부터도 이런저런 타협으로 후퇴된 측면들이 있기는 했다. 초창기의 대표적인 사례는 처방 비용과 치과 비용이 제외된 것이다. 또 정신건강에 대한 돌봄, 장애인 및 노인 돌봄 같은 여러 형태의 돌봄은 지원되는 자원이 너무 적어서 '신데렐라 서비스'라고 불렸고, 1960년대와 1970년대에 정치인들이 연달아 이에 대해 긴급한 개혁을 촉구하게 했다. 1970년대에 미국의 민권운동에서 영감을 받은 장애인 권리운동은 포용성, 특수 지원, 관용, 교통 및 건물의 접근성 향상 등을 요구하며 이후 20년 동안 공공 담론을 대대적으로 이동시켰다. 장애인 권리운동과 정책 개선 활동은 입법 면에서 상당한 승리를 거두었다.

전후의 이러한 야망은 독특한 역사적 상황이 낳은 놀라운 연대의 순간에 나온 산물이었다. 두 차례의 재앙 같은 전쟁이 오래된 계급 구분을 뒤흔들면서 모든 이가 겪는 보편적인 고통을 드러냈다. 이러한 맥락에서 공적 서비스에 대한 정치적 약속이 이루어졌고, 이 방향성은 1970년대까지 수십 년간 이어졌다. 그러나 그 후로 공적 서비스에 대해 공유되었던 합의가 잠식되었다. 자기 운명은 개인이 알아서 책임지도록 내몰렸으며 의존성은 맹비난을 받게 되었다. 가치를 논하는 언어에 시장의 가치가 파고들었다. 연대는 흘러간 유행이 되었다. 내가 참관한 단체 같은 곳들은 온갖 어려움이 제기되는 환경에 내던져진 전초 기지가 되었다. 그들이 대변하는 가치는 (정치인의 연설이나 모금 행사 등에서) 간헐적으로 지지의 제스처 정도를 얻을 수는 있었지만, 지속성을 보장할 수 있는 장기적인 재정 확보로 이어지지는 않았다. 다른 수천 곳의 소규모 단체들과 마찬가지로, 이 단체도 그때그때 받을 수 있는 후원금에 의존해 위태롭게 생존하고 있었고 지역 당국의 지출 삭감으로 막대한 타격을 받았다. 그들이 제공하는 연대, 목격자 역할, 정책 개선 활동, 조언 등은 수백만 가족에게 생명줄 이상의 역할을 했다. 그들은 이상을 고수하고 있었다. 그들의 놀라운 이야기에서 드러나는 결연한 저항의 정신을 가지고, 이곳 직원들과 장애 아동 엄마들은 단지 자기 아이만 보호하는 것이 아니었다. 그들은 능력이나 기술이 있는지, 경제활동에 참여하고 있는지와 상관없이 모든 인간이 가진 가치를 주장하고 있었다. 우리 모두는 언젠가 이 전투에 들어가게 된다. 장애를 입지 않는다 해도 노년은 누구에게나 온다. 따라서 그들이 외치는 요구 사항은 우리 대다수가 언젠가 의지하게 될 것들이다.

9개월 뒤, 내가 참관한 단체는 파산 위기에 처했다. 주요 후원자 중 하나가 자금 지원을 중단한 것이었다. 어떻게든 활동을 지속하고자 정신없이 고군분투하며 몇 개월의 불확실한 시기를 거치는 과정에서 직원 3분의 1이 일자리를 잃었고 몇몇 도시에서는 문을 닫아야 했다.

kindness

명사 친절한 상태나 속성.

kind

형용사 1. 성품이 친절한, 너그러운, 후한, 부드러운.
2. 친절, 애정, 관심 등을 보이는.

'친절'이라는 단어는 '인간적인 공공 서비스'를 위한 싸움에 쓰이는 슬로건이 되었다. NHS에서 일한 경험이 있는 저자 존 밸럿John Ballat과 퍼넬러피 캠플링Penelope Campling은 『지적인 친절Intelligent Kindness』에서 의료 분야에서 일할 때 "종종 친절이 다른 이데올로기나 목적에 부차적으로 덧붙는 무언가라고 느껴졌다."라고 말했다. 친절이 "더 중요한 다른 것들의 어깨에 기대고 있는 것 같았다."라는 것이다. 그들은 "이 개념을 왜곡하고 비하하고 모호하게 만드는 다양한 사회적, 문화적 요인에서 그것을 구출할" 필요가 있다며, 그러한 요인들 때문에 "무엇이 중요한지를 논할 때 친절이 주변화되고, 친절을 발휘하기가 어려워진다."라고 지적했다.[1]

흔히 친절은 명백하고 즉각적으로 인식할 수 있는 무언가로 묘사되곤 한다. 공감empathy처럼 어렵지도 않고, 긍휼compassion처럼 종교적인 무게가 실리지도 않으며, 동정pity처럼 개

넘이 오염되어 있지도 않다. 누구도 친절이 좋은 것이라는 데 이의를 제기하지 않을 것이다. 친절은 인간관계에서 따뜻하고 포근하며 논란의 여지 없는 무언가로 이야기된다. 하지만 나는 친절이 쉽거나 간단하다는 것에 수긍하기 어렵다. 친절은 모종의 태도나 성향에서, 특히 다른 이를 보는 방식에서 흘러나오는 것이다. 친절은 성품의 표현이고, 세계관의 표현이다. 친절의 표현은 습관이 될 수도 있고, 모방될 수도 있으며, 관습으로 자리 잡을 수도 있다. 하지만 어느 경우든, 친절은 강력하고 깊게 뿌리내리고 있는 연대의 역사에서 나온다.

정신분석학자 애덤 필립스Adam Phillips와 역사학자 바버라 테일러Barbara Taylor는 『친절함에 관하여On Kindness』에서 "사람들은 늘 비밀스럽게 친절한 삶을 살고 있지만 이것을 표현할 수 있거나 문화적으로 지원할 수 있는 언어가 존재하지 않는다."라고 지적했다. 필립스와 테일러에 따르면, 사람이 본성적으로 친절하다는 옛 믿음은 사라졌고 이제 "대부분의 사람들은 자라면서 친절이란 루저들의 미덕이라고 여기게 된다." 그래서 친절은 "우연적인 것"이고 "있을 법하지 않은 것"이 되었다. 필립스와 테일러는 아이들에게는 "타인을 돌보는 기쁨을 발견하고 누릴 수 있도록 도와줄 어른들이 필요하다."라고 주장했다.[2]

친절의 어원인 고대 영어 신드cynde는 자연적이고 내재적인 무언가를 뜻하는 동시에 친족관계에 존재하는 무언가를 뜻하기도 했다. 친절은 공동의 유대와 서로에 대한 소속감을 인식한다는 의미를 내포하고 있었다. 밸럿과 캠플링은 "친절은 인간이 의존하는 것들을 통한 연대"라고 설명했다.

나는 낯선 사람의 친절이 그 순간을 완전히 달라지게 하는 마법처럼 작동할 수 있다는 것이 너무 좋다. 친절이 주는 기쁨은 스토아 철학에서 명백하게 제시되었는데, 스토아 철학자들은 친절이 행복의 원천이며 "영혼을 확장하는 것"이라고 생각했다. 친절을 발휘하는 것이 주는 기쁨을 강조한 스토아학파의 사상은 자기희생을 중요시하는 그리스도교 교리의 지배력이 커지면서 점차 사라졌다. 18세기에 루소Jean-Jacques Rous-seau는 인간이 본능적으로 친절하게 태어나며 이러한 동료애의 역량이 자아 발달을 가능케 하는 산파라고 보았다. 하지만 이것이 문명화 과정에서 훼손될 수 있다고 경고했다. 그러나 19세기를 거치면서 친절을 '무르고' '감정적인' 것으로 보는 개념이 우위를 점하게 되었다. 친절은 여성성과 연관되었고 남자에게는 공적인 정신이 요구되었다. 친절은 여성이 추구할 덕목이 되었고 공적인 영역과 전문 직업의 세계에서 주변화되었다. 친절은 다시 활성화될 필요가 있다.

필립스와 테일러에 따르면, 친절함을 발현하고자 하는 충동은 "우리의 자아 중 가장 크게 교란된 부분에서, 그리고 우리가 생명력의 감각을 유지하려면 얼마나 많은 확신과 (진정한) 안심을 얻을 필요가 있는지를 아는 부분에서 나온다." 필립스와 테일러는 "근본적으로 말해서, 친절은 삶을 살 만한 가치가 있게 만들어주는 것"이며 따라서 "친절에 대한 모든 공격은 우리의 희망에 대한 공격"이라고 결론 내렸다. 같은 맥락에서 런던 이스트엔드 지역에서 일하는 일반의 조너선 톰린슨Jonathan Tomlinson은 블로그에서 이렇게 언급했다. "우리에게는 사람들이 서로에게 친절할 수 있는 제도와 문화가 필요하다. 우리가 하는 모든 일에서 친절에 가치가 부여되고 친절이 육성될 수 있도록 말이다. 다른 이들의 친절에 일상적으로 노출되지 않는다면 우리 자신이 베풀 친절도 거의 사라지게 될 것이다. 다른 이들이 친절이 우리의 친절을 지탱해준다."[3]

4

돌봄이라는 암흑물질

: 병원에서

그다음 취재 장소는 영국의 반대쪽 끝에 있는 크고 분주한 대
학병원이었다. 간호사와 간호조무사를 따라다니며 그곳을 참
관했다. 작은 시민단체 사무실과는 매우 대조적으로, 목적에
맞게 새로 지어진 커다란 병원 건물은 공항을 연상시켰다. 복
도는 직원, 환자, 방문자로 북적였다. 오전 7시 30분에 인수인
계 회의가 열렸다. 커피나 차를 든 간호사들이 작은 직원 회의
실에 복닥복닥 모여서 병상 번호, 환자 이름, 통증과 질병, 진단
과정, 퇴원 날짜 등을 확인했다.

간호업처럼 명백하게 '돌봄'으로 규정되는 직종도 드물 것
이다. 돌봄이라는 단어는 의료 정책 문서, 간호사 교육 교재, 청
문회 질의문, 위원회 보고서, 정부 보고서에 넘쳐난다. 간호 전
문가들은 간호사가 제공하는 돌봄이 무엇인지, 어떻게 그것
을 수행하는지, 돌봄을 수행하기 위해 간호사가 어떤 교육 훈
련을 받아야 하는지에 대해 이론을 제시한다. 빅토리아 시대
의 위대한 개혁가 플로렌스 나이팅게일이 처음으로 간호 업무
를 정의하고자 시도한 이래, 간호의 정의는 크게 달라졌고 앞
으로도 그럴 것이다. 간호업에 관심이 쏠리는 데는 이유가 있

다. 간호사(주로 여성이다.)는 NHS의 중추로, 임상 의료 인력의 거의 3분의 1(28만 7000명)을 차지한다.[1] 의료의 질이 간호사들의 손에 달려 있다고 말해도 과언이 아니다. 3장에서 살펴본 위기가 숨겨진 것이었다면, 여기에서는 위기가 공공 담론의 핵심 주제이며 강도 높은 감독과 조사, 그리고 우려의 대상이다.

간호사들은 돌봄 수요 증가의 최전선에 있다. NHS에 대한 수요는 최근 급격히 증가했다.[2] 2015/2016년까지 10년간 수술은 40퍼센트, 입원은 3분의 1이 늘었다. 입원 기간은 짧아져서(프랑스는 10일인데, 이제 영국은 평균 7일이다.) 의료진이 담당해야 할 환자 수가 많아지는 바람에 관계를 구축하기는 어려워졌다. 병원은 입원 기간을 줄이라는 압력을 지속적으로 받는다. 입원 기간은 효율성을 재는 쉬운 척도로 여겨져서, 보건부는 이를 NHS의 성과 지표로 삼고 있으며 매년 '향상'을 요구한다. 입원 증가는 대체로 인구 고령화와 관련이 있다. 인구 중 전보다 더 많은 비중이 장기 만성질환을 가지고 살게 된 것이다. 2029년이면 그런 인구가 1800만 명에 달할 것으로 추산되며, 추가로 290만 명은 두 개 이상의 질환을 가진 경우일 것으로 보인다. 이들이 필요로 하는 복잡한 돌봄을 제공하는 주된 책임을 간호사들이 맡게 될 것이다. 정책 전문가들은 이 상황을 '돌봄 지진carequake'이라고 표현하기도 한다.

수요는 증가하는데 간호사 수는 줄고 있다. 과도한 노동과 낮은 임금이 의욕을 크게 떨어뜨렸다. 간호 분야에 새로 진입하는 사람보다 떠나는 사람이 더 많으며, 2019년 결원율은 12

퍼센트에 달했다. 이것은 4만 1000개의 자리가 채워지지 않았다는 의미인데, 이를 메우기 위해 채용에 어마어마한 돈이 지출되고 있다.[3] 2009년에서 2016년 사이 영국에서 인구 10만 명당 간호사 수는 급격히 떨어져서[4] 이제 스웨덴, 독일, 프랑스의 절반 수준이다.[5] 몇몇 특수 분야는 수요가 증가했는데도 지난 10년간 특히 크게 타격을 입었다. 학습장애 전문 간호사(41퍼센트 감소[6]), 정신건강 전문 간호사(10.6퍼센트 감소[7]) 등이 대표적이다. 게다가 간호 인력의 나이가 많아지고 있다.[8] 2017년 현재 간호사의 49퍼센트가 45세 이상이고 34세 미만은 24퍼센트에 불과하다. 2010~2018년에 임금 인상 폭이 물가상승률을 따라가지 못하면서 직원 유지와 채용이 크게 타격을 받았다. 간호 교육 과정 장학금을 없애고 수업료를 도입하는 정책이 나오면서 2016년에는 간호사 학위 과정 지원자가 3분의 1이나 줄어들었다. 2020년에 장학금은 재개될 예정이지만, 수업료 9000파운드[약 1400만 원]는 여전히 내야 한다. 현재의 경향이 지속된다면 2029년까지 NHS에 10만 8000명의 간호사가 부족해질 것으로 보인다. 전부터도 영국은 간호 인력을 해외에서 들여왔지만 2016년 국민투표로 브렉시트가 결정되면서 EU 국가들에서 영국으로 오는 간호사가 96퍼센트나 줄었다. 다른 선진국들도 간호사가 더 많이 필요해지면서 간호 인력을 확보하기 위한 국제 경쟁이 치열하다. 1장에서 언급했듯이, 영국 하원의 보건특별위원회는 2018년에 간호 인력이 "규모와 속도 모두에서 시급히 확대되어야 한다."라고 촉구했고 "현재의 압력이 사기, 직원 유지율, 그리고 돌봄의 질에 미

칠 영향이 우려된다."라고 밝혔다.[9]

　대중이 가장 크게 체감하는 위기의 측면은 필수적인 돌봄의 요소들이 위험할 정도로 간과되고 있다는 점이다. 2000년대 미드스태퍼드셔 NHS 재단 트러스트[NHS 소속 병원 운영 기관]의 스캔들(이곳이 운영하는 병원에서 1000여 명의 환자가 '경악스러운 돌봄'을 제공받았고 많은 이들이 심각한 피해를 입었다는 사실이 밝혀졌다.)은 현대 의료의 우선순위가 간호사의 역할을 너무 왜곡해서 간호사들이 환자 개개인에게 신경쓸 수 없게 된 것은 아닌가 하는 우려를 남겼다.[10] 이 사건에 대한 진상조사 보고서인 「프랜시스 보고서Francis Report」가 나온 뒤 의료 영역에서 공감과 연민을 촉진하기 위한 조치들이 대거 시행되었다. 하지만 한 보고서가 지적했듯이, "돈과 생산성이 유일하게 중요한 것으로 여겨진다면 돌봄제공자가 일에 부여하는 가치에 깊이 부정적인 영향을 주게 될" 것이다. 이 보고서는 간호사의 일이 "점점 더 프로토콜을 따르는 것 위주로 돌아가고 테크놀로지에 의존하게 되면서 …… 임상적 효과성은 향상될지 몰라도 비인간적으로 되고 공감이 부족해질 수 있다."라고 경고했다.[11] 2012년에 저널리스트 크리스티나 패터슨Christina Patterson은 돌봄에 대한 가슴 뭉클한 시리즈 기사를 작성했는데, 비슷한 경험을 한 독자들로부터 어마어마한 반응을 불러일으켰다. "나는 물컵도 들 수 없을 만큼 심한 통증 속에서 병원 침대에 누워 있는 것이 어떤 느낌인지, 벨을 누르면 누군가를 짜증스럽게 하리라는 것을 아는 것이 어떤 느낌인지, 도움을 청해도 아무도 오지 않아 고통받는 사람들의 신음

소리에 둘러싸여 있는 것이 어떤 느낌인지, 간호사들이 나나 다른 환자들에 대해 불평할 때 들리지 않도록 속삭이는 배려조차 하지 않는 것을 보았을 때 어떤 느낌인지를 설명하려고 애썼다. 이렇게 버려진 듯한, 이렇게 혼자 남겨진 듯한 심정을 느껴본 적은 전에 없었다."[12]

간호업은 돌봄을 둘러싼 역사적 모순들이 깊이 얽혀 있는 직종이다. 낮은 임금과 낮은 지위 때문에 간호업은 자율성과 존중을 얻기 위해 고투해야 했고 지금도 그렇다. 수전 고든Suzanne Gordon과 시오반 넬슨Siobhan Nelson은 간호의 위기를 열정적으로 다룬 명저에서 지난 150년 동안 간호사들이 "사회적으로 가치를 인정받고 고유한 직업 정체성을 갖기 위해" 투쟁해왔다고 설명했다.[13] 간호는 이상화되었고 감상화되었고 악마화되었다. 고시아 브리친스카Gosia Brykczynska는 간호의 딜레마를 다음과 같이 요약했다. "간호는 익숙하기 때문에 가치 절하되지만, 인간관계에서 가장 어려운 종류의 노력이 필요한 일이고, 상대방이 간호의 수행을 깨닫지 못했다면 그야말로 훌륭하게 수행된 것이다."[14] 간호는 이성과 감정, 능력과 공감, 효율성과 인간관계 등 상반되는 개념들에 모두 걸쳐 있다. 좋은 간호에는 이 모두가 필요하다. 플로렌스 나이팅게일은 이것을 잘 알고 있었다. 그러나 나이팅게일에 대한 놀랍도록 끈질긴 신화는 나이팅게일이 간호업에 기여한 성취만큼 해악도 끼쳤다. 1859년에 나이팅게일은 좋은 간호는 "환자에게 보답이나 감사는 물론이고 자신의 노력을 알아주기를 바라서도 안

된다."라고 언급했다. "간호사가 무엇을 했는지 환자가 알아차리지 못했다면 일을 가장 잘한 것"이고 "환자가 간호사의 존재나 일을 인식하는 것은 필요한 것이 없다는 인식을 통해서만 이뤄져야 한다."라는 것이었다.[15] 자신을 드러내지 않는 이러한 모델은 이후 오래도록 영향을 미치게 된다. 한 세기 뒤에 페미니스트 작가 앤 오클리Ann Oakley는 사회학자로서 의료 서비스를 15년이나 연구하고도 "간호사들이 기여하는 부분은 보지 못했다."라고 부끄러워하며 털어놓았다. 오클리는 자신이 "간호사들을 거의 알아차리지 못했다."라며 "간호사의 존재를 당연하게 여겼고, 간호사의 역할이 그 자체로는 내 인상에 각인되지 않았다."라고 언급했다.[16]

고든과 넬슨은 간호업에 대한 이런 엄격한 이상이 "간호사와 간호 일이 재정적, 경제적 의료 합리화 추세에 맞서 방어선을 세울 수 없게 만들었다."라고 지적했다.[17] 역사적으로 간호사의 일은 인식되지 않도록, 당연한 것으로 여겨지도록, 그리고 부족한 여력은 간호사에게 기대되는 착한 심성에 의해 메워지도록 고안되었다.

앨리슨 리어리 교수는 내게 이렇게 말했다. "정책 결정자들은 의료적으로 좋은 결과를 내고 전문성 있는 돌봄 서비스를 받을 수 있으려면 교육과 훈련에 돈을 투자해야 한다는 이야기를 이해하기 어려워하는 것 같습니다. 공직자들과의 회의 자리에 가보면, 그들은 여전히 간호란 성품, 착한 심성, 미덕의 문제라고 인식하고 있습니다." 나와 만난 날 리어리는 전날 저녁에 영국 대학입학지원처Universities and Colleges Admissions

Service가 트위터에서 간호 분야를 언급한 내용에 대해 몹시 화가 나 있었다. "간호사를 의사의 시녀 정도로 보는 옛 고정관념으로 가득하더라고요. 고위 관리직에 있는 간호사에 대한 이야기는 하나도 없었고 공중보건 분야나 연구 분야에서 활약하는 간호사 이야기도 없었어요. 다 안다는 듯 거만하면서도 아예 사실관계 자체가 틀린 규정을 버젓이 올려놓은 것이었어요. 다행히 그 글은 내렸더라고요. 하지만 간호사 역할에 대한 편견은 매우 깊이 뿌리박혀 있습니다."

왕립간호사협회Royal College of Nursing 회장이자 런던 킹스 칼리지 간호정책학 교수 앤 마리 래퍼티Anne Marie Rafferty는 수십 년 동안 간호 교육의 최전선에 있었다. 래퍼티도 간호 업무를 규정하는 사회의 방식이 화나고 좌절스럽다고 말했다. "우주의 80퍼센트는 암흑물질이고 과학자들이 아직 그것을 발견하지 못했다죠? 여기도 그래요. 돌봄노동 중에서 말로 표현되거나 드러나지 않고 있는 것이 그 정도는 될 겁니다. 그만큼이나 거대하고 그만큼이나 딱 집어서 이야기하기가 어렵습니다."

분주히 돌아가는 병원에서 데릭은 그의 침상 옆 의자에 앉아 있다. 나는 병실 담당 간호사 샘이 일하는 것을 참관하고 있다. 샘은 교수인 고참 의사와 몇몇 젊은 의사들이 회진을 도는 데 동행하는 중이다. 데릭은 자기 침상 주위에 서 있는 의료 전문가들을 올려다본다. 환자복이 커서 맨어깨에서 자꾸 흘러내린다. 나이는 60대 정도로 보이고 백발이 헝클어져 있다. 그는 반복적으로 수염을 만지작거린다. 키는 150센티미터가 겨우 되어 보인다. 표정은 어린애 같고 눈에는 초점이 없다. 불안해하는 눈을 크게 뜨고 미간을 찡그리면서 자신을 도와줄 누군가를, 누구라도, 애타게 찾고 있다.

고참 의사가 침상에 앉아서 데릭 쪽은 보지도 않은 채 두 명의 젊은 여성 의사에게 빠른 말씨로 약어와 의학 용어를 써가며 이야기한다. 그리고 잠시 멈추더니 데릭에게 짧게 말한다. "술 때문이에요."

데릭은 아니라고 설명하려 하나 의사가 말을 끊는다. 고참 의사가 이 사람은 누구냐는 듯한 표정으로 나를 바라보자 샘이 오늘 내가 샘을 따라다니며 참관할 거라고 설명한다. 고참 의사는 "샘은 훌륭한 간호사입니다. 처음부터 명백했지요. 상식이 있는 사람입니다."라고 말하더니, 샘의 외모에 대해 매우 부적절하고 사실과 다른 이야기를 한다. "샘은 파트타임 모델이에요." 샘은 당황한 것 같다.

데릭은 사람들을 한 명씩 둘러보면서 눈을 마주쳐보려고 노력한다. 누군가가 그의 말을 들어주지 않을까 하면서 말이다. 고참 의사는 샘을 향해 데릭에게 약을 제대로 먹어야 한다고 알아듣게 설명하라고 지시를 내린다. 그리고 휭 나가면서 "내가 수술대에서 할 수 있는 어느 것보다도 그게 중요합니다."라고 말한다.

고참 의사가 나가자 간호사의 일이 시작된다. 샘은 앉아서 데릭의 팔에 손을 얹고 그의 불안을 진정시키려 노력한다. 마침내 그가 설명을 할 수 있는 상태가 된다. '그는 집에 가야 한다. 급한 일이 있다. 그는 어머니를 돌보고 있다. 누이는 수백 킬로미터 떨어진 곳에 살고 있어서 도우러 올 수가 없다.' 정보가 뚝뚝 끊기면서 나온다. "술이 아니에요. 전에 낙상 사고가 있었어요. 말에서 떨어져 두개골에 금이 가서 거의 죽을 뻔했어요. 그때 죽었어야 했는데. 그것 때문에 내가 약 먹는 것을 자꾸 잊는 거예요."

샘은 귀 기울여 듣는다. 하지만 끼어들 타이밍을 찾고 있기도 하다. 그가 왜 날마다 먹어야 하는 네 개의 약 중 하나만 잊는지 알아내야 한다.

"나는 뭘 제대로 하질 못해요. 제대로 한 적이 없어요. 내가 문제인 것 같아요." 그의 눈에 눈물이 고인다. "집에 가야 해요. 평생 병원에 두 번 입원했는데 두 번 다 사형 선고를 받았어요. 여기에서 나가야 해요."

샘은 블리스터 팩[소형 상품, 식품 및 의약품 등을 보관하는 데 쓰이는 플라스틱 포장]으로 이야기를 돌리려 한다. 그가 먹어야 할 모든 약이 하루분씩 딱딱 나뉘어 들어 있으니 그는 그저 블리스터 팩을 열어서 그 안에 있는 것을 모두 먹으면 될 것이다. 그 정도라면 그가 할 수 있지 않을까? 그는 할 수 있을 것 같다고 말한다. 걱정이 조금 누그러진 것 같다. 블리스터 팩을 받고 나면 그는 집에 가서 어머니를 돌볼 수 있다. 표정이 밝아지고 농담까지 한다. "죽는 약을 주세요." 그러더니 어둡게 웃는다.

블리스터 팩은 별것 아닌 듯 보이지만 그날 남은 시간 동안 해결해야 할 중대 사안이다. 일반적으로 주문하면 오기까지

24시간이 걸리고, 더 걸리기도 한다. 샘은 약사에게 더 빨리 달라고 종용할 수 없다. 직접 병원 약국에 가서 주문을 전달하지만 다음 날이 되어야 준비될 것이라는 말만 듣는다.

데릭은 헐렁한 환자복을 입고 내내 의자에 앉아서 가련하게 허공을 응시하고 있다. 오후에 병상 관리인이 병동을 돌며 비울 병상을 찾는다. 병원의 병상 점유율은 경고등이 켜진 상태이고 데릭의 병상을 비워야 한다. 샘은 먼저 데릭에게, 그리고 병상 관리인에게 지금 그가 퇴원하면 안 되는 이유를 설명한다.

블리스터 팩을 구하러 다니는 사이사이, 샘은 다른 환자 여덟 명을 챙기고 스무 개 병상이 있는 병실 전체를 살핀다. 샘은 쉬지 않고 움직인다. 오전 7시 30분에 일을 시작해서 45분간의 점심시간이 시작되는 1시 40분까지 한 번도 앉지 못했다. 6시간을 서 있은 것이다. 물통에 든 물 한 모금 마신 것이 그동안 그가 취한 휴식의 전부다.

한 환자는 자신을 돌볼 간호사를 자신이 직접 골라야 한다고 우긴다. 이번 교대근무팀 간호사 중에서는 샘만 그 환자의 병실에 들어갈 수 있다. 한편 자폐증이 있는 '환자 A4'는 까다로운 환자다. 병원에서 환자는 병상 번호로 불린다. 의료진이 어떤 환자 이야기를 하는 것인지 빠르게 파악하기 위한 방편이지만 마음 불편하게 비인간적이기도 하다. 며칠 전에 '환자 A4'는 담배 피우러 밖에 나가도록 도와주지 않는다고 의료진을 위협했다. 지금은 면도를 해달라고 요구하고 있다. 무성한 수염을 자르고 싶다며 수염 가위가 필요하다고 한다. 그리고

집에 수염 가위가 있으니 집에 전화를 할 수 있게 도와달라고
한다. 샘은 수염 깎아줄 시간을 낼 수 있으려나 생각하면서, 그
래도 전화를 걸어준다.

약품함에 (1시간에도 수차례씩) 갈 때마다 간호사들은 병동
에 하나뿐인 열쇠 꾸러미를 누가 가지고 있는지 찾아야 한다.
(약품함은 아무나 열 수 없다.) 열쇠 꾸러미는 하루에도 수십 번
씩 약품함 접근 권한이 있는 간호사들 사이를 옮겨 다닌다. 나
는 한 번도 누군가가 성급하게 짜증 내는 것을 보지 못했다.

샘은 매 시간 환자마다 통증이 어떤지, 물이 손 닿는 데 있는
지, 화장실을 갔는지 등을 체크해 양식에 입력한다. 컴퓨터 앞
으로 돌아오면 화면에는 일련의 아이콘들이 번쩍거린다. 각
환자가 필요로 하는 관찰 항목과 검사 항목을 나타내는 것이
다. 컴퓨터의 감사 추적audit trail 시스템이 하루 종일 샘이 모
든 절차를 규정대로 빠짐없이 했는지, 그것을 입증할 서류를
다 갖추었는지 등을 확인한다.

12시간의 고된 근무가 끝나갈 무렵에도 샘의 태도는 여전
하다. 아침과 다름없이 노래 부르는 듯한 톤에 결연함을 담은
쾌활한 말투이고, 동료나 환자를 애칭으로 즐겨 부른다. 가령
그는 "자기"라는 말을 자주 쓴다. "다 괜찮나요, 자기?"

나중에 들으니, 병원 경영진은 그러한 애칭을 쓰지 못하게
하지만 이 규칙은 잘 지켜지지 않는다고 한다. 업무 자체가 예
측 불가능하고 갑자기 여러 사람의 손이 필요해지는 경우가 많
아서 간호사들 사이에서는 서로 도움을 요청하는 일이 굉장히
많은데, 애칭을 사용하면 그게 조금 더 쉽다. 환자를 씻겨야 할

때(가령 혈액과 대소변이 잔뜩 묻어 있을 때)도 있고 몹시 괴로워하는 환자가 있을 수도 있다. 팀 사이에서의 업무 분담은 유동적으로 계속 조정된다.

마치 한 편의 공연을 보는 것 같다. 병동에 들어선 샘은 환자들이 부여한 기대에 부합하는 역할을 한다. 친절하고 쾌활하고 늘 평정심을 유지하는 캐릭터 역할이다. 한 간호사는 이러한 공연을 '앞무대'라고 표현했다. 전문가로서의 정체성을 제공하되 데릭과 같은 가련한 사람들을 볼 때 생기는 감정적인 요구로부터 보호해주는 가면이라는 것이다. 이 공연은 단순 반복적이거나 기계적으로 보여서는 안 된다. 그리고 이 공연은 각 환자의 필요에 따라 지속적으로 조정된다. 정말 무대 공연처럼 이 공연도 자신이 맡은 역할에 완전히 빠져들 것을 요구한다. 하지만 실제 배우와 달리 간호사들은 그것이 연기라는 사실을 부인해야 한다. 간호사들은 늘 '진정성 있고' '인간적'일 것으로 기대되기 때문이다. 하지만 인간이라면 가질 수밖에 없는 짜증이나 급한 성미 같은 것은 드러내지 말아야 한다. 간호사들은 이상적인 인간이라는 매우 강력한 이미지가 투사되는 존재다. 이러한 이상화에 부응하도록 행동하는 것도 간호사가 하는 일의 일부다.

간호사들이 스트레스와 긴장을 내비치는 순간도 있었는데, 그것도 진짜라기보다 연기로 보였다. 고개를 옆으로 살짝 기울여 연민을 표현하는 것, 환자의 팔에 손을 얹어주는 것, 노래하는 듯한 톤, "몸 잘 챙기세요."라는 인사, '자기' 같은 애칭. 더 중요하게는 간호사가 환자의 이야기를 주의 깊게 듣지 않아 커뮤니케이션이 미끄러지는 경우가 있는데 환자의 말을 끊고 다른 것을 물어봐야 하거나 환자가 더 빠르게 핵심을 말하게 하기 위해서다. 그들의 마음은 너무나 많은 다른 곳들에 동시에 가 있어야 한다.

샘은 블리스터 팩을 구하러 또다시 종종걸음으로 계단을 내려가 복도를 걸어가면서 내 질문에 대답한다. "집에 가서 남편에게 털어놓으면서 어려움에 대처하는 것 같아요. 남편은 배달 기사예요. 그가 언제나 다 이해하는 건 아니지만, 그래도 이야기를 들어주고, 그러면서 내가 상황을 더 넓은 시야에서 볼 수 있게 도와줘요. 그의 친지 중에 암으로 돌아가신 분들이 많아요."

"어떤 때는 울음이 한번 터지면 멈춰지지 않기 때문에 잘 삼키고 있어야 합니다. 시아버지가 돌아가셨을 때도 울음을 꾹꾹 눌러 삼켜야 했어요. 남편을 위해 평정을 유지하는 역할을 해야 했지요. 때로는 너무 스트레스가 되어서 심장이 마구 뜁니다. 하지만 이렇게 되뇝니다. 이것을 감당해야 한다고. 그래야 더 쉽게 지나간다고.

'눌러 삼킨다'는 것은 상황을 받아들이고 결연함을 갖는다는 의미인 것 같습니다. 이건 지나갈 거야, 하고요. 할머니가 암에 걸려 얼마 못 사시게 되었을 때 저는 부모님 옆에 앉아서 할머니가 곧 돌아가실 거라고 말씀드렸어요. 저는 어른의 역할을 하고 있다고 느꼈습니다. 부모님이 그 순간 하고 싶어 하지 않는 역할 말이에요. 시아버지 때도 그랬어요. 그렇게 해서 부모님과 남편을 도울 수 있다면, 저 자신에 대해서는 걱정하지 않습니다.

저는 제 일을 정말 좋아해요. 원래는 유통 분야에서 일했고 이쪽 업계에는 간호조무사로 처음 들어왔어요. 그리고 차차 승진했지요. 지금은 다른 일을 하는 것은 상상도 못 하겠어요."

샘은 예외적이라 할 정도로 성실하고 진심을 다하는 편이다. 나는 샘에게 환자의 요구를 거절해본 적이 있느냐고 물어본다.

"어떤 종류의 일, 가령 수염을 깎아주거나 집에 전화를 걸어주는 일 같은 것은 하지 않는 간호사도 있습니다. 하지만 그것은 제가 일하는 방식이 아닙니다. 또 누군가가 불만을 제기할 위험도 있고요. 네, 불만이 제기된 적이 있었습니다. 가령 어느 환자가 어느 날에 제가 물을 충분히 주지 않았다고 불평을 할 수 있습니다. 그런데 '그날은 일이 너무 힘들어서 나도 물 한 모금 못 마셨어요.'라고 이야기할 수는 없지 않겠어요?"

예기치 못한 순간에 감정이 북받치기도 한다. 팀은 다리 골절로 입원했다가 퇴원을 앞두고 있다. 여든이 넘었지만 건강한 상태다. 그는 데리러 올 가족을 참을성 있게 기다린다. 우리는 그의 침상 옆에 서 있고, 그는 혼자 산책을 하다가 넘어졌는데 구급대원들이 좁은 시골길을 따라 출동해서 그를 들것에 실어 병원에 데려왔다고 말한다. 아내는 몇 달 전에 사망했는데 희귀암 진단을 받은 지 16주 만이었다고 한다. 그의 가족은 아내의 유골을 생전에 가장 좋아하던 해변에 뿌렸다. 그는 기품 있고 유쾌하며 좌중을 압도하는 자신감이 문득문득 드러난다. 얼마 뒤 그를 데리러 온 딸과 손주가 도착한다. 휠체어를 타고 나가면서 그는 미소를 지으며 손을 흔들어 작별 인사를 한다. 샘도 나도 눈을 깜빡이며 눈물을 참는다. 비극은 간단한 한두 문장으로, 혹은 하나의 제스처로 절제된다. 날마다 사랑과 상실, 죽음과 삶의 인간사가 펼쳐지고 비극은 자주 찾아온다. 우리의 눈물은 그가 이야기한 비극 때문이기도 하지만 그의 가족이 보여준 명백한 따스함 때문이기도 하다. 딸이 휠체어를 밀고 병실을 나가는 동안 3대에 걸친 가족은 가지치기할 사과나무 이야기를 했다. 병원은 위태롭고 취약한 순간에도 삶과 생명의 스냅숏들이 가득한 살아 있는 공간이다.

의료진과 병원 직원들의 목적의식적인 잰걸음, 걱정하는 가족과 친지, 불안해하는 환자의 움직임 아래를 꾸준히 흐르는 것이 있는데, 바로 두려움이다. 혹여 무서운 이야기를 듣게 되려나, 힘든 감정을 겪게 되려나 하는 예상으로 복도, 병실, 대기실의 공기가 무겁다. 의료진은 여유시간이 거의 없는 반면, 환자는 항상 시간이 있다. 이런 불일치는 막대한 스트레스를 유발한다. 이 같은 환경에서 좋은 돌봄은 손상되기 쉬우며 걱정에 짓눌릴 위험이 언제나 존재한다. 그것은 의료진 간의 관계와 영감을 주는 뛰어난 리더십에 의지해 간신히 유지된다.

창문 없는 직원 휴게실에는 바구니 가득 초콜릿이 있다. 감사를 표하려는 환자와 가족의 선물인데, 하루가 가기 전에 동난다. 직원들은 고된 근무를 달콤한 과자와 차로 버틴다. 직원 휴게실 벽에는 감사 카드가 가득하다. "정말 놀라운 분들이세요!" "어떻게 감사를 드려야 할지 모르겠어요!" "믿을 수 없이 훌륭한 간호였습니다!"

오래 일한 몇몇 간호사는 환자와 간호사 관계가 달라졌다고 말한다. 환자들은 자기주장이 강해졌고 구글에서 온갖 정보를 찾아보면서 모호한 병원 규정을 들어 이의를 제기한다. 손가락을 딱딱거리기도 하고 참을성 없이 굴기도 한다. 소송 협박도 하고 불만도 제기한다. 환자들은 간호사가 돌봐야 할 다른 환자들도 있다는 것을 종종 잊는다. 맡겨놓은 것이라도 있는 양, 자신에게는 마땅히 그럴 자격이 있다는 듯이 구는 문화가 생겼다. 국민보험에 돈을 냈으니 돈값을 해야 한다고 기대하는 것이다. 어떤 사람들은 휴가 전에 노인을 병원에 떨궈놓는다. "그런 일을 참고 대처하는 것은 우리 간호사들 몫이라고 여기는 거죠." 한 간호사가 쉬는 시간에 직원 휴게실에서 어려움을 토로한다. 나는 병동에서 '감사하다'는 표현을 쓰는 사람이 팀밖에 없었다는 것을 문득 깨닫는다. 하지만 내가 물어보니 샘은 환자가 간호사에게 감사해야 한다고 생각하지 않는다고 말한다.

근무가 거의 끝나간다. 나는 샘이 또다시 블리스터 팩 건으로 전화하는 것을 듣는다. 샘은 여전히 침착하다. 점심시간 이후 샘이 앉아 있는 것을 처음 본다. 저녁 7시가 되어가고 있다. 샘은 그나마 오늘은 조용한 날이라고 한다. 그 전주에는 치매 환자 여섯 명이 혼란에 빠져서 병원을 돌아다니는 바람에 일손이 부족해 난리를 겪었다. 간호사들은 그런 날을 '전쟁 지대'라고 부르는데, 그렇게 압박이 심한 상황에서 혹시라도 끔찍한 실수를 하게 될까 봐 두려워한다.

샘이 통화를 마치는 것을 기다렸다가, 나는 고참 의사가 샘을 가리키며 "파트타임 모델"이라고 말했을 때 어떤 생각이 들었냐고 물어본다. 샘은 불편했다고 인정한다. 그렇지만 대수롭지 않다는 듯 어깨를 들썩해 보인다. 이제 저녁 8시다. 샘은 차를 몰고 집에 가서 18개월 된 아기에게 잘 자라고 뽀뽀를 할 것이고, 내일 아침 7시 30분에 다시 출근할 것이다. 그런 말을 곱씹을 시간 따위는 없다.

지난 30년간 간호사의 일은 극적으로 달라졌다. 엄격한 위계를 나타내던 빳빳한 유니폼과 벨트에 달린 화려한 코드, 배지, 모자, 복식 규정은 모두 사라졌다. 내가 참관하면서 본 많은 간호사들은 '파자마'라고 불리는 유니폼을 입고 일했다. 이 병원의 간호 부장은 훨씬 싼 형태의 복장이라고 말했다. 더 중요한 변화는, 간호사의 일과에서 상당 부분을 차지하던 '기본 케어', 즉 환자를 먹이고 씻기고 배변을 돕는 일이 이제는 한두 주 교육을 받고 투입되는 의료보조사나 간호조무사의 업무가 된 것이다. 의료가 더 테크놀로지 기반이 되고 진단이 더 자주 이루어지며 전문 분야 사이에 조율하고 협업할 일이 많아지면서, 간호사의 주된 관심은 컴퓨터 화면과 전화기로 옮겨 갔다. 간호사의 역할은 조정하고 계획 세우고 연락하고 퇴원을 시키는 것이다. 샘이 블리스터 팩 문제로 애를 먹었을 때 볼 수 있듯이, 환자를 퇴원시키는 일은 특히나 어렵다. 병상 점유율이 기록적으로 높은 수준에 달해 있기 때문에 병상을 비우라는 압력이 매우 심해지면서 간호사들은 퇴원시키는 일에 거의 강박적으로 집착하게 되었다. 병상 수는 줄어드는 추세인데 입원은 늘면서 2019년에 병상 점유율은 무려 평균 88퍼센트에 달했다.[18] 영국 국립보건임상연구원National Institute of Clinical Excellence은 85퍼센트가 넘으면 위험하다고 본다. 그 이상이면 때때로 의료위기가 닥칠 때 병상 부족 사태가 발생할 수 있기 때문이다.

의료보조사가 의료적 업무를 맡는 일도 많아지고 있다.(물론 필요한 훈련을 받는다.) 가령 약물을 주입하는 정맥 삽관, 배뇨를 돕기 위한 요도 삽관, 상처 소독과 붕대 감기, 채혈 등은 의료보조사가 맡는다. 평균적으로 간호사 업무시간 중 직접 환자에게 쓰이는 시간은 40퍼센트 정도로 알려져 있으며 몇몇 연구는 이 숫자를 더 낮게 보기도 한다.[19] 간호사들은 자신의 일이 장비와 검사 결과를 찾으러 다니는 "수렵 채집" 활동 같다고 말한다. 한 정책 보고서는 조율하고 관리하는 그들의 일을 일컬어 "돌봄 진행 경로에서의 공통 분모"라고 표현했다.[20]

업무가 이런 식으로 달라진 것은 간호사와 일반 대중 모두가 우려하는 일이다. 런던 왕립 브롬턴 병원의 교수 겸 간호사 데비 필드Debbie Field는 한 콘퍼런스에서 "'기본'이라는 단어가 무의미한 방식으로 쓰이고 있습니다."라고 지적했다. "기본 케어 업무와 전문 간호 업무의 구분은 가짜 이분법이고, 이 둘은 불가분의 것입니다. 환자를 돌려 누이고 목욕시키고 구강 청결을 살피는 등의 일이 모두 가치가 있습니다. 환자와 연결되고 환자를 더 잘 알게 되며 환자와 함께 있을 기회를 제공하기 때문입니다." 그는 그러한 일은 "진정한 의미에서 기본적인 일이며 간호사의 돌봄 업무에서 근본적인 일"이라고 말했다.[21] 환자와 가족이 느끼는 두려움은 간호사의 업무가 병상에서 멀어지면서 비인간화된다는 것이다. 간호의 미래에 대한 한 보고서는 이렇게 언급했다. "우리가 대중에게 듣는 가장 큰 우려는 간호사가 너무 적어서 돌봄에 쓸 시간을 충분히 낼 수 없다는 점이다. 간호사들이 돌보는 데 더 많은 시간을 쏟지 못한다는 것, 즉 환자들을 실제로 알아가는 데 더 많은 시간을 쏟지 못한다는 것이 전형적으로 제기되는 우려 중 하나다."[22] 또 다른 보고서는 "간호사 업무가 더 학술적이게 되면서 옛 가치가 사라졌다."라고 지적했다. "기본 케어는 이제 교육 수준이 가장 낮고 지위도 가장 낮은 인력이 맡게 되었는데, 이는 간호 제공자가 환자와 보내는 시간의 가치가 절하되었음을 나타낸다."[23]

하지만 간호사가 드디어 역사적으로 뿌리깊었던 의사의 '시녀' 역할에서 벗어난 것이라고 반기는 간호사들도 있다. 과거에는 간호사에게 열심히 일하고 환자에게 친절하라고만 요구했다면 이제 간호사는 대학 학위를 받아야 하고, 이는 의사가 지배하는 의료 체계에서 간호사들이 전문 역량을 인정받기 위해 벌여온 오랜 투쟁의 결과다. 간호사의 자격 기준이 높아지면서 자율성도 커졌고, 진단과 처방, 또 임상팀을 이끄는 일에서의 권한도 높아졌다. 이러한 새로운 역할은 야망 있는 간호사에게 반가운 진전이다. 하지만 사라지지 않고 계속해서 쫓아다니는 우려가 있다.

"비인간화의 추세가 있고 전보다 접촉을 덜 합니다. 내가 일선 간호사였을 때는 심하게 우울을 겪는 환자가 있으면 손을 잡아주거나 안아주곤 했습니다." 샘이 일하는 병원의 간호부장은 30년간의 경력을 돌아보면서 간호 업무가 많이 달라졌다고 인정했다. "얼마 전에 누가 환자를 씻길 때 장갑을 끼고 하길래 왜 그러냐고 물어보았죠. 임상적으로는 그래야 할 이유가 없거든요. 저는 그들이 장갑을 일종의 장벽으로 간주한다고 생각합니다. 1년 전에 병실을 방문했을 때, 한 간호사가 침대에 앉아 있다가 벌떡 일어나더니 '죄송해요, 그저 이야기를 나누고 있었어요.'라고 말하더군요. 자신이 잘못했다고 생각한 것이죠. 아마도 우리는 관계에 대해 사회적으로나 문화적으로 그리 가치를 부여하지 않는 것 같습니다."

지난 30년 사이에 의료 분야에 도입된 비즈니스 모델이 이런 경향에 일조했다. 초점은 효율성, 생산성, 재정적인 통제에 놓였다. 논란을 불러일으키면서 일련의 의료 개혁이 도입되었고, NHS의 각 영역은 경쟁하도록 구조조정되어 청소, 진단 같은 영역이 민영화되었다. 상업적 이해관계가 공공 서비스의 정신을 잠식했다. 새로운 언어가 의료의 모든 영역에 스며들었다. 그 안에서 직원들은 목적을 위한 수단으로 도구화되었고, 그 목적은 예산 균형을 맞추는 것이라든가 대기시간 목표를 지키는 것 등을 의미하게 되었다. 한 보고서는 간호사들의 임금으로 "지출되는 규모"를 언급하면서 "이 투자에 대해 사람들이 가장 좋은 수익을 돌려받고 있는지, 간호사와 조산사 자원의 잠재력이 온전히 활용되고 있는지 우리는 알지 못한다."라고 언급한다.[24] 인간이 금융 자산 비슷한 취급을 받고 있는 것이다. 기준을 "밀어 올리고", 비만과의 "전쟁"을 벌이고,

암에 "맞서 싸운다."라는 식의 활력 넘치는 마초적인 동사가 난무한다. 이 문제는 2013년에 미드스태퍼드셔 NHS 재단 트러스트가 운영하는 스태퍼드셔 병원 스캔들 이후 작성된 「프랜시스 보고서」에서도 지적된 바 있다. 이 보고서의 결론 중 하나는 미드스태퍼드셔 재단 트러스트 이사회가 조직의 구조조정과 전국적인 재정 기준 및 대기시간 기준을 맞추는 데 너무나 집착한 나머지 돌봄의 질이 훼손되었다는 것이었다. 「프랜시스 보고서」는 간호 업무의 토대로 헌신과 긍휼[공감]을 되살려야 한다고 주장했다. 하지만 이 보고서에 많은 관심이 쏟아졌어도, 의료가 상업화되어 돌봄의 질이 훼손된다는 우려는 그 이후에도 계속되고 있다. 2016년 《영국정신의학 학회지 *BJPsych Bulletin*》에 실린 글에서 퍼넬러피 캠플링은 의료에서 경쟁적인 시장 원리를 촉진한 것이 "의료 측면에서의 필요, 역량, 서비스에 대해 상업화된 관점"을 불러왔다며 그것이 "직원들의 태도, 감정, 관계에 악영향을 미치고 있다."라고 경고했다. 캠플링은 규제와 성과 관리가 강조되면서 절차와 시스템이 업무량의 대부분을 차지하게 되었다고 지적했다.[25] 고든과 넬슨도 간호업에 대해 연구한 논문에서 "모든 것이 측정되고 묘사되고 과학적으로 분석될 수 있는 것은 아니"라며 과학적이고 객관적인 의료 모델이 지배적인 모델이 되면서 돌봄이 사소한 것으로 여겨지고 "감성적인 달콤함의 바다"에서 정작 돌봄은 잃게 되는 위험을 초래한다고 지적했다.[26]

앨리슨 리어리 교수는 엉뚱한 것을 측정하느라 무의미하게 네모 칸에 체크만 하게 되는 것을 우려했다. 「프랜시스 보고서」가 제시한 제안 중 하나가 이와 관련이 있다. 이제 "목적의 식적인 간호 회진"을 위해 간호사는 환자 각각에 대해 매시간 양식을 채워야 한다.(샘의 업무 현장을 참관하면서 나도 관찰한 바 있다.) 그에 따르면, 이것은 "(의료보조사 인력을 사용하게 되면서 나타난) 병동에서의 숙련도 저하 문제를 완화하고자" 도입된 조치인데, "한 주요 연구에서 나온 실증 근거를 보면 효과가 없는 것으로 나타났다." 리어리 교수는 "이미 오래전부터 많은 간호사들이 그렇게 지적했지만 그들의 말은 듣는 사람이 없습니다."라며 "간호사들은 자신의 견해가 알려지고 관철되는 데 필요한 권위를 가지고 있지 못합니다."라고 지적했다. "이것은 간호사에 대한 여성혐오적 편견의 한 형태입니다. 안전을 보장할 수 있는 인력 운용에 대한 연구 700건을 분석한 결과 인력을 줄이면 환자들의 목숨에 영향을 미친다는 실증 근거가 이미 제시되어 있습니다. 저는 NHS 이사회에 가서 인력을 줄이면 안 된다고 이야기합니다. 그들은 제 말을 귀담아듣습니다. 제가 수학자이자 컴퓨터 과학자이고 화면에 수학 공식들을 띄워 설명하기 때문입니다. 하지만 제가 말하는 것은 그들이 운영하는 병원의 간호부장이 내내 해온 말과 정확히 같습니다."

원래 엔지니어였던 리어리는 엔지니어링과 간호를 비교해가며 설명했다. 둘 다 위험을 다룬다. "엔지니어로서 저는 위험이란 늘 존재하는 법이라는 것을 인정하도록 배웠습니다. 우리의 역할은 위험을 이해하고 완화하는 것이라고 말이에요. 좋은 돌봄은 언제나 위험을 잘 관리하는 것과 관련이 있습니다. 의료에서는 위험 부담이 크지만 위험에 대한 문화는 매우 다릅니다. 우리는 위험을 용납하지 못하고 모두가 언제나 위험을 제거하려고 하지요. 하지만 이는 정직하지 못한 것입니다. 항공 산업에서는 문제가 있으면 상황적 맥락, 인력 수준 등을 분석합니다. 모든 요인이 관련 있는데도 의료에서는 늘 문제가 개인의 성품을 따지거나 개인에게 비난을 돌리는 쪽으로 귀결됩니다. '안 좋은 사과 몇 알'을 골라내는 것이 가장 흔히 쓰이는 전략이지요. 하지만 문제는 시스템에 있습니다."

다음 날에는 암 병동에서 의료보조사 존과 간호조무사 샐리의 업무 현장을 참관했다. 오전 9시에 도착해 보니 그들은 환자들에게 아침식사를 제공하고 씻기는 등 벌써 2시간째 일하고 있었다. 임종을 앞둔 한 남성 환자의 가족 주위로는 커튼이 쳐져 있었다. 다른 사람들은 병상에 누워 있었다. 모두 병세가 위중하고, 질문에 간단히 답하는 것 외에는 말이 없었다. 이들은 앞으로 살날이 몇 달 남지 않았고 남은 날들도 이 병동을 계속 오가며 보내야 할 터였다. 하지만 존과 샐리는 이곳이 슬픈 장소가 아니라는 것을 나에게 이해시키려고 노력했다. 사람들이 죽어가는 곳인 것은 맞지만, 그들의 일 사이사이에는 미소, 웃음, 농담이 있었다. 그들은 환자의 침상에 다가가서 웃게 해드리겠다고 말했다. 그들의 따뜻함과 선의는 명백했다. 그리고 대부분의 환자는 기꺼이 그들의 말에 따랐다. 농담을 즐기는 사람도 있었다.

"환자들은 수다를 떨고 싶어 합니다. 그들은 암에 대해, 그러니까 치료와 부작용 같은 것에 대해 아주 많은 정보를 듣습니다. 가족과 친구에게는 동정을 받고 있지요. 그래서 우리 앞에서는 정상이고 싶어 합니다." 존이 말했다.

샐리와 존은 과거에 간호사들이 했던 업무의 상당 부분을 담당한다. 한 남성 환자를 씻겨야 할 시간이 되자 샐리는 침상에서 나오라고 그를 설득했다. 하지만 그는 자신이 더 잘 안다는 듯이 짜증을 냈고, 뭔가 잘못이 있으면 빠르게 잡아내 지적하곤 했다. 그래도 샐리는 유머러스하게 대하면서 그를 살살 설득해 의자에 앉게 했다. 그리고 15분 정도 그가 스스로 씻도록 독려했다. 환자의 독립성을 독려하라는 새로운 지침에 따른 것이었다. 한편 존은 혼란에 빠져 괴로워하는 여성 환자를 진정시키고 있었다. 환자는 흐느끼며 말했다. "내가 왜 여기에 와 있는지 모르겠어요. 나한테 뭐가 문제인지 모르겠어요. 내 아들은 어디 있나요?" 존은 환자를 진정시키고 채혈을 하면서 수완 있게 대화를 이끌었다. 환자는 은행 관리인의 비서였고 "매우 유능"했다고 했다. 일그러진 미소를 지으며 그렇게 말하더니 웃음을 터뜨렸다. 존도 검사에 필요한 채혈을 다 했고, 웃음을 지었다. 그 여성 환자는 "35년 전에 이혼한 이래로 남자가 필요한 적은 없었는데."라고 농담했다.

존과 샐리는 예측 불가능하고 혼란스러우며 통제되지 않는 신체와 감정을 날마다의 일과로 다룬다. 한 간호사는 자신의 역할 중 하나는 평정심을 유지하는 것이라고 말했다. "돌봄은 질서와 조직화입니다. 복잡성을 제한해야 하고 직원, 환자, 가족에게 자신감을 불어넣어야 합니다. 위기 시에 환자와 가족은 종종 통제력을 잃습니다. 그리고 여기에 암묵적인 요청이 있지요. '질서를 잡아주세요.'라고요."

앞에서 본 여성 환자의 옆 침상에서는 트럭 운전사 해리가 오전 내내 거의 한마디도 하지 않고 있었다. 그는 이혼을 했고 네 아이가 어디에 있는지는 확실하지 않았다. 폐암에 걸린 그는 치료를 받는 동안 누이 집에 와서 머물고 있었다. 존은 해리가 미소를 짓게 하려고 애썼다. 해리의 암은 말기였다. 침묵은 고통스러웠다.

존은 의료보조사로 15년 넘게 일하고 있었고 시간당 10파운드[약 1만 5600원]를 받았다. 연간으로는 1만 9000파운드[약 2970만 원] 정도다. 그는 슈퍼마켓에서 일요 근무를 해서 추가로 소득을 올린다. 하지만 그 일을 할 만한 가치가 있게 해주었던 추가근무수당이 없어지고 있다고 분개했다. 간호 일을 하기 전에는 슈퍼마켓에서 풀타임으로 일했고 지금도 한 주가 시작되기 전에 육류 자르는 일 등을 한다. 그가 채혈을 하고 환자 입원을 돕고 서류를 작성하는 것을 보면서, 생계 유지를 위해 일주일에 엿새를 꼬박 일하는 그의 삶을 생각해보았다. 존은 오전 6시 15분에 집을 나서서 7시에 일을 시작한다. 그리고 저녁 7시 30분에야 일이 끝난다. 간호 일은 신체적인 힘이 아주 많이 필요한 육체노동이기도 하다. 존은 이곳저곳을 들르고, 장비를 챙기고, 필요한 곳에 물건들을 가져다 두고, 양식을 작성하고, 침상을 정리하고, 식사를 나른다. 그는 보관함에 있는 헤어드라이어를 내게 보여주었다.

"우리는 둘이 팀을 이뤄서 늘 망자를 염할 수 있게 준비합니다. 망자의 신체를 씻기고 머리를 감깁니다. 가족과 친지 들은 사랑하는 사람이 기름진 머리를 하고 있는 것을 보고 싶어 하지 않습니다. 우리는 죽은 사람이 아직 살아 있는 것처럼 대화를 나누곤 합니다. 그리고 창문을 열어서 그들의 영혼이 나갈 수 있게 합니다."

모든 병실 문에는 커다란 원형 스티커가 붙어 있었다. 원의 가장자리에는 간호의 '여섯 가지 C'가 적혀 있었다. 돌봄care, 긍휼compassion, 업무 역량competence, 소통communication, 용기courage, 헌신commitment. 그리고 중앙에는 "돌봄은 우리의 일[비즈니스]이다."라는 슬로건이 있었다. 샐리는 "최우선순위로 올라가보면 모든 것은 언제나 비즈니스"라고 한탄했다. "저에게는 그렇지 않아요. 이건 사람에 대한 문제예요." 샐리는 이 스티커를, 그리고 이 스티커가 샐리가 하고 있는 일의 속성에 대해 전달하려는 메시지를 하루에도 수십 번씩 본다. 그는 자신의 일을 지탱해주는 가치들에 충실하기 위해, 애칭을 사용하지 말라는 것 등 몇몇 지침은 조용히 무시한다. 샐리는 자신이 믿는 몇몇 가치를 그가 일하는 조직에서 인정하지 않는다고 느낀다. 그래서 그의 일에는 저강도의 갈등이 기저에 늘 깔려 있다.

병동 물품함의 모든 것에 가격표가 붙어 있었다. 이 붕대는 하나에 16파운드[약 2만 5000원], 다른 붕대는 0.42파운드[약 700원] 등등. 화학요법 주사 중에는 가격이 어마어마한 것도 있었다. "주사 한 번에 2만 5000파운드[약 3900만 원]입니다. 그에 비하면 우리 몸값은 굉장히 싸지요." 존이 말했다. 돈은 마음에 응어리가 맺히게 한다. "우리는 그저 숫자일 뿐이에요. 병가를 냈다가는 난리가 날 거예요. 3년 과정의 학위를 마친 정규 간호사는 시간당 11파운드[약 1만 7200원]에서 시작합니다. 슈퍼마켓 체인의 주니어 매니저와 비슷하지요. 하지만 우리가 하는 일은 사람의 생명을 다루는 일이잖아요."

'간호사/간호하다'를 뜻하는 영어 nurse의 어원은 '양육하다'라는 뜻을 가진 프랑스어와 라틴어다. 원래는 수유를 묘사하는 말로 쓰였다. 아이에게 직접 젖을 먹이거나 유모 역할을 한 것은 여성이므로, 이 단어는 여성과 밀접한 관계가 있다. 또한 이 단어는 신체적인 가까움을 암시한다. 그래서 우리는 무릎에 가방을 올려놓는 것이나 브랜디 잔을 손에 한참 들고 있는 것을 표현할 때도 nurse를 쓴다. 이는 주의 깊게 보는 것과 느린 속도를 함의한다. 역사적으로 간호는 대부분 가정에서 여성(아내, 딸, 엄마 등)이 맡는 일이었다. 플로렌스 나이팅게일의 책 중 가장 잘 알려진 1859년 저서 『간호에 관하여Notes on Nursing』와 그것의 염가본 『노동자계급을 위한 간호에 관하여 Notes on Nursing for the Laboring Classes』는 가정에서 이뤄지는 돌봄의 수준을 높이기 위해 널리 유통되었다. 나이팅게일은 이렇게 적었다. "영국의 모든 여성은 인생에서 때때로 누군가의 건강을 책임지는 일을 하게 된다. 아이일 수도 있고 장애가 있는 사람일 수도 있다. 즉 모든 여성은 간호사다. 모든 여성이 간호를 어떻게 할 것인가를 배우고 생각한다면 그들의 통합된 경험이 얼마나 막대하고 가치 있겠는가?"[27] 당대에 미국 작가

해리엇 마티노Harriet Martineau는 나이팅게일의 책을 "천재적인 작품"이라고 묘사했다. "좋은 간호의 구성 요소가 무엇인지가 아픈 사람을 위해서뿐 아니라 건강한 사람을 위해서도 거의 알려져 있지 않은" 상황에서 나온 책이었기 때문이다.[28]

독실한 종교인이던 나이팅게일은 아픈 사람을 돌보는 것이 그리스도교의 명백한 명령이라고 생각했다. 산상수훈은 아픈 이를 찾아가 돌보는 것이 자선의 행위라고 가르친다. 고통을 줄여줄 수 있는 능력 전에, 연대를 표하는 것이 필요하다는 것이다. 제인 오스틴은 『설득』에서 간호사 루크를 "즐겁고 유익한 대화를 나눌 수 있으며 자신이 속한 종에 대해 더 잘 이해하게 해주는 사람"이라고 묘사했다. 당시에는 유용한 의료 지식이 별로 없었으므로 아픈 사람을 보살핀다는 것은 좋은 동반자가 되어주고 정신을 다른 화제로 돌려주는 일을 의미했다. 미국 시인 월트 휘트먼Walt Whitman이 남북전쟁 중에 워싱턴의 임시 병원에서 병사들을 간호했던 일을 회고한 기록에서도 이것이 잘 드러난다. 수천 명의 젊은 부상병이 워싱턴으로 쏟아져 들어왔다. 휘트먼은 그들의 간호를 자청했고 나름의 간호 방법을 개발했다. 의학 교육은 받지 못했지만 통찰과 창조력이 넘치고 헌신적이었던 그는 3년을 붐비는 군 임시 병원에서 보냈다. "다치고 아픈 수많은 병사에게, 특히 젊은 병사 한 사람 한 사람에게 주는 사랑, 어루만짐, 동정, 우정에는 무언가가 있다. 그리고 그것은 나름의 방식으로 세상의 모든 의약품보다 효과가 좋다. …… 많은 이들이 그저 감상주의라고 말하겠지만, 나는 이것이 가장 굳건한 사실임을 안다. 남성이든 여성이든 인간애와 사랑이 가득한, 따뜻하고 건강하고 깨끗하고 강하고 너그러운 영혼을 가진 사람이 환자들 사이를 돌아다니고 병동을 지나다니는 것만으로도 눈에 보이지 않는 지속적인 영향을 계속 발휘할 수 있고, 그럼으로써 아픈 사람과 부상당한 사람에게 막대하게 유익한 일을 하는 것이 된다."[29]

휘트먼의 전기작가는 휘트먼이 환자를 보러 갈 때마다 "전투에 임하는 장군처럼 조심스럽게 준비했다."라고 적었다.[30] 선물과 음식과 함께 환자들의 가족에게 편지를 써줄 수 있도록 종이를 가져갔다. 무엇보다 휘트먼은 익명성에 크게 놀랐다. 그는 이것을 '모호성'이라고 표현했는데, 이 젊은이들의 모든 고통은 익명적이었다. 그래서 그는 자신의 글쓰기가 "방치되고 익명 속에 파묻힌 이 젊은이들의 삶에 정체성을 부여해주기 위한" 자신의 소명이라고 생각했다. "나는 늘 병동 하나 혹은 여러 병동이 모여 있는 곳을 가로질러 다니며 한 명도 놓치지 않게 신경 쓰면서 사소한 것이나마 전하려고 노력한다. 달콤한 과자 하나라도, 한 장의 종이라도, 아니면 친절한 말 한마디나 고갯짓이나 눈빛이라도 말이다. 이런 식으로, 지체하지 않지만 서두르지도 않으면서 많은 사람을 만날 수 있다. 병동의 일반적인 분위기를 알 수 있고, 때로는 무관심이 무겁게 짓누르고 있는 것이, 그리고 병동 전체가 기운을 북돋워줄 무언가를 원하고 있는 것이 보인다. 내 행동은 사람들을 읽고 마법의 주문을 깨는 것이었는지도 모른다. …… 이 병동의 모든 사람이 각자의 역사를 가지고 있다. 각자의 사례가 글로 쓰이기만 한다면 비극시, 서사시, 낭만시, 그리고 사색에 잠기게 하고 몰입하게 하는 책이 될 것이다."[31]

잘 알려져 있듯이, 그보다 몇 년 전에 플로렌스 나이팅게일은 비슷한 일을 러시아와 전쟁 중인 영국군을 위해 크름반도의 야전 병원에서 시도했다. 나이팅게일은 수십 명의 여성으로 된 팀을 이끌며 군인들에게 편안함을 주기 위해 노력했다. 나이팅게일에 대한 신화가 연상시키는 것과 달리 이곳의 여성들에게는 환자를 돌려 누이고 부채질로 열을 식혀주고 입에 얼음을 넣어주는 정도가 허용된 일이었다. 젊은 남성 군인들과의 신체적인 접촉은 받아들일 수 없는 것으로 여겨졌다. 좋은 의도에서 군인들을 도우러 간 숙녀들은 "연민하는 사람들sympa-thizer"이라고 불렸다. 실제 간병은 대부분 환자의 아내, 하인, 심부름꾼 등 일반적으로 그러한 일을 하던 사람들이 했다.[32] 하지만 그 공은 소수의 '고귀한 숙녀'들에게 돌아갔다. '등불을 든 숙녀'라는 나이팅게일의 이미지는 군대의 무능력으로 매우 당황한 영국 정부의 프로파간다 도구였다. 고통받는 평민 군인들을 상류계급이 마음 아파하며 살피고 있다는 상징이자 군의 무능함으로부터 대중의 관심을 돌려놓는 수단이었던 것이다. 하지만 이 신화는 간호의 발달에 혁신을 가져오는 계기가 되기도 했다. 나이팅게일은 이 신화를 자신이 야심차게 추진하고자 하는 개혁에 활용했고, 간호를 여성의 도덕적 소명을 담은 존경받을 만한 직업으로 재규정하는 데 성공했다.

나이팅게일이 개혁하려 했던 19세기 중반 병원은 매우 끔찍한 장소여서, 정말로 절박한 사람들만 병원을 이용했다. 일반적으로 병원 환자 절반이 감염으로 죽었다. 간호사가 등장하는 가장 유명한 문학작품으로는 찰스 디킨스Charles Dickens의 『마틴 처즐위트Martin Chezzlewit』를 꼽을 수 있는데, 여기에 나오는 간호사 세라 갬프는 게으르고 늘 술에 취해 있으며 대놓고 돈을 밝힌다. 이와 완전히 대조적으로, 나이팅게일은 간호사라는 직업을 그리스도교의 이상을 바탕으로 규정했다. 나이팅게일의 간호 모델은 프랑스와 독일의 종교적 맥락에 크게 영향을 받았는데 거기에서 간호의 주 임무 중 하나는 환자에게 영적인 위안을 주는 것이었다. 나이팅게일은 특히 1617년에 설립된 '성 뱅상 드 폴의 애덕의 딸 수녀회' 활동에서 영감을 얻었다. 이곳 수녀들은 수녀원을 벗어나 가난하고 병든 사람들의 집을 방문하도록 허용되었는데, 이는 두 가지 이유에서 매우 급진적이었다. 여성에게 당시로선 흔치 않은 자율성을 주었고, 여성이 타인의 신체에 대해 매우 긴밀한 지식을 갖게 된 것이다. 이렇게 여성이 비교적 독립성을 갖는 것에 대한 우려를 누그러뜨리기 위해 미덕과 교단에 대한 복종이 매우 강조되었다. 그들의 일은 "전적으로 복종, 순종, 속세에 대한 무심함의 맥락에서 이뤄지는 것이었으며 …… 교단은 수녀들에게 지식만이 아니라 익명성도 높이도록 요구했고 개인적인 정체성은 모두 희생하게 했다. …… 그들은 원래의 이름도 포기하고 공동체가 준 새로운 이름을 받아들였다."[33]

이와 비슷하게, 나이팅게일의 간호사들도 이타적으로 헌신할 것으로, 그리고 고참 간호사와 의사 둘 다에게 복종할 것으로 기대되었다. 점차로 간호사는 '자매님sister'이라고 불리게 되었고, 복장도 수녀복과 비슷해졌으며, 간호사들이 기거하는 곳에는 수녀원처럼 엄격한 취침시간이 적용되었다.[34] 나이팅게일은 여성이 존중받으며 할 수 있는 유급 노동의 형태를 (거의 최초로) 만들어냈다. 이를 위해 전통적인 젠더 고정관념을 강조하는 수완을 발휘했다. 1854년에 나이팅게일이 크름반도로 출발한 뒤《더 타임스》에 실린 한 기사는 나이팅게일의 여성적 미덕을 칭송하면서 "그 세계에서도 충분히 떠받들어질 만큼 세련된 취향과 재능이 있는데도 집안 배경과의 연결"을 끊을 정도로 자선과 애덕의 충동이 강한 사람이라고 묘사했다.[35] 또 다른 기사들은 나이팅게일의 가정적 성향을 강조했다. 이것은 종교적 의무로 동기부여된 효율적인 가정주부가 자신의 재능을 병원이라는 새로운 환경에 적용한다는 개념에 부합하는 이미지였다.

나이팅게일은 자신의 종교적 신념을 반영하는 직종을 만들어냈다. 오랫동안 병자를 방문해야 한다는 귀족 여성들의 의무는 종교 책자를 가지고 다니면서 그들을 개종하려는 목적과 관련이 있었다.(19세기 말이면 50만 명의 여성이 이러한 일에 자원했고 틀림없이 많은 이들이 나이팅게일의 『간호에 관하여』를 가지고 있었을 것이다.)[36] 나이팅게일은 대대적인 사회변화의 시기에 간호가 사회에 도덕을 불어넣을 임무를 가진다고 보았다. 또한 나이팅게일은 매우 특권적인 배경을 가지고 있었지만 여성들에게 사회적으로 존중받을 만한 직업이 절실히 필요하다는 것을 인식했고 간호 일이 바로 그러한 "정직한 직업의 길"을 놓을 수 있으리라고 보았다. 하지만 새로운 독립의 기회를 얻으려면 여성들은 간호의 "도덕적 경전"에 순응해야 했다.

이런 홍보 이미지 속에서 나이팅게일이 통계학자, 위생 개혁가, 건축가, 로비스트, 저술가로서 매우 뛰어난 인물이었다는 사실은 감추어졌다. '등불을 든 숙녀'는 신화가 되었지만, 현실의 나이팅게일은 늦은 밤에 등불을 들고 돌아다니면서 환자들에게 친절한 말을 해주는 여성이 아니라, 끈질긴 연구자이자 정치인이었다. 크림전쟁 시기의 한 존경받던 병원 관리인은 나이팅게일이 "여성의 부드러움과 친절함, 수학자의 냉철함과 명석함, 1만 개의 행정적인 세부 사항을 고안하는 명민함, 어떤 장벽에도 굴하지 않는 대담함을 모두 갖추었다."라고 말했다.[37] 엘리자베스 개스켈Elizabeth Gaskell은 위대한 국가적 상징인 나이팅게일과 며칠을 보내고 나서 상세한 기록을 남겼다. 처음에는 "완벽하게 신이 이끄는 성인"으로서의 이미지가 인상적이었지만 곧 강철 같은 완고함을 목격하면서 그런 유의 존경은 수그러들었다. "나이팅게일은 환자 개개인을 돌보지는 않았다. 그보다, 신의 피조물 전체를 돌보았다." 두 사람은 가난한 동네를 방문할 것인가를 두고 "엄청난 싸움"을 했는데, 나이팅게일은 병원 계획을 세우는 일로 너무 바빠서 갈 수 없다고 했다. 개스켈은 나이팅게일에게서 "만약 내게 아이가 있다면 잘 관리되는 탁아소에 보낼 것이고 모든 엄마가 그렇게 해야 한다고 생각한다."라는 말을 들은 뒤, "나이팅게일의 관심은 오로지 제도와 기관, 자매애와 협회에 쏠려 있다."라고 적었다.[38]

하지만 그중 어느 것도 대중에게 드러나지는 않았다. 나이팅게일은 영향력 있는 의료계와 척을 지지 않으면서 여성의 역할을 개척해야 하는 어려운 과제에 직면해 있었다. 이를 위해 여성 간호사들의 권한, 리더십, 지위 주장을 포기하는 희생을 치러야 했다. 또한 나이팅게일은 간호를 여성화했다. 휘트먼이 남긴 기록은 남성 간호사가 존재했음을 말해주고, 군대나 수도원처럼 남성만 있는 공동체에서는 특히 그랬을 것이다. 하지만 오늘날 간호에는 그 흔적이 거의 없다. 미덕을 발휘하고 너그럽게 베푸는 여성성을 요구하는 도덕 규범이 여전히 남아 있으며 간호사들은 '늘 지금보다 더욱 헌신할 것'을 요구받는다. 이러한 규범은 금전적 보상이나 사회적 인정보다는 친절함으로 동기부여되게 하고 불평을 제기하지 못하게 한다. 간호사들은 이런 황금 감옥에서 벗어나고자 그 이래로 계속해서 투쟁해왔다.

앤 마리 래퍼티 교수는 경력 내내 이러한 역사의 유산에 맞서 고투를 벌였다. 래퍼티는 1970년대 말에 영국에서 간호 학위를 딴 첫 세대에 속한다. "우리는 선교사처럼, 혹은 개혁가처럼 훈련받았습니다. 똑똑하면서 동시에 잘 보살피는 성향을 가진 사람이 되기 위해서요. 우리는 분석하고 비판하고 변화의 주체가 되는 것이 우리의 일이라고 배웠습니다. 머리를 써야 하는 일이라고 말이에요. 우리는 제도적 구조를 무너뜨리는 과업, 즉 우상파괴적인 종류의 과업을 부여받았습니다. 과거에 간호업에 정당성을 부여했던 구조를 해체해야 했습니다. 현 상태는 달라져야 했습니다. 돌봄은 단순 반복적인 일이 되어 있었고 의례가 되어 있었거든요. 간호사의 역할은 질문하지 않고 권위에 복종하는 것이었지요. 간호사들은 양질의 돌봄을 제공하기 위해 리더십을 발휘하지 못했고 힘과 권력도 없었습니다."

"우리는 좋지 못한 돌봄을 뿌리 뽑아야 한다고 배웠고 간호 업계의 태도와 정신에 변화가 필요하다고 배웠습니다. 간호직은 연구를 통해 얻은 정보에 기반해 수행하는 직업이 되어야 했습니다. 이것은 간호 영역에서 일종의 문화 혁명이었습니다. 돌봄을 정의하던 관습과 관행 대신 과학적 방법을 적용해야 한다고 배웠지요. 간호사의 업무에 평가 피드백 체계가 적용되었습니다. 평가하고, 계획을 작성하고, 그것의 성과를 다시 평가하는 것이지요.

제가 진행한 연구에서 교육을 더 많이 받은 간호사가 더 양질의 간호를 한다는 것이 드러났습니다. 우리는 모든 간호사가 학위를 갖게 하기 위해 투쟁했습니다. 미디어는 옛 고정관념을 가지고 끼어들었습니다. '씻기는 일을 하기에는 너무 고귀한 여성' 같은 제목의 기사들을 내면서요. 그런데 간호사들이 학위를 갖게 된 것을 토대로 간호 분야가 전문성을 더욱 높여나간 것이 아니라, 의료보조사, 그리고 요즘은 간호견습생이 점점 더 많이 고용되어 오히려 전문적인 숙련과 기술이 희석되고 있습니다. 하지만 우리 사회는 모든 수준에서 고도로 교육받은 간호사가 필요합니다. 간호 분야는 언제나 불리한 상황에 있고 궁지에 몰린 것처럼 보입니다. 영국에 왕립의학회는 열일곱 개나 있는데 왕립간호학회는 하나밖에 없어요."

내가 병원에서 본 여섯 개의 C는 간호사들에게 깊은 좌절과 분노의 원천이었다. 이들이 보기에 여섯 개의 C는 가르치려 드는 듯했고 돌봄을 또다시 성품의 문제로 치환하고 있었다. 여섯 개의 C 중에 '업무 역량'도 포함되어 있긴 하지만, 여기에 필요한 전문성이나 비판적 사고는 인정받지 못하고 있다. 래퍼티는, 어려운 점 중 하나는 환자와 간호사 관계가 어마어마하게 복잡하다는 데 있다고 말했다. "사실 간호사들은 언제나 효과적인 개입을 제한적으로 분배합니다. 이것은 양질의 간호의 본질입니다. 환자가 필요로 하는 바를 충족하기에 충분한 관심을 기울여야 하지만 다른 환자에게 가야 할 관심을 빼앗길 만큼 한 환자에게 많은 관심을 두면 안 됩니다. 이 사실은 간호사에게 매우 스트레스가 됩니다. 모든 것을 다루기에는 시간이 부족하니까요. 그래서 늘 환자나 환자 가족과 마무리하지 못한 감정이 남게 됩니다. 그 긴장과 두려움을 늘 가지고 살아야 하고 그것과 씨름해야 합니다. 오늘날에는 돌봄에 대한 사회의 기대치, 가령 따뜻함, 소통, 경청 등에 대한 기대치가 높아져서 이 긴장이 더 첨예합니다."

"업무량이 과도할 때 연민이 짓눌려 사라질 수 있습니다. 그리고 간호사는 자신이 하는 일이 이상에 부합하지 않는다는 것을 알기 때문에 번아웃을 겪을 수 있습니다. 간호업의 역사적 형성 과정을 보면 간호업은 처음부터 이상화되어 있었습니다. 그 이상에 따르면, 간호사는 자신을 조건 없이 내어주어야 하지요. 아직도 간호업에는 강한 그리스도교적 정신이 결부되어 있습니다. 하지만 긍휼은 올바른 노동조건에서 나오는 것이고 개인의 성품 문제가 아니라 환경의 산물입니다. 표현형과 같달까요? 유전자는 잠재력을 담고 있지만 적절한 환경 조건에서만 발현됩니다. 시간이 부족하면 의욕도 동기도 사라질 수밖에 없습니다."

간호사들의 이야기를 듣다 보니, 자신의 일에 대한 그들의 묘사에 빈 부분이 있다는 느낌이 종종 들었다. 그리고 래퍼티가 "간호의 힘"이라고 말한 것을 전달하기에는 부족하다는 생각이 들었다. 래퍼티가 돌봄을 간호의 "암흑물질"이라고 비유한 것이 무슨 의미인지 알 것 같았다. 간호사가 하는 일의 상당 부분이 가시적이지 않다. 한 응급실 간호사는 남편에게 일 이야기를 많이 하고 그의 지원을 든든하게 여기지만 "선혈이 낭자한" 부분에 대해서는 이야기할 수 없다고 인정했다. 나 역시 간호사들이 내가 어느 정도까지 상세한 묘사를 견딜 수 있을지 가늠하며 약간 주저하는 것을 느꼈다. 간호사들은 막무가내이고 예측 불가능한 신체를 다룬다. 그들은 소변, 혈액, 고름, 토사물, 대변을 치운다. 그들은 신체의 분비물과 그것의 냄새가 불안, 두려움, 역겨움을 불러일으킨다는 것을 잘 안다. 그들은 삶의 다른 면에서는 요구되지 않는 방식으로 신체와 관계 맺는 법을 발달시킨다. 신체의 주름진 곳과 접힌 곳, 배출구, 분비물 등과 실질적인 의미에서 친숙해져야 한다. 그리고 다른 모든 기관을 감싸고 있는 가장 큰 신체기관인 피부에 가까이 닿아야 하고 그것이 어떻게 무너지는지, 어떻게 치유되는지, 또 촉감이 어떻게 강력한 소통의 수단이 될 수 있는지를 가장 깊고 친밀하게 이해해야 한다. 그들의 일은 사생활의 관습적인 경계를 계속해서 넘도록 요구하며, 말 그대로 간호사의 손길이 환자의 존엄과 존중을 유지해준다. 그들의 일은 신체의 물질성을 제한하고 신체에 질서를 부여한다. 인간 경험 중 근본적으로 불안감을 주는 측면을 관리하는 것이다. 전에도 이 업무에는 늘 어려움이 따랐지만, 사람들 대부분이 신체의 이러한 측면에 대해 경험이 거의 없는 지금은 더욱 어렵다. 돌봄이 전문 직업화되고 대체로 병원에서 처리되면서, 사람들은 신체적인 부패와 질병을 거의 다루지 않는다. 간호사들은 복잡한 제약에 묶여 있다. 그들은 본인은 잊거나 무시할 수 없는 것을 우리가 잊거나 무시할 수 있도록 돕는다. 역겨움을 감추거나 극복하면서 환자를 씻기고 나면, 그들은 자신이 한 일을 가벼운 것으로 치부한다. "별것 아니에요."

환자의 존엄을 보호하는 것은 거리두기와 안심시키기 사이의 미묘한 상호작용이다. 한 간호사는 환자를 씻길 때 환자의 존엄을 지켜주기 위해 눈을 마주치지 않는다고 했다. 다 끝낸 다음에야 환자의 눈을 본다는 것이다. 병원에서 나는 환자를 목욕시키거나 침상에서 움직이게 할 때 간호사들이 일부러 쾌활하게 말한다는 것을 알아차렸다. 지금 하고 있는 일이 정상적인 일이라는 느낌을 주기 위한 것이다. 날씨나 환자가 전에 살던 곳에 대한 이야기는 낯선 사람이 자신의 몸을 씻기는 당황스러운 경험의 와중에 환자의 관심을 다른 곳으로 돌릴 수 있다. 간호사의 개입은 간단한 업무일 수 있지만 동시에 전문적이고 숙련된 기술을 수반하기도 한다. 브리친스카는 이렇게 말했다. "돌봄이 전문 직업화된다고 해서 평범성과 자연스러움이 흐릿해져서는 안 된다. 돌봄에 대해 더 잘 이해하게 될수록, 우리는 평범하면서도 고귀하고 창조적인 이 기술을 더 잘 장려할 수 있을 것이다."[39] 정신건강 전문 간호사와 환자의 대화는 그저 평범한 잡담으로 보여도 간호사가 환자의 상태를 가늠하게 해주는 과정일 수 있다. 일반의 진료소에서 날씨나 휴일에 대한 농담을 나누는 간호사는 신뢰와 격려를 쌓고 관계를 구축하는 중이며, 그와 동시에 환자에 대해 결정적인 정보를 얻고 환자의 상태를 가늠할 수 있다.

한 간호학자는 푸딩 접시를 가만히 들지 못하는 장애인 환자가 있었는데 간호사가 말없이 그 접시를 제자리로 쓱 밀어준 사례를 말해주었다.[40] 존엄이 보호되었다. 또 다른 사례에서는 한 환자가 침상에 소변을 보아서 그것을 치워야 했는데, 그는 너무 부끄러워했고 수치심을 느꼈다. 하지만 그는 "간호사가 일을 처리한 노련하고 부드러운 방식이 나 자신이 다시 인간으로 느껴지게 해주었다."라고 회상했다. 몇 주 뒤에 간호사에게 고맙다고 말하자 "간호사는 그의 칭찬 뒤에 있는 고난스러웠던 일을 알아차린 듯 보이지 않았다."[41]

간호사만큼 일상적으로 자신의 일을 별일 아닌 듯 낮추어 말하는 직업도 없을 것이다. 자기비하는 간호사들이 목격해야 하는 막대한 고통과 상응하는 면이 있다. 응급실 선임 간호사 질리는 한 젊은이가 병원에 오자마자 사망한 사례에 대해 이야기해주었다. 경악한 어머니가 도착했을 때 질리는 시신을 옆방으로 옮겨서 어머니가 아들과 있을 수 있게 했다. 어머니는 밤새 그곳에 있었고 질리는 때때로 빼꼼히 문을 열고 괜찮은지 살펴보았다. 아침에 그 어머니는 "아들과 귀한 시간"을 보낼 수 있게 해주어 고맙다고 인사했다. 질리는 "뭘요."라고 대답했다. 질리는 산부인과 질환으로 응급실에 실려 온 여성의 사례도 들려주었다. "거의 의식이 없었어요. 곧바로 수술장으로 옮겼고, 가는 동안 저는 그 여성에게 계속 이야기를 했어요. 며칠 뒤에 병실에 찾아갔더니 제 목소리를 알아차리더라고요. 그리고 수술장으로 가는 길에 손을 잡아주어서 고맙다고 했습니다. 저는 촉감과 목소리가 사람들에게 오래 남는다는 것을 너무나 잘 압니다."

질리는 그러한 제스처가 매우 강력할 수 있고 심지어는 변혁적일 수도 있다고 말했다. "누군가와 그가 전에는 결코 해본 적 없는 수준으로 무언가를 공유할 수 있다는 점에서 우리는 특권을 가지고 있습니다. 그들은 우리에게 궁극적인 신뢰를 보내줍니다. 그리고 우리는 그 순간에 그들에게 조금이라도 편안함을 줄 수 있지요. 우리는 가장 날것의 감정을 공유합니다. 타인이 내게 그것을 허용해주는 것이지요. 이것은 일종의 특권입니다."

"신뢰는 정말 중요합니다. 우리 안에 있는 것을 무엇이든 끄집어내서 빠르게 신뢰를 일궈야 합니다. 환자가 아이라면 농담을 합니다. 팔에 손이 닿는 접촉을 좋아하는지 아닌지 빠르게 파악해야 합니다. 어떤 사람들은 이름을 불러주는 것을 좋아하고 어떤 사람들은 좋아하지 않습니다. 어떻게 관여하고 접근해야 그들이 자신이 안전하며 누군가가 그들의 이야기를 듣고 있다는 것을 알게 할 수 있을까요? 이것은 매우 중요합니다. 병원에서 벌어지는 일은 신체를 침범하고, 여기에 온 사람들은 고통이나 취약함, 불안함을 느끼고 있는 상태일 가능성이 크니까요."

질리에 따르면, 타인의 고통에 목격자가 되어주고 안심시켜주는 것은 매우 강력한 효과를 낼 수 있으며, 자신의 인간성도 다시금 긍정하게 해준다. 동시에 자신을 겸손하게 만들기도 한다. "간호사는 여전히 여론조사에서 대중이 가장 신뢰한다고 말하는 직종입니다.[42] 정말 감사한 특권이지요." 한 간호부장이 이렇게 말했다. "사람들은 저에게 비밀을 털어놓습니다. 다른 사람에게는 한 번도 말한 적이 없는 이야기들을요. 암묵적으로 간호사들이 움찔하며 물러서지는 않으리라고 기대하는 것입니다. 간호사는 충격 흡수장치와도 같습니다. 그리고 비밀 유지의 필요성을 잘 알지요."

경영이론가 밸러리 아일Valerie Isles은 조직에서 수행되는 일을 "단순하고 어려운" 일과 "복잡하고 쉬운" 일로 구분했다.[43] 후자는 더 추상적이고 데이터와 분석에 의존하는 일이며, 전자는 매우 까다로울 수 있는 대화와 인간관계를 수반하는 일이다. 간호사 일의 상당 부분은 '단순하고 어려운' 일에 속한다. 간호에 대한 역사학자 수전 고든은 "데이터를 모으고 측정함으로써 효율성을 추구하려 하면, 돌봄은 비가시성, 혹은 '부차적'으로 여겨지는 면 때문에 이중으로 불리해진다."라고 말했다. "감정적이고 관계적이고 일상적인 반복이라고 여겨지는 돌봄과 과학적이고 객관적이고 합리적인 지위를 획득한 의료 사이에 가짜 이분법이 생기는" 것이다. 고든은 "간호사들이 의료 시스템의 중추로서 어떤 일을 수행하는지를 사회가 제대로 이해하지 못하고 있다."라며 이것이 "간호사들의 자존감을 떨어뜨리고, 경멸, 멸시, 무시, 심지어는 학대에 시달리게 하며, 계급과 지위의 딜레마를 악화한다."라고 지적했다.[44]

간호 현장 참관 마지막 날에는 지역사회 간호사community nurse인 피트를 따라 가정 방문을 갔다. 많은 면에서 피트는 미래의 간호를 보여주는 존재 같았다. 병원 밖에서 돌봄을 제공하면서 되도록 집에 머물고 싶어 하는 노인과 만성질환자를 돕는 것이다. 그는 관제사로 일하다가 간호 업계로 들어왔다. 그 이야기를 듣고 처음에는 놀랐는데, 두 일의 유사성을 깨닫고서 놀라움이 누그러졌다. 둘 다 복잡한 활동을 조정하는 일인 것이다.

"돌봄에는 복잡한 것의 갈래를 풀어가야 하는 일이 많습니다. 오늘 오후에는 침대를 주문해야 합니다. 그래서 양식을 작성하고 첨부 설명서를 쓰는 등등의 일을 할 예정입니다. 이런 관료제적 일들은 다른 이에게 맡길 수 없습니다. 정확한 매트리스를 찾는 데 의료적 지식이 필요하기 때문입니다. 요실금 패드 같은 것을 주문하는 일도 그렇게 간단하지가 않습니다. 다섯 가지 '경로' 중 하나로 이뤄져야 하는데, 이 경우에는 어느 것도 해당하지 않아서 첨부 설명서를 추가로 작성해야 할 겁니다. 서류 작업에만 몇 시간씩 걸릴 수 있어요. 사방에서 나를 당기는 느낌이에요. 등록 간호사로서 윤리 지침을 따르자면 나는 환자의 권익과 후생을 옹호하는 사람이어야 하죠. 하지만 이 윤리는 돌봄을 제한적으로 배급하듯 제공해야 한다는 압력과 충돌을 빚습니다. 불가피하게 우리는 복잡한 사례들에 직면합니다. 현재 제가 담당하는 한 사례는 엄마가 매우 아픈데 딸이 아주 먼 곳에 사는 경우예요. 엄마가 딸 가까이로 이사를 하면 재정 지원이 여기에서 그쪽으로 이전될 수 있을까요? 두 곳의 의료 트러스트가 현재 법정에서 이 사건으로 다투고 있는데, 거슬러 가면 이 모든 것이 애초에 제가 그분을 임시 위탁 돌봄으로 보내기로 결정했던 것과 관련이 있습니다."

그가 하는 일의 모든 측면이 테크놀로지와 연결된다. "컴퓨터 프로그램이 우리 팀의 '가용 역량'을 계산합니다. 우리는 누구를 돌보는지, 이동시간은 얼마나 되는지, 행정적인 업무는 무엇무엇이 있는지 등을 계속해서 입력해야 합니다. 그러면 프로그램이 우리가 가용 역량 중 어느 정도를 운용하고 있는지 계산하는데, 대개 105퍼센트가 나옵니다. 응급 상황에 대처할 여유가 있으려면 훨씬 더 낮아야 합니다. 이 정도면 빨간불입니다. 우리가 손을 씻는지, 얼마나 많은 노인 환자가 낙상하는지, 얼마나 많은 사람이 체내 삽관을 하는지 등을 지속적으로 추적하는 감사 도구가 있습니다. 우리는 그러한 데이터를 모두 업로드해야 합니다. 저는 각 가정 방문마다 비용을 28파운드[약 4만 3800원]로 기록합니다. 그러면 그들이 이 숫자를 예산 짤 때 사용합니다."

몇 달 뒤에 나는 일반의 진료실에서 간호사 잭을 따라다니며 관찰했다. 이것은 또 다른 형태의 미래의 간호였다. 잭이 하는 일의 상당 부분은 장기 질환자를 모니터링하는 것이었다. 그는 컴퓨터 화면에 뜬 템플릿에 혈압, 피검사 수치 같은 것을 채워넣었다. 그 화면에는 '비용 지표'라는 탭이 있었는데 그는 그것을 "간호로 돈 벌기"라고 불렀다. 의료 시장화와 함께 일을 바라보는 그의 방식이 달라졌다. 즉 환자는 "돈을 버는" 수단이 되었다. 하지만 잭은 여전히 관계가 중심이 되게 하려고 노력한다. 매 진료마다 그는 환자를 웃게 하기 위해 농담을 한다. 한 문장짜리 짧은 유머는 사람들의 긴장을 풀어준다. 별 노력 들이지 않고 쉽게 하는 일 같지만 그렇지 않다. 모든 대화는 환자가 여러 종류의 호흡기 사용법과 복잡한 약 복용 지침을 잘 따르고 있는지에 대해 정보를 얻을 수 있는 기회다. 그는 이 일의 반복적이고 일상적인 속성을 좋아했다. 하지만 데이터 업무(데이터 수집과 처리) 양이 환자와의 상호작용을 압도해버릴 수 있다. 진단 선별 검사(스크리닝) 프로그램은 수백만 명의 참여가 있어야 돌아갈 수 있다. 의료의 '산업화'는 그 자체의 지상 논리를 따르며, 그 안에서 환자들은 데이터 공장이 수집하는 재료로 축소될 수 있다.

간호사들을 따라다니면서 그들을 내리누르는 강한 압력을 볼 수 있었다. 또한 그들이 환자에게 집중할 때 발휘하는 엄청난 역량도 볼 수 있었다. 그들은 효율성과 공감 사이에서, 일상과 비일상 사이에서, 반복적인 일과 임시변통으로 해야 하는 일 사이에서 미묘한 균형을 잡고 있었다. 그들이 하는 일은 흔히 정반대라고 여겨지는 것들을 통합하도록 요구하고 있었다.

대형 병원 중환자실 간호사인 팀은 많은 고정관념을 깨뜨리는 사람이다. 원래 공학을 전공했고 그다음에는 연극을 했다.

그러다 30대에 다시 경로를 바꾸었는데, 그는 연극과 의료 사이에 연속성이 있다고 생각한다. 둘 다 공연과 이야기를 담고 있기 때문이다. 나는 그와 한 술집에서 만나 이야기를 나누었다. 독특한 이력을 설명해주는 매우 설득력 있는 사례로, 그는 2009년 트라팔가 광장에서 열렸던 조각가 앤터니 곰리Antony Gormley의 '네 번째 좌대' 프로젝트 이야기를 해주었다. 이 프로젝트에서 100일간 지원자 2400명이 각각 1시간 동안 영국의 상징적인 장소에서 동상이 되어 자신이 원하는 포즈를 취했는데 이벤트 매니저였던 팀은 당시에 500명의 지원자를 인터뷰했다. "저는 사람들의 삶에서 유의미한 순간을 도모했습니다. 간호에서 얻을 수 있는 경험 또한 바로 그것입니다. 사람들의 이야기에서 이 같은 관심을 추구할 수 있다는 것이 간호 일의 가장 좋은 점입니다. 옆에 앉아서 누군가의 이야기를 들을 때 말이에요. 그것은 아름답습니다. 위기는 모든 사람이 결국에는 똑같다는 것을 드러내줍니다. 모두가 자신을 돌보고 다른 이를 돌봅니다. 병원에는 실존적인 공포가 아주 많이 존재합니다. 죽음에 대한 두려움에서 오는 것이기도 하고 삶의 방식과 정체성이 위협당하는 데서 오는 것이기도 하지요. 간호를 하다 보면 그러한 깨달음의 순간이 날마다 생깁니다. 일상적으로요. 저는 간호 일을 하면서 이러한 개념을 탐구할 기회, 그리고 위기에 처한 사람과 함께하고 가장 취약한 순간에 그들에게 도움을 줄 기회를 많이 접할 수 있었습니다. 타인을 이해하려 하고 저 자신의 인간성을 이해하려 하는 것은 정말로 인간다운 일입니다. 이 일에서 나는 늘 무언가를 배웁니다."

"감정적으로 힘든 일입니다. 믿을 수 없을 정도로 사람들이 자신과 타인에게 화가 나 있는 것을 보게 되거든요. 하지만 한 사람이 또 다른 사람에게 가진 사랑을 볼 수 있어서 아름다운 순간도 있습니다. 일상에서는 그런 것을 볼 기회가 많지 않지요. 울컥 목이 메는 날도 많아요. 저는 가장 취약한 순간에 처한 사람과 그 순간을 함께함으로써 제 삶을 다른 이에게 열고 있다는 것을 압니다. 그들도 자신의 삶을 제게 열고 있고요. 이것은 함께 가는 여정이고 여기에서 진정한 친밀성이 나옵니다.

중환자실 업무 중 하나는 환자에게 지금 그들이 어디에 있는지, 그들이 누구인지를 계속 이야기해주는 것입니다. 섬망을 극복하도록 돕는 거예요. 똑같은 이야기를 하루에도 몇 번씩 반복합니다. 오늘은 월요일이에요. 날씨가 맑아요. 배우자분은 여기 계세요. 이 닦아드릴게요. 얼굴 씻겨드릴게요. 이런 말들이요. 배우자에게도 이렇게 말하도록 독려합니다. 이것이 환자를 다시 이곳으로 데려오는 방법입니다."

팀은 간호 분야의 문제적인 역사적 유산에 신경을 쓰지 않는다. 팀은 남성 간호사이고, 많은 남성 간호사와 일하며(남성 간호사들은 중환자실과 응급실에 많이 몰려 있다.), 남성 간호사와 여성 간호사 사이에 동기나 역량 면에서 차이가 없다고 생각한다. 또한 그는 소명의 언어로 간호 일을 규정하는 데도 관심이 없다. 그는 이 일이 매우 힘들고 신체적으로도 쉽지 않다고 인정한다. 근무시간이 길고 물 마실 짬도 내기 어렵다. 다른 사람이라면 지쳐서 나가떨어질 만한 일들을 다뤄야 한다.(최근에는 패혈증에 걸린 한 환자에게서 몇몇 간호사마저 멈칫하게 할 만큼 심한 냄새가 났다고 한다.) 하지만 그는 이 일이 "정상적"인 일이라고 주장했다.

나는 '정상적'이라는 것이 무슨 뜻이냐고 물었다.

"한 동료가 응급 병동에서 누군가가 죽는 것을 보았어요. 그리고 그들의 반응은 그것을 정상이라고 보지 않는 것 같았습니다. 하지만 죽음은 정상적인 것입니다. 그것을 치워버리는 것이 정상적이지 않은 것이지요. 종종 간호사들은 죽음을 매우 두려워합니다. 해피엔딩을 원하고 사람들이 낫기를 원하지요."

'정상적'이라는 말은 팀이 묘사하는 것을 담아내기에는 너무 작고 밋밋한 단어다. 그가 묘사한 것은 인간의 신체가 어떻게 살고 고통받고 죽는지에 대한 존재론적 인식이다. 또한 팀은 타인의 고통을 접했을 때 나오는 '정상적'인 반응은 그 사람을 돕는 것이라고 말했다. "저는 돌봄 역량이 사람에게 내재되어 있다고 생각합니다. 아이에게서도, 친구에게서도 볼 수 있어요. 우리는 가족을 돌봅니다." 그는 돌봄에 대한 그의 생각이 부모님에게서 온 것이라고 했다. 어머니는 간호사였고 아버지는 소방관이었다. "돌아가셨어도 저는 부모님이 가르쳐주신 것들을 기억함으로써 그분들을 여전히 돌봅니다. 교훈을 새기는 것도 돌봄의 한 형태지요." 그는 돌봄의 기예를 한 세대가 다음 세대에 물려주는 유산이라고 표현했다.

팀에게 일을 가르쳐준 사수 중 한 명인 이언 누넌Ian Noonan은 현재 허더스필드 대학의 정신건강 간호학 교수다. 팀처럼 누넌도 예술과 간호가 관련 있다고 말했다. 그가 사용한 비유는 음악이었다. "저는 하나의 키에서 다른 키로 음조가 바뀌는 것을 거의 들을 수 있습니다. 음악을 분석 방법으로 사용합니다. 가령 이 화음 구조의 기저에 있는 것은 무엇일까를 생각합니다. 간호 기술은 누군가의 옆에 있는 방식입니다. 재즈 같은 즉흥곡의 한 형태입니다. 유연하고 반응적이고 공동 창조적이지요. 예술은 누구에게 무언가를 해주는 것이 아닙니다. 가장 좋은 의미에서 예술은 은총의 순간입니다."

누넌의 연구실은 경사진 길의 위쪽에 위치한 서향 사무실이었다. 우리가 이야기를 나누는 동안 하늘이 붉어지더니 겨울의 장엄한 노을이 드리웠다. 그가 하는 말에 매우 어울리는 배경이었다. 하지만 나는 "은총"이라는 단어를 듣고 놀랐다. 인터뷰를 시작할 때 그는 간호사들이 돌봄을 무언가 "특별하고 소중한 것"으로 만들어서 "자신의 일을 신비롭게 하는 것"이 이상하다고 강조해서 말했기 때문이다.

"은총이요?" 내가 물었다.

"네, 그 단어가 적합한 것 같아요. 이것은 매우 중요한 개념입니다. 저는 종교가 없지만 '은총'이나 '봉사'는 근본적인 개념이라고 생각합니다. 현재 간호에 대한 정의는 너무 환원적입니다. '사랑'을 생각해보죠. 연인 사이의 사랑 말고 아가페적인 사랑은 어떻습니까? 이것이 간호사들을 추동하는 힘입니다. 은총은 누군가의 필요를 저의 필요보다 앞에 두는 것입니다. 하지만 순교와는 다릅니다. 자기 자신을 굉장히 긍정해주니까요. 은총은 돌봄의 과실입니다. 왜 가장 좋은 개념들은 죄다 종교가 가져야 합니까? 우리도 가질 수 있습니다!" 그가 웃으면서 말했다.

그는 간호 교육을 막 받기 시작했던 스물한 살 때의 일을 들려주었다. "저는 중증 장기 정신질환자를 위한 재활 병동에서 일하고 있었습니다. 한 여성 환자가 있었는데, 거기 오래 계신 분이었고 일관성 있게 이야기하지 못하게 된 지도 꽤 오래된 상태였어요. 그분 옆을 지나가는데 뭔지 알 것 같은 곡조를 허밍으로 부르는 것이 들렸어요. 나는 옆에 앉아서 그다음 소절을 허밍으로 불렀습니다. 어느 오페라 곡조였는데요, 우리는 20분을 함께 흥얼거리며 앉아 있었어요. 그다음에 그분은 캐슬린 페리어가 녹음한 오페라 이야기를 하기 시작했어요. 어렸을 때 아버지와 밤늦도록 듣곤 했다고요. 믿을 수 없게 뭉클한 순간이었습니다. 그분 옆에 앉아 있으면서 나는 정말 기쁨을 느꼈어요. 마법 같았습니다. 은총의 순간이었고 진정한 즐거움의 순간이었어요."

"저는 간호에서 돌봄의 의미에 대해 많이 생각합니다. 그리고 언어의 불충분함을 생각합니다. 돌봄은 봉사하는 행동입니다. 누군가의 필요를 자신의 필요보다 앞에 두는 것이죠. 여기에는 지속적인 분석과 반추 과정이 필요합니다. 이것은 상대를 목표를 위한 수단으로 보는 것이 아니라 자기 자신을 치유적으로 사용하는 것입니다.

돌봄은 정의하기 어렵습니다. 일단, 무언가를 행해야 합니다. 돌봄에는 늘 감상주의적으로 흐를 위험이 있는데, 그것은 간호에 도움이 되지 않습니다. 돌봄은 행동이어야 합니다. 제 남편은 정신질환 간호사였어요. 하지만 그는 일에 수반되는 고통이 너무 압도적이어서 견디지 못하고 그만두었습니다. 나도 그 고통을 압니다. 그래도 저는 여전히 차 한 잔을 끓여줄 수 있다고 생각하는 편입니다. 제가 모든 것을 해결할 수는 없겠지만, 그래도 무언가를 할 수 있습니다. 제가 할 수 있는 개입이 조심스럽고 작은 것일지 모르지만, 저는 그러한 사소함에 의기소침해지지 않습니다. 차 한 잔을 내주는 일이나 배변을 제대로 하지 못하는 환자를 위해 침상에서 몸을 씻어주는 일 같은 것들 말입니다. 배설물이 묻은 환자를 씻겨주는 일은 저보다는 환자를 더 침울하게 합니다. 깨끗하게 씻고 나면, 저는 그 옆에 앉아서 이야기를 나눌 수 있습니다.

노숙인센터에서 일한 적이 있는데 어떤 사람이 이로 뒤덮여 있었습니다. 머리에 이가 기어 다니는 것이 보였어요. 그에게 샴푸를 주고 머리를 감으라고 말할 수도 있었을 겁니다. 하지만 저는 앞치마를 두르고 장갑을 끼고서 그의 뒤에 서서, 어디에 서는지는 중요합니다, 머리를 감겨주었습니다. 30분이나 걸렸어요. 그동안 우리는 이야기를 나누었습니다. 신체적인 접촉은 마음을 열 수 있습니다. 이것은 그가 무엇을 걱정하고 있는지 이야기하도록 말을 트는 방법이었습니다."

2018년 5월에 저널리스트 조지 몬비엇George Monbiot은 《가디언The Guardian》에 전립선암 수술을 받은 경험에 관한 감동적인 칼럼을 썼다. "첫 깨달음은 인간의 친절함이 가진 엄청난 힘이었다. 옥스퍼드 처칠 병원에서 나를 치료한 의료팀은 비록 잠깐이라도 우리가 방대하지만 가까운 가족의 일원이라고 느끼게 해주었다. 의사와 간호사 들이 늘 바쁘게 종종거리면서도 환자 개개인에게는 늘 시간이 아주 많은 것처럼 대하는 것이 정말 인상적이었다. 또한 퇴원 후에 내게 문제가 생길 때마다 병원이 즉각 대응해준 것도, 또 환자 상태를 분류하는 팀의 활동도 그랬다. 일반의도 자주 전화를 해서 상태를 물었다. 단순히 직업 윤리만은 아니었다. 모든 의미에서, 그것은 돌봄으로 느껴졌다. 나는 이러한 관심이 내 회복에 핵심적인 역할을 했다고 확신한다."[45]

간호 영역에서 돌봄은 받는 자와 주는 자 모두에게 강력한 영향을 미친다. 휘트먼은 워싱턴의 병원에서 일한 경험을 "내 사회생활 전체의 중심이자 주변이자 핵심"이라고 표현했다. 또한 그 경험이 스스로에 대해, 그리고 다른 모든 이들과 공유하고 있는 인간성에 대해 더 깊이 이해하게 해주었다고 언급했다. 이는 이 장에 등장한 많은 간호사들도 이야기한 바다. 그런데 지금 이 귀하고 강력한 통찰이 위기에 처한 듯 보인다.

긍휼

compassion

명사 도움을 주고 싶거나 베풀고 싶은 마음이 드는 종류의 동정심. 어원은 '고통을 견디다'라는 뜻의 라틴어 파티 파스 pati pass.

오랜 종교의 역사에 뿌리를 두고 있는 단어인 '긍휼'이 뜻밖에도 최근 의료 정책 문서들에 되돌아왔다. 미드스태퍼드셔 NHS 재단 트러스트가 운영하는 스태퍼드셔 병원의 환자 방치 및 학대에 대한 진상조사가 있은 뒤 NHS와 보건부의 고위 공직자 열다섯 명은 일반 목적 진술서인 『힘겨운 진실*Hard Truth*』에서 이렇게 선언했다. "우리는 우리가 제공하는 돌봄에서 긍휼이 핵심이 되게 할 것이고 개개인의 고통, 우울, 걱정, 필요에 인본주의와 친절을 가지고 대응할 것이다. 우리는 위로를 전하고 고통을 경감하기 위해 아무리 작은 것이라도 우리가 할 수 있는 일을 찾을 것이다. 우리는 환자와 가족, 그리고 우리와 함께 일하는 돌봄제공자에게 시간을 낼 것이고, 그들이 와서 물어볼 때까지 기다리지 않을 것이다. 우리는 돌봄의 기관이기 때문이다."[1]

긍휼은 라틴어로 '인내'를 의미하는 파티pati에서 나왔다. 이것은 고통을 견딘다는 뜻이다. com-passion은 문자 그대로 누군가의 고통passion을 함께com한다는 뜻이다. 하지만 경험을 공유한다는 의미에서만 그치는 것이 아니다. 여기에는 윤리적 행동이 필요하며 감정에 압도되어 짓눌리지 않기 위한 회복력도 필요하다. 모든 종교는 각자의 방식으로 긍휼의 핵심적인 역할을 인정한다. 아브라함으로부터 유래한 세 종교 모두에서 긍휼은 신의 핵심 속성이다. 쿠란에도 114개 장 중 하나만 빼고 모두에 알라의 이름으로 긍휼이 언급되어 있다. 또한 긍휼은 유대인으로서 존재한다는 것의 세 가지 핵심 징표 중 하나이기도 하다. 중국 불교에서는 긍휼이 팔과 눈을 활짝 열고 있는 관음보살(관세음보살)의 모습으로 나타난다. 관세음觀世音이라는 이름은 '우주의 소리를 듣는 자'라는 뜻이다. 티베트 불교의 관음보살에 해당하는 아발로키테스바라 Avalokitesvara는 고통을 보는 1000개의 눈과 도움을 베푸는 1000개의 팔을 뜻한다.[2] 불교에서 말하는 긍휼의 첫 번째 조건은, 고통을 볼 때 우리는 본능적으로 눈을 돌리게 되는데, 그렇게 외면하지 않는 것이다. 긍휼은 기쁨, 평정, 열린 마음과 함께 서로 지원하고 강화하는 네 가지 요소 중 하나다. 기쁨과 평정이 없다면 긍휼은 소진되고 말 것이다.

연구자 파키타 드 줄레타Paqita de Zuleta는 조직에서 긍휼이 쉽게 주변으로 밀려날 수 있다고 지적했다. 진화심리학과 정서신경과학 연구를 토대로, 줄레타는 경쟁적이고 위협적인 환경에서는 긍휼이 억제된다고 주장했다. 줄레타에 따르면, 인간은 세 가지 정서 시스템을 가지고 있다. 첫 번째는 위협을 포착하고 그것에 반응하는 것으로, 두려움, 걱정, 분노, 혐오와 관련이 있다. 두 번째는 성취감, 흥분, 쾌감과 관련이 있다. 세 번째는 만족, 안전, 평정, 연결성 등 안정감과 안심을 주는 것들이다. 이 세 번째가 긍휼이 표현되는 데 꼭 필요하다. 이 세 가지는 균형을 이루어야 하고, 상황마다 각기 다른 적합성을 갖는다. 문제는, 첫 번째 시스템이 세 번째 시스템을 제약할 수 있다는 점이다. 돌봄 일은 가뜩이나 상당한 걱정과 불안을 수반할 수밖에 없는데, 여기에 압박이 더해지거나 대기시간 목표, 병상 순환율 목표 같은 것이 주어지면 두려움이 긍휼의 역량을 압도해버릴 수 있다. 줄레타는 측은지심은 인간 본연의 역량일지 몰라도 손상되기 쉽다며, 산업화되고 시장화된 의료에서는 측정 가능한 결과가 나오는 거래적 돌봄에 우선순위를 두게 되므로 긍휼이 밀려날 수 있다고 우려했다.[3] 줄레타는 희망적인 면도 이야기했는데, 긍휼은 본질적으로 호혜적이고 알아차리기 쉽다. 또한 전염성이 있어서 한번 경험하면 다른 이에게도 발휘하게 될 가능성이 크다.

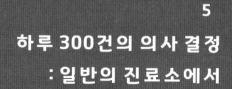

5

하루 300건의 의사 결정
: 일반의 진료소에서

올 만하기에는 너무 작은,
한숨 지을 만하기에는 너무 부족한,
그러나 그런 사소한 일들로
남자든 여자든 우리 인간은 모두 죽을 수 있지
에밀리 디킨슨Emily Dickinson, 「울 만하기에는 너무 작은It's such a little thing to weep」, 『에밀리 디킨슨 시선Poems』(1896)

황량한 대기실은 조용했고 안내데스크 직원은 낮은 목소리로 통화를 하고 있었다. 환자 대부분은 말없이 기다란 의자에 앉아서 기다리고 있었다. 문이 열리고 환자가 진료실로 들어갈 때, 간간이 의사가 앞 사람에게 "안녕히 가세요."라고 말하는 게 들렸다. 고요를 깨는 유일한 목소리였다. 진료실에 새 환자가 들어올 때마다 그들은 문이 잘 닫혔는지 신중하게 확인했다. 내가 관찰하고 있는 일의 반복적이고 일상적인 속성은 이 일의 전혀 일상적이지 않은 특징을 가리고 있다. 많은 사람에게 이곳은 고도로 훈련받은 전문가에게 내 이야기를 들어달라고 요구할 수 있는 유일한 장소이고, 내가 무슨 문제를 이야기하든 내 말을 존중하면서 가치 판단을 내리지 않고 전문가다운 자신감으로 그 문제를 다루어주리라 믿을 수 있는 유일한 장소다. 돈도 내지 않는다. 이곳은 누구나 '필요 시점에 무상'으로 이용할 수 있게 한다는 복지국가의 가치에 깊이 뿌리를 내린 장소다.

영국에서는 평일 하루에 거의 100만 명의 환자가 이와 비슷하게 생긴 대기실에서 일반의의 진료를 받기 위해 차례를 기다린다.[1] 일반의 제도는 NHS의 성공에 결정적으로 중요한 요소였다. 1948년에 NHS 제도가 시작되자 무상 의료라는 기적을 누리려는 사람들의 줄이 일반의 진료소에 길게 늘어섰다. 일반의 제도는 수많은 생명을 구했고 결정적으로 NHS라는 놀라운 정치적 실험을 비용 면에서 감당 가능하게 해주었다. 일반의의 역할은 내원자를 병원의 전문의에게 보내야 하는지 아닌지 판단하는 것이다. 즉 일반의는 게이트키퍼 역할을 함으로써 비싼 병원 치료에 대한 수요를 관리하고 제한한다. 유럽 다른 나라의 의료 시스템과 달리 영국에서는 일반의의 소견서가 없으면 병원에 가서 전문의에게 진료를 받을 수 없다. 일반의의 진료를 받으러 오는 하루 약 100만 명의 내원자 중 전문의의 진료가 필요한 사람은 10퍼센트 정도다.[2] 즉 일반의가 1차 진료에서 게이트키핑을 해주지 않으면 환자들이 넘쳐나 의료 시스템이 작동하지 못할 수 있다.

일반의의 일은 어렵고 힘들다. 대기실에 있는 사람들 각각의 필요가 무엇인지 파악하고 그것을 충족해야 할 뿐 아니라, 불필요한 검사나 의뢰 때문에 의료 시스템의 다른 부분에 과부하가 걸리지 않게 해야 한다. 두 가지 요구 사항 모두 최근 몇십 년 사이에 만족시키기가 더 어려워졌다. 환자는 늘었는데 자원은 줄었기 때문이다. 일반의는 의료에 대한 수요와 감당 가능한 비용으로 그것을 공급하는 것 사이에서 내재적인 긴장을 관리하는 데 핵심적인 역할을 하며, 따라서 맹렬한 정치적, 사회적 압력에 처하게 된다. 그리고 이 난제의 핵심에는 돌봄 이 슈가 놓여 있다.

과학적 의료가 떠오르면서 '의사는 치료하고 간호사는 돌본다.'라는 개념이 생겨났지만, 일반의의 업무와 관련해서는 이 개념이 의미가 없다. 사실 일반의의 진료뿐 아니라 의료 전반에서 이 구분이 거짓 이분법이라고 보는 주장도 있다. 나는 분주한 도심 지역에 있는 한 일반의 진료소를 참관하면서, 이 일을 해낼 수 있는 유일한 방법은 돌봄을 의식적이고 고도로 발달된 행위와 가치의 집합으로 보는 관점을 갖는 것뿐임을 알게 되었다. 그러나 이러한 행위과 가치의 상당 부분이 사회에서, 심지어는 환자 본인들로부터도 제대로 이해되지 못하고 있다. 의사가 업무 보는 것을 '프랙티스practice'라고 표현하는 것은 참으로 적절하다.[의사, 변호사 등 전문 직업인이 해당 업무를 수행하는 것을 일컫지만 실습, 실행 등의 뜻도 가지고 있다.] 의사는 매 진료마다 늘 불확실성과 한계를 인식한 상태로 복합적인 위험을 평가하기 위해 자신의 지식을 총동원해야 하기 때문이다. 이 막대한 책임을 헤쳐나갈 때 일반의에게 지침을 주는 것은 돌봄을 어떻게 제공할지에 대한 본인의 이해다. 하지만 다른 영역에서도 그렇듯이 여기에서도 돌봄은 무시되고 가치 절하되며 때로는 직접적인 위협에 맞닥뜨리기도 한다.

그 결과 일을 수행하기가 점점 더 어려워지고 있으며 일반의들은 이 직종을 떠나는 것으로 의사를 표시하고 있다. 2019년 5월, 50년 만에 처음으로 영국에서 일반의 수가 감소했다. 정부가 일반의를 늘리겠다고 수차례나 약속했는데도 말이다.

일반의가 최초로 줄어든 것은 대대적으로 언론에 보도되었는데, (의료 서비스의 다른 분야에서 이미 보았듯이) 수요가 증가하고 있기 때문이다.[3] 구체적으로 일반의 진료 예약 건수는 연간 약 5퍼센트씩 계속 늘어나고 있다. 고령화와 만성질환 증가로 일반의의 업무가 막대하게 가중되었다. 수요 증가로 인한 비용 증가를 통제하기 위해 유일하게 희망을 걸어볼 부분이 효과적인 일반의 시스템을 갖추는 것이지만, 일반의 직종은 인력 채용 및 유지에 위기를 겪고 있다. 이미 2015년에도 영국의사협회British Medical Association는 일반의 수련 과정 인원이 역대 가장 크게 미달했다고 경고했으며, 그 이후 몇 년 동안 이들의 수는 또다시 감소했다. 그사이 일반의의 이른 은퇴도 증가했다. 너필드 트러스트의 의뢰로 이뤄진 한 연구에 따르면 인구 10만 명당 일반의 수는 2014년 65명에서 불과 4년 만에 60명으로 떨어졌다. 2023/2024년까지 인력 부족분은 세 배가 될 것으로 예상된다.[4] 인력 부족으로 진료소가 문을 닫고 있다.[5] 2019년 5월에 문 닫는 진료소가 급증한다고 언론에 널리 보도되었다. 논평가들은 이를 막기 위한 정부 조치가 있었음에도 이 속도가 2013년 이후 더 빨라지고 있다고 지적했다. 문제는 수요 증가로 인한 업무 부담이 감당할 수 없는 수준에 이르렀다는 것이다. 일반의 5명 중 1명은 하루에 50건 이상 진료하고, 10명 중 1명은 무려 60건이나 진료하는데 이는 안전한 수준의 두 배다. 일반적으로는 하루 30~40건을 진료하지만, 읽고 처리해야 할 병원 서신이 40건에 달해서 하루 근무시간은 12, 13시간까지 훌쩍 늘어난다.[6] 왕립일반의협회The Royal

College of General Practitioners는 일반의 업무가 이제는 "수행 불가능한 정도"가 되었다고 표현했다. 《가디언》은 2019년 5월 사설에서 [일반의 진료소가 아닌] 병원 대기시간이 언론에서 주로 다뤄지곤 하지만 "일반의 진료의 위기가 현재 NHS 시스템의 가장 심각한 위협"이라고 지적했다.

이러한 채용 및 유지 위기의 기저에는 많은 일반의들이 일을 자신이 옳다고 여기는 방식으로 수행할 수 없다는 데서 느끼는 좌절이 있다. 부분적으로는 1차 진료에 대한 투자가 오래도록 충분치 않았기 때문인데, 이 문제는 아주 느리게 개선되고 있다.(이제까지 자금은 대부분 일반의 진료소보다는 병원의 의료 서비스 쪽에 지원되었다.) 하지만 그에 못지않게 중요한 원인은 돌봄의 주변화를 가져온 일련의 변화다. 돌봄이 일반의의 진료와 딱히 관련 없다고 여겨지거나 새로 부과된 우선순위와 명시적으로 상충하면서 생긴 문제인 것이다. 지난 40년 사이에 평균적인 일반의의 진료는 한 명의 의사가 수행하던 것에서 간호사, 기타 의료전문가, 관리자, 행정 직원 등으로 이뤄진 팀이 수행하는 것으로 바뀌었다. 내원자 편의성을 높이기 위해 진료소 운영시간이 연장되면서 의사들은 교대근무를 해야 하게 되었다. 그에 따라 내원자가 일반의 한 명과 오랜 관계를 맺기보다 그때그때 '지금 진료 가능한' 의사에게 진료를 받으면서 돌봄의 연속성이 떨어지는 문제가 생겼다. 이뿐 아니라 테크놀로지의 발달로 내원자와의 소통보다 데이터 수집과 분석에 더 방점이 찍히게 되었다. 부실한 진료 행위를 근절한다는 취지에서 2004년 '의료 서비스 품질 및 성과 관리 체계Quality and Outcomes Framework'가 도입되었는데, 이로써 의사들은 환자를 볼 때 매번 통상적인 데이터를 수집 및 기록해야 하게 되었다. 2000년에 열다섯 명의 환자를 살해한(추가로 250명을 더 살해했다는 설도 있다.) 혐의로 기소된 의사 해럴드 시프먼Harold Shipman의 끔찍한 범죄 이후 관리 감독이 한층 더 강화되었다.[7] 일반의는 5년마다 자격 심사를 받아야 한다. 일반의의 진료에 대한 내원자들의 불만 제기 건수도 증가했는데 그중 상당수는 해결에 상당한 시간이 걸린다. 어느 한 시점에 일반의를 상대로 제기되어 조사 중인 불만 건수가 약 7만 5000건이라는 통계도 있다. 요컨대 일반의가 환자에게 관심을 갖고 이야기를 들어줄 시간이 여러 측면에서 잘려나가고 있다.

이런 변화 중 많은 부분이 좋은 결과를 가져다주기도 했겠지만, 일반의의 역할과 일에 대한 이해 부족을 드러냈다는 지적도 있다. 의료에 대해 글을 쓰거나 정책을 개발하는 사람들은 주로 교육 수준이 높고 부유하며 건강하다. 그들의 일반의 진료소 경험은 가끔 항생제 처방을 받으러 가는 것 정도다. 또 의료 정책을 수립하는 사람들 대부분은 일반의 출신이 아니라 병원 전문의 출신이다.(심장외과 전문의 아라 다르지Ara Darzi 교수가 대표적이다.) 이들은 내원자의 편의와 선택을 우선순위에 놓으며 정책과 언론 기사에서도 이 측면이 두드러진다. 진료소 운영시간 연장 정책이 그런 사례다. 하지만 실제 진료소를 찾는 사람 중에 그들처럼 부유하고 건강한 환자는 많지 않다. 내원자 상당수는 자신이 겪고 있는 고통과 통증에 대해 결코 설명을 듣지 못할 것이다. 유기적 원인을 찾을 수 없을 것이기 때문이다. "의학적으로 설명되지 않는 증상"을 가진 환자의 비중은 20~40퍼센트에 달한다. 또한 진료소에 오는 사람 다수는 몸이 약한 노인이거나, 정신질환이 있거나, 만성 장애가 있거나, 중독과 학대로 얼룩진 혼란스럽고 분절된 삶에 사로잡혀 있다. 가난은 질병을 낳고 질병은 더 많은 질병을 낳는다. 병을 낫게 하는 데 쓸 수 있는 자원이 거의 없는 상황에서, 이들은 복수의 질병을 한꺼번에 앓는 상태에 빠지기 쉽다. 일반의 진료소의 대기실은 돌봄 일이 직면하는 복잡한 어려움을 단적으로 보여준다.

일반의의 업무를 더 취재하기 위해 여기저기 알아보던 차에 (나 역시 일반의 진료소에 갈 일이 별로 없었던 운 좋은 축에 속해서 상황을 잘 알지 못했다.) 한 일반의가 자신의 진료소에서 진료와 모든 회의를 참관하고 직원들을 인터뷰해도 좋다고 허락해주었다.[8] 그들은 자신이 수행하는 돌봄노동을 누군가가 취재해서 설명해주리라는 데 매우 관심을 보였다. 자신의 일이 사회에서 더 잘 인식되고 이해되기를 원했기 때문이다. 그들은 자신이 하는 일의 가치를 열정적으로 믿고 있었지만, 그들의 일에 대한 통찰이 없어 보이는 정책 논의나 의료 분야 고위직 때문에 계속 좌절하고 기반이 약화된다고 느끼고 있었다.

이곳을 '에절리 힐' 진료소라고 부르기로 하자. 영국 주요 도시 한 곳의 복잡한 주거 지구에 위치한 진료소다. 이 지역은 빠르게 변화하고 있었고, 이곳에 오래 산 사람들은 생각도 못 할 가격대의 아파트 광고판이 번쩍거리는 건물 공사장 위로 커다란 크레인이 우뚝 솟아 있었다. 과거에는 비교적 낙후한 지역이었던 터라 지난 40년간 이민자들이 많이 들어왔다. 많은 이들이 무력 분쟁을 피해 도망쳐 온 이야기나 자녀의 미래를 위해 극심한 빈곤에서 탈출해 온 이야기 같은 가족의 전설을 가지고 있었다. 이런 과정을 거치면서 이곳은 인구밀도가 높은, 그리고 전 세계를 아우르는 어두운 역사를 두껍게 간직한 지역이 되었다.

한겨울의 어느 월요일 아침, 첫 내원자는 동유럽 출신의 젊은 엄마였다. 어린 아들을 데리고 왔는데 아들이 숨을 잘 쉬지 못한다며 집이 늘 눅눅하고 습하다고 걱정했다. 의사 톰은 아이의 가슴을 청진기로 진찰했고 아이가 먹는 약을 체크했다. 그 외에는 의사가 할 수 있는 일이 거의 없었다. 그래도 그 여성은 시간을 내준 데 연신 감사를 표했다. 그다음은 젊은 전문직 종사자였는데, 발톱에 문제가 생겼다며 전문의에게 진료를 받을 수 있도록 자신이 가입한 민간 의료보험 회사에 제출할 소견서를 써달라고 했다. 도중에 응급 콜이 왔다. 한 여성이 자신의 어머니에게 뇌졸중이 온 것 같다며 어쩔 줄 몰라 했다. 톰은 신중하게 몇 가지 질문을 하더니 뇌졸중은 아닌 것 같다고 결론 내렸다. 나중에 알고 보니 어디다 잘못 놓아둔 흡입기를 찾지 못해 생긴 문제였다. 진료를 하는 동안 톰은 내원자의 얼굴을 보기 위해 모니터에서 시선을 떼 환자를 바라봤고, 환자가 떠나고 나서야 모니터를 보고 양식에 입력을 했다. 그다음에는 성욕을 잃었다고 걱정하는 중년의 여성, 그다음에는 기분이 축 처진다며 항우울증제를 처방해달라는 젊은 여성이 진료를 받았다.

톰의 진료실에 오는 환자들은 이 동네의 다양성만큼이나 다양한 삶을 드러내고 있었다. 애절리 힐 직원(의사, 관리자, 간호사) 대부분은 이곳에서 오래 일하면서 축적한 흔치 않은 깊이의 지식을 가지고 있었다. 여러 세대에 걸친 사람들이 임신, 사망, 출생, 차 사고, 우울증 등을 겪는 것을 가까이서 보면서 알게 된 지식이다. 그들은 아이들이 자라는 것을 보았고 그 아이들이 아이를 낳는 것을 보았다. 또 부모들이 아픈 것을 보았고 죽는 것을 보았다. 진료소 직원들은 회의 때 여러 삶과 연령대에 걸쳐 있는 내원자들의 이야기를 서로 나누면서 정보를 교환했다. 이렇게 모인 조각 정보들은 진단과 처치를 확인하고 또 확인하는 과정에서 전체 그림의 매우 중요한 요소를 드러내기도 한다.

톰의 진료는 의사이자 철학자인 레이먼드 탤리스가 "깊이를 알 수 없는 암묵적 지식, 이해, 관습, 행위의 우물"이라고 부른 것에 의존하고 있다.[9] (탤리스가 선택한 은유는 돌봄이 얼마나 자주 숨겨져 있는지를 나타낸다.) 이것의 한 측면은 정치적인 것이다. 일반의 진료소는 다른 어느 조직이나 직업도 할 수 없는 방식으로 전후 복지국가가 주창한 평등, 우애, 연대의 이상을 담고 있다. 진료실에서 톰은 모든 환자에게 동일한 수준의 관심을 기울여 치료할 것이라 여겨진다. 돈이 많은 변호사든 살인자든, 말기 암 환자든 탈모 환자든, 그날의 마지막 환자든 첫 환자든 동일한 질의 관심을 받아야 하는 것이다.

이것은 돌봄의 첫 번째 특징이다. 환자는 고도로 훈련받은 전문가의 관심을 온전히 받을 수 있어야 한다. 환자는 무엇이든 말할 수 있고, 의사는 걱정, 두려움, 고통, 심지어는 부끄러움이 뒤섞이곤 하는 환자의 이야기를 주의 깊게 들어야 한다. 톰은 이야기를 듣는 것이 일반의의 업무 중 가장 중요한 부분이라고 생각한다. 진단 근거의 85퍼센트는 환자의 말에서 도출되며, 물리적인 검사는 7퍼센트, 진단 검사는 또 다른 7퍼센트 정도를 차지한다.[10] 일반의이자 블로거인 조너선 톰린슨은 "오늘날처럼 고도로 기술적인 시대에도 의사가 가진 가장 강력한 진단 도구는 이야기를 듣는 능력"이라고 언급했다. "우리는 환자에게서 이야기를 끌어내고 유추하고 이해하고 해석한다. 이 과정에서 그들의 생각, 두려움, 기대가 드러난다."[11]

듣는 일은 쉽지 않다. 톰은 제스처나 관심을 기울이고 있다는 표현으로도, 또 격려를 통해서도 소통해야 한다. 그리고 환자에게 중요하지 않아 보이는 것도 얼마든지 말해도 된다고 자신감을 불어넣어주어야 한다. 그러고 나서 톰은 환자가 말한 것을 종합하고 정리해서 자신이 가진 의학적 지식과의 연관 관계를 찾아낸다. 의사와 환자가 서로 자기 말만 하게 될 위험도 늘 존재한다. 한 명은 주관적인 경험을 가지고 있고 다른 한 명은 의학적인 경험을 가지고 있기 때문이다. 의사의 역할은 통역사와 비슷하다. 한편 단지 안심시켜주는 것이 일반의의 업무인 경우도 종종 있는데, 매우 중요한 부분이지만 그 중요성은 너무도 쉽게 과소평가된다.

이 모든 복잡한 임무가 10분 이내에 끝나야 한다. 1950년대의 2분보다는 많이 나아진 것이지만 많은 유럽 국가들에는 한

참 못 미친다.[12] 스웨덴에서는 평균 진료시간이 거의 23분이나 된다. 10분이라는 짧은 진료시간은 이 일이 갖는 기대, 반응, 역할, 수행의 복잡성을 우리가 직관적으로 인지하지 못하게 만든다. 어쨌든 대부분의 의사는 어찌어찌 일을 해낸다. NHS의 설문조사에 따르면, 진료소 내원자의 87퍼센트가 일반의가 충분한 시간을 내주었다고 답했다.[13] 그러려면 일반의의 노동 시간이 불가피하게 길어진다. 애절리 힐 의사들은 노인인 내원자에게는 보통 10분이 훨씬 넘는 시간을 할애한다. 여러 약을 복용하는 경우가 많아서 노인들에게는 복잡한 투약 지침을 잘 따를 수 있게 관리해줘야 하기 때문이다.

애절리 힐 의사들에 따르면, 돌봄의 두 번째 특징은 연속성이다. 환자와의 관계는 오랫동안 구축되어온 것이며 그러한 관계가 신뢰를 가져온다. 이 신뢰는 의사가 모든 진료에 내재하는 위험에 대해 임상적 판단을 내릴 때 결정적이다. 일반의에 대한 사회학적 연구에서 늘 드러나듯이, 이들은 날마다 매우 많은 막중한 의사 결정을 내려야 한다.[14] 이들의 의사 결정은 사람들의 삶과 죽음에, NHS의 기능과 운영 비용에 영향을 미친다. 애절리 힐 의사인 알렉스는 날마다 300건의 중대한 의사 결정을 내린다고 추산했다. 그러고 나서 퇴근하면 저녁 메뉴조차 결정할 수 없게 된다고 했다. 다른 의사 결정을 할 정신적 여력이 남아 있지 않아서다. 애절리 힐 의사들은 환자에 대해 오랜 시간에 걸쳐 형성된 깊이 있고 지속적인 지식이 있어야만 이렇게 많은 의사 결정을 신속하고 정확하게 내릴 수 있다고 말했다. 연속성은 일반의의 업무에 필수적이다.

에절리 힐에서는 오랜 전통으로 뿌리 내린 업무 방식 하나가 의사들이 이러한 책임의 무게를 감당할 수 있도록 도와준다. 다른 많은 진료소에서는 시간 부족 때문에 잘 안 되고 있지만, 애절리 힐에서는 각 세션이 끝나면 의사들이 동료 한두 명과 진료 내용을 함께 간략히 훑어보며 집합적인 경험을 취합하고 진단의 타당성을 확인한다. 인근에 대한 지리적인 지식과 그곳 사람들의 삶에 대한 지식으로부터 돌봄을 단지 개인의 건강을 유지해주는 것이 아니라 눈에는 잘 띄지 않지만 훨씬 더 큰 무언가로 바라보는 관점이 나온다. 삶과 가족과 공동체를 뒤흔드는 고통과 비극을 지속적으로 관리하고 제한함으로써 사회의 안정성을 유지해주는 것이 바로 돌봄이라고 보는 것이다.

톰의 일은 특별한 종류의 정서적 강인함을 필요로 한다. 비참함과 때로는 절망을 견딜 수 있어야 하고, 책임의 무게를 버틸 수 있어야 한다. 종종 환자들은 진료실에 들어서는 순간, 비교적 자신만만하던 공적인 페르소나를 버리고 더 취약한 모습의 자아가 된다. 그들의 설명은 강렬한 영화 예고편처럼 복잡한 삶을 대략이나마 엿볼 수 있게 해주는데, 빈곤과 문화적 탈구로 고통받는 많은 사람에게 증상이 완화될 가능성은 너무나 멀리 있다. 실망을 관리하고 신뢰를 유지하는 것은 톰이 가진 뛰어난 역량 중 하나다. 왕립일반의협회 회장을 지낸 아이오나 히스Iona Heath는 일반의 진료실을 "방대하고 구분되지 않은 인간의 고통과 비참함의 덩어리가, 여전히 매우 제한적이기는 하지만 질병을 파악하고 통제하게 해주는 의료과학 및 사회과학의 이론적 구조와 만나는 곳"이라고 표현했다. 그는 "의사의 역할은 질병이 수반하는 고통을 인정하고 그것의 목격자가 되는 것"이라고 말했다.[15]

환자들은 타는 듯한 염증, 다리의 종양, 정수리의 통증 등 다양한 감각을 가지고 온다. 그리고 사연과 정보의 메들리가 딸려온다. 어떤 통증은 저절로 사라지지만 어떤 것은 생명을 위협한다. 의사는 두 가능성을 모두 염두에 두어야 한다. 하지만 환자는 그러한 불확실성을 견디고 싶어 하지 않는다. E. J. 캐설E. J. Cassel은 『고통의 본질과 의학의 목적The Nature of Suffering and the Goals of Medicine』에서 "질병에 대한 모든 사실은 결국 스스로 드러날 것"이라는 믿음이 점점 증가해왔다고 언급했다. "의사와 환자는 테크놀로지의 발달 덕에 확실한 진단이 가능해진 것처럼 행동한다. …… 과도한 비용, 비인간화, 테크놀로지 남용 등 오늘날 의료의 많은 문제점이 불확실성의 불가피함을 부인하기 위한 방법이다. 임상의의 핵심 자질은 불확실성을 감내하는 능력이다."[16] 일반의이자 작가인 줄리언 튜더 하트Julian Tudor Hart는 의학에서는 "항공 여행이나 엔진 디자인 분야에서라면 가능할 수도 있을 사실상의 확실성이 결코 달성될 수 없다."라며 "임상의로 일하던 마지막 주까지도 나는 심각한 실수를 할지 모른다는 두려움을 가지고 있었다."라고 언급했다. 그리고 "그러한 두려움은 근거 없는 두려움이 아니었다." 그는 "인간 생물학의 지식을 구체적인 생명에 적용하려는 모든 시도에는 상당한 오차가 있을 수 있다."라고 말했다.[17] 애절리 힐의 알렉스는 이렇게 말했다. "일반의에게 가장 두려운 것은 환자가 와서 이렇게 말하는 것입니다. '이걸 해결하고 싶어요.' 나도 키가 180센티미터에 머리숱도 많으면 좋겠지만 그런 일은 일어나지 않습니다." 알렉스는 다양한 종류의 실패를 겪는 것은 불가피하다고 말했다. 사람은 죽는다. 만성질환은 오랫동안 통증을 일으킨다. 어떤 통증은 의학적으로 설명이 불가능하다. 일반의는 환자가 가지고 있는 기대, 사회의 높은 기대치, 일반의 업무에 내재하기 마련인 한계를 가지고 저글링해야 한다. 그들은 자신이 내리는 판단이 모두 임시적인 것이며 새로운 정보가 나타나면 재고할 수 있는 것으로 간주하도록 배웠다. 시간을 두는 것은 경미한 것과 중대한 것을 구분하는 진단 과정의 일상적인 부분이다. "조금 기다려보시지요."라든가 "통증이 계속 가라앉지 않으면 다시 오세요."라고 말할 때처럼 말이다. 한편 시간은 예기치 못한 방식으로 갑자기 결정적으로 생사에 중요해지기도 한다. 일반의의 일만큼 매번의 아슬아슬한 성공 사례에 실패 가능성이 아주 가까이 있는 직종은 찾아보기 어려울 것이다.

한번은 절박해 보일 정도로 걱정스러워하는 한 젊은 여성이 톰에게 자신의 어머니가 또 뇌졸중을 겪지 않으리라고 확답해줄 수 있는지 물었다. 유일하게 가능한 대답은 "아니요."였다. 그러자 그 여성은 자신의 어머니가 즉시 병원에 갈 수 있게 해달라고 사정했다. 이번에도 유일하게 가능한 대답은 "안 돼요."였다.

하루는 오후에 톰을 따라 왕진을 갔다. 우리는 전후에 들어선 오래된 블록하우스의 콘크리트 계단을 올라가서 으스스해

보이는 문들을 지나 낡은 연철로 된 보안문으로 들어갔다. 톰이 진료할 할머니들이 사는 작은 아파트 내부는 가족과의 추억이 가득 담긴 것들로 잘 꾸며져 있었다. 색은 화사했고 가구는 화려한 새틴과 벨벳 직물로 덮여 있었다. 창문에는 망사 커튼이 드리워져 있었고 거울, 유리, 금박 액자에 넣은 사진 등이 불빛에 반짝였다. 칙칙한 건물 정문을 넘어서 발을 들이니 외계에서 온 천국이 펼쳐지는 것 같았다. 알렉스는 에절리 힐의 많은 노인 환자들이 "율리시스 신드롬"(그의 표현이다.)을 겪고 있다고 말했다. 아주 깊고 근본적인 수준에서의 향수병을 말한다. 수십 년 전에 이들은 대개 무력 분쟁 때문에 고향을 떠나야 했다. 그리고 영국에서 태어난 자식들은 이제 다 자라서 집을 떠났다. 노년의 부모는 이도 저도 아닌 어중간한 상황이 되었다. 젊었을 때는 고향을 잃었고 이제는 자신이 거의 이해할 수 없는 문화에 자식을 잃었다. 율리시스 신드롬은 여성 노인에게 더 심각하다. 가정과 집에 한정된 채 평생을 살았고 영어로 말하거나 동네에서 길을 찾는 법조차 배우지 못한 경우가 많기 때문이다. 이들에게 마음의 병은 '의학적으로 설명되지 않는 증상'으로 발현된다. 알렉스는 이러한 통증과 고통에는 의사가 해줄 수 있는 일이 별로 없다고 말했다. 하지만 바로 그 점 때문에 환자들은 이번 달에도, 다음 달에도 계속해서 진료소를 찾아온다. 15년 전에는 설명되지 않는 복통이 있는 경우 종종 자궁절제술이나 맹장수술을 받았지만 이제는 주로 항우울제를 처방받는다. 하지만 어느 것도 터전을 잃었다는 느낌, 자신이 도무지 인식할 수 없는 세계에서 부유하고 있다는 느낌을 완화해주지는 못한다. 한번은 알렉스가 환자의 기억력을 검사하려고 살고 있는 동네의 거리 이름을 물었는데 그 여성 환자는 대답을 못 했다. 길을 찾는 일은 남편이나 아이에게 늘 완전히 의존했던 것이다.

"일반의는 사람들을 좋아해야……"까지 말하더니 알렉스는 말을 고쳤다. "아니, 좋아하는 것 이상이어야 합니다. 사람들에게 관심이 있어야 합니다. 수다스러워야 합니다. 저는 혼란스러운 삶을 살았던 사람들의 고투에 빨려 들어갑니다. 고통을 목격하면서요. 하지만 환자들과 더 많이 연결되고자 노력하다 보면 흥미롭기도 합니다. 저는 그들과 긴 여정을 함께 갑니다. 때로는 20년이나 이어지기도 하지요. 많은 경우 사람들은 딱 맞는 설명을 듣고 싶어서 여기에 오는데, 그런 설명을 제공할 수 없는 경우도 있고, 설명은 있는데 환자를 납득시키기가 어려운 경우도 있습니다."

알렉스는 키가 작지만 강단 있고 에너지가 넘친다. 위트와 유머감각도 뛰어나서, 진료를 볼 때마다 환자를 웃게 한다. 오가는 대화의 주제가 얼마나 끔찍한 것이든 간에 말이다. 그는 강조하기 위해 팔을 휘젓고, 질문을 확실히 하기 위해 발을 구른다. 이렇게 갑작스럽고 예측 불가능한 동작 때문에 그가 일하는 모습을 보는 것은 매우 흥미롭다. 그의 진료 스타일이 일반적이지는 않다. 그는 진료실에 들어오는 모든 사람에게 강렬한 호기심을 발휘한다. 그리고 질문을 쏟아내는데, 언뜻 아무렇게나 던지는 것 같지만 환자의 삶에 대한 정보를 모으기 위한 질문들이다. 혈압을 재거나 청진을 하면서 그는 묻는다.

어디서 태어나셨어요? 어떤 일을 하세요?

알렉스의 스타일은 토크쇼 호스트와 비슷하지만, 본인의 타고난 성격이 드러나는 것이기도 하다. "제 안에는 연극적인 무언가가 있습니다. 환자들도 그것을 알고, 그들도 그러한 연극적인 부분의 일부입니다. 즉 그들도 자신의 역할을 합니다. 이러한 공연은 피상적이지 않습니다. 저는 제가 연기하는 페르소나 자체가 되었고 그것이 마음에 듭니다. 진정성 있고 노력해서 획득한 것이지요. 저는 오랫동안 열심히 일했고, 수많은 서툰 부분을 연마했습니다. 실수도 많이 했지요. 환자에게 사죄해야 하는 경우도 있었습니다. 그런 경험은 정말로 잔혹합니다. 더 살 수 있었을 사람들이 목숨을 잃기도 했습니다. 저는 쓰라린 경험을 한다는 것이 뭔지 압니다. 제 일에는 늘 자기 평가와 반추의 과정이 있습니다. 그래서 우리가 진료 후에 피드백 회의를 하는 것입니다. 동료들이 제가 한 일을 면밀히 검토해주는 것이죠. 그 자리에서 저는 숨을 곳이 없습니다. 모든 것이 샅샅이 드러나죠. 하지만 의료에서 오차 범위는 늘 굉장히 큽니다."

"환자들과 있을 때 제가 가장 진정으로 저 자신인 것 같습니다. 여기에 게임 같은 것은 없습니다. 그것은 임종 직전의 돌봄에서 가장 분명하게 드러납니다. 아주 흥미로워요. 그 단계에서 사람은 더 이상 게임을 하지 않습니다. 시간이 없으니까요.

이 일을 하다 보면 매우 강력하고 놀라운 순간들도 경험합니다. 한번은 알코올성 뇌전증 환자 집으로 왕진을 가곤 했습니다. 카펫 깔린 바닥에 매트리스가 덜렁 놓여 있는 휑한 아파

트였어요. 그는 대소변을 제대로 가리지 못하고 구토도 많이
했습니다. 문을 열면 파리떼가 잔뜩 꼬여 있었어요. 하지만 그
는 매력적이고 재미있는 사람이었고 그의 인간성은 빛났습니
다. 제 신발이 카펫에 들러붙는데도 말이에요. 우리는 모든 곳
에서 인간성이 뿜어져 나오는 것을 볼 수 있고, 그것을 포착하
고 그에 반응하고자 노력하는 것이 제 일의 일부입니다."

동료들과의 회의에서 사례를 검토할 때 알렉스의 마음은 레
이더처럼 작동한다. 기억을 스캔해서 이 동네의 다층적인 사
회적 풍경과 연결되는 지점을 찾는 것이다. 그는 자주 다음과
같이 말하며 끼어든다. "아, 그 여성분은 심장에 문제가 있는
어머니와 왔었어요! …… 이분은 아들이 신장 문제가 있었던
분 아닌가요? …… 그분 딸은 10년 전에 사망했어요."

그는 원래 건축가가 되고 싶었는데 20대 중반에 경로를 바
꾸었다고 했다. "건축가는 질서에 대한 감각, 그리고 환경을 통
제하고자 하는 열망을 동기로 삼습니다. 저는 매우 무질서한
환경에서 자랐습니다. 아버지는 알코올중독이었고 제가 다닌
기숙학교는 정말 잔혹한 곳이었습니다. 저는 외국인 학생이었
어요. 그래서 사람들과 그들의 예측 불가능성을 매우 두려워
하게 되었습니다. 그러다 침착함과 질서의 대명사 같은 애인
을 만나면서 나아졌습니다. 그리고 제가 건물보다는 사람을
좋아한다는 것을 알게 되었고, 진로를 바꾸었습니다.

저는 자라온 환경에서 아웃사이더와 불의에 대해 깊이 관심
을 갖게 되었습니다. 이 동네처럼 다양성이 큰 곳, 때때로 혼돈
스럽기도 한 곳에서 일하는 것이 좋습니다. 우리는 혼란과 혼

돈을 뚫고 길을 발견하고자 노력합니다. 우리는 늘 문제들을 가려내고 해결책을 찾습니다. 혹은 적어도 그러려고 노력합니다. 동시에 여러 개의 접시를 돌리는 것 같은 이 일이 저는 좋습니다."

알렉스는 일반의의 업무가 가차 없는 속도로 진행되는 것도 좋다고 했다. 그가 장거리 달리기 선수인 것은 우연이 아니다.

"이 작은 지역에서만 1000~2000명을 진료합니다. 일반의의 일은 지역적 경계에 한정되지만 영향력은 큽니다. 우리는 사람들의 삶을 목격합니다. 때로는 아주 정확히 진단해내지만 그렇지 못할 때도 있습니다. 저는 이것을 의학의 시계추라고 부릅니다. 이 시계추는 계속해서 왔다 갔다 합니다. 하루는 옳게 했다가 다음 날에는 무언가를 놓치고 그러면서요. 매우 겸손해야 합니다. 누군가가 학대적인 관계에서 벗어나거나 우울증에서 회복될 때는 너무 기쁩니다. 저는 사람들이 그들의 길을 헤치고 나가도록 돕고자 합니다. 우리가 가진 정말 큰 특권은 질문할 수 있다는 점입니다. 우리는 모든 종류의 일을 접합니다. 한 내원자는 아내에게 폭력을 휘둘렀는데, 이후 이라크의 사담 후세인 정권에서 경찰에게 폭력을 당했어요. 사람은 한 가지 면만 있는 게 아닙니다. 언제나 우리는 우리의 가장 훌륭한 자아보다 못하고 가장 형편없는 자아보다 훌륭합니다.

의사로서 우리는 꽤 옹호받고 있고, 우리가 받은 교육 훈련이 도움이 됩니다. 그래서 우리가 일을 해나갈 수 있는 것이지요. 유머는 어려움을 헤쳐나가며 일하는 데 매우 중요한 방법입니다. 삶의 적나라한 불합리함을 인정하는 것이지요. 거기에 영광이 있습니다.

NHS는 정치적인 축구장이나 마찬가지입니다. 늘 정치적 단기주의의 영향으로 방향이 바뀌고 또다시 바뀌고 하는 것을 봅니다. 일반의로서 감시받고 있지만, 저는 쏟아지는 NHS의 개혁을 대하는 저만의 접근 방식을 가지고 있습니다. 무리 안에 머물러라. 우리는 이동 중인 야생동물이다. 무리에서 뒤떨어지지 말아라. 뒤떨어지면 금세 공격당할 것이다. 풀밭에서 여유 부리지 말아라. 무리의 가운데에서 이동해라. 그렇게 이동해라."

요즘 그는 새로운 위협 요인이 떠오르는 것을 보고 있다. 민간 의료보험을 이용하면서 (그가 보기에는) 돈 낭비, 시간 낭비로 보이는 이런저런 검사를 받고 싶어 하는 사람들이다. "보험을 가지고 있는 젊은 전문직 종사자들이 와서 보장 범위 안에 있는 이것저것을 요구하면서 마땅한 정도보다 훨씬 더 시간을 잡아먹습니다. 하지만 그들도 나이가 들겠죠. 처음으로 진짜 병이라 할 만한 것에 걸리게 되거나, 가령 암 같은 것이 생기거나 아이가 아프거나 하면, 단도직입적으로 말해서, 우리 모두 우리가 어디에 있는지 깨닫게 됩니다."

알렉스는 성공적인 삶이 갑자기 위태로워질 수 있다는 것을 생생하게 이해하고 있다. 날마다 그런 취약성과 의존성의 온갖 형태를 보기 때문이다. 그는 소수만 누릴 수 있는 특권과 짧은 젊음이 아니라 바로 이것이 인간 삶의 현실이라고 말한다.

"NHS를 가장 많이 이용하는 사람은 노년층과 매우 어린 층입니다. 건강한 중년 대부분은 아직 NHS 시스템이 크게 필요하지 않지요. 그런데 그들이 NHS에 대해 의사 결정을 내립니다. 그들은 '일반의 진료소 주 7일 운영' 같은 사안에 초점을 맞추는데, 이곳 환자 대부분에게는 관련이 없는 일입니다."

"가족 주치의가 인공지능으로 대체될까요?" 내가 물었다.

알렉스는 차분하게 말했다. "그럴 수는 없을 것입니다. 우리는 사회적인 동물이니까요. 우리는 관계를 필요로 합니다." 잠시 말을 멈추고 생각하다가 이렇게 덧붙였다. "아마 돈 없는 사람들이 컴퓨터 앞에 가게 되겠지요."

"저는 제가 목격하는 고통에는 압도당하지 않지만 제가 내려야 하는 의사 결정에는 크게 압도됩니다. 하루에 수백 건의 결정을 매우 빠르게 내려야 하니까요. 밋밋한 날은 하루도 없었습니다. 날마다 이 일이 정말 흥미롭다고 생각합니다. 제 일은 매년 나아집니다. 이곳을 찾는 사람들과 가족들, 그들의 삶에 대해 더 많이 알게 되니까요. 점점 더 풍성해지는 것이지요."

존 버거John Berger의 명저 『행운아』는 1960년대 한 시골 의사의 삶을 탐구한다. 존 버거는 이렇게 질문한다. "직면하는 것, 이해하려 애쓰는 것, 일주일에 대여섯 번씩 타인이 겪는 극한의 고통을 극복할 수 있다고 희망을 갖는 것의 효과는 무엇인가? …… 죽어가는 것, 상실, 두려움, 외로움, 절망적으로 자신의 자아가 아닌 채로 존재하는 것, 무용하다는 느낌이 주는 고통."[18] 알렉스와 톰은 일주일이 아니라 하루에 대여섯 건씩 이러한 고통을 마주한다. 인간의 고통이 온갖 형태로 날마다 모든 진료소에 파도처럼 규칙적으로 들이닥친다. 의사들은 신화속 인물 시시포스처럼 매일 굴러떨어지는 바위를 언덕 꼭대기까지 굴려 올리는 노동을 하고 있다.

얼마 전에 출산을 했다는 어느 젊은 엄마는 흐느끼면서 자신이 아주 작은 아파트에 살고 있는데 어린 두 아이가 편찮으신 부모님을 힘들게 하지 못하게 하려고 애쓰다 너무 지쳤다고 호소했다. 자신의 아버지는 거실 바닥에서 자야 하는 상황이라고 했다. 튀르키예 출신의 한 여성 노인은 눈물이 뺨을 타고 흐르는 채로 두려움에 떨면서 서툰 영어로 어쩐 일인지 자신이 일할 수 있는 상태라고 판단되어 '구직자수당Job Seeker's Allowance'으로 전환되었다고 말했다. 그 수당을 받으려면 날마다 취업센터에 가서 온라인으로 구직 지원을 해야 한다. 일자리를 잡을 수 없다는 것을 아는데도 말이다.

에절리 힐의 의사들은 종종 존 버거가 말한 "무용하다는 느낌"을 환자들에게서 감지한다. 그리고 그들의 고통에 의미, 그러니까 진단을 제공하고자 노력한다. 목격자가 된다는 것은 힘든 일이었다. 나는 쭈뼛쭈뼛 진료실의 더 뒤쪽으로 물러났다. 의사들은 그들의 노력이 대개 제한적이라는 것을 안다. 한 환자가 나아졌다고 말해도, 문 밖에는 긴 줄이 남아 있고 사람들이 자신에게 주어진 10분의 시간을 초조하게 기다리고 있다. 시간이 충분한 날은 절대로 없다.

『행운아』에서 존 버거는 이렇게 말한다. "우리는 의사의 일을 어떻게 측정할 수 있는지 알지 못한다. 우리는 그가 무엇을 하고 있는지 모른다. …… 그가 하는 일이 동시대 사람 몇천 명의 삶을 조금 더 편안하게 해주는 것 이상도 이하도 아닐 때, 그러면서 때로는 생명을 구할 때, 우리는 이 일을 어떻게 측정할 수 있는지 알지 못한다."

이 진료소를 찾는 많은 환자들은 판단하기 좋아하는 사회에서 실패자나 부적격자라고 여겨진 사람들이다. 일을 거의 혹은 아예 할 수 없으면 당신의 삶은 어떤 방식으로 사회에 가치를 갖는가? 어디에서 인정과 존중을 구할 것인가? 의사를 만나는 것은 권위 있는 누군가가 관심을 가져주고 가장 좋게는 개인의 고유한 역사를 인정해줌으로써 혼란스러운 삶이 의미를 가질 수 있게 해주는 소중한 버팀목이다.

존 버거는 이렇게 언급했다. "모든 문화는 거울처럼 기능한다. 개인이 자신이 속한 사회의 문화에 비추어 자신을, 아니 그중에서 사회적으로 받아들여지는 부분을 인식하게 해준다. 문화적으로 박탈된 사람들은 자신을 인식할 수 있는 방법이 훨씬 적다. 그들의 경험 중 상당 부분, 특히 정서적이고 내면적인 경험의 상당 부분이 여전히 이름 없는 채로 남아야 한다. …… 의사는, 외부 세계를 이해하고 외부 세계와 연결되는 것과 관련해 그들이 잃었던 가능성을 나타낸다." 버거는 일반의의 역할을 "기록자"에 비유했다. 병을 치료하는 역할, 종종 불확실하고 제한적인 이 역할보다 더 중요한 것은 목격자가 되어주고 '연대'라는 필수적인 실천을 표현해주는 것이다.

매 진료 후에 열리는 회의는 일반의의 일이 기록자의 일이라는 버거의 통찰이 50년 전과 마찬가지로 지금도 유효함을 보여주었다. 이 회의는 15분 동안 수십 명의 삶을 살펴보는 아찔한 여행이다. 가령 어떤 환자의 심장마비는 15년 전 여동생의 문제나 아버지의 죽음과 관련 있을 수 있다. 이것은 환자들의 신체와 그들이 밟아온 삶의 경로에 새겨진 이 동네의 지도다. 도시에서 개인의 삶은 익명화되고 기억은 개인화되지만, 이곳 이 진료소에서는 동네의 거리거리에 삶의 흔적이 새겨진다. 때로 이 흔적은 수감, 부모의 자살, 형제자매의 자해, 성매매, 강간, 아동 성학대 같은 비극으로 점철되어 있기도 하다.

한 콘퍼런스에서 만난 일반의 한 명은 그의 일에서 돌봄이 매우 어려운 부분이라고 인정했다. 그는 "자신을 내어주는 것"이 진 빠지는 일이라고 했다. 하지만 그는 이것이 가장 중요한 일임을 알고 있었다. 그는 자신의 역할이 환자가 기대하는 바를 재조정하는 것이라고 표현했다. "환자들은 저에게 이야기를 합니다." 그러면 그는 그 이야기를 약간 변경한다. 애절리 힐과 마찬가지로 그의 진료소에서도 사례를 논의하고 검토하기 위해 하루의 중간에 회의를 갖는데, 그는 이것이 필수적인 과정이라고 생각한다. "입 밖으로 소리 내서 말하는 것은 매우 중요합니다. 머릿속으로 생각하는 것과 생리학적으로 달라요. 말을 구성하고 내어놓기 위해서는 뇌의 다른 부분을 사용해야 하거든요. 어슐러 K. 르 귄Ursula K. Le Guin의 소설 『어스시 연대기』에서처럼, 무언가의 힘을 풀어내는 가장 중요한 비결은 그것의 이름을 알고 익히는 것입니다. 이름은 마법의 힘을 불러옵니다."

아직 오전 10시도 되지 않았는데, 에절리 힐 진료소의 또 다른 의사인 침착하고 끈질기고 명랑한 리즈는 "울어서 눈이 사라졌다."라고 주장하는 여성, 복부를 눌러보자 "타는 듯이 아프다."라고 씩씩하게 말하는 소년, 웃을 때 배가 아프다는 젊은 여성을 진료한 뒤였다. 소년의 사례는 난해했다. 평범하고 활기차 보였지만 계속 진료소를 다시 찾아왔다. 젊은 여성은 자해한 전력이 있었다. 이들 중 명확한 진단을 받은 사람은 아무도 없었다. 대부분의 진료시간 동안 리즈의 역할은 안심을 시켜주는 것이었다. 불안은 모든 일반의 진료소에 흐르는 화폐와도 같다.

젊은 여성은 리즈의 시간을 빼앗은 것에 거듭 사과했다. "오지 말 걸 그랬나봐요. 아무것도 아닐 거예요." 하지만 이어서 "선생님과 5분만 통화해도 도움이 될 것 같아요."라고 말했다.

누군가의 삶에서 안정적이고 지속적인 존재가 되어주는 것만으로도 취약함을 어느 정도 완화하는 의사의 가치를 어떻게 설명할 수 있을까? 한 달에 한 번, 한 번에 10분에 지나지 않을 수도 있지만, 누군가에게는 삶에서 드물게 자신에게 헌신해주는 존재, 믿고 의지할 수 있는 존재를 얻는 순간일 수 있다. 삶에서 그런 존재가 있어본 적이 거의 없을 사람들에게 말이다.

한 환자가 말했다. "내 얼굴에 독이 있어요." 또 다른 환자가 말했다. "옆구리가 불처럼 쑤시고 바늘이 꽂히는 것 같은데 더 생생해요." 또 다른 환자는 "손에 힘이 빠진 것 같다."라고 했다. 또 다른 환자는 "모든 곳에서 맥박이 느껴진다."라며 "단 것이 너무 먹고 싶다."라고 했다. 리즈는 여기에서 통역사이자 교육자다. 리즈는 환자가 이야기하는 고통와 질병을 의학적으로 합의된 언어로 재구성하고자 애쓴다. 그러나 환자와 쓰는 언어가 달라서 통역자를 통해야 할 때면 이 일은 한층 더 어려워진다. 많은 이들이 건강과 의사의 역할에 대해 자신의 문화권에서 통용되는 개념을 가지고 온다. 한 우크라이나 여성은 혈압이 달의 주기와 관련이 있는지 물었는데, 아니라고 해도 믿지 못하는 눈치였다. 의사에 대한 신뢰는 과학, 의료업, NHS의 오랜 역사와 개개인의 삶의 경험이 결합된 문화적 구성물이다.

그다음 환자는 노부부였다. 아내가 병원에서 막 퇴원한 참이었고 남편은 아내가 먹을 약이 든 커다란 봉투를 들고 있었다. 그런데 노부부는 병원에서 혈전이 생길 수도 있다고 알려줘서 혼란에 빠졌고 어디에서 어떤 처방전을 받아야 하는지 몰라 당혹스러워했다. 뒤엉킨 문제를 해결하고 그들에게 설명하는 데 15분이 걸렸다. 환자는 책만큼 두꺼운 처방전을 가지고 진료실을 나서면서 리즈의 시간을 빼앗아서 미안하다고 연신 사과했다.

그 후에 한 여성이 "집에 가는" 길이라며 피임약을 달라고 하더니 이렇게 속삭였다. "당최 '노no'를 '노'로 받아들이지 않는다니까요." 리즈는 알아들었다는 의미로 고개를 끄덕였다.

나중에 리즈는 내게 이렇게 말했다. "나는 정말 많은 고통을 봅니다. 하지만 희망에 대한 절실한 기대도 보지요. 나는 숙련된 일반의로서 내가 거기 존재한다는 것 자체로 가치 있는 일을 하고 있는 것이라는 사실을 받아들이게 되었습니다. 때로는 '우리 자체가 치료'입니다. 그리고 내 역할이 사람을 바꾸는 게 아님을 받아들여야 합니다. 우리는 모든 사람의 삶이 흥미롭다는 것을 알기 위해 노력하고 실제로 알아냅니다. 한 사람한 사람이 실뭉치인 것처럼 인간성을 발견할 때까지 실타래를 따라갑니다. 그것이 바로 돌봄입니다. 거리를 두어야 하지만 공감해야 합니다. 그들의 고통을 느껴야 하지만 그것에 의해 고통받아서는 안 됩니다. 그러니까, 그 고통을 그대로 받아서는 안 됩니다."

"우리는 아주 많은 역할을 합니다. 우선, 치료 가능한 질병을 진단하는 가장 명백한 역할이 있지요. 우리는 이야기를 듣고 조치가 가능한 진단에 도달합니다. 바라건대 우리는 사람들이 질병을 관리함으로써 더 건강한 삶을 살 수 있게 돕습니다. 하지만 우리는 그것 외에 다른 역할도 하고 있으며, 내원자를 안심시키는 것도 우리 일의 커다란 부분입니다. '아프신 거 아니니 걱정 마세요.'라고 말할 때, 이러한 안심은 매우 중요합니다. '잘 오셨어요. 하지만 이제는 걱정 안 하셔도 돼요.'라고 말하면 더 마음을 놓게 할 수 있습니다. 하지만 사람들은 그것의 가치를 잘 알지 못하지요.

우리는 이곳 환자들이 유일하게 접할 수 있는 기득권입니다. 은행장이나 하원의원, 혹은 그들의 상사와 달리, 우리는 사람들이 연락하고 만날 수 있습니다. 그들에게는 믿을 수 없는 일일 수 있지요. 때때로 나는 이것이야말로 우리의 주된 역할이 아닐까 생각합니다. 우리는 사람들의 말을 경청하고 그들의 지지자가 되어줍니다."

나중에 환자들이 고마움을 표하기 위해 갖다준 커피잔과 과자 상자가 가득한 직원 휴게실에서 리즈에게 돌봄을 무엇이라

정의하겠냐고 물어보았다. 리즈는 잠시 말을 멈추고 생각하더니 이렇게 설명했다.

"돌봄은 가장 중요한 것입니다. 힘겨운 시간을 겪고 있거나 삶의 마지막 단계에 다다른 사람들, 돌봄받는 느낌을 필요로 하는 사람들이 있습니다. 사랑하는 사람을 돌보는 것과는 완전히 다릅니다. 정서적 유대에 기초하지 않기 때문입니다. 일반의로서 우리는 꽤 통제적입니다. 그리고 돌봄은 부분적으로는 통제와 질서이기도 하지요. 우리의 일은 물론 공감을 필요로 하지만 사람들의 이야기에 대한 호기심과 관련 있기도 합니다. 저는 정말로 사람들을 좋아합니다. 모두 정말 대단하세요. 모두에게 배울 것이 있지요. 저는 무엇이 사람들을 움직이도록 이끄는지 알고 싶습니다.

누군가에게 제가 도움이 되었을지도 모른다고 생각하면 정말 보람 있습니다. 사랑스러운 편지나 선물을 받기도 하지만, 제가 한 일이 가치 있다고 느끼기 위해 감사 인사를 꼭 받을 필요는 없어요. 저는 제가 하는 일이 유익하다는 걸 알고 있습니다." 그리고 리즈는 잠시 말을 멈추었다가 약간 주저하면서 이렇게 말했다. "오늘 이런 이야기를 하니 너무 많이 드러낸 것 같기도 하고 잘난 척한 것 같기도 하네요. 제가 하는 일에 대해 호들갑 떨고 싶지는 않아요. 하지만 이 일이 가치 있다고 생각합니다. 저는 인간의 조건을 첨예하게 알고 있습니다. 우리는 다른 사람들이 거의 보지 않는 방식으로 세상을 봅니다. 날마다 온갖 종류의 인간 경험을 접하게 되거든요. 다른 사람들은 이야기를 해줘도 믿지 않을 겁니다. 일주일에 한 번 친구들을 만나는데요, 친구들이 자신의 일에 대해 이야기하는 것을 듣습니다. 하지만 저는 매우 조심해야 해요. 환자의 비밀을 이야기하면 안 되니까요. 가십을 좋아하지 않기도 하고요. 우리는 환자들로부터 놀라운 이야기를 듣지만, 친구들 만난 자리에서 재밌자고 그것을 꺼내서는 안 되지요. 저의 하루를 말해주면 친구들은 대부분 잘 이해하지 못할 것입니다. 제 말을 믿지 못할 수도 있고요. 다른 어떤 사람도 우리와 같은 관점을 가지고 있지 않습니다. 저는 삶의 극단적인 면에 노출되는데, 그런 경험은 저를 달라지게 하지요. 그것이 좋습니다. 일을 할수록 더 좋아져요. 이 일은 저를 더 좋은 사람으로 만들어주었습니다. 이 일을 하지 않았더라면 되어 있었을 제 모습보다 더 참을성 있는 사람이 되었어요. 이 일은 저를 겸손하게 해주었습니다.

많은 이들에게 삶은 크나큰 어려움을 안겨줍니다. 그렇지만 끔찍한 일을 겪는 사람들 안에도 어마어마하게 인간적인 모습이 있어요. 그리고 그들은 여전히 긍정적인 태도를 가지고 있습니다. 학습장애를 가진 사람도 우리에게 아주 많은 것을 줄 수 있습니다. 교육을 전혀 받지 못한 사람도 정서적 지능은 아주 높을 수 있습니다. 그렇게 보이지 않을지라도 사람들에게는 가치가 있다고 생각합니다."

리즈는 4시간 30분 동안 차 한 잔 (끓일 시간은 물론이고) 마실 시간도 없이 환자를 봤다. 리즈는 실용적이고 현실적이며 업무 역량도 뛰어났을 뿐 아니라 정서적, 신체적 측면 모두에서 엄청난 활력을 가지고 있었다. 또한 자신의 일이 무엇인지, 그 일을 해낼 수 있는 자신의 능력이 무엇인지, 그리고 그것의 가치가 무엇인지에 대해 명확한 생각을 가지고 있었다. 이 세 가지를 명확히 안다는 것은 직업 생활에서 이루기 어려운 성취다. 리즈는 문학평론가 케이트 켈러웨이Kate Kellaway가 "쓸모 있는 사람이 될 수 있는 드문 사치"라고 묘사한 것을 풍성하게 가지고 있었다.[19] 그것을 바탕으로 자존감과 자아의 안정성이 생겨나는 것 같았다. 리즈는 세상에서 자신이 서 있는 위치가 어디인지, 왜 그 자리에 서 있는지 알고 있었다.

리즈의 책상 위에 있는 메모판에는 사진이 여러 장 붙어 있었다. 아기들, 10대 아이들, 늦지 걷기, 바다 여행 등 20년 동안의 다채로운 가정사를 보여주는 사진들이었다. "환자들은 이 사진을 좋아합니다. 그걸 보면 제가 사람으로 느껴진다고 해요. 우리는 자신을 드러내는 것과 뒤로 물러서는 것 사이에서 균형을 잘 잡아야 합니다. 무엇도 진료실에서 가장 중요한 사람, 즉 환자로부터 관심을 흩뜨려놓아서는 안 됩니다. 저는 이 진료실에서 아주 많은 시간을 보냅니다 월요일에는 11시간 일했고 어제는 10시간 넘게 일했어요. 오늘은 12시간쯤 될 것 같네요. 이 사진들은 제게 또 다른 세상이 있다는 것을 상기시켜줍니다. 가정과 가족이 있다는 것을요. 네, 이것은 두 개의 세계입니다."

이 진료소의 예약자 절반 이상이 우울, 불안, 또는 특정한 진단명을 갖는 정신 증상 같은 이런저런 형태의 정신적 문제와 관련이 있다.

톰은 "때로는 절제하면서 목격자가 되어주는 종류의 '그저 있어주기'가 우리가 제공할 수 있는 최선의 것일 때가 있습니다."라고 말했다. "아주 오랜 시간이 지나서야 내가 변화를 만들었다고 느낄 수 있습니다."

톰의 진료실 책상 위에는 기하학적 모양의 추상화가 걸려 있다. 톰의 정확한 절제와 그 절제의 기저에 있는 감정을 반영하는 것 같다. 그의 진료실은 깔끔하게 정리되어 있고, 그의 태도는 질서를 부여해야 하는 일의 속성을 보여주는 단적인 예다. 그는 매번 환자와 악수를 하고, 때로는 주어진 시간을 넘겨가며 철저하게 문진한다. 알렉스의 토크쇼 호스트 같은 태도에 비해, 톰의 태도에는 예의 바르고 신사다운 정중함이 있어서 교구 목사 같은 느낌을 준다. 그는 애절리 힐의 진료 방식이 공격받고 있는 것 같다며 그 이유를 설명했다.

"우리는 우리의 돌봄 모델을 매우 자랑스러워하고 그 모델을 헌신적으로 실천합니다. 하지만 그것이 사회에서 잘 이해되고 있지 않은 것 같아요. 늘 초점은 데이터 수집, 목표 수치 등 측정 가능한 것에만 놓입니다. 돌봄의 연속성이나 그 가치를 측정하는 방법은 아무도 알아내지 못했지만 우리는 그것이 환자의 병원 입원 필요를 줄여준다는 것은 알고 있습니다. 의사와 환자 사이의 핵심적인 관계, 그리고 시간이 흐르면서 그 관계가 유발하는 가치를 어떻게 산정할 수 있을까요? 우리는 편의성, 접근성, 선택지를 제공하도록 권장되고 돈과 칭찬을 받습니다. 하지만 그 정의상, 돌봄에의 접근성은 돌봄의 연속성과 양립할 수 없습니다.

현재 증거 기반 의료evidence-based medicine가 강조되는 것에도 위험이 있습니다. 우리는 그 과정이 자금을 대는 제약 회사들에 의해 왜곡되어 있다는 것을 압니다. 부정적인 결과는 억눌리곤 합니다. 저널 출판의 편향도 있지요. 증거 기반 의료의 원칙은 의료가 알고리듬으로 수행될 수 있고 기본적으로 충분한 데이터를 모아 처리하는 일이라는 개념에 기반하고 있습니다. 현재는 영국국립보건임상연구원이 의료진의 임상적 판단의 중요성을 주장하고 있지만, 얼마나 오래갈 수 있을까요? 우리 사회가 가정 주치의 제도가 더 이상 감당할 수 없는 사치라고 결정할 날이 올지도 모릅니다.

중독, 비만, 폐질환 등 우리가 다루는 문제의 많은 부분이 빈곤의 결과입니다. 우리는 깊이 불평등한 사회에 살고 있습니다. 이러한 사회에서 가난하고 주변화된 사람들의 정신건강과 신체적 건강이 피해를 입습니다. 일반의로서 우리는 어마어마하게 적대적인 상황들에 대처해야 하는 사람들을 봅니다. 우리가 망가진 시스템에 고약을 바르고 있다는 것을 압니다. 하지만 그것은 쓸데없는 일이 아닙니다. 물론 저는 저의 일이 가져올 영향력과 이득에 대해 자문합니다. 현재의 의료 패러다임은 건강한 사람에게서 위험 인자를 발견해 치료하는 것입니다. 가령 고혈압이 있으면 증상이 없다 해도 몇 가지 약을 먹게 되지요. 이것은 역학적 근거에 기반한 것이지만 개인에게는 그다지 의미가 없는 일입니다. 역학은 인구집단을 단위로 한 개입에 토대를 두니까요. 우리가 의료적으로 하는 일의 유효성에는 문제가 제기될 수 있지만, 사람 사이의 관계는 진정으로 가치가 있습니다. 저는 그렇게 생각해요.

접촉은 강력한 커뮤니케이션 수단입니다. 저는 그것을 잘 알고 있습니다. 신체적 접촉은 진료소라는 무대의 일부입니다. 정신분석학자이자 사상가인 마이클 발린트Michael Balint는 '치료약인 의사drug doctor'라는 개념에 대해 이야기했습니다. 관계 자체의 힘을 뜻한 것입니다. 만약 환자에게 제가 지루해하거나 무관심해하거나 서두르는 것처럼 보이면 진료의 치료 효과가 떨어질 것입니다. 우리에게는 사회적 역할이 있고 사람들은 의사와의 만남에 기대를 가지고 있습니다. 제가 환자의 고통을 느끼지 않으면 진정성이 있을 수 없습니다. 이 역할을 수행하는 것과 더불어, 우리는 자기 자신에게도 진정성이 있어야 합니다. 그래서 일반의들은 저마다 일을 매우 다른 방식으로 하게 됩니다.

'상처 입은 치유자'라는 개념은 매우 중요합니다. 치유하는 사람 본인이 상처를 입었거나 손상을 입은 사람이라면 치유 과정에 대해 더 깊은 통찰을 가질 수 있다는 것입니다. 의사로 산다는 건 자신의 삶을 다른 사람의 고통과 괴로움에 깊이 연관시키면서 살기로 선택한 것과 같습니다. 어떤 면에서 그것은 의사 자신의 필요도 충족해줍니다. 제가 계속 일에 밀도 있게 관여하도록 지탱해주는 상당 부분은 감정적인 동일시입니다. 환자의 입장이 되는 것이 어떨지 이해하려 노력하는 것이지요. 저는 경계를 잘 유지하지만, 그래도 따라다니는 고통이 있습니다. 버거의 『행운아』에 나오는 의사 사살이 자살하는 것은 매우 의미심장합니다. 그리고 1980년대 런던 이스트엔드에서 의사 일에 대해 글을 썼던 데이비드 위저리David Widgery는 약물 과다복용으로 숨졌습니다. 우리는 날마다 엄청난 고통을 다룹니다. 그리고 여기에는 개인적으로 치르게 되는 비용이 있습니다. 이렇게 취약성과 친밀성의 수준이 높으면 환자와 깊이 연결된 느낌을 갖게 됩니다. 한편 사람들이 어떻게 살아가는지에 대해서도 놀랍도록 깊이 이해하게 됩니다. 사회에 대해 이렇게 깊은 관점을 갖는다는 것은 특권입니다. 대부분의 사람들은 이러한 관점으로 보지 못하겠지요.

이 일은 저를 정말로 기진맥진하게 하기도 합니다. 감정적 관여의 수준, 필요한 의사 결정의 양, 그리고 개인적인 만남의 양을 다 합쳐보세요. 그래서 우리 중 일주일에 나흘 이상 일하는 사람은 없습니다. 예전보다 덜 일하지요. 옛날 스타일의 일반의는 아마 일주일에 진료를 아홉 번 정도 나갔겠지만, 이제는 일의 밀도가 높아졌습니다. 검토해야 할 정보가 더 많고 조율해야 할 검사도 더 많고 모아서 확인해야 할 결과들도 더 많지요. 각기 다른 시점에 수집된 각기 다른 정보 조각들을 모두 모아 진단을 내려야 합니다.

이 일은 우리를 겸손하게 만듭니다. 하지만 그것의 어두운 면은, 부족함을 느끼다가도 그것이 쉽게 자만심으로 변할 수 있다는 점입니다. 의사에게 그럴 위험성은 매우 큽니다. 사람들에게 큰 도움을 주는 일 같지만, 종종 우리가 할 수 있는 역할은 매우 제한적입니다. 우리는 늘 잘못도 저지릅니다."

한 젊은이가 감기에 걸렸다며 많은 이들처럼 항생제를 달라고 했다. 톰은 항생제가 바이러스에는 아무 도움이 되지 않는다고 설명했다. 그러면서 젊은이를 관찰했다. 젊은이는 항정신병약물을 복용 중이었다. 톰은 약을 잘 먹고 있는지 물어보았고 그는 잘 먹고 있다며 감기에 걸렸을 뿐이라고 말했다. 톰은 플라이 낚시꾼처럼 수완 있게 더 밀어붙였다. 드디어 이야기가 나왔다. 젊은이가 다니는 교회에 한 여성이 있는데, 그가 그 여성을 괴롭혔다는 고발이 여러 차례 제기되었다고 했다. 그래서 그는 병원에 있고 싶었다. 그는 다시 지역사회 정신건강 팀의 관리하에 들어가고 싶은 마음에 진료실을 찾았다. 이 소중한 15분 동안 어떤 위기가 아슬아슬하게 예방되었는지 아무도 모를 것이다.

톰의 태도에는 진중한 무게가 있다. 그는 진료를 받으러 온 것이 잘한 일인지 몰라 불안해하는 한 학생을 달랬다. 그는 환자 개개인을 존중하며 진지하게 대한다. 그렇게 할 때마다, 그는 사람들이 의사에게 갖는 신뢰에 기여한다. 의사는 설문조사에서 신뢰도 순위가 1위 간호사에 근접한 2위이며, 둘 다 90퍼센트가 넘는다.[20]

교구 목사는 영혼을 '치유'하는 일을 하는데, 치유의 정의는 돌봄의 정의와 비슷하다. 정서적, 영적 지침을 주고 지원하는 것이다. 일반의처럼 교구 목사도 지리적으로 매우 명확하게 제한된 지역에서 일하고, 접근성, 관심, 공감에 대해 비슷한 기대를 받는다. 둘 다 불안을 누그러뜨리는 역할을 하며 고통의 목격자가 되어주고 연대와 존중의 작은 위안을 준다. 둘 다 개인이 자신에 대해 어느 정도나마 긍정할 수 있게 해주고 존엄을 느끼게 해준다. 하지만 이제까지 교구 목사와 일반의는 답해야 할 질문이 늘 서로 달랐다. 교구 목사가 다뤄야 하는 질문은 "왜죠? 그리고 왜 나입니까?"다. 의사가 다뤄야 하는 질문은 "나한테 무엇이 잘못되었나요?"다. 종교가 쇠퇴하면서 첫 번째 질문은 많은 이들에게 답해지지 않은 채로 남게 되었고 심지어는 질문할 수 없는 것이 되었다. 아마도 그 때문에 다른 쪽 질문에 불안의 무게가 다 실리게 된 것인지도 모른다. 의사는 성직자가 남겨놓은 공백을 메워야 한다. 즉 의사는 사람들이 고통의 의미를 이해할 수 있게 도와주리라는 기대를 받고 있는지 모른다. 그리고 때로 그것은 그들의 능력 밖의 일이다.

톰의 왕진을 참관한 날, 우리는 병으로 침상에 누워 생활하는 한 남성을 만났다. 두 아들이 불규칙하게 그를 돌보고 있었다. 아들 둘 다 범죄로 형을 산 이력이 있었다. 또 이들은 심각한 정신장애가 있는 셋째아들도 돌보고 있었다. 지역 당국이 지정한 간병인이 하루에 두 번 이 작은 아파트를 방문했다. 우리가 도착하자 아들 중 한 명이 동생이 화가 나서 가구와 그릇을 부수었다고 말했다. 한낮인데도 커튼이 쳐져 있었다. 톰은 그가 할 수 있는 한에서 그들을 안심시켜주고 약 복용을 확인했다. 그다음 왕진을 간 곳은 말기 암 판정을 받은 남성의 집이었다. 그는 얼마 전에 애인 집으로 들어왔다. 상자들 사이에 앉아서, 그는 생애의 마지막 돌봄을 어떻게 받고 싶은지에 대해 의연하고 차분하게 말했다. 그는 톰에게 호스피스로 가서 죽고 싶은데 애인에게는 아직 차마 말하지 못했다고 했다.

톰은 진료소로 돌아와서 병가 처리를 위해 진단서를 받으러 온 70대 중반 여성을 상담했다. 그 여성은 일을 두어 주 쉴 상태인데 복귀해야 한다고 했다. 은퇴 연령이 한참 지난 노인이라 톰은 궁금해했다.

"저는 청소 관리자인데요, 제 일을 좋아합니다." 자신이 하는 일을 열정적으로 설명하면서 그 여성이 웃었다. 하지만 쾌활함은 곧 잦아들었다. 남편이 아파서 얼마 전에 병원에 가 검진을 했다고 했다. "1년 정도 이야기하더라고요." 그 여성은 갑자기 불안하고 두려워 보였다. 그리고 조용히 덧붙였다. "하지만 이 단계에서 뭘 기대할 수 있겠어요?" 이 조용한 질문에는 엄청난 울림이 있었다. 그다음 주 회의에서, 정기 혈액검사 결과 그 여성에게서도 암 징후가 발견되었다는 이야기를 들었다.

2주간 참관하면서 지난 30년 동안 맹렬한 논쟁의 중심에 있었던 돌봄의 모델을 볼 수 있었다. 세 가지 장기적인 경향이 결합해 알렉스, 리즈, 톰이 소중하게 생각하는 많은 원칙을 위협하고 있었고, 그들은 그들의 일이 갖는 가치를 이해하지 못하는 시스템에서 일해야 하는 상황에 처했다.

첫 번째 경향은 1980년대 이래 집권 정부마다 효율성을 높이고 재정적 책무성을 강화하겠다는 취지에서 추진했던 일련의 개혁으로 일반의 업무에 시장 메커니즘이 도입된 것이다. 그 결과 일반의가 담당하는 부분과 NHS의 나머지 부분 사이의 관계가 여러 차례 재편되었고 매번 엄청난 재적응이 필요했다. 경쟁을 도입하면 의료의 질은 높아지고 비용은 낮아질 것이라고 이야기되었다. 시장이 효과적으로 작동하게 하기 위해 의료 서비스(검사, 진찰, 처방), 건강 상태(혈압이나 콜레스테

롤 수치와 같은 생물학적 결과), 그리고 질병(당뇨나 암)을 측정 가능한 단위로 나눠야 했고, 데이터가 나오면 NHS의 '내부 시장'에서 가격과 목표가 정해질 수 있었다. 2004년에 '의료 서비스의 질 및 성과 관리 체계'가 도입되어 일반의의 업무 평가를 위한 수많은 측정 지표가 설정되었고 평가 결과에 자금 지원이 연동되었다. 부실 진료를 없앤다는 취지였지만, 행정 업무를 크게 증가시킨 데다 일반의가 하는 많은 중요한 일들이 이 평가 시스템에서는 간과된다는 문제 제기가 터져나왔다. 데이터 수집이 일반의의 업무에서 가장 중요한 부분이 되었고, 테크놀로지로 효율성을 높이는 쪽에 새로이 방점이 찍혔다. 그와 동시에, 증거 기반 의료 개념이 점점 더 명문화되었고 '의사 결정 지원 소프트웨어'에 통합되었다. 이러한 소프트웨어는 의사가 임상적인 결정을 내릴 때 표준 템플릿을 사용하도록 촉구한다. 일반의이자 학자인 스티브 일리프Steve Iliffe는 "의학은 각 만남의 고유함에 관심을 가지고 공을 들이는 공예에서 대량 제조업과 비슷한 것으로 바뀌었다."라며 "의사는 장인이 아니라 프롤레타리아트가 되었다."라고 지적했다.[21]

이러한 개혁을 비판하는 사람들은 인구집단 기반의 대규모 데이터를 토대로 하는 예방적 의료가 부상하면서 일반의의 업무가 산업화되고 있다고 말한다. 대규모로 사람들의 혈압을 측정하고 추적해서 의약적 처방을 하는 식으로 말이다. 인센티브, 목표, 데이터 수집, 특정한 개입(금연이나 독감 백신 접종 등)의 마감 시한 같은 것들에 자금 지원이 연동되었다. 에절리 힐의 한 간호사는 환자에게 예방 접종을 하고 나서 "나중에

28파운드[약 4만 3800원] 들어오겠네요."라고 말했다. 이 말을 톰에게 했더니 톰은 자신도 실망했다고 인정했다. 그들은 이러한 유의 상업주의와 거리를 두려고 무던히 노력하고 있었다. 그들은 관료제를 담당하는 쪽과 임상을 담당하는 의료진 사이에 상호 개입이 불가능한 경계를 세우려 노력해왔다. 개혁을 지지하는 사람들은 일반의 진료의 질에서 편차가 줄어들었다고 주장한다. 하지만 의사와 환자 모두를 비인간화하는 비용을 치렀다. 의사들은 자율성을 잃었고 데이터 수집의 부담을 갖게 되었다. 많은 의사들이 환자의 이야기를 듣고 환자와 관계를 일굴 수 있는 여지가 줄어들고 있다고 느낀다. 또 컴퓨터 화면만 뚫어지게 보느라 환자를 거의 바라보지도 못한다. 환자는 나이, 통계 수치 등 위험을 판단하기 위한 일련의 숫자로 축소된다.

이 개혁의 가장 맹렬한 비판자 중 한 명인 줄리언 튜더 하트는 "상업화와 산업화 과정이 [의료를—저자] 혼란스럽게 하고 파괴하고 있다."라며 "의료 인력의 동기와 상상력이 다른 곳으로 향하게 하고 훼손되게 하며 궁극적으로 사기를 떨어뜨린다."라고 지적했다. 그는 시장은 "이윤 동기, 극단적 분업, 인간 노동의 기계 대체 등에, 그리고 이를 통해 막대한 생산성을 달성하는 것에 토대를 두고 있는데, 이 과정에서 노동의 비인간화가 벌어진다."라고 설명하면서 이 중에서 어느 것도 의료에는 효과적이거나 적절하지 않다고 경고했다. 또한 "언론과 전문가들도 돌봄의 비인간화를 우려하고 있다."라며 "비인간화를 일으키고 있는 것은 과학이 아니라 시장 모델"이라고 주장

했다.[22]

의료 분야의 주요 싱크탱크인 킹스 펀드King's Fund의 한 정책 보고서는 일반의의 업무를 "서비스 산업"이라고 일컬으면서, "테크놀로지를 도입해 생산성을 올리는 데 있어 의료 서비스업은 여타 서비스업에 비해 크게 뒤처져 있다."라고 한탄했다. 이런 입장은 '주 7일 진료', '예약 없이 갈 수 있는 진료소'처럼 편의와 접근성이라는 "소비자" 기대를 충족시키는 쪽으로 정책 어젠다를 설정하도록 이끈다.[23] 진료는 거래로 재설정되었고 환자들은 진료를 받고 나서 고객 만족도 설문에 답한다.

시장 모델에 기반한 정책은 알렉스, 톰, 리즈가 다루는 고통의 무게를 거의 인식하지 않으며, 연속성이 그들의 일을 가능하게 한다는 것도 고려하지 않는다. 신뢰는 오랜 기간에 걸쳐 쌓아온 인간관계가 있어야만 유지할 수 있다. 그런데 양적 근거를 요구하는 정책 논쟁에서 이들이 수행하는 방식의 일반의 업무 모델은 설득력 있는 주장을 펴는 데 어려움을 겪는다. 사람들을 안심시켜주고 관계를 일구는 것의 가치를 어떻게 양적으로 측정할 것인가? 최근에야 매번 다른 의사에게 진료를 받는 환자들이 지속적으로 한 주치의에게 진료를 받는 환자들보다 병원 입원 가능성이 두 배나 높을 수 있다는 연구 결과가 나와 연속성의 효과를 입증했다.[24] 하지만 연속성이 중요하다는 주장을 하기 위해 의사의 전문가적 경험이 아니라 통계가 필요하다는 것 자체가 힘 빠지는 일이다.

지난 수십 년간 의료 개혁에서 '환자의 선택' 역량을 높이는 것이 핵심 목적으로 누차 천명되었다. 유권자들이 보기에는 반복되는 이 주장이 든든할 수 있다. 하지만 철학자이자 인류학자인 아네마리 몰Annemarie Mol은 "선택의 논리"와 "돌봄의 논리"는 정반대이며 전자가 후자를 훼손할 수밖에 없다고 지적했다.[25] 네덜란드의 당뇨병 전문 진료소에 대한 연구를 바탕으로, 몰은 이 두 논리 사이의 긴장을 탐구했다. "좋은 돌봄은 개개인이 정보를 잘 따져보고 선택을 내리는 것의 문제가 아니다. 좋은 돌봄은 아픈 신체와 복잡한 삶에 지식과 기술을 세심하게 적용하고자 하는 지속적이고 협업적인 시도에서 나오는 것이다." 몰은 "좋은 돌봄의 이상은 소리 높여 주장되지 않고 진료 행위에 조용히 통합되어 있지만"(애절리 힐에서도 볼 수 있었듯이 말이다.) 현재는 "이것이 위협에 처해 있으니만큼 분명하게 소리 높여 표현해야 할 때"라고 촉구했다.

아네마리 몰은 선택이란 근본적으로 정치적인 개념이라고 본다. 서구 문화에서는 막대한 상업적, 개인적 자원이 선택의 열망을 독려하는 데 투자되어서 그런 선택을 판매하고 우리가 그런 선택을 내리도록 설득한다. 아네마리 몰은 이것이 "규율의 기술"이라고 설명했다. 사람들이 자기 운명은 다 자기 책임이라고 생각하게 만드는 기술이라는 것이다. 하지만 수많은 불확실성이 존재하는 의료의 문제에서는 어떤 선택도 명확할 수 없다. 선택의 논리와 돌봄의 논리는 각각 필요할 때가 있지만, 선택의 논리 쪽에 특전이 놓이면 돌봄의 논리가 무시되는 문제가 생기며 그때는 둘이 충돌을 일으키게 된다. 몰은 이렇게 언급했다. "돌봄이란 과정이다. 여기에는 명확한 경계가 없다. 즉 돌봄은 열린 과정이고 시간의 문제다. 돌봄은 한 사람에게서 다른 사람에게로 깔끔하게 전달되는 사물이 아니라 모종의 결과를 향해 시간을 두고 함께 협업하는 여러 사람의 손을 통해 작동되는 결과다."

아네마리 몰이 주로 연구한 당뇨병은 치료가 불가능하므로 돌봄의 목적이 치료가 아니어야 한다. 서구 국가들에서 당뇨 및 기타 치료 불가능한 만성질환이 급격히 많아지면서 돌봄이 무엇을 의미하는가가 더 나은 의료를 위한 논쟁에서 핵심 이슈가 되었다. 몰은, 당뇨에 한해 말하자면 돌봄의 목적은 긴 수명과 행복한 삶 사이에 균형점을 찾는 것이라고 말했다. "좋은 돌봄의 특징은 침착하고 끈질긴, 하지만 너그러운 노력을 통해 환자의 상태를 개선하는 것, 혹은 환자의 상태가 악화되지 않게 하는 것"이다. 의사는 환자가 딱 선택을 내릴 수 있도록 정보를 제공하지 않는다. 그들은 함께 협업하면서 서로 다른 형태의 지식과 경험을 공유한다. 필요한 모든 정보가 다 모여서 결정을 내리기만 하면 되는 순간이란 영영 존재하지 않는다. 그러기에는 질병과 신체 모두 너무나 예측 불가능하다. 돌봄은 지속적인 관계에 뿌리를 두고서 그러한 불확실성을 허용하는 일이다.

아네마리 몰의 글은 알렉스, 리즈, 톰 같은 일반의들이 수행하는 일에 대한 열렬한 옹호이자 상세한 부연 설명이라고 읽을 수 있을 것이다. 몰은 돌봄의 논리가 삶의 다른 영역에도 적용되어야 한다고 본다. 돌봄의 논리는 "실패와 비참함에 대한 날것 그대로의 정직함"을 포함하기 때문이다. "질병, 죽음, 고통. 돌봄은 이런 것들에 직면하는 데서 시작된다. 이런 것들이 주변화되지 않는다. …… 가짜 확실성을 불러오지도 않는다. 의구심을 가지되 행동이 배제되지는 않는다. 이것은 실험적인 태도다. 세상과 상호작용을 하면서 무엇이 상태를 더 나아지게 하고 무엇이 그렇지 않은지 살피는 것이다. 돌봄의 논리에서 보면 행위자들은 고정된 임무를 가지고 있지 않으며, 행동이 행위자보다 중요하다."

일반의의 진료에서 돌봄 모델은 강력하지만 부서지기 쉬운 구성물이고, 수십 년에 걸친 제도와 직업의 역사, 사회적 합의, 문화적 기대의 산물이다. 현재의 일반의는 옛날의 '의사 겸 약제사'라는 기원과 아주 거리가 멀다. 당시에 그들은 아주 제한적인 의료 지식만 가지고 있었고 마지막에 의지할 곳으로 찾는 사람들이었다. 또한 현대 일반의의 업무는 20세기 초 선배들이 하던 업무와도 거의 관련이 없다. 20세기 초의 일반의들은 1911년 국가의료보험이 최초로 법제화되면서 국가보험 의사 명부에 등록했고, 대부분의 시간을 환자가 실업수당을 받을 수 있게 진단서를 끊어주는 데 썼다. 현대의 일반의 업무는 NHS 도입 초기 일반의 진료 분야에 만성적으로 자금이 크게 부족하던 때와도 다르다. 1950년의 「콜링 보고서Colling Report」에는 난방도 되지 않는 대기실, 도로까지 줄을 선 사람들, 의자 하나 달랑 있는 진료소 등의 실태가 나와 있다. 일반의는 의료의 위계에서 가장 아래까지 떨어져 있었다. NHS가 만들어지고 거의 20년이 지나서야, 그리고 일반의들의 불만이 위기 수준까지 치닫는 일이 수차례 벌어지고서야 적절한 자금 지원을 받을 수 있었다. 1957년에 일반의들의 대규모 은퇴가 있었고 1960년대 초에는 수천 명의 일반의가 보수와 처우가 더 나은 호주, 뉴질랜드, 캐나다로 대거 빠져나가면서 또 위기가 있었다. 그리고 1960년대 말이 되어서야 일반의의 역할에 대한 재조명이 이루어졌고 환자를 그 자체로 관심을 가져야 할 고유한 개인으로 보는 새로운 관점이 생겨나 '내러티브 의학 narrative medicine' 개념이 널리 퍼졌다. 이는 당대의 지적 낙관주의가 표현된 것이라고 볼 수 있으며, 인간 역량에 대한 깊은 신뢰의 표현이자 인권에 대한 정치적 헌신에 의해 뒷받침되는 것이었다. 일반의인 마거릿 맥카트니Margaret McCartney가 언급했듯이, 이 시점에 일반의는 사회적인 역할을 갖게 되었다. "사업가, 선교사, 혹은 사회주의자가 되고자 하는 것이 일반의가 되려는 세 가지 주요 동기였다. 그리고 1970년대에는 그중 세 번째가 크게 증가했다."[26] 그 세대가 은퇴할 나이가 되면서, 이제 그들의 후배들이 자신의 역할을 무엇으로 삼을 것이냐가 중대한 질문이 되었다. 이와 관련해 의사들은 깊이 분열되어 있다. 어떤 이들은 비즈니스 행위자의 역할을 선택해 민간 기업의 봉급 노동자처럼 일하며, 이들의 숫자는 점점 많아지고 있다. 의사들은 자율성을 잃고, 이윤 추구 기업의 조직 논리가 부과하는 임무들을 따라야 한다.

의사가 의료 기술을 많이 가지지 못했던 19세기에 의사의 일은 희망을 가진 환자와 공모해서 수행하는 공연이었고 그가 하는 주된 업무는 돈을 받을 수 있을지를 가늠하는 것이었다. 고통스럽게, 그리고 느리게 의사라는 직업은 가장 높은 윤리적 기준을 가진 직업으로 바꿔었고 놀라운 성취를 이뤘다. 하지만 현재는 모든 면에서 압박에 처해 있다. 레이먼드 탤리스는 의학의 역사에 관한 책『히포크라테스의 선서*Hippocratic Oaths*』에서 "사회의 소비주의적 가치와 이제까지 의료에 가장 좋은 지침을 주었던 가치 사이에 긴장이 벌어지고 있다."라고 지적했다. 후자는 "의료를 권력 남용, 돈을 통한 매수, 부패의 위험이 만연하던 직종에서 진정으로 돌보고 보살피는 직업으로 바꾸어낸" 가치들이다. 돈을 낼 수 있는 사람은 언제나 의료를 제공받을 수 있을 테지만, NHS는 "소득에 상관없는 연대"라는 이상을 나타내는 제도였다. 버거가『행운아』에서 내린 다음과 같은 결론은 50년 전의 잉글랜드 서부 포레스트오브딘에서만큼이나 오늘날에도 유의미하다. "개별 존재의 삶의 가치를 이해해야만 일반의가 행하는 노동의 가치를 그가 그 삶을 지탱해주는 방식에 부합하게 이해할 수 있다." 그런데 위험하게도 우리는 이 통찰을 잃어버리고 있다.

pity

명사 다른 이의 상황을 보았을 때 일어나는 슬픔과 연민의 감정.

pity

동사 불우한 사람에 대해 슬픔을 느끼다, 동정심을 느끼다, 연민을 느끼거나 연민의 느낌에 따른 행동을 하다.

돌봄의 속성 자체가 오남용되고 실패하기 너무 쉬워서 돌봄을 묘사하는 말이 의미를 잃고 무너지는 경우가 많은 것 같다. '동정pity'이라는 단어의 운명이 이를 잘 보여준다. 취재 과정에서 만난 사람들은 자신이 동정하는 것이 아니라고, 혹은 동정을 원하지 않는다고 강조해서 부인할 때가 아니면 아무도 이 단어를 사용하지 않았다. 의료 전문가들은 이 단어가 해롭다고 생각했고, 따라서 이 단어는 의료계에서 제거되었다. 돌봄 관계에는 권력 불평등이 가득하고, 동정은 시혜적 태도의 도구로 사용되었던 역사 때문에 의미가 오염되었다. 너무나 자주 이 단어는 돌봄에 따라다니곤 하는 경멸과 연결된다. 영어 단어 중에 '동정'보다 더 혐오를 불러일으키는 단어도 몇 없을 것이다. 하지만 이 단어는 거대한 역사를 담고 있다. 프랑스어 피티에pitie는 장 자크 루소가 열린 마음의 "원초적 충동"을 묘사하기 위해 사용한 단어다. 그는 이 충동이 안타깝게도 문명에 의해 잠식되었다고 보았다. 개인의 "넓고 열린 마음은 그들의 고통으로 울부짖고 그들의 괴로움에 한숨 쉬지만 세속의 인간이 탁월해지고 두드러지기를 갈망하면서 동정심은 야망에 눌려 시들어버린다."라는 것이다.[1]

동정의 어원은 라틴어로 '의무감', 옛 프랑스어로 '연민', 중세 영어로 '부드러움, 관용적임, 자비로움' 등을 뜻하는 단어들이다. 이 모든 멋진 연상이 오늘날에는 동정이라는 단어와 잘 연결되지 않는다. 그 어원인 라틴어 피에타스pietas와의 밀접한 관계는 오히려 위선적으로 보인다. 누구도 동정이 타인에 대해 우리가 마땅히 느껴야 할 감정이라고 여기지 않고 자신이 동정받기를 원하지도 않는다. 유일하게 이 단어의 사용이 받아들여지는 경우는 '자기연민self-pity'이라는 의미에서뿐인데, 이마저도 부정적인 뉘앙스를 가지고 있다.

하지만 한때 우리는 떳떳하게 동정에 대한 갈망을 표현했다. 톨스토이는 「이반 일리치의 죽음」에서 이렇게 적는다. "이반 일리치를 가장 괴롭힌 것은 아무도 그가 바란 방식으로 그를 동정하지 않는다는 것이었다. 긴 고통을 겪고 나서, 그는 너무나 동정받고 싶었다. 그렇다고 고백하기는 부끄러웠지만 말이다. 그는 동정받는 아픈 아이처럼 그를 동정해줄 누군가를 원했다." 그웬 래버랫 다윈Gwen Raverat Darwin은 할아버지 찰스 다윈Charles Darwin에 대한 회고를 기록으로 남겼다. 그웬은 자신의 어린 시절이었던 19세기 빅토리아 시대에 할아버지 댁에서 아프다는 것은 "대단히 대접받는 일이고 애도 섞인 즐

거움의 사건"이었다고 언급한다. 아마도 할아버지가 늘 아프
셨는데 "아이들이 모두 할아버지를 너무 좋아했고 다들 할아
버지를 따라 하곤 했으며" "이 식구 저 식구가 들여다보면서
동정하고 간호해주는 것이 좋았기 때문"이었을 것이라고 설
명했다.[2] 아플 때 우리는 자신을 아껴주는 사람들의 관심에서
위로받는다. 하지만 우리는 더 이상 그웬처럼 정직하게 그것
을 인정하지 않는다. 적절한 사람에게 동정받는 것이 '기분 좋
은' 일일 수 있음을 인정하지 않는 것이다.

이제는 '동정' 대신 '공감empathy'이라는 단어가 쓰인다. 이
전환은 돌봄에 관한 이해에서 벌어진 중요한 변화와 그 기저의
원인에 대해 시사하는 바가 있다. 동정의 어원을 보면 이 단어
가 [돌봄의 동기로서] 세 가지 개념을 포함하고 있음을 알 수 있
다. 의무duty, 관용clemency, 온화함mildness이다. 하지만 duty
는 이제 개인의 자유를 제약하는 암울한 요인으로 여겨지고,
mildness는 이 맥락의 의미로는 쓰이지 않으며 clemency는
단어 자체가 이제 거의 쓰이지 않는다. 이러한 단어들 대신, 이
제 돌봄의 동기로서의 초점은 '공감'에 놓인다. 이와 함께 돌봄
제공자가 적어도 환자의 감정 상태를 상상할 수 있어야 하고
더 좋게는 그것을 공유할 수 있어야 한다는 기대가 생겨났다.
동정이라는 단어를 되살리자고 주장하려는 것은 아니다. 단어
란 사라지기도 하고 다시 살아나기도 하는 법이니 말이다. 하
지만 우리가 잃은 것이 무엇인지 생각해보는 것은 의미 있는
일일 것이다.

6

목격자 되기

: 간병인의 곁에서

그래서 우리는 목격자가 된다.
우리 자신에도 불구하고, 우리 너머의 것에 대해 증인이 된다.

제프리 힐Geoffrey Hill, 「장송곡Funeral Music」, 『제프리 힐 시선New and Collected Poems』(1952~1992)

미드랜드 산업 지구에 있는 어느 사무 건물의 회의실에 혼자 앉아 기다리면서, 내 눈은 계속해서 두 개의 플래카드로 향했다. 웃고 있는 할머니의 주름진 얼굴과 꽃 몇 송이, 친절한 얼굴을 한 사람이 도움을 주기 위해 몸을 기울이고 있는 모습이 그려져 있었다. 나는 방문 간병 서비스 회사를 취재하러 온 참이었다. 친절함을 비즈니스로 만들었다고 말할 수 있을 것이다. 같은 건물 복도 아래에는 엔지니어링 및 난방 회사가 입주해 있었다. 우연인지 필연인지, 이웃한 두 회사 모두 따뜻함을 판매한다.

이곳의 방문 간병인인 수가 이 사무실로 나오는 경우는 거의 없다. 대개 고객의 집을 방문 중이거나 다음 방문 장소로 차를 타고 이동 중이다. 회사나 동료와의 연락은 휴대폰에 깔린 앱으로 한다. 수는 매번 방문시간과 종료시간을 입력해야 한다. 수가 늦게 움직이면 사무실로 보고가 간다. 그의 일은 면밀하게 감독되면서도 외롭게 수행된다.

"저는 정말로 제 일을 좋아합니다. 하지만 어떻게 해왔는지 모르겠을 때가 있습니다." 수는 부드러운 미소와 함께 이렇게 인정했다. 처음에는 별로 할 이야기가 없을 것 같다더니 곧 거의 쉬지 않고 이야기를 쏟아냈다. "한 할머니 고객은 불안이 너무 심해서 간병인 상당수가 그 집을 다시 방문하기를 거부합니다. 가족들은 정서적으로 거리감이 있고 그분을 현재 상태가 아니라 예전의 모습으로 생각하는 것 같아요. 그 집에 갈 때마다 어떤 상태일지 너무나 걱정이 되어서 복통이 도집니다. 비명을 지르고 계시거나 사방을 어질러놓으셨을 수도 있고 진정시키기 매우 어려울 수도 있거든요." 수는 잠시 쉬었다가 이렇게 말했다. "그분이 주도권을 가지게 하면서도 통제력을 유지해야 해요. 그분은 가슴에 맺힌 많은 것을 발산할 필요가 있고 저는 그것을 들어드려야 합니다. 그러면서 걱정을 가라앉힐 방법을 찾지요. 가장 힘든 고객 축에 속하는 분이세요. 늘 비판을 쏟아내고 모든 것이 잘못되었다고 하시지요. 매우 힘듭니다. 원래는 대학 강사셨다는데, 이제 자신이 나이가 들었고 남의 도움이 필요하다는 사실을 받아들이지 못하세요. 하지만 한바탕 그러고 나면 저에게 이야기를 해줍니다. 굉장히 재밌으시고, 예전에 저를 돌봐주던 할머니가 생각나요. 바짝 긴장하고 신경 써야 하지만, 그럴 만한 가치가 있는 시간이죠."

"또 다른 할머니 고객은 놀랍도록 결연한 투지를 가지고 계세요. 독특한 면이 있기는 합니다. 이분이 하루의 마지막 콜인데, 그 집에서 콜이 오면 계속 가게 됩니다. 그분이 편찮으실 때도 그분 콜을 받는 것은 좋습니다. 늘 저를 웃게 하고 유머감각도 좋으시지요. 그분은 우리를 신뢰하고 우리에게 조언을 구합니다.

한 고객은 치매 3기인 할머니세요. 퍼스널 케어[씻기고 용변을 처리하는 등 개인위생과 관련된 돌봄]를 조금이라도 할 수 있게 허용해주시면 아주 운이 좋은 날이에요. 매우 공격적으로 변하시기도 하거든요. 의자에 앉아서 사흘이나 꼼짝도 하지 않은 때도 있어요. 사방이 대변 천지일 수도 있고요. 어느 날은 정신이 맑고 재밌으시다가도 다음 날이면 곰돌이 인형에게 이야기를 하시곤 합니다. 저더러 냅두고 가라고 하시기도 했어요. 그분이 너무 걱정되었습니다. 다들 그분이 그냥 미끄러지도록 두려는 것 같았어요. 한번은 퍼스널 케어를 받지 못한 채로 며칠이나 방치되신 적이 있었어요. 냉장고에 먹을 것도 없더라고요. 저는 상황을 보고했고 치매 위기팀이 출동했습니다. 이런 경우에 정말 화가 나죠. 저는 제 가족일 수도 있다고 생각하는데 다른 간병인은 저만큼 잘 살피지 않았나 봐요."

수가 일하는 회사는 방문 간병 회사 중에서 최상급이라고 할 수 있다. 한 번 방문에 1시간은 쓰도록 허용된다. 수는 고객과 관계를 쌓을 기회를 가질 수 있고 그것이 만족스럽다. 하지만 이 때문에 회사는 지역 당국의 예산을 훨씬 넘는 비용을 들이게 된다. 그래서 [정부 지원금을 받는 고객이 아니라] 자기 돈을 내는 고객을 대상으로 서비스를 제공한다. 고객은 대개 초록이 무성한 교외 지역에 사는 부유한 사람들이다. 그러나 이렇게 시장의 최상위 수준에서도 수의 숙련된 노력이 받는 보상은 보잘것없다.

"아이들 학교에 데려다주고 다시 데리러 가기 전에 일을 합니다. 아이들에게 먹을 걸 챙겨주고 남편이 집에 오면 다시 일을 하러 가요. 매우 서둘러야 할 때도 있습니다. 아이들을 방과후클럽에 데려다주고, 저녁식사를 차리고, 교통 체증에 시달려야 하거든요. 월요일부터 수요일이 힘들어요. 주말 콜도 종종 다사다난합니다. 낮이고 밤이고 언제 전화가 올지 몰라요. 우유가 필요하다는 고객도 있고, 시간을 헷갈렸다는 고객도 있고, 병원으로 들어가신 고객도 있지요. 그런 주말이면 가정생활은 계속 방해받게 됩니다. 그렇게 하고 152파운드[약 24만 원]를 받습니다.

전에 세인즈버리 슈퍼마켓에서 일을 했는데 밤 근무를 견딜수가 없었어요. 요양원 일을 알아보았는데 일과가 너무 빡빡하게 짜여 있어서 그건 할 수 없겠더라고요. 개인적인 관계를 발달시키는 것이 불가능해 보였죠. 지금 일은 일하는 시간이 길어요. 이동시간을 포함해 12시간 일하는 경우도 있습니다. 이동시간은 돈을 못 받아요. 하지만 저는 제가 돌보는 고객들이 좋고, 일하는 시간대도 지금 제 생활과 잘 맞습니다. 일반적으로 한 달에 850파운드[약 133만 원]를 벌어요.

제가 방문하는 곳 중에 부부가 모두 치매인 집이 있어요. 아내분은 독일 난민 출신이고 사람들을 잘 믿지 못하세요. 남편분은 음식에 매우 까다로우신데 아내분은 여전히 직접 요리를 하고 싶어 하세요. 저는 아내분의 자리에 끼어들지 않으려고 하지만 쉽지는 않습니다. 시간이 1시간밖에 없으니까요. 정말 요령이 많이 필요해요. 굉장히 힘든 고객도 있습니다. 하지만 누군가는 이 일을 해야죠. 그 누군가가 저라서 다행이라고 생각해요. 어느날 제가 돌봄을 받는 처지가 될 수도 있으니까요. 그리고 그렇게 되었을 때 누군가가 저를 잘 돌봐주면 좋겠습니다. 저는 아주 열심히 일해요. 저는 이것이 아주 커다란 순환 고리라고 생각합니다. 제가 받은 만큼 돌려주면서 시스템을 다시 채워주는 것입니다. 제 상사의 반만큼만 할 수 있으면, 그리고 제 기억력이 그분만큼 뛰어나다면 너무 좋을 것 같아요. 정말 영감을 많이 주는 분입니다. 고객 개개인에 대해 조언해주세요. '그 고객께는 아일랜드 이야기를 해봐요. 차분해지실 거예요.' 이렇게요.

사람들은 저더러 '그저 간병인'이라는 식으로 말합니다. 학교 정문에서 제가 방문 돌봄 일을 하고 있다고 말했더니 다른 학부모들이 좀 묘하게 보더라고요. 한 학부모는 제가 아이를 봐주는 사람이라고 잘못 알아들었는데, 아니라고 알려주자 얼굴이 달라졌어요. 저는 아이들은 절대로 돌보지 못할 것 같습니다. 어르신들은 세상에 너무 많은 것을 기여하셨으니 그분들에게 배울 수 있는 것이 많습니다. 저희 언니는 앰블런스 운전사인데 제가 하는 일은 절대 못할 것 같다고 해요. 하지만 저는 이 일이 좋습니다. 고객의 집을 나선 후에도 계속 고객들에 대해 생각합니다."

수가 일하는 회사는 고객과 맺는 관계의 질을 강조하고 그것에 대해 시장 가격보다 높은 가격을 매긴다. 회사의 마케팅 전단지에는 "돌봄"이라는 단어가 스물다섯 번이나 나오며 연민, 존중, 존엄, 사랑 같은 단어도 자주 등장한다. 이 회사는 "사람을 돌보는 것을 소중한 특권으로 생각"하고 "고운 마음씨"

를 가진, "진정으로 잘 보살피는 본성을 갖추고 있고, 공감하며, 최고 수준의 돌봄 경험을 제공하기 위해 헌신할" 사람을 채용한다고 한다.

웹사이트에서 이러한 묘사들을 읽다가 사업 모델을 설명하는 탭을 클릭했다. 치매 인구와 노인 인구 증가를 보여주는 그래프들이 있었고, 이 업계는 불황을 겪지 않을 것이라는 설명과 예상 매출이 적혀 있었다. 웹사이트를 보고 있노라니 채팅창이 나타났고 '팀'이 나타나 어떤 질문에라도 대답해준다고 했다. 팀은 그들의 모델로 사업을 성장시키면 100만 파운드[약 15억 6390만 원]의 매출을 올릴 수 있을 것이라고 했다. "순익은요?"라고 내가 채팅창에 물었다. 하지만 팀은 대답하지 않았다. 나중에 취재를 통해 알게 되었는데, 순익을 말하기 어려운 데는 이유가 있었다.

니콜라는 이제 막 20대가 되었다. 따뜻하고 화사한 인상에 늘 웃음을 띠고 있었다. 위아래를 검정으로 빼입고 코와 혀에 피어싱을 했으며 긴 머리카락을 늘어뜨리고 있었다. 전에는 미용사였고 2년 전쯤 이 회사로 왔는데, 마치 계시와도 같았다고 했다.

"처음에는 너무 걱정이 되어서 덜덜 떨릴 정도였어요. 특히 퍼스널 케어를 잘할 수 있을지 걱정이었어요. 하지만 이제는 괜찮습니다. 저는 원래 그렇게 자신감 넘치는 사람이 아닌데요, 하지만 지금은 무려 핵심 인력입니다. 새로운 간병인을 소개하고 긴급 콜을 관리하지요. 이런 일을 할 수 있을 거라고는 상상하지 못했어요. 전 아주 많이 발전하고 있습니다. 늘 간호사 일이 하고 싶었지만, 머리 쓰는 일이 싫었죠. 몸으로 때우는 스타일이거든요. 하지만 이제는 언젠가 병원에서 일하게 되기를 바랍니다.

보수는 미용 일을 할 때보다 높아요. 하지만 일하는 시간이 매우 길게 퍼져 있습니다. 오전 8시부터 밤 8시 30분까지 일하지만 급여가 나오는 시간은 6시간 정도예요. 방문 사이사이 시간에는 가게를 관리하는 다른 일을 합니다. 일주일에 간병 일을 20~30시간 하고요, 두 가지 일을 다 합하면 40시간 정도 일하는 것 같아요. 주말에 콜을 받는 것은 격주로 합니다. 방문 일정을 조정하고 메시지를 받거나 전달하기 위해 사무실로 출근하는 날도 있습니다. 간병 일로 세후 900~1000파운드[약 141만~156만 원]를 법니다. 갑자기 일거리가 줄지만 않으면요. 제로아워 계약으로 일하기 때문에 어느 고객이 사망하거나 병원에 들어가거나 하면 갑자기 일이 크게 줄어듭니다. 그래서 추가 콜이 들어오면 저는 대체로 받는 편이에요. 한번은 연달아 17일을 일한 적도 있습니다. 하지만 고객들을 제가 정말 좋아하기 때문에 괜찮아요. 친구들 대부분보다 돈을 많이 법니다. 일이 계속 들어오기만 한다면 꽤 큰돈을 벌 수 있어요.

저는 제 일을 좋아하고 고객 중에는 정말 굉장한 분들도 계세요. 1시간은 후딱 지나갑니다. 오늘 아침 방문에서는 축구 이야기를 했어요. 일을 하고 있다는 생각이 들지 않았습니다. 고객들은 가족 같아요. 그래서 고객을 잃으면 정말 슬픕니다. 할머니나 할아버지가 돌아가신 것 같거든요. 사람들은 너무 감정을 쏟지 말라고 하지만 그러기는 어렵습니다. 대부분의 시간 동안 저는 혼자 일합니다.

한번은 치매가 있는 할머니를 간병했는데, 화가 많이 나 있으셨어요. 그래서 꽉 안아드리고 기운을 북돋워드렸습니다. 할머니가 '정말 따뜻한 마음을 가지셨구려.'라고 이야기해주셨어요. 저는 이것이 고객들에게 필요한 일이라고 생각해요. 한 고객은 다른 간병인은 집에 오게 허락하지 않으셨어요. 그 집에는 저만 갈 수 있었습니다. 제가 휴일일 때 돌아가셨는데, 많이 속상했습니다.

때로는 시간에 맞추기가 너무 어렵습니다. 약을 챙기고, 씻는 것을 돕고, 침대 시트를 갈고, 세탁기를 돌리고, 세탁물을 꺼내고, 아침식사 준비까지 다 해야 하거든요. 씻고 나면 훨씬 기분이 좋아지세요. 퍼스널 케어는 매우 중요합니다. 어떤 분들은 그저 이야기만 나누기를 원하세요. 이야기 나누는 것이 그분들을 얼마나 행복하게 하는지 모르실 거예요. 새로운 고객 방문을 시작하면 신뢰를 쌓아가면서 어떤 일이 일어나도 대응할 수 있게 긴장하고 대비해야 합니다. 퇴근해서 집에 오면, 이분은 괜찮으실까, 저분은 어쩌고 계실까 걱정이 되기도 합니다. 고객들이 많이 걱정돼요.

어떤 이들은 저더러 '그저' 간병인이라고 말합니다. 하지만 분명히 말씀드리는데 우리는 고객의 하루를 훨씬 나아지게 만드는 사람들입니다. 다른 사람에게 이런 점을 설명하기는 아주 어렵습니다. 하지만 상관없어요. 저는 제가 누군가의 삶을 훨씬 더 나아지게 하고 있다는 것을 알고 있습니다. 농담이 아니고요, 많은 친구들이 미용과 네일 분야에서 일하지만, 사람들이 꼭 손톱 손질과 머리 염색을 절실히 필요로 할까요? 노인 인구가 많으니 제가 일자리에서 밀려날 일은 없을 것입니다. 곧 일자리는 돌봄 영역에만 남게 될 거예요.

진이 빠지는 일이기도 하지만 노인들을 돌보는 일은 만족감을 줍니다. 사람들은 퍼스널 케어가 간병 일의 전부라고 생각하지만, 저는 다른 사람들이 우리가 무엇을 하는지를 좀 보고 알았으면 좋겠어요. 우리가 나누는 모든 대화와 웃음도요. 한 할머니는, 내일 그분을 세 차례 방문할 예정인데요, 시종 말씀을 멈추지 않으세요. 양치질을 하면서도 이야기를 하시지요. 우리는 함께 낄낄대며 웃습니다."

이 회사 사무실의 화이트보드에는 이름이 적힌 목록이 두 개 있다. 하나는 그 달에 회사를 그만둘 직원 명단이고 보다 짧은 목록은 그들을 떠날 고객의 명단이다. 행정팀의 핵심 임무는 이 둘 사이의 관계를 관리하는 것이다. 여기에서 "따뜻한 마음"은 숫자와 시간으로 치환된다. 매년 절반 이상의 고객이 떠난다. 직원 이직률도 마찬가지로 높다. 이런 불안정 때문에 지속적인 마케팅과 채용이 필요하다. 그러려면 소규모 기업으로서는 상당한 비용을 들여 이 일을 전담하는 풀타임 직원을 두어야 한다. 간병인 구인은 매우 어렵다. 슈퍼마켓 계산원 등 보수를 더 많이 줄 뿐 아니라 근무시간은 더 짧고 책임 부담도 더 적은 일과 경쟁해야 하기 때문이다. 또 제로아워로 일하는 간병인에게 꾸준히 충분한 일이 주어지려면 새 고객이 지속적으로 유입되어야 한다. 그렇지 않으면 간병인이 떠나버릴 것이다. 이 미묘한 균형을 잘 맞춰야 한다.

이 일은 속성상 예측이 불가능하기 때문에 행정팀은 들어오는 콜의 할당을 관리하느라 장시간 일하고 있었다. 한 고객은 병원으로 갔고, 다른 고객은 손목을 접질러서 도움이 더 필요했다. 또 다른 고객은 손주 생일이라 집에 없을 예정이었고, 또 다른 고객은 병원 예약이 있었다. 한 간병인은 몸이 아팠고, 다른 간병인은 아이가 아팠다. 140명의 고객, 1400시간의 간병, 등록되어 있는 85명의 간병인(거의 파트타임이다.)을 관리해야 했다. 실수의 여지는 허용되지 않는다. 콜을 놓치면 죽고 사는 문제가 될 수 있다. 행정팀장은 "번아웃되기 쉬운 일"이라고 인정했다. 수요일이었는데 이후 2주 사이에 할당되어야 할 콜이 아직 200건이나 남아 있었다. 다음 날 저녁에 내가 사무실을 나설 때도 아직 50건에 간병인이 배정되지 못한 상태였다.

존은 8년 전에 이 회사를 차렸다. 약국, 정보기술, 보험 분야에서 일한 경험이 있는 그는 늘어나는 식구를 부양할 탄탄한 사업을 운영할 수 있으리라 기대했다. 돌봄의 질에 대해 높은 기준을 가진 윤리적인 기업을 만들고 싶었다. 그는 집을 담보로 잡히고 초기 자금을 마련했다. "선의가 담긴 무언가를 하고 싶었습니다. 그런데 이제까지 정말 힘들었습니다. 제가 했던 일 중 가장 스트레스가 컸습니다. 아직도 일주일에 엿새씩 일하고 정말 장시간 일합니다. 아마 주 60~70시간 될 거예요. 회사의 모든 직책에서 지속적으로 인력 충원 문제를 겪고 있습니다. 7년 사이에 매니저가 세 번 바뀌어서 지금이 네 번째입니다. 우리는 양질의 인력을 충분히 끌어오지 못하고 있고 인력을 계속 유지하는 것도 어렵습니다. 간병 일은 테스코 마트 일에 비하면 보수가 적습니다. 그런데 약 먹이는 일, 환자를 옮기거나 천장 리프트를 사용해 환자를 들어 올리는 일 등을 하면서 엄청난 책임과 부담을 지고 있습니다. 세계적으로도 간병인이 부족하다고 들었습니다. 우리 사회는 결국 테크놀로지에 의존해야 할 것입니다. 농촌 지역에 가려는 간병인은 구할 수가 없습니다. 그들로서는 그럴 만한 가치가 없거든요. 40세 이하 젊은 사람 중 1년을 버티는 사람은 열에 한 명밖에 안 됩니다. 사업의 수익성을 유지하는 데 어려움을 주는 문제들이 늘 생깁니다. 직원들의 근무를 계속해서 저글링해야 합니다. 사무실로 들어오는 콜을 계속 관리해야 하지요. X 할머니에게는 점심을 드려야 하고 Y 할아버지에게는 약을 새로 받아다 드려야 하고요.

규제와 감독이 증가했습니다. 서류 작업 전담 직원을 뽑아야 할 정도입니다. 방문 간병은 매번 기록되어야 합니다. 방문에서 이뤄진 모든 일이 상세히 보고되어야 하지요. 우리는 언론과 정부의 신뢰를 받지 못하고, 그것이 너무나 많은 규제로 이어졌습니다. 새로 도입된 간병 자격증Care Certificate 제도에는 250개 기준이 적시되어 있습니다. 간병 지원자가 250개 항목 각각을 충족시킨다는 근거가 있어야 합니다." 신규 채용된 간병인은 4일간 교육을 받는데, 그 기간에는 임금이 지급되지 않는다. 교육 과정을 근무라기보다는 취업 면접 과정의 일부로 간주하는 것이 이 업계에서 일반적이다. "그들은 간병 일을 전문직화하려 합니다. 그래서 간병인 교육은 이제 양극성장애나 조현병 같은 정신건강에 대한 것까지 포함하고 있어요. 그리고 1차 응급처치 활동도 포함합니다. 반면 이런 교육의 양과 밀도에 질려서 사람들이 엄두를 내지 못하기도 합니다. 최근 교육 중에 그만둔 분이 있는데, 스무 살 더 젊었으면 모를까 지금은 이 모든 교육을 감당할 수 없다고 하시더군요.

이 일은 마음과 감정을 기반으로 하는데, 전문직화가 이 일을 가치 있게 여기는 좋은 방법인지 잘 모르겠습니다. 간병 자격증은 병원, 요양원과 방문 간병 전 부문에서 표준이 될 것입니다. 하지만 방문 간병 회사들은 보수와 노동조건이 더 나은 NHS로 결국에는 옮겨 가게 될 사람들에게 우리가 교육을 시키는 셈 아니냐고 말하곤 합니다."

제인은 채용 전담 풀타임 직원이다. 가는 곳마다 예의 주시하며 친절하다는 평판이 있는 사람을 물색한다. 무심한 듯 직설적으로, 제인은 자신은 간병 일을 못 할 것 같다고 말했다. "누군가가 잘 돌보는 성향을 갖게 만드는 요인은 무엇일까요? 저는 늘 이 질문을 합니다. 슈퍼마켓에서 매대 정리 일을 하는 어떤 사람이 잘 돌보고 살피는 사람이라는 말을 자주 듣는다고 합시다. 그렇지만 면접을 해보면, 대화라면 할 수 있겠지만 퍼스널 케어는 못 하겠다고 말할 겁니다. 이것이 많은 사람들에게 정말 장벽이에요. 연속성은 정말 중요합니다. 간병인도, 고객도요. 누군가와 관계를 깊이 맺고 있으면 퍼스널 케어를 하기가 더 쉽습니다."

"우리는 공감 능력이 있고 사려 깊고 친절한 사람들을 구하고 있습니다. 이 모든 특징은 어디에서 오는 것일까요? 타고나는 것일까요? 구인은 정말 어렵습니다. 장시간 일해야 하고 사람들과 어울릴 기회도 없으니까요. 책임은 막중하고요. 고객의 취약성과 의존성도 막대합니다. 고객 중에는 꾸준히 자신을 찾아오는 유일한 사람이 간병인인 경우도 있어요."

때로 제인은 운 좋게 정말 좋은 사람을 만나기도 한다. 토니는 거의 평생 건물 관리인으로 일했는데, 은퇴 후에 우체국에 갔다가 광고 하나가 눈에 들어왔다. 지금은 간병인으로 몇 년째 일하는 중이며, 자신이 이 일을 얼마나 좋아하는지에 아직도 놀라곤 한다.

"평생 이 일을 했더라면 얼마나 좋았을까 싶습니다. 고객을 보면서 얻는 만족을 전에는 느낀 적이 없어요. 전 사람들을 좋아합니다. 일을 시작한 초기에는 잘할 수 있을까 의구심이 있었지요. 집에 가서도 일 생각에 밤새 잠을 못 잤습니다. 하지만 이제는 경험이 쌓였고 사무실에서 지원도 잘해줍니다. 치매 환자 중에 폭력적으로 굴거나 무례해지는 사람도 있지만 이렇게 생각합니다. 하느님, 그래도 제 처지에 감사하며 이 일에 임합니다. 전 사람들을 판단하지 않습니다. 제가 그를 위해 할 수 있는 일을 다 하고 집을 나설 때 그의 얼굴에서 웃음을 볼 수 있다는 데서 만족을 얻을 뿐입니다. 아내는 제가 이렇게 행복하게 지내는 것을 본 적이 없다고 말해요. 딸도 제가 아주 많이 달라졌다고 하고요. 더 여유 있어졌고 더 재미있는 사람이 되었다고 합니다.

일주일에 여섯 번 방문해서 돌봐드리는 고객이 있습니다.

원래 남편분 간병을 했는데 그분이 돌아가시기 전에 아내 간병도 부탁하셨어요. 그래서 지금은 아내분을 간병하고 있습니다. 가벼운 집안일을 하고 다리를 주물러드리고 양말을 신겨드립니다. 이런 일이 여자들 일이라고 여겨지지만 신경 쓰지 않습니다. 청소는 여성만의 일이 아닙니다. 퍼스널 케어는 매우 단순 명쾌한 일이라고 생각해요. 제 일에서 이것은 매우 본질적인 부분이고, 그러므로 수행할 뿐입니다.

거의 매일 일합니다. 6시에 일어나서 7시 45분에 첫 콜을 받아 집을 나섭니다. 이 일을 하려면 적성이 좀 필요하긴 합니다. 어떤 사람들은 이 일이 쉽다고 생각하는 것 같아요. 그저 누구와 앉아 차 한 잔 마시는 것이겠거니 하면서요. 그렇게 예상하고 들어온다면 큰 실수입니다. 가장 중요한 것은, 고객이 저와 함께 있는 것을 편안히 여기게 하고 제가 다시 오기를 기대하게 하는 것입니다.

전 그분들을 동정하지 않습니다. 동정해서는 안 됩니다. 제가 아팠을 때 저는 동정을 원하지 않았어요. 아주 아팠던 적이 몇 번 있는데 그때 절 돌봐준 사람들은 제 고통을 이해해주었습니다. 거의 죽을 뻔한 적이 있는데 매우 운이 좋아서 살아났어요. 삶은 소중합니다. 그때 이래로 저는 삶을 매우 다르게 보게 되었습니다. 저는 이 일을 돈 때문이 아니라 좋아서 합니다. 돈으로 따지면, 이 일에 필요한 숙련 기술에 비해 보수가 형편없죠. 때로 옛 지인들을 만나면 제가 간병인이 된 것을 믿기 어려워합니다. 몇 년 더 일찍 시작했더라면 저는 더 좋은 사람이 되었을 것입니다. 아내는 절 보고 자기가 결혼한 남자 맞냐고 해요. 원래 전 좀 어색해하고 뻣뻣한 사람이었거든요. 시기심 많은 돼지였죠. 고객들이 절 많이 달라지게 했고 겸손하게 만들어주었습니다. 고객 대부분은 아주 심각한 문제를 가지고 있지만 그 문제를 이야기하는 사람은 거의 없습니다. 너무나 용감하고 관대한 분들이지요.

완전히 새로운 세계에 들어온 것 같습니다. 아주 풍성한 세계입니다. 그 광고 하나가 제 삶을 바꾸었고 계속해서 바꾸고 있습니다. 그만둘 생각은 없어요. 할 수 있는 한 계속할 겁니다. 유일한 단점은 사람들이 죽는다는 것이에요. 이루 말할 수 없을 정도로 힘듭니다. 지금도 집에 가서까지 일 생각을 합니다. 그래도 지금은 안정적인데, 전에는 내가 무엇을 할 수 있을지 걱정이 되어서 잠을 못 이룬 날이 많았습니다. 걱정 스위치를 끌 수가 없어요. 이분들이, 저는 친구들이라고 부릅니다만, 다 제 가족 친지 같거든요."

정신건강 전문 간호사이던 패멀라는 서류 작업 부담에 질려 NHS를 그만두었다. 하지만 돌봄 일로 다시 돌아왔고 이 회사의 간병인 일을 하기로 했다. 자율성이 좋았기 때문이다.

"이러한 종류의 방문 간병 일은 소통이 부족한 것이 힘들긴 합니다. 간호사였을 때는 회의가 많았고 늘 위험 평가를 했어요. 영감을 주는 많은 사람들과 함께 일했지요. 지금의 일에서는 그러기가 힘듭니다. 혼자 일해야 해요. 그리고 고객을 방문하러 가면 기록을 해야 합니다. 이 일은 과업 중심적이에요. 처음에는 그게 매우 힘들었습니다. 방문해서 간병할 때 저는 정신건강 전문 간호사 출신으로서 갖추게 된 능력을 많이 활용합니다. 다른 사람들은 어떻게 대처하는지 모르겠어요. 한 할머니는 고통스러워하면서 집에서 나가려고 하셨어요. [업무 활동을 객관적으로 리뷰하고 성찰하는] 성찰적 실행reflective practice 방식을 더 많이 도입하면 이직을 막고 직원을 유지하는 데 도움이 될 거라고 생각합니다.

최근에 임종이 얼마 남지 않은 고객이 있었어요. 2인 1조로 증원을 해야 했죠. 즉 간병인이 두 명 필요했습니다. 좋은 간병인과 일하는 것은 굉장한 경험이에요. 정말 좋았어요. 그들은 가족에게 존중과 사랑으로 대했습니다. 그 고객분은 댁에서 돌아가셨어요. 매우 평온하게요. 마음이 참 좋았습니다.

저는 정말로 이 일이 가치 있다고 생각합니다. 치매 환자 간호를 충분히 많이 해보았기 때문에 좋은 돌봄이 치매 진행을 늦추는 데 얼마나 도움이 되는지 잘 압니다. 늘 무언가를 되돌려주어야 한다고 느낍니다. 저는 멋진 삶을 살았습니다. 제 아버지도 그렇게 느끼셨지요. 저는 제가 하는 일이 중요하다는 것을 압니다. 이러한 인식과 제가 하는 일에 대한 확신이 내적인 동기부여가 돼요. 이것은 타고난, 본능적인 것입니다. 저는 매우 사랑이 넘치는 가정에서 자랐습니다. 아버지는 자원봉사 활동을 많이 하셨어요. 그래서 저도 늘 노인분들을 돕는 자원봉사를 했지요.

감정적으로 너무 몰입하지는 않습니다. 이것도 고객의 인생 여정의 일부라는 것을 아니까요. 상황을 더 나아지게 하기 위해 할 수 있는 일은 늘 있습니다. 저는 제가 미칠 수 있는 영향을 절대로 가치 절하하지 않습니다. 직원 한 명 한 명이 다 변화를 만들 수 있습니다. 자격증이 있든 없든 말이에요."

패멀라는 이 일의 가장 큰 단점은 낮은 보수라고 말했다. 그 부분은 솔직히 화가 난다고 인정했다. "시간당 약 8.5파운드[약 1만 3300원]밖에 안 됩니다. 제 딸은 대학에 가기 전에 파트타임으로 마트에서 일했는데 8시간을 내리 일하고 저보다 훨씬 많이 벌었어요."[1]

존의 마지막 말은 우울했다. "제가 일해본 어떤 업계 일보다도 힘듭니다. 보험 업계 사람들은 책임은 절반만 부담하는데도 돈은 두 배로 벌지요." 그는 힘들어하며 이렇게 인정했다. "우리는 돌봄을 소명이라고 느끼는 사람들의 마음을 이용하고 있어요."

스트레스가 심하고 불안정한 간병 사업은 고객과 그 가족, 그리고 직원들의 다양한 걱정과 불안을 다루어야 해서 막대한 부담에 짓눌리기 쉽다. 1년에 한 번 크리스마스 파티를 제외하면 간병인들은 서로를 만날 일이 거의 없다. 개개인의 노력을 떠받쳐줄 공동의 목표라든가 유대감을 일으키고 북돋워줄 조직적, 제도적 구조도 거의 없다. 언어도 문제다. 이 회사 관리자는 돌봄을 '산업'이라고 일컫는 추세가 마음에 들지 않는다고 했다. 돌봄은 소명이며, 모든 인간이 가치를 갖는다는 믿음을 강하게 반영하는 직종이라는 것이다.

존, 수, 니콜라가 묘사한 어려움, 즉 소규모 기업을 수익성 있게 운영하면서 직원에게 적절한 근무시간을 할당하고 적절한 보수를 지급하는 데서 겪는 어려움은 최근 극적으로 심화된 위기를 반영한다. 수천 개의 소기업이 이와 비슷한 위태롭고 힘든 일을 하고 있고, 방문 간병 시장은 붕괴 일보 직전에 놓여 있다. 지역 당국과 계약해 서비스를 제공하는 곳들은 심지어 더 큰 압박에 시달린다. 예산이 방문 간병에 들어가는 최소 비용도 감당하지 못할 정도로 줄었기 때문이다. 그 결과 기업들은 지역 당국과의 계약을 기피한다. 한 설문조사에 따르면 사회적 돌봄 제공 업체의 절반 이상이 지역 당국과 맺던 계약을 물리고 있었고, 앞으로 그렇게 되리라고 예상하는 곳을 합하면 더 많았다.[2] 사회적 돌봄 예산의 대대적인 축소는 방문 간병 및 노인 재택 돌봄을 하는 지역사회 서비스에 직격탄을 날렸다. 예컨대 노인 주간보호센터는 2009년 이래 예산이 30퍼센트나 줄었지만 거주 요양시설의 예산은 4퍼센트밖에 줄지 않았다.[3] 가장 규모가 큰 두 개의 방문 간병 업체는 더 이상 공적 보조를 받는 고객은 받지 않겠다고 발표했다. 자기 돈으로 간병을 받는 사람들이 현재 1년에 10억 파운드[약 1조 5640억 원]가량의 방문 간병 시장을 형성하고 있는 것으로 추산된다. 돈을 낼 여력이 없는 사람들은 부족한 지역 당국의 자금을 지원받아 근근이 운영되는 민간 업체에서 회당 30분짜리 방문 간병을 받거나, 공적 서비스 수혜 기준이 엄격해지면서 이마저도 받지 못하게 되었다. 원래는 수혜 자격이 있었다가 배제된 사람이 140만 명에 달하는 것으로 추산되는데, 이들은 가족의 도움을 받든 친구의 도움을 받든 알아서 해결책을 찾아야 한다. 한편 방문 간병 서비스의 질에 대해 제기된 불만 사항은 3년 사이에 3분의 1이나 증가했고,[4] 이렇게 뼈만 앙상하게 남은 사회적 보호 시스템의 낙진은 NHS로도 떨어지고 있다. 2010년 이래 이른바 '병상 가로막기bed blocking'라고 불리는 퇴원 지연 사례가 급증했는데, 가장 큰 이유는 환자들이 지역 당국의 방문 간병 서비스가 배정되기까지 기다리느라 퇴원을 못 하는 것이었다.[5]

또 다른 방문 간병 회사는 회당 방문시간이 15분이었다. 켈리는 경악했다. "저는 신참이었고 열의에 넘쳤습니다. 그런데 그들은 3시간의 간단한 건강 및 안전 교육만 시키고는 매우 취약한 사람들을 맡겨도 된다고 생각했나 봐요. 환자를 옮기고 들어 올리는 일에 대한 교육을 받지 못했어요. 그래서 계속 허리 통증으로 고생하고 있습니다. 이동시간에 대해서는 돈을 받지 못했고요. 정신이 번쩍 드는 경험이었습니다. 낯선 사람에게 의존해야 하는 노인분들의 취약성을 접한 것 말이에요. 고객들은 제가 누군지 아예 몰랐어요. 그런데도 저는 그분들을 깨우러 집 안에 들어가야 했지요. 인사를 나눈 적도 없고 아직 말도 트지 못한 사이인데 그분들이 가장 취약한 순간에 도움을 드려야 하는 경우도 있었어요. 용변을 돕는 것 같은 일을요. 때로는 아침에 따뜻한 마실 것 한 잔 드릴 시간도 없었어요. 돌봄을 제공하는 사람으로서 저는 늘 그렇게 해드리고 싶은데 말이에요. 30분을 쓰는 건 사치였어요. 눈을 마주칠 시간도 없고 서로를 알아갈 시간은 전혀 없지요. 종종 약을 드시게 하고 복용기록을 작성해야 했습니다. 무서웠어요. 매우 부정적인 경험이었습니다. 제 근무시간은 7시부터 오후 3시까지였어요. 하지만 늘 시간이 밀려서 8시까지 일을 해야 하기도 했어요. 그런데 나중에 제 보험이 3시까지만 커버된다는 것을 알게 되었어요. 그 시간 이후에는 위험을 모두 제가 감당해야 하는 것이었지요."

"저는 그분들이 걱정되었어요. 식사는 따뜻하게 드셨을까? 의사가 왔을까? 걱정은 집에 가서도 그치지 않았어요. 체중이 41킬로그램까지 빠졌고 밤에 잠도 못 잤습니다. 그 일을 18개월 동안 했는데 마라톤이라도 한 것 같았어요. 저는 매니저에게 그만두는 이유를 설명하고 싶었어요. 돌봄을 제공하는 방식이 이래선 안 된다고요. 저는 정의를 상징하는 제 별자리 천칭자리대로 살고 있습니다. 그리고 열정을 느끼는 일에서는 목소리를 내지 않을 수가 없습니다. 매니저는 다 비용 때문이라고 했습니다. 이것이 비용 제약하에서 감당할 수 있는 최대한이라고 말이에요.

저는 내부고발자였어요. 때로는 2인 1조로 증원이 되었는데, 다른 간병인이 환자에게 말하는 방식을 보고 경악했습니다. 어린애 대하듯이 말했어요. '자자, 어리석게 굴지 말고, 베티. 나는 시간이 없다고.' 이런 식으로요. 그리고 면전에서 그분들이 그 자리에 없는 양 험담을 했어요. 모멸적인 행동이었고 그분들의 존엄을 벗겨버리는 것이었습니다."

또 다른 방문 간병인 블레싱은 다른 방문 간병 회사에서 일했던 시절을 지금도 너무나 힘들게 기억하고 있었다. 나와 이야기를 나누다가 눈물을 터뜨리기도 했다.

"많은 분들이 조금만 더 있다 가라고 간청했습니다. 차라도 한 잔 마시고 가라고요. 저는 할 수 있는 한 오래 머무르려고 했습니다. 5분 정도라도요. 방문을 마치고 나올 때마다 늘 마음이 좋지 않았어요. 다음 간병인이 올 때까지 고객이 아무도 만나지 못하리라는 것을 아니까요. 너무 기계적으로 돌아간다고 느꼈습니다. '들어간다. 할 일을 처리한다. 나온다.' 저는 하루에 8~12명을 방문했습니다. 많은 분이 치매를 앓고 계셨어요.

일을 시작했을 때는 치매에 대해 아무것도 몰랐어서 처음에는 정말 놀랐습니다. 한번은 아침에 어느 할아버지를 방문해 퍼스널 케어를 해드리고 아침식사를 챙겨드리고 나서, 불과 몇 시간 뒤에 다시 방문했는데 저를 기억 못 하시더라고요. 그리고 짜증을 내셨습니다. 제가 받은 교육은 아주 기본적인 것뿐이었어요. 그분은 한 번도 제가 누구인지 알아보시지 못했습니다. 그런데 하루는 진정시켜드리기 위해 옆에 앉아서 차 한 잔과 샌드위치를 같이 먹어도 되겠느냐고 여쭤보았습니다. 할아버지는 아주 좋아하셨어요. 우리는 앉아서 대화를 나눴고 저는 할아버지 삶에 대해 이야기를 들려달라고 했지요. 그랬더니 정말로 놀라운 이야기를 해주셨습니다. '일이 얼마나 어려워지든 간에 웃으면서 직면해야 한다.'라고 말이에요. 그분의 시선은 저를 지나쳐 멍하니 정원을 향하고 있었어요. 저는 할아버지가 하신 말씀이 좋았습니다. 그저 내뱉어진 말이 아니었어요. 사려 깊게 하신 말씀이었습니다.

간병 업체는 돈을 최우선으로 고려합니다. 누구를 방문해야 하는지 알려주고 그것으로 끝이죠. 대부분의 근무시간 동안 저는 알아서 일해야 합니다. 한번은 90대인 할머니의 팔에 멍이 들어 있었어요. 전에 왔던 간병인이 험하게 대했다고 했습니다. 그 할머니는 매우 협조적인 편이었기 때문에 왜 멍이 들게 했는지 이해할 수가 없었어요. 너무나 신경이 쓰였습니다. 할머니는 저더러 다시 와줄 수 있느냐고 물으셨고 저는 최선을 다해보겠다고 말씀드렸습니다. 그리고 사무실에 전화를 걸어서 할머니 팔에 멍이 들어 있었다고 알렸습니다. 사무실에서는 알겠다고, 해결하겠다고 하더라고요. 저는 울면서 엄마에게 전화를 했습니다. 마음이 너무 괴로웠습니다."

블레싱은 심호흡을 하고 눈물을 닦더니 미안하다고 말했다. 그 업체는 블레싱이 그 할머니를 다시 방문하게 해주지 않았고 그다음에 할머니가 어떻게 되었는지 블레싱은 듣지 못했다. "정말 슬픈 날이었습니다. 전화로 엄마는 이렇게 말씀하셨어요. '그래서 사람들이 너 같은 사람을 원하는 거란다.' 엄마는 제가 하는 일이 마음에서 우러나는 측은지심을 가지고 해야 하는 종류의 일이라고 하셨습니다."

우느라 중간중간 멈춰가며 블레싱은 이렇게 덧붙였다. "할머니의 취약함, 저더러 다시 와달라고 부탁하시던 말투, 이런 것들이 힘들었어요. 저희 엄마는 제가 아는 사람을 통틀어 가장 보살피는 성향이 강한 분입니다. 믿음이 깊은 가톨릭 신자이시죠. 저는 종교는 없지만 엄마가 일에 대처하는 방식을 본받으려고 해왔습니다. 용서는 엄마의 삶에서 정말 큰 부분이었습니다."

블레싱과 인터뷰를 마치고 나서 나는 블레싱이 일했다는

업체를 검색해보았다. 프랜차이즈였지만 웹사이트 곳곳에 링크가 깨져 있었다. 이 업체는 돌봄의 질 위원회Quality of Care Commission의 조사를 받았고 현재는 없어진 것 같았다.

블레싱에게 왜 돌봄 영역에서 일하느냐고 물었더니 웃으며 이렇게 말했다. "사람들을 좋아하거든요. 저는 늘 다른 사람의 입장에 서보려 하는 편이에요."

블레싱은 막 새로운 일을 시작한 참이었다. 요양원의 활동 코디네이터였다. 기쁘게도 시설 거주 환자들과 이야기하는 시간을 낼 수 있는 일이었다. "저는 그분들의 관심사를 알아내기 위해 계속 돌아다닙니다. 이제 5주가 되었는데 벌써 변화가 생기기 시작했어요. 한 환자분은 침대에서 1년째 나오지 않고 있었습니다. 요양보호사는 그분이 때로 공격적으로 변한다고 알려주었습니다. 제 소개를 했더니 약간 짜증이 나신 것 같았습니다. 하지만 저는 웃으면서 취미가 무엇인지 여쭈어보았습니다. 오페라와 뮤지컬을 좋아한다고 하셔서 뮤지컬 「캣츠」에 나오는 노래를 부르기 시작했습니다. 저더러 노래 실력이 형편없다고 하시더군요." 블레싱은 머리를 뒤로 젖히며 웃었다. "그래서 저는 '선생님이 좀 가르쳐주세요.'라고 했지요. 그리고 휴대폰으로 오페라 찾는 법을 보여드렸습니다. 그분이 몇 곡의 노래 목록을 주셨어요. 우리는 비제의 「귀에 익은 그대 음성」을 찾았습니다. 음악이 나오자 그분은 휠체어에 앉은 채로 기뻐서 눈물을 흘리면서 음악에 맞춰 허공에 손을 흔드셨습니다."

"다른 요양보호사들 모두가 깜짝 놀랐습니다. 이제 그분은 직원들과 있을 때 훨씬 더 참을성이 많아지셨고 친절해지셨습니다. 저에게 어린 시절 이야기도 해주셨어요. 저는 날마다 변화를 만들고 있고, 이것이 일이 제게 주는 만족입니다. 저는 이일을 잘하고 있다고 생각합니다. 저는 가족이 없는 분들에게 변화를 만들어주고, 그 일을 사랑으로 합니다. 사랑이라는 단어를 저는 사용해요. 한 분 한 분께 사랑한다고 말합니다. 그분들이 1시간만이라도 행복하셨으면 좋겠어요. 오늘은 음악을 틀어놓고 있었는데 한 할아버지가 참지 못하고 흐느끼기 시작했어요. 가족과 친지가 모두 자신을 버려서 곁에 아무도 없다고 하시더라고요. 그래서 '이제 저희가 가족이에요. 저희가 여기 있잖아요.'라고 이야기해드렸습니다.

저는 이 일이 행복합니다. 친구들은 다들 어떻게 그런 일을 하느냐고 합니다. 노인들의 밑을 닦아주는 일 같은 것 말이에요. 저는 우리 엄마나 사랑하는 누군가에게 해준다고 상상하곤 합니다. 누구나 돌봄을 필요로 합니다. 그런 일들은 저를 당황시키지 않습니다. 제가 어렸을 때만 해도 대부분의 사람이 노인을 돌보았지요. 젊은이들은 노인을 공경했고요. 하지만 이제는 그렇지 않습니다. 많은 노인이 잊혔습니다. 우리는 다른 사람과 연결되는 감각을 잃어버렸습니다. 상호작용이 기술에 더 의지하게 되면서 기본적인 긍휼의 감각을 잃게 되었습니다.

사람들은 제가 하는 일이 단순 노동이라고 생각해요. 저는 그런 말에 쥐뿔도 신경 쓰지 않습니다. 저는 제가 하는 일을 잘 알고 있고, 그게 중요한 거죠. 다른 사람들은 아마 이해하지 못할 방식으로 사람들에게 봉사합니다. 저는 엄마가 불어넣어주신 선함을 지침 삼아 일합니다."

켈리 또한 요양원 쪽으로 옮겼다. "그 요양원은 괜찮은 곳 같아 보였어요. 꽃도 많이 놓여 있었고 그런 환경에 끌렸죠. 하지만 알고 보니 그곳의 일은 군대처럼, 컨베이어벨트처럼 조직되어 있었습니다. 사람들을 깨우고, 퍼스널 케어를 돕고, 이런 일들이 늘 가장 빠르고 가장 쉽게 이뤄져야 했습니다. 저는 요양보호사들이 환자에게 밥을 먹이면서 정작 환자와는 눈을 마주치지 않고 자기들끼리 이야기한다는 것을 알게 되었습니다. 밤에는 늘 호출 벨이 울리는데 한번은 요양보호사가 한 환자의 벨을 꺼버렸어요. 저는 그것을 신고했지만, 어떤 조치가 취해졌을 거라고는 생각하지 않습니다. 목격한 것 중 최악은 환자가 아직 잠들어 있는데 요양보호사가 그의 얼굴을 씻기는 것이었습니다."

"저는 두세 곳의 요양원에서 일했습니다. 쉬는 시간에 저는 늘 혼자였어요. 계속 문제를 제기했거든요. 저는 다른 요양보호사들이 작당해서 제가 무언가 잘못을 저지른 것처럼 보이게 일을 꾸미거나 학대로 신고할까 봐 겁이 났습니다. 그들이 제가 없어지기를 바란다는 것을 알고 있었거든요.

거기서 일했을 때 지금 생각해도 늘 웃음이 나는 두 가지 성공 사례가 있었습니다. 크리스마스에 조리사가 일을 그만두는 바람에 그다음 날에 제가 마흔여덟 명을 위한 식사를 준비하게 되었어요. 자선 제빵도 진행해야 했는데 시설에 거주하는 환자 두 분이 주방에서 빵 굽는 걸 도와주셨습니다. 그날 우리는 정원을 개방했어요. 너무 예쁜데 사용하는 사람이 거의 없는 곳이었죠. 환자분들 모두 너무 좋아하셨어요. 다들 모여서 정원에 불을 밝혔고, 저는 일을 다르게 하는 방법이 있다는 것을 깨달았습니다.

저는 왜 사람들이 요양원에 걸어 들어오고 나서는 아무것도 하지 않고 휠체어에 앉아만 있게 되는 걸까 궁금했습니다. 답은 그래야 요양보호사들이 일하기가 더 쉽기 때문입니다. 저는 제가 이런 종류의 일을 좋아한다는 것을 알아요. 누군가에게 변화를 만들어줄 수 있는 일 말이에요. 누군가에게 인간임을 확인받았다고 느끼게 하는 것은 매우 내밀한 일입니다. 삶의 질은 당신이 받는 돌봄의 질만큼 높아집니다. 저는 늘 어르신들에게 마음이 끌렸어요. 어르신들이 놀랍고 대단하다고 생각합니다. 그분들은 우리에게 해줄 이야기가 많아요. 고객 중에 우편번호 시스템을 개발한 분도 있고 블레츨리 [2차 대전 당시 암호 해독팀]에서 일한 분도 있어요. 정말 굉장한 삶을 산 분들입니다. 그런 이야기가 듣고 싶은 것은 당연하잖아요? 저는 고객들로부터 정말 많은 것을 배웠습니다. 되돌아보면, 할아버지, 할머니에게서 시작된 것 같아요. 어린 시절에 조부모님과 많은 시간을 보냈거든요. 할아버지는 [노인이나 환자를 위한] 식사배달 서비스meals on wheels 같은 자선 활동을 많이 하셨습니다. 할머니도 매우 잘 보살피는 분이셨어요. 어떤 성가신 일도 할머니에겐 별로 문제가 되지 않았죠.

요양원 일을 경험하고서 마음이 무너지는 것 같았습니다. 한 사람만으로는 변화를 만들 수 없습니다. 저는 파도에 맞서 싸우고 있었어요. 높은 곳의 누군가가 변화를 만들지 않는 한 저 혼자서는 할 수 있는 게 없었어요. 저는 마음 접고 가게에서 일자리를 잡자고 스스로에게 말했죠. 돌봄 영역에서 일하지 않고 있다는 죄책감을 극복하기까지 1년이 걸렸습니다. 돌봄 일은, 저는 그것이 전문직이라고 보는데요, 제가 나이 들었을 때를 대비한 투자인 것 같습니다."

시설 거주 요양 분야(요양병원과 요양원)는 방문 간병 분야와는 또 다른 종류의 위기에 빠져 있다. 시설 거주 요양 분야는 매우 빠르게 성장하고 있으며 연 매출이 거의 169억 파운드[약 26조 4300억 원]에 달하는 것으로 추산된다.[6] 새로운 요양원들이 계속 지어지고 있고, 이 분야는 돈 나올 곳이 많다고 여겨진다. 가령 꾸준히 들어올 정부 지원금 같은 현금 흐름 기회를 보고 해외 투자자들이 들어온다. 2016~2018년에 전체 요양원 부동산 거래의 80퍼센트가 해외 투자자와 관련이 있었다. 하지만 이 분야는 사모펀드가 소유한 소수의 거대 기업이 지배하고 있다. 그리고 사모펀드는 요양원 운영 업체들을 어마어마한 빚더미에 올려놓고 진정한 비용이 감춰지도록 매우 복잡한 기업 구조를 만들었다. 신뢰성과 안정성이 매우 낮은 이들 금융 회사는 오래전부터 우려의 대상이었다. 2011년에 당시 가장 큰 운영 업체이던 서던 크로스가 파산해 1만 7000명이 거주하고 있던 750개 요양원이 위기에 처했다. 이는 언론에 널리 보도되어 커다란 경종을 울렸지만, 2012년에 또다시 고도의 차입 자본이 들어오는 것을 막지는 못했다. 같은 해 또 다른 대규모 요양원 운영 업체인 포시즌스를 사모펀드가 인수했다. 이후 포시즌스는 이자 비용을 대기 위해 현금을 위태롭게 수혈 받아가며 하나의 위기에서 또 하나의 위기로 아슬아슬 연명하다가 2019년 4월에 오래전부터 다들 예견했던 대로 법정 관리에 들어갔다. 349개 요양원을 운영하고 있는 최대 규모 요양원 운영 업체 HC-원은 부채가 5억 파운드[약 7820억 원]에 달하는 것으로 추산된다. 이곳은 케이맨제도에 기반을 둔 기업 집단에 속해 있는데 여기에 속한 43개 기업 중 6개가 역외 기업이다. 《파이낸셜 타임스The Financial Times》는 2019년 현재 가장 큰 요양원 운영 업체 네 곳(총 900곳의 요양원을 운영하고 있으며 거주 환자는 5만 5000명에 이른다.)의 누적 부채 규모가 이자 부담만 병상당 연간 4만 파운드[약 6260만 원]에 달할 정도라고 밝혔다.[7] 요양원 운영 업체들은 지방 당국의 자금 지원이 너무 적은 것이 요양원 위기의 원인이라고 주장한다. 일면 맞는 말이지만, 더 중요한 원인은 민영화된 요양 분야가 금융화된 것이다. 이 과정에서 부동산 자산이 운영 비용과 분리되었고 그다음에는 돈을 빌리는 데 담보로 사용되었다. 요양원은 이제 이윤을 뽑아내는 금융 자산이 되었다. 그 결과 요양 서비스 자체의 운영이 매우 불안정한 상황에 놓였다. 2017년에 분석가들은 영국 요양원 병상의 3분의 1이 향후 5년 안에 사라질 위기라고 추산했다.[8] 살아남는 요양원 운영 업체로서는 그다지 우려할 일이 아닐지도 모른다. 가격을 올릴 수 있을 것이기 때문이다.

시장은 본질적인 서비스를 심각하게 왜곡했다. 2010년 이후 요양시설 병상 수는 꾸준히 감소했는데, 더 심각한 문제는 지역별 편차가 매우 크다는 것이다. 예를 들어 헐은 2019년까지 5년 사이에 병상을 3분의 1이나 잃었고 요크는 3년 사이에 3분의 1을 잃었다.[9] 영국 전역에서 '요양 사막'이 생겨나고 있다. 부유한 지역에서는 인력 부족으로 병상 공급이 제약되고 있고, 가난한 지역에서는 시설 거주 환자 대부분이 지역 당국의 보조를 받고 있는데 그 액수가 비용에 못 미치기 때문에 요양원이 폐쇄 위기에 내몰리고 있다.[10] 그러는 동안 인구 고령화로 수요는 계속 증가해 공급을 크게 능가하고 있으며 요양병원은 특히 더 그렇다.

자금 부족, 조직문화, 그리고 관계, 시간, 관심의 부족으로 인한 위기의 진앙지에서 노인들이 고통받고 있다. 집권하는 정부마다 시설 거주 요양이라는 필수적인 서비스에 금융 도박이 이뤄지는 것을 용인했다. 시설 거주 요양은 수, 블레싱, 토니, 켈리 같은 사람들이 이해하는 방식의 돌봄에 의존하고 있는 영역인데도 말이다. 환자 걱정으로 밤잠을 못 이루는 사람들의 공감과 노력이 수만 명에 달하는 취약한 노인들의 삶을 카지노 칩이나 마찬가지로 만들어버린 시스템을 간신히 떠받치고 있다.

모든 정당이 이러한 역기능을 알고 있다. 가끔씩 이슈가 터져 나와 언론을 장식하고, 사람들이 경악하면 정치인들이 조치를 취하겠다고 공언한다. NHS 고위층은 반복적으로 사회적 돌봄에 대해 행동에 나서겠다고 했다. 사회적 돌봄 분야가 의료 서비스 전반에 미치는 파급 효과가 막대하기 때문이다. 사회적 돌봄이 효과적으로 이뤄지지 않으면 많은 노인이 응급실에 가야 할 것이고, 병원에 더 자주 가게 될 것이며, 더 오래 입원할 것이고, 따라서 NHS의 예산을 더 압박하게 될 것이다. 1999년에 왕립위원회Royal Committee가 장기 요양에 대한 조사 보고서를 내놓은 이후로 2006년의 「윈리스 보고서Wanless Report」, 2011년의 「딜놋 보고서Dilnott Report」, 2014년의 「바커 보고서Barker Report」 등 중요한 보고서가 몇 차례 발표되었고 자금 지원과 서비스 제공에 대대적인 개혁이 시급하다는 제안이 반복적으로 나왔지만 정책 실현으로 이어지지는 못했다. 그보다는 NHS의 부담 완화를 위해 부분부분 땜질식 정책이 도입되거나, 이 사안이 정당 정치의 이슈가 되어 진전되지 못했다. 테리사 메이Theresa May가 2017년 선거에서 이 이슈를 본격적으로 이야기했지만 이는 선거에서 저조한 성적을 불러온 요인이 되었다고 비난받았다. 2019년 선거에서는 노동당과 보수당 모두가 조치를 취하겠다고 약속하긴 했다.[11] 노동당은 65세 이상에 대해 무료 퍼스널 케어를 확대한다는 대담하고 비용이 많이 드는 공약을 내세웠다. 소요 비용은 60억 파운드[약 9조 3830억 원]로 추산되었다. 보수당의 공약은 조금 더 모호했다. 영국에서 가장 큰 의료 분야 싱크탱크 두 곳의 합동 보고서는 "영국이 주요 선진국 중 인구 고령화에 맞추어 장기 요양시설에 대한 자금 지원 체계를 개혁하지 않고 있는 몇 안 되는 나라"라고 통렬하게 한탄했다.[12] 또한 필요와 자원 사이의 격차가 눈덩이처럼 불어나고 있어서 2019년이면 부족분이 29억 파운드[약 4조 5350억 원]에 달할 것이라고 지적되었다. 성인 대상 사회적 돌봄에 대한 공공 지출은 GDP의 1퍼센트 미만으로 떨어질 것이라고 내다보았는데, 이는 다수의 유럽 국가들에 훨씬 못미치는 수준이다. 스칸디나비아 국가들은 그것의 두 배 이상을 지출하고 있고 독일, 이탈리아, 리투아니아도 사회적 돌봄 지출에 영국보다 훨씬 너그럽다.[13]

돌봄노동에 대한 사려 깊은 연구 중 하나인 2013년 『캐번디시 리뷰Cavendish Review』는 어떻게 하면 병원 영역과 사회적 돌봄 영역에서 일하는 130만 노동자들이 공감과 연민을 가지고 사람들을 돌보게 할 수 있을지에 대해 고찰했다. "노인이 식사를 하고 음식물을 삼키게 돕는 것, 누군가가 존엄을 잃지 않으면서 다치지 않고 목욕할 수 있게 하는 것, 조기 발병 치매 증상이 있는 누군가와 소통하는 것 같은 일들을 지성적인 친절함, 존엄, 돌봄, 존중을 가지고 하려면 고도의 숙련이 필요하다. 지역 간호사에게서 아무런 메모도 전달받지 않은 상황에서 홀로 낯선 사람의 집에서 그러한 일을 하려면, 그것도 단지 30분간에 대해서만 보수를 받으며 그러한 일을 하려면, 상당한 성숙함과 회복력이 필요하다." 보고서는 돌봄노동자들이 담당하는 업무가 점점 더 어려워지고 있다며 "그런데도 그들의 교육과 훈련은 편차가 매우 크다."라고 지적했다. "어떤 고용주들은 직원의 경쟁력과 능력을 유지할 기본적인 의무도 다하지 않는다. 어떤 직원은 집에서 DVD 동영상을 하나 보고 최전선 돌봄 업무에 곧바로 투입되기도 한다."

결론에서 보고서는 이렇게 언급했다. "좋은 돌봄에는 시간이 필요하다는 것은 회피할 수 없는 사실이다. 제로아워 계약하에 장거리를 다니면서 일주일에도 여러 사람을 돌봐야 하는 방문 간병인에게 모든 것을 부담시켜서 지속 가능하고 환자를 잘 보살피며 통합적인 의료 및 사회적 돌봄 시스템을 달성하기란 불가능하다. 지역 당국은 시간이나 분 단위가 아니라 결과를 기준으로 계약해야 한다. 너무 많은 인력이 그만두는 상황에서 시간 단위 계약은 가짜 경제 논리다."[14] 이 보고서 작성을 이끈 카밀라 캐번디시Camila Cavendish는 "이 여성들이 하는 일을 나는 결코 할 수 없을 것"이라며 "그냥도 하기 어려울 텐데 그들처럼 밝은 빛을 가지고 일하는 것은 나로서는 상상도 할 수 없다."라고 인정했다. 그는 이렇게 언급했다. "이 프로젝트를 하고 나서 나는 돌봄에 이렇게 헌신적인 사람이 여전히 이렇게 많다니, 우리 사회가 믿을 수 없게 운이 좋다는 생각을 하게 되었다. 하지만 그들의 존재를 계속해서 당연시한다면, 그리고 일을 맡기는 방식과 규제하는 방식에 대해 현재의 역기능적인 체제를 고치지 않는다면, 우리가 나이 들었을 때는 그러한 사람들이 여전히 곁에 있으면서 우리를 돌봐주리라고 기대할 수 없을 것이다." 캐번디시 보고서의 제안 중 하나인 돌봄 자격증 제도는 2015년에 도입되었다.(이는 간병 업체에 관료제적 업무 부담을 가중시켜 존이 말했던 우려를 가져온 원인이기도 하다.) 하지만 일을 맡기는 시스템을 시간 단위에서 과업 단위로 바꾸자는 더 근본적인 개혁에 대한 제안은 진전되지 못했다.

사회적 돌봄 사안이 정치적 교착 상태에 빠지면서(2016년 이래 브렉시트 이슈가 모든 사안을 빨아들이면서 더 심각해졌다.), 다른 정책들이 사회적 돌봄에 부담을 한층 더 가중하는 문제도 논의의 장에서 간과되었다. 전국기본생활임금National Living Wage의 도입(2016년부터 2020년 사이에 차차로 도입되었다.)은 수천 명의 돌봄노동자에게 꼭 필요했던 임금 인상을 가져왔지만, 존이 운영하는 것 같은 소규모 간병 업체의 부담을 한층 더 높였다. 또한 이로 인해 2020년 무렵이면 지역 당국의 연간 비용이 8억 파운드[약 1조 2510억 원]나 더 증가할 것으로 예상되었는데,[15] 고령화로 수요는 계속 증가하는 와중에 중앙 정부로부터의 지원은 증가하지 않았다. 게다가 지역 당국이 돌봄노동에 이제까지 기준 이하의 임금을 지급해왔던 것에 대해 동일임금 소송이 제기되면서 추가 비용이 발생할 것으로 보인다. 가령 글래스고시 당국은 차별적 임금 정책으로 피해를 본 돌봄노동자들에게 5억 파운드[약 7820억 원]를 지급해야 한다.[16] 글래스고시 사회복지 담당자는 오래 일해온 돌봄노동자들이 합의금을 받고 나면 대거 조기 은퇴를 할까 봐 우려하고 있다. 그러한 인력이 많게는 40퍼센트에 달할지도 모르는데, 그렇게 되면 글래스고의 방문 간병 역량이 크게 훼손될 것이다. 다른 몇몇 지역 당국도 동일임금 소송에 걸려 있고 간병 노동자의 연령대가 비슷하다. 그렇다면 이들 지역에서도 간병인들이 조기에 일을 그만두는 결과가 빚어질지도 모른다.

이 희한한 정책 풍경의 또 다른 특징은 근거 없는 야심이다. 2014년의 '돌봄 법Care Act'은 좋은 의도에서 지역 당국에 새로운 책임을 부과했다. 하지만 이를 위해 추가적인 자금을 조달할 방법은 논의되지 않았다. 기대치만 높이고는 그것을 충족할 비용을 어떻게 댈지는 이야기하지 않은 것이다. 사회 서비스 담당자 중 이 법이 부과하는 추가적인 요구 사항을 충족할 수 있으리라고 보는 사람은 2퍼센트에 불과했다.[17] 이것은 의미 없는 좀비 정책으로, 혜택을 받으리라 기대한 사람뿐 아니라 이 법을 실행해야 할 사람에게도 실망과 좌절을 안긴다.

노인 돌봄은 만성적인 자금 부족과 정치인들이 선거에서 논의를 꺼리는 경향이 결합되어 어려움을 겪어왔다. 이 영역에는 새로운 자금이 필요하고, 세금을 올리거나 개인의 비용 부담을 높여서 그것을 충당해야 한다. 점점 더 많은 이들이 사적으로 돌봄 비용을 부담하지만, 여전히 대중은 윌리엄 베버리지의 '요람에서 무덤까지'라는 대담한 약속을 믿고 있으며 돌봄이 '필요 시점에 무상'으로 제공되어야 마땅하다고 생각한다. 그런데 너무나 자주 현실은 환자와 가족에게 충격으로 다가오고, 의료(여전히 필요 시점에 무상이고 보편적으로 접근할 수 있다.)와 사회적 돌봄(종종 무상이 아니고 때로는 접근이 불가능하다.)의 경계가 모호해서 문제가 복잡해지곤 한다. 암에 걸린 환자는 무료로 의료 서비스를 받을 수 있지만 치매 환자는 아무 서비스도 제공받지 못할 가능성이 있다. 이러한 구분은 매우 고통스러운 문제가 될 수 있다.

많은 사람들이 잘 모르고 있지만, 1980년대 대처Margaret Thatcher 정부 시절에 NHS는 어느 정도 보호를 받은 반면, 사회적 돌봄은 그렇지 못했고 슬그머니 민영화되었다. 지역 당국이 제공하는 돌봄 서비스는 급격히 줄었고 민간 영역이 제공하는 비중이 확대되었다. 사회적 돌봄은 엄격한 자산 심사를 통해 수혜자가 정해진다.(현재는 자산이 2만 3250파운드[약 3636만 원]가 넘는 사람은 공적 서비스를 받지 못하고 직접 돈을 내야 한다.) 그리고 직접 돈을 내고 서비스를 받는 사람의 비중

은 그 이래로 계속 높아져왔다.[18]

이 엉망인 상황에는 대중도 책임이 있다. 대중도 정치인만큼이나 이 문제에 직면하기를 꺼린다. 언젠가는 모든 이가 나이가 들 것이고 사회적 돌봄에 의존하게 될 텐데도 대중의 관심 부족은 놀라운 수준이다. 미국에서 이뤄진 한 연구에 따르면(미국은 보험 회사들이 노인 돌봄에 매우 관심이 많다.) 65세가 되는 시점의 70퍼센트는 장기 돌봄이 필요하리라고 예상되며 남성(58퍼센트)과 여성(79퍼센트) 사이에 큰 격차가 있을 것으로 보인다. 여성이 남성 배우자를 돌보고, 그다음에 더 오래 살기 때문이다. 평균적으로 여성은 3.7년, 남성은 2.2년간 돌봄을 필요로 하는 것으로 나타났다. 하지만 평균은 굉장한 격차를 가린다. 3분의 1은 장기 요양이 필요하지 않은 반면, 5분의 1은 5년 이상 요양이 필요하다.[19] 이러한 숫자들이 말해주는 바는, 노년에 어떤 생활을 누리게 될지가 복권이나 다름없다는 점이다. 당첨되지 못한 사람들은 수십만 파운드의 비용이 드는 돌봄을 필요로 하게 될 것이다. 그리고 많은 유권자들이 자신은 전자에 해당할 것이라 믿으며 도박을 하고 있다.

이 문제를 인지하지 않으려 하는 경향은 나이 든다는 것이 불가피하며 거기에는 반드시 의존성이 수반된다는 사실에 대한 뿌리 깊은 거부감과 관련 있을 것이다. 이런 두려움은 정책 논쟁 전체를 오염시킬 뿐 아니라 노인 돌봄노동 자체의 가치를 어떻게 인식하느냐에도 영향을 미친다. 나는 암 병동에서 간호사 업무를 참관하던 도중에 간호조무사와 난소암으로 입원한 여성 환자의 짧은 대화를 듣게 되었다. 환자는 매우 겁이 난

것 같았다. 간호조무사는 환자의 마음을 편하게 해주려 노력하면서 무슨 일을 하시느냐고 물었다. 환자는 요양원에서 의료보조사로 일한다며 이렇게 덧붙였다. "선생님이 하시는 일처럼 번듯한 일은 아니에요." 간호조무사는 놀라서 자신이 하는 일도 비슷하다고 말했다. 하지만 환자는 자신은 누군가의 밑을 닦아주는 일을 할 뿐이라며 비슷하지 않다고 말했다.

방문 간병 산업의 최상층에는 입주 간병인을 보내주는 업체들이 있다. 이 서비스는 극히 비싸다. 하지만 이 사치스러운 모델에서도 노동은 고립되어 이뤄지고, 매우 힘들며, 근본적으로 사기를 꺾는다. 클레어는 석사 과정을 마친 후 돈이 필요해서 해외 출신 간병인(주로 남아프리카공화국 출신의 백인)을 채용하는 대형 간병 회사에서 6년 동안 일했다.

"저는 그 일이 싫었습니다. 친구와 지인은 제가 하는 일에 대해 물어보지 않았습니다. 이 일의 사회적 지위가 낮아서 제가 불편해하고 부끄러워할까 봐 배려한 것이었다고 생각해요. 마치 수치스러운 일인 것처럼요. 일을 하던 동안 한번은 누가 나를 '간병인!'이라고 불렀습니다. 그 일을 하는 사람은 더 이상 이름도 없어요. 돈도 많이 못 받습니다. 병가나 유급 휴일도 없고요. 이동시간에 대한 돈은 못 받습니다. 하루에 세전 72~100파운드[약 11만~16만 원] 정도 벌었는데, 쉬어야 하는 일수가 있어서 수입이 그리 많지는 않았습니다. 제가 가야 하는 곳은 영국 전역에 걸쳐 있습니다. 하루 10시간을 일하고 오후에 운이 좋으면 2시간쯤 쉴 수 있습니다.

고객들은 간병인에게 모든 것에 대해 이래라저래라 해도 된다고 생각하는 것 같아요. 제가 입은 옷이나 먹는 것에 대해서도요. 아침식사로 고객과 동일한 것을 먹고 싶지 않을 때 그걸 두고 언쟁을 벌인 일이 부지기수입니다. 저 역시 저만의 선호가 있는 성인입니다. 다른 이들에게는 이것이 상업적인 거래로 보이겠지요. 거기에서 저는 사람으로 인식되지 않습니다. 정체성이 지워지는 것 같다는 느낌을 받았습니다.

첫 고객은 별명이 '사악한 남쪽 마녀'였습니다. 어마어마하게 돈이 많은 분이었고 처음 사교계에 나갔을 때의 사진이 집 여기저기에 있었어요. 그런데 이전 간병인이 이 집에서는 간병인에게 먹을 것을 주지 않는다고 귀띔해주었습니다. 저는 너무 놀랐고, 먹을 것을 챙겨 갔습니다. 그 고객은 정말 못되게 굴었어요. 저는 열심히 일했고 잘해나가고 있다고 생각했습니다. 하지만 모든 것을 얼룩 하나 없도록 깔끔하게 했는데도 고객은 작은 것이라도 꼬투리 잡을 것을 꼭 발견했어요. 그리고 저더러 역겹다고 했습니다. 어렸을 때 하녀들이 있는 집에서 자랐대요. 아무튼 그 집에서 제가 일을 잘한다고 생각한 것 같고, 그분 딸이 저에게 다시 와달라고 부탁하기까지 했어요. 하지만 그 일은 너무 모멸적이었습니다. 제가 느낀 분노는 스스로도 믿을 수 없을 정도입니다. 그냥 나와버리고 싶은 날이 하루이틀이 아니었습니다.

한 고객의 집에서 2주를 지내면서 일하고 일주일을 쉽니다. 하지만 한 주를 온전히 쉬면 소득이 줄어드는 것을 감당할 수 없기 때문에 때로는 더 길게 일합니다. 고객이 중증 치매일 때는 밤에도 깨서 일해야 하는 경우가 많습니다. 한 할머니는 매우 고통스러워했는데 의사소통을 할 수가 없어서 문제가 무엇인지를 알 수가 없었습니다. 이전 간병인이 저에게 인수인계를 하면서 '그분에게는 엄하게 하셔야 해요.'라고 말했지만, 저는 그것이 말도 안 된다는 사실을 깨달았습니다. 지도의 상당 부분이 지워지고 없다면, 빠른 시간 안에 관계를 새로 일구어야 합니다. 그 간병인이 할머니를 화장실로 모시고 가는 방법을 설명해주었지만, 할머니는 비명을 지르기 시작하셨어요. 계속해서 남편의 이름을 불렀습니다. 할머니는 비키라며 저를 옆으로 밀쳤습니다. 체구는 작았지만 힘이 센 분이었어요. 그리고 어찌어찌 계단 꼭대기까지 올라가셨습니다. 저는 그 집 식구 중 누군가 우리가 그 상태로 있는 것을 볼까 봐 안절부절 못했습니다. 할머니는 옷도 반쯤만 걸치신 채였어요. 저는 할머니를 진정시킬 방법을 찾으려고 했고 우리는 그 상태로 거기에 45분 정도 있었습니다. 그리고 마침내 할머니를 의자에 앉히고 바지를 입혀드릴 수 있었습니다.

그 할머니 댁에서 어찌어찌 2주를 보냈습니다. 하지만 너무 힘들었어요. 저는 다음 간병인을 위해 매우 상세한 메모를 남겼습니다. 도저히 대처할 수 없는 상황까지 몰렸을 때 간병인들이 왜 고객에게 퉁명스럽게 말하는지, 또 왜 행동이 거칠어지는지 어느 정도는 이해가 됩니다. 이 일은 너무 강도가 높고 외로운 일입니다. 저는 심리치료 자격증이 있습니다. 그러니까 숙련 기술이 있는 셈인데, 그런데도 믿을 수 없을 만큼 탈진 상태가 되었습니다. 요구되는 바가 너무 많은, 어려운 일입니다.

고객의 필요를 충족할 방법을 알게 돼서 만족스러울 때도 있었습니다. 하지만 그러한 성공의 순간을 이야기하며 나눌 사람이 없었어요. 외부에서 인정해주지도 않았고요. 이 일은 제가 해본 일 중 가장 고되었습니다. 한번은 치매가 있는 할머니를 깨우러 갔는데 그분은 겁에 질려 있었고 제 얼굴을 때렸습니다. 하지만 이런 상황에서도 간병인은 공감을 유지할 수 있는 모델을 마음속으로 발달시켜야 합니다. 이것은 제가 어떤 종류의 사람인지와 직결되는 문제니까요. 이 일은 매우 공포스러운 일이 될 수도 있습니다. 한번은 이전 간병인이 남긴 메모에 고객이 누군가를 가위로 공격했다며 절대로 등을 보이지 말라는 내용이 있었습니다. 저는 그 고객의 딸에게 전화를 했어요. 긴 침묵이 흐르고 나서, 딸은 어머니가 변덕이 심하고 종종 간병인을 공격한다며 공격받으면 정원으로 가서 경찰을 부르라고 했습니다. 전 회사에 폭력까지 감당할 수는 없다고 말해두긴 했지만, 고충을 말하면 일거리를 못 받게 되거나 힘든 일거리만 받는 식으로 불이익이 올까 봐 걱정이 되었습니다. 그 회사는 매우 상업적으로 돌아가는 회사여서 늘 고객 편이었습니다. 간병인들이 회사로부터 유의미한 지원을 기대하기는 힘들었습니다. 회사 사무실에 있는 사람들은 실제로 이 일을 해본 적이 없고, 이 일이 어떤 건지 전혀 몰랐어요.

치매에 걸린 한 할머니는 방광염도 앓고 있었습니다. 밤에 15~20번은 깨셨어요. 그때마다 화장실에 모시고 가야 했습니다. 할머니를 침대에서 일으키는 것은 신체적으로 무척 힘든 일이었습니다. 겨우 제 침대로 돌아오면 할머니는 다시 저를 부르곤 했어요. 그런 상황이 나흘이나 지속되자 더 이상 견딜 수가 없었습니다. 정원사가 이 상황을 알아차리고 제가 너무 걱정되어서 회사에 전화를 해주었고, 회사는 야간에 교대할 사람을 보내주었습니다.

처음에는 제 주장을 말하는 편이 아니었어요. 고객들은 제 앞에서 마음껏 화를 내도 된다고 생각하는 것 같았습니다. 저는 심리치료 분야에 몸담았었습니다. 그래서 '그런 식으로 말하지 마세요.'라고 선을 긋는 것이 익숙하지 않았습니다. 때로는 고객이 제게 일부러 듣기 싫은 말을 하기도 하고 변덕을 부리기도 합니다. 아침 드라마 같은 일도 많고 반복적으로 같은 질문을 하기도 합니다. 골수 토리당인 분도 있고요. 전체적으로 삶의 경험이 제가 생각할 수 있는 모든 면에서 저와 다른 사람들입니다.

제가 너무 좋아한 분들도 계세요. 폴리 할머니는 비슷한 유머감각이 있었고 부조리를 즐길 줄 아는 분이셨어요. 매우 영민한 분이기도 했습니다. 여섯 살짜리를 침대에 누이는 것 같을 만큼, 그분과 있으면 너무 사랑스러웠습니다. 식구들과도 다 인사를 하고 지냈어요. 치매에 걸린다고 해서 자신을 잃는 건 아니에요. 때로는 그 사람의 본질이 한층 더 다듬어지기도 합니다. 그것은 매우 아름다울 수 있습니다. 폴리 할머니는 정말 자기 자신을 잘 유지하셨습니다. 우리는 직관적으로 매우 강한 유대를 느꼈어요. 부모 자식이나 부부처럼요. 폴리 할머니는 말씀이 어눌하셨지만 알아들을 수는 있었습니다. 우리는 늘 농담을 주고받았습니다.

결국에는 그만두었어요. 더 이상은 할 수가 없었거든요. 때로는 고객이 간병인을 학대합니다. 저는 왜 간병인이 고객에게 통명스럽게 말하는지 이해할 수 있습니다. 하느님, 그래도 제 처지에 감사합니다, 라고 생각하며 가서 일을 합니다. 돈을 매우 적게 받고 장시간 일하지요. 사람들이 잘 이해하지도 못하고 전문직이라는 지위도 없습니다. 지인들에게 내가 간병인이라고 말하면 대화가 중단되곤 했습니다. 교육받은 중산층이 간병인이 되었다는 것이 매우 당황스럽고 부끄러운 일로 여겨지는 것이지요. 그만둔 지 6개월이나 되었는데도 아직 자아를 다 회복하지 못했습니다. 저는 세상으로 다시 돌아오려 애쓰고 있습니다.”

클레어는 인터뷰 이후에 내게 보낸 이메일에서 이렇게 언급했다. “이야기를 들어주셔서 감사합니다. 누군가에게 이 복잡다단한 일을 이야기할 수 있어서 좋았습니다. 제가 경험한, 인간성을 지워버리는 이 일의 속성을 돌아볼 수 있어서 후련했어요. 페미니즘처럼 이 문제가 이름을 갖는다면 크게 힘이 날 것 같습니다.”

노년을 연구하는 사회학자 크리스 필립슨Chris Phillipson에 따르면, 서구에는 현명하게 나이 드는 것에 대한 역할 모델이 없다.[20] 아시아나 아프리카의 여러 문화와 다른 점이다. 아시아나 아프리카에서는 나이 드는 것에 권위와 지위가 부여되고 그것이 지혜와도 연결되지만, 서구 문화에서 나이 드는 것은 ‘노망’으로 희화화된다. 셰익스피어는 그것을 두 번째 아동기라고 일컬었다.『리어 왕』의 비극은 노년에 이른 왕의 나르시시즘과 어리석음에서 비롯된 것으로 이야기된다. 찰스 디킨스는 노인의 성격을 꽤 독재적으로 묘사하곤 했다. 집안의 부를 마음대로 통제하고 잔인한 결혼을 강요하는 사람으로 말이다. 또한 필립슨은 위대한 사회과학자 리처드 티트머스Richard Titmuss가 1942년에 한 언급이 영국 문화에 뿌리 깊게 존재하는 우려를 단적으로 보여준다고 말했다. 티트머스는 사회의 고령화가 사회 진보의 종말을 의미하는 것일지 모른다며 이렇게 선언한 바 있다. "우리는 무언가 근본적인 것에 직면해 있다. 무언가 방대하고 거의 공포스러운 것, 그리고 가차 없이 진행되어가는 것에 직면해 있다. 우리 사회는 사회 진보에 꼭 필요한 지성적인 정신의 태도, 더 큰 지성과 용기와 주도력과 창조성과 상상력을 잃고 있다. 이런 특징들은 일반적으로 노인에게서는 찾아보기 어려운 것들이다." 1949년에 왕립위원회의 인구 관련 보고서는 "예외가 있지만 노인들은 생산은 하지 않고 소비만 하는 인구이므로 활동적인 인구와 구별되며, 평균적으로 공동체의 삶의 수준을 낮춘다."라고 언급했다.[21] 간단히 말해서, 노인들은 국가의 자원을 빨아들이는 '짐'으로 여겨졌다. 이러한 태도는 영국의 노인 돌봄 분야가 끔찍한 역사를 갖게 된 것과도 관련이 있다.

사실 영국은 노인에 대한 장기적인 돌봄 시스템을 가져본 적이 없는 나라다. 현재의 문제는 오랫동안 지속되어온 무시와 방임과 자금 부족의 연속선상에 놓여 있다. 그리고 이제 위기는 인구 고령화와 맞물리면서, 그리고 부유한 소비 사회에서의 높은 기대치와 맞물리면서, 전례 없는 수준으로 치닫고 있다. 20세기 초 복지 논의는 주로 노동인구의 실업과 질병, 그리고 노년의 연금 같은 문제에 초점이 맞춰져 있었다. 장기적인 돌봄이 필요한 인구는 수가 적었고, 돌봄 비용을 스스로 대기에 너무 가난한 사람은 거의 징벌기관 같았던 구빈원에 보내졌다. 2차 대전 중에는 부상병을 위해 병상이 필요했으므로 노인들은 NHS 공식 역사가 찰스 웹스터Charles Webster가 집단 수용소보다 나을 것이 거의 없다고 묘사한 환경으로 보내졌다. 전후에도 돌봄에 대한 베버리지의 장담은 한 역사학자의 말을 빌리면 그 달성에 필요한 "열정, 정확성, 우선순위에 대한 감각"의 뒷받침을 받지 못했다.[22] 만성질환과 정신질환을 가진 노인 인구를 위해 해줄 수 있는 것은 별로 없으리라는 생각에서, 시설 돌봄은 치유보다는 수용에 목적을 두었다. 정신병원의 여건은 너무나 끔찍해서 에녹 파월Enoch Powell, 리처드 크로스먼Richard Crossman 등 많은 정치인을 때때로 경악하게 했지만, 웹스터에 따르면 여전히 "노인들은 그들의 실망을 존엄으로 견뎠으며, 대중의 분노가 일기까지는 시간이 오래 걸렸다."[23] 1950년대에 노인 인구 670만 명 중 30만 명이 시설에 거주했고 6만 명은 '뒷병동'이라고 불리는 곳에 수용되어 있었다.[24] 대체로 일반 병원의 일부였는데, 자금 지원이 불충분했고 수용 인원이 과밀했으며 의료적인 처치도 거의 이뤄지지 않았다.(교수급 의사 한 명이 1500명의 환자를 담당했을 정도다.) 침상들은 겨우 몇 인치 간격으로 다닥다닥 붙어 있었고 한 병동을 많게는 60명이 사용했다. 빅토리아 시대에 지어진 낡은 건물이 많았고 난방이 거의 되지 않았으며(한 연구자는 요강에 소변이 얼어 있었다고 기록했다.) 전기도 들어오다 말다 했다. 런던정경대학 연구자인 피터 타운센드Peter Townsend는 이러한 황폐함을 다음과 같이 지적했다. "겉모습만이 아니다. 거칠고 험한 손길만이 아니다. 소음이나 파고들기 어려운 침묵만이 아니다. 방치의 냄새가 정신에 각인되어 있다. 찬장 구석에 방치되어 있는 오래되어 쭈글쭈글해진 사과처럼, 폐쇄공포증을 일으킬 것만 같이 다닥다닥 붙어 존재하는 당황스러운 인간 삶의 여건에서 나오는 달콤하지만 약간 썩은 냄새가 각인되어 있다."[25] 노동당 정치인이던 리처드 크로스먼은 1960년대 중반에 가장 악명 높았던, 프라이언 바넷에 있는 보호시설 중 하나에 가보고서 "눅눅하고 냄새 나는 벽, 대소변을 가리지 못하는 무력한 사람들, 그리고 친지도 찾아오지 않는 환자들이 어떤 대우를 받는지를 보고 억장이 무너지고 충격을 받았다."라고 기록했다.[26]

1964년에 열정적이고 연줄도 탄탄한 햄스테드의 정신치료사 바버라 롭Barbara Robb 역시 프라이언 바넷을 방문하고 그 실상에 경악한 이후 10년간 세간의 이목을 끄는 맹렬한 운동을 벌였고, 이는 영구적으로 영향을 미쳤다.[27] 1967년에 롭은 간호사, 사회복지사 들이 쓴 글과 자신이 그곳을 방문하고 쓴 글을 모은 『모든 것이 없는 곳Sans Everything』을 펴냈다. 롭은 환자들이 모두 똑같이 머리를 자르고 죄수복 같은 옷을 입고 있으며, 모든 개인 소유물을 박탈당하는 '벗기기'라고 불리는 과정을 겪었다고 기록했다. 안경, 보청기, 틀니 등도 없어지거나 부서지지 않도록 제거되었다. 의도적인 잔인함은 드물었지만 환자들은 잔인함에 가까울 만큼 거칠게 다뤄졌다. 놀리기, 찰싹 때리기, 욕설하기는 다반사였다. 환자들은 프라이버시를 전혀 존중받지 못했고 마치 '생산 라인'처럼 보이는 곳에서 집단으로 목욕을 했다. 화장실은 병동 전체에서 훤히 들여다보였다.

롭의 책은 베스트셀러가 되었고 대중의 공분이 일었다. 하지만 정부의 반응은 미온적이었다. 크로스먼은 일기에 로브가 정부에 "극히 위험한 인물"이며 "기폭장치를 제거해야 할 폭탄"이라고 묘사했다.[28] 롭의 운동은 ITV의 「세계는 지금」 시리즈에 방영되었고 포윅Powick 병원의 뒷병동인 'F13'의 끔찍한 모습이 담긴 영상이 공개되었다. 마침내 로브의 문제 제기는 웨일스의 카디프에 있는 일라이Ely 병원에 대한 진상 조사 결과에 의해 공식적으로 확인되었다. 이 보고서를 작성한 젊은 변호사(제프리 하우Geoffrey Howe, 나중에 대처 정부의 핵심 인사가 된다.)는 환자에 대한 방치와 형편없는 관리를 상세하게 드러내 이름을 알렸다. 롭이 암으로 사망하는 1974년 무렵, 롭의 운동은 노인정신학이라는 새로운 분야를 만드는 데 기여했다. 고충 처리 제도와 감독 시스템도 도입되었다. 또한 마침내 뒷병동과 대규모 시설형 정신병원이 없어지고 더 작은 단위의 돌봄시설과 지역사회 돌봄으로 정책이 전환하는 데도 기여했다.

엘리자베스 프라이Elizabeth Fry나 플로렌스 나이팅게일 등 더 잘 알려진 상류층 여성 개혁가들과 종종 비견되면서, 그들

만큼은 아니지만 롭도 상당한 명성을 얻었다. 사회 연구자 브라이언 에이블 스미스Brian Abel Smith는 이렇게 언급했다. "한 여성이 매우 짧은 기간 동안 매우 많은 일을 했고 비극적으로 너무 이른 죽음을 맞았다. 이것은 굉장한 이야기다."[29] 롭은 미디어를 수완 있게 사용하고 압력 집단을 통해 정부에 로비를 하는 새로운 스타일의 사회운동을 개척한 사람 중 하나다. 이런 운동 방식은 이후 지금까지도 돌봄의 역사에서 강력한 힘을 발휘했다. 스캔들이 터지고 공분이 일고 정부가 대책을 내놓는 패턴은 성공 사례의 공식처럼 되었다. 대표적으로 2000년대 미드스태퍼드셔 NHS 재단 트러스트 사건이 그렇다. 또 다른 사례로는 발달장애인 돌봄시설인 윈터본 뷰 요양원 사건이 있는데, 2012년에 유출된 내부 동영상에 거주자들이 받는 충격적인 대우가 담겨 있었다. 당국이 조사에 들어갔고 돌봄의 질을 높이기 위해 CCTV 사용을 비롯한 더 많은 규제가 도입되었다. 하지만 이러한 학대를 일으키게 된 핵심 요인, 즉 과도한 업무 부담, 부실한 교육 훈련, 인력 부족은 개선되지 않았다. 한 연구는 "심리학 실험들은 우리 모두 적극적으로 학대하지는 않더라도 방임할 수는 있다는 것을 보여준다."라고 언급했다. 사람의 행동은 "상황적 요인"이라고 불리는 환경과 문화에 의해 영향을 받기 때문이다.[30]

규제가 많아지면서 서류 작업의 부담이 가중되었다. 앞에서 언급한 연구에 따르면 요양원이 주기적으로 채워야 할 서류가 100건이나 된다. 이 연구의 저자인 존 케네디John Kennedy는 "연구에서 발견된 가장 놀라운 점"은 서류 작업의 질이 돌봄의 질보다 더 높이 평가된다는 점이라고 지적했다. 직원들은 양식 작성 능력으로 평가되었고 양식을 잘 작성하는 사람이 승진했다. 관리자들은 서류 작업이 업무시간의 20퍼센트를 잡아먹는다고 말했다. 30년 동안 노인 돌봄 영역에서 일한 케네디는 이 분야가 변명이 불가능할 정도의 무관심과 낮은 보수, 열악한 노동조건이라는 고질적인 조건하에 하나의 위기에서 또 다른 위기로 위태롭게 이동하고 있다고 한탄했다. "우리 사회의 가장 취약한 사람에 대한 돌봄이 그렇게 중요하고 무엇이 옳은가에 대한 우리의 감각에 그렇게 근본적이라면, 도대체 왜 우리는 그 돌봄을 제공하는 사람들을 이렇게 열악하게 대우하는 것인가?"

이 요양원의 환자는 대부분 여성이고 대개 휴게실의 안락의자에 앉아 시간을 보내고 있다. 내가 들어가자 한 여성이 우아하게 놀라는 표정을 짓는다. 밝은 분홍색 카디건을 입은 그의 얼굴이 기쁨으로 빛난다. "와주셔서 감사해요." 매너야말로 인간이 가장 마지막까지 잃어버리지 않는 속성처럼 보일 때가 있다. "뵙게 되어 반가워요." 그 여성은 백작부인처럼 미소를 짓는다.

그는 "손이 차가우시네요."라고 말하면서 내 손을 계속 잡고서 "남자 엉덩이 아래 넣어서 따뜻하게 하세요."라고 말을 잇는다. 그러더니 자신의 야한 농담에 웃음을 터뜨린다. 웃을 때 앞니가 덧니인 것이 보인다.

몇 달 동안 나는 노인을 대상으로 하는 몇몇 프로젝트에서 자원봉사를 했다. 치매 노인을 돌보는 일에 대해 더 잘 파악하고 싶어서 손마사지 교육을 받았다. 치매가 그들에게서 머리로 이해하는 능력을 앗아가는 동안에는 촉감이 가장 좋은 소통 수단이자 안심을 주는 수단이기 때문이다.

섀런은 알아듣기 어려운 말을 중얼거린다. 하지만 치아 없는 잇몸을 드러내며 활짝 미소 짓는다. 눈꺼풀이 축 처져 있는 것이, 잠이 오는 것 같다. 하지만 마사지를 해주면서 좋으시냐고 물으니 눈을 번쩍 뜨며 대답한다. "네, 이거 너무 좋네요."

이어서 나는 매우 꼿꼿하게 앉아 있는 아시아계 여성 쪽으로 이동한다. 그는 간헐적으로 휴게실에 다 들리게 불만을 표하고 있다. 머리에는 스카프가 단단히 묶여 있다. 무엇을 생각하는지 알 길이 없다. 나를 무시하는 자세를 취하기에 나 때문에 짜증스러워졌나 생각했는데, 그다음 순간에는 갑자기 부드러워졌다가 해서 종잡을 수 없다. 대조적으로 바버라는 즐겁게 웃는다. 옆에는 꼬마 젤리 상자가 있고 자기가 꼬마 젤리를 좋아한다고 수줍게 말한다. 미소를 짓고 눈을 맞추고 있는데도 이 여성은 매우 혼란스러워 보인다. "손마사지를 해드릴까요?"라고 묻자 그는 자기 손을 내려다보다가 내게 내민다. 손가락이 길고 가늘다. 그는 손가락 하나를 계속 물어뜯는다.

"나는 내 손가락 절반을 먹을 수 있어요." 그러더니 나와 보낸 시간 동안 그는 걱정스러워하면서 계속 이렇게 말한다. "문제를 일으키지 않을 거야. 혼나지 않을 거야." 이제 그의 기억에 남은 것이라곤 혼나고 문제 일으킨 역사뿐인 듯하다.

휴게실 저쪽에서는 또 다른 여성이 흐느껴 울고 있다. 나는 의료보조사에게 물어본 뒤 그 여성에게 마사지를 해주러 간다. 나는 알아들을 수 없는 목소리로 흘러나오는 그의 말을 이해하려고 노력하며 몸을 기울인다. 매우 괴로워하는 것 같아 보인다. 갑자기 종소리처럼 카랑카랑한 목소리로 그 여성이 묻는다. "왜 내 앞에 그렇게 서 계세요?" 나는 급히 뒤로 물러선다.

메리는 가장 온전한 정신을 유지하고 있는 것 같아 보인다. 내가 도착했을 때 메리는 졸고 있었고 머리칼이 흐트러져 있었다. 하지만 얼마 후에 머리에 스카프를 묶더니 나에게 어떻게 밖에 나가느냐고 묻는다. "다 괜찮은가요? 거기에 아직 있을까요?" 무엇을 말하는지 알 수가 없다. 메리는 매우 미안해하면서 자신은 시간이 없다며 아무튼 와줘서 고맙다고 한다. 마사지는 다음에 해야 할 듯싶다.

나이가 아주 많은 분들은 시간이 아주 많은 것 같아 보인다. 시간이 날마다 그들의 무릎에 쏟아진다. 그들은 시간을 풍부하게 가지고 있는데 그들을 돌보는 다른 모든 이들은 시간이 너무 부족하다. 그것이 좌절스럽게도 해결할 수 없는 불균형을 빚는다. 휴게실에 앉아서 다음 식사를 기다리는 사람들을 빼고 모두가 시간이 더 있기를 바란다. 하지만 노인들이 가진 시간의 풍부함은 아슬아슬한 것이기도 하다. 그들의 시간은 언제라도 사라져버릴 수 있다.

그 요양원은 잘 운영되는 것 같았고 직원도 많았다. 하지만 조용한 일과는 필요치 않아진 인간과 아무도 원치 않는 시간이라는 잉여의 감각을 증폭하는 듯했다. 거기 있는 몇 주 동안 방문객을 딱 한 번 보았다. 시설 거주 노인들은 선박이 난파해 표류하고 있는 사람들 같았다. 어쩌다 인생의 이 시점에 왔는지 몰라 어리둥절한 채로, 자신의 주위를 돌아다니는 낯선 사람들을 이해하려고 고투를 벌이고 있었다. 거의 뼈만 남아 거미줄처럼 끊어지기 쉬운 약한 신체, 아니면 의자에서 비어져 나올 듯이 뚱뚱하게 과장된 신체를 가진 노년 여성들의 세계에서 어떻게 인간관계를 일굴 것인가?

그다음 주에 셜리는 방을 돌아다니고 있었다. 매우 흥분한 것 같았다. 반복적으로 나에게 왔다가 메리에게 갔다가 메리의 케이크를 빼앗았다가 메리의 음료를 빼앗으려 했다가 하며 돌아다녔다.

크리스틴은 전보다 더 혼란스러워 보였고 엄마 아빠는 어디 있느냐고 계속 물었다. "나는 엄마를 오랫동안 못 보았어요." 정말로 혼란스러운 것 같았다. 내가 크리스틴의 손을 쓰다듬어주자 좋아하는 것 같았지만 그다음 순간에는 개어놓은 냅킨을 보여주고 싶어 했다. 그는 무한히 소중한 물건이라도 되는 양 냅킨을 내게 건넸다.

메리는 상태가 좋아 보였다. 나는 메리 옆에 앉았고 우리는 분홍색 주름 스커트와 금색 루렉스 줄무늬가 있는 흰색 상의에 대해 이야기했다. 메리는 어깨에 우아하게 스카프를 둘렀지만 머리는 헝클어져 있었다. 메리는 자신의 인생 이야기를 들려주었다. 요크셔에서 태어나서 은행 직원으로 일하다 매니저와 결혼했다고 했다. 남편은 60세였고 결혼 후 곧 은퇴했다. 메리는 40세였다. 인생의 정점은 41세 때 아들이 태어난 것이라고 했다. 좋은 집에 살았고 공연 보러 런던에 가는 것을 좋아했다.

가장 좋아하는 음악가는 베토벤, 쇼팽, 차이콥스키였다. 지루한 이야기로 내 시간을 빼앗는 것이 아니냐고 연신 사과를 하느라 이야기가 자주 끊겼다. 메리의 방식에는 기품이 있었다. 손목은 빗자루처럼 가늘었고 피부는 종잇장처럼 투명했다. 너무 연약해서 언제라도 찢어질 것 같았다. 우리는 반 시간 정도 이야기를 했다. 나는 메리의 손톱에 남은 매니큐어 조각을 보고 손톱을 손질해주겠다고 말해봤지만 이번에도 메리는 내 시간을 뺏고 싶지 않다며 사양했다.

프랭크는 병실에서 커다란 텔레비전을 보고 있었다. 방문자가 있다는 생각에 얼굴이 기쁨으로 빛났다. 그는 활짝 미소를 지었다. 하지만 그에게서 나오는 말은 미소와 달리 우울했다. 아무도 그를 보러 오지 않는다는 것이었다. 모두가 자신을 잊었다고 했다. 내가 동정을 표시하려 하자 그는 엄숙하게 말했다. "이것이 인생이에요. 안 그렇습니까? 나에게는 남은 것이 없어요. 남은 것이 없어요."

그의 커다랗고 푸른 눈은 무언가를 찾고 있는 것 같았다. 벽에는 아이들 사진이 있었다. 모두 근처에 살고 있지만 아무도 그를 찾아오지 않는다고 또다시 말했다. 금테를 두른 액자에 든 결혼 사진 속 그의 모습은 자부심이 넘치는 듯 보였다. 그와 아내 둘 다 옷깃에 꽃을 꽂고 있었다. "아내는 내가 계속 말끔하게 지낼 수 있게 해주었습니다. 아내는 내 옆에서, 침대에서 죽었어요. 10년 전이었습니다. 그다음에는 어떤 것도 의미가 없었어요."

그는 교통 분과에서 30년을 일한 경찰 출신이었다. 모든 것이 과거에는 더 좋았다고 했다. 이제 그가 하는 일이라곤 TV를 보는 것뿐이었다. "이제 내가 잘하는 게 이것밖에 없어요." 사진 속의 귀여운 아기에 대해 내가 말하자 그의 얼굴이 환해졌다. 손주가 다섯이라며, 자신은 아기를 좋아하고 자주 본다고 했다. 손주 두 명은 학위를 받았다며 매우 자랑스러워했다. 방문자가 없다고 했는데 앞뒤가 맞지 않았다. 그의 삶에 대해 무언가를 알았다고 생각한 순간 곧바로 모든 것이 다시 조각나 흩어졌다. 아무튼 그는 계속해서 따뜻하게 활짝 웃고 있었다.

옆 병실에는 자크가 침대에 누워 있었다. 방은 아무 장식 없이 휑했고 소변 냄새가 코를 찔렀다. 그는 무섭다고 했다. "여기에서 지내는 것은 끔찍합니다." 그는 가족에 대해 이야기하고 싶어 했다. 다들 같은 동네에 산다고 했다. 아무도 영어는 하지 못했다. 그는 친지들이 아주 다양한 언어를 사용해서 자신은 어떤 언어를 말해야 할지 몰랐다고 했다.

"조부모님은 백러시아와 폴란드 출신이에요. 폴란드어, 러시아어, 리투아니아어, 이디시어를 하셨지요."

그리고 베개에서 몸을 일으키더니 복잡한 가족사를 설명하기 시작했다. 그의 대가족에서 늘 있었던 싸움을 생생하게 묘사했다. 그는 말하는 것을 좋아했고 확인하듯 계속 같은 질문을 했다. "아주 복잡하죠?" 그는 2차 대전 전에 있었던 친지 간의 반목도 묘사했다. "할아버지가 처제와 바람을 피웠을까요? 절대 아니에요. 하지만 이모는 그런 소문을 퍼뜨리고 다녔죠." 그는 스스로 묻고 스스로 대답했다.

결혼이 깨지는 일도 있었고 여러 아이의 혈통을 두고 소문이 돌기도 했다. 그런데 정작 본인은 결혼을 하지 않았고 아이도 없다고 했다. "결혼을 할 수 없었어요." 그리고 설명을 시작했는데 결국 제대로 되지 않았다. "상상할 수 있는 것보다 훨씬 복잡한 이야기예요." 그는 이렇게 덧붙였다. 그는 아이였을 때처럼 헷갈려했고 자신의 가족에 대해 모든 것을, 즉 누가 무엇을 누구에게 했는지, 누가 좋은 사람이었고 누가 아니었는지 이해하려고 아직도 애쓰고 있었다. 다음에 오면 더 이야기해주겠다고 했다.

취재와 연구로 바빠서 그곳에 다시 가지는 못했다. 또 오겠다고 한 약속을 지키지 못해서 내내 죄책감이 들었다. 몇몇은 이미 버려진 사람들이었다. 타인에게서뿐 아니라 능력 있고 이해력도 높았던 과거의 자아로부터도 버려졌다. 나는 그 깔끔한 건물 안에서 터져 나오는 인간의 필요에 압도되어 움찔 물러섰다. 그곳의 조용한 질서는 이러한 고통이 일상적이고 반복적인 것임을 드러내주었다. 영국 전역에 이런 요양원이 수천 곳쯤 있다. 그 요양원에서 분노할 만한 일을 본 적은 없었다. 그래서 동료애, 관계, 웃음, 삶에 대한 필요의 쓰나미를 잘 인식하지 못했을 수도 있다. 그리고 무엇보다 이동성, 자율성, 기억력, 이해력 등 여러 면에서 인간 역량이 상실된 것에 대한 위로가 필요하다는 것도 말이다. 한때 삶에 의미를 주었던 사랑하는 사람들(남편, 아내, 어머니)을 상실한 일에 대해 위로가 필요하다는 것은 말할 나위도 없다. 그들의 인생 이야기와 성격을 알아가는 것은 흥미로웠지만, 나는 요양원이 진이 빠지는 곳이라고 느껴졌다. 호스를 입에 욱여넣어 공기를 빨아들이기라도 하는 것처럼, 나는 질식될 것 같았다. 내가 취할 수 있는 유일한 대안은 그곳 직원들처럼 거리감 있고 건조한 태도로 (각자의 성격에 따라 조금 더 높고 낮은 수준의 쾌활함과 함께) 할 일을 수완 있게 처리하는 것인 듯했다.

존 버거는 이렇게 말했다. "고통은 나름의 시간 단위가 있다. 고통에 빠진 사람과 그렇지 않은 사람을 구분하는 것은 시간의 장벽이다. 그 장벽은 후자의 상상을 두려움으로 위축시킨다."[31] 그리고 심리학자 G. M. 카스테어스G. M. Carstairs의 말을 인용해 이렇게 덧붙였다. "다른 인간이 절망 상태에 있는 것을 보게 되면 그 고통을, 그가 가진 원초적인 질문들을 적어도 상상에서라도 공유하고 나누게 된다. 삶에 무어라도 의미가 있을까? 그가 삶을 유지하는 것에 무어라도 의미가 있을까?"

내가 자원봉사로 참여한 그다음 프로젝트는 가정 방문이었다. 글래디스는 80대 후반의 할머니였는데 중증 치매를 앓고 있었다. 자녀들이 돌보고 있었고 다른 식구들도 자주 방문했다. 그리고 더 많은 식구들이 벽에 걸린 사진에서 우리를 내려다보고 있었다. 글래디스가 알아보는 유일한 사람은 고인이 된 남편뿐이었다. 자녀의 이름은 대개 기억했지만 손주들은 (물론 증손주들도) 기억하지 못했다. 글래디스 옆에 붙은 라벨이 오늘이 무슨 요일인지 말해주고 있었다. 글래디스는 반복해서 내게 몇 시냐고 물었다. 세상에 대한 그의 지식은 두 개의 이름으로 축소되었다. 자신의 이름과 이 집 주소인 거리의 이름. 내가 갈 때마다 글래디스는 내 이름이 뭔지, 어디에서 왔는지 물었다. "여기 사시는 분인가요? 내 딸인가?" 아니라고 대답하면 "아이고, 저런."이라고 말하고서 "사랑한다."라고 했다.

돌아가는 일을 이해하는 경우는 드물어졌지만(세상은 그림 자 공간이 되었다.) 글래디스에게는 많은 면모가 여전히 뚜렷 하게 남아 있었다. 따뜻한 마음, 단 과자를 좋아하는 것, 유머, 라임에 대한 감각 등등. 글래디스는 내 이름의 소리를 좋아했 고 자신의 이름과 연결해서 라임을 맞춰 읽었다. "우리는 가까 운 이웃이네요." 매우 기뻐하면서 그렇게 말했다. 글래디스는 나의 어머니와 이름이 비슷했고 아이스크림 브랜드와 라임이 맞았다. 또 한 번의 기쁨의 순간이었다.

글래디스가 내 손가락 하나를 잡더니 물었다. "이게 뭔가 요?"

"제 손가락이에요."

"먹을 뻔했네. 과자인 줄 알았어요."

우리 둘 다 웃음을 터뜨렸다. 글래디스는 장난스럽게 다시 말했다. "먹을 뻔했네."

글래디스에게 당뇨가 있어서 나는 과자를 가져갈 수 없었 다. 하지만 글래디스는 나에게 아낌 없이 사랑을 주었다. "우리 딸 같아요." 이렇게 말하더니 가족을 소개해주었다. "하느님, 축복을." 그리고 매번 "사랑해요."라고 반복해서 말했다.

글래디스는 인지 능력과 과거 자아의 상실이 '관계적 자아' 의 상실까지 의미하지는 않는다는 사실을 깨닫게 해주었다. 치매는 개인의 고유한 속성을 없애지 않으며, 단지 왜곡한다. 그리고 그 왜곡도 매력적일 수 있다. 어처구니없고 웃기지만 따뜻함이 가득할 수 있다. 글래디스 주위에는 늘 식구들이 있었고 그는 종종 큰 소리로 그들을 불렀다. 그래야 안심이 되는 것 같았다. "딸애가 어디 있지? 차 마실 시간인가?" 밤새도록 그렇게 부른 날도 있었다는 이야기를 들었다. 또 글래디스는 용변 볼 때, 씻을 때, 옷 입을 때 도움이 필요했다. 글래디스는 딸에게 사랑스러운 애칭을 무수히 말했지만 이렇게 말해서 딸의 마음을 아프게 하기도 했다. "누구시죠? 저희 집 친척이신가요?

나는 딸들 중 한 명에게 어머니가 정말 멋지고 따뜻한 분이라고 말했다. 딸은 자랑스러워했고 기뻐하는 것 같았다. "네, 저희 어머니는 그런 분이에요." 글래디스의 가족은 어머니에 대해 오랜 세월 알아온 바에 충실하게 어머니를 대하는 것이 어떤 것인지 보여주었다. 그들은 위엄과 예의를 알았고 그것이 어떻게 가족 사이의 관계를 질서 지우는지 알았다. 내가 갈때마다 처음 보는 식구나 친지가 있어서 인사를 나누었다. 그리고 다른 어떤 일이 벌어지고 있든 간에 그 집 식구들은 매번 현관까지 나와서 인사했다.

한번은 내가 거기 가 있던 동안 의사가 왕진을 왔다. 그는 글래디스의 상태에 대해, 그리고 약을 어떻게 먹어야 하는지에 대해 의학 용어를 쏟아내가며 설명하고는 일어서서 미소 짓더니 쌩 하고 나가버렸다. 자신이 뒤에 남겨놓게 될 혼란은 전혀 생각하지 않는 것 같았다. 현명하게도 그 집 딸이 나중에 다시 찬찬히 들어볼 수 있도록 휴대폰으로 녹음을 해두었다. 딸은 녹초가 되어 있었다. 어머니가 밤에 거의 깨어 있었다고 했다.

하지만 요양원은 선택지에 없었다. 딸이 느끼는 의무감은 분명했다.

　세계적인 베스트셀러『어떻게 죽을 것인가』에서 아툴 가완디Atul Gawande는 삶의 마지막을 향해 갈 때 "우리의 전투는 삶의 통합성을 유지하는 것"이라고 언급했다. "너무 축소되거나 영혼이 너무 빠져나가거나 너무 굴종적이지 않게 막는 것, 그리고 예전의 나에게서 지금의 내가 단절되지 않게 막는 것" 말이다. 하지만 이 현명한 통찰이 충분하지는 않다. 그가 묘사한 지점을 넘어서게 되면, 과거와 현재의 정체성이 거의 완전히 단절되는 곳에 또 다른 전투가 놓여 있을지도 모른다. 현대에 이것은 악몽이다. 자율적이고 독립적인 존재로서의 자아 개념에 우리가 너무나 많은 중요성을 부여했기 때문이다. 하지만 몇 달에 걸쳐 매주 글래디스를 방문하면서 나는 글래디스의 가족이 이 세상에서 글래디스가 있는 곳의 위치를 계속해서 상기시켜주는 것을 보았다. 독실한 종교인인 그들은 신앙에서, 그리고 이 일에서 가치와 존엄을 발견해주는 더 넓은 공동체에서 지원을 받고 있었다. 나는 그들의 영혼의 너그러움에 깊이 압도되었다. 이 너그러움은 그들이 어머니의 신체뿐 아니라 어머니의 정체성 전체를 오랫동안 지탱하는 일에 인내심을 가지고 헌신할 수 있게 해주는 힘이었다.

의존

dependence

명사 1. 누군가 혹은 무언가 다른 것에 의지하거나 통제되는 상태.

2. 의존, 신뢰, 확신.

포유류 중 인간처럼 오랜 기간을 의존적으로 사는 동물도 없다. 망아지는 태어나고 몇 시간이면 설 수 있지만 인간 아기는 몇 년이나 돌봄제공자에게 전적으로 의존해야 한다. 인간의 신경계는 발달하는 데 20년이 걸린다. 인간은 16년에 걸쳐 인지 역량을 발달시키는데, 침팬지는 8년이면 된다. 이렇게 긴 성숙 과정의 진화적 장점은 더 큰 뇌를 형성할 수 있다는 것이다. 초창기 인간 사회에서는 의존적인 어린 구성원들과 그 양육자들을 보호하기 위해 협업이 필수적이었다. 인간은 수천 년 동안 가족과 공동체라는 강력한 사회적 구조를 통해 그러한 의존성을 관리해왔다. 우리의 삶은 의존에서 시작하고 의존으로 끝난다. 의존은 성인이 되기까지 긴 성숙의 과정뿐 아니라, 이제는 종종 긴 노년에도 해당한다.

여성과 아동은 '의존자defendant[부양가족]'라고 불린다. 현실에서는 일반적으로 (특히 음식 준비와 관련해) 남성이 아내에게 의존하는 경우가 많았지만 말이다. 역사적으로 의존성은 여성화되어왔고 약하다는 이미지와 결부되었다. 하지만 의존은 지위의 상징이기도 했다. 20세기가 될 때까지 중·상류층은 종종 옷도 스스로 입지 못했고 요리나 육아도 마찬가지였다. 돌봄의 철학자 이바 페더 키테이는 "우리 자신 및 다른 이들의 의존성은 편리하게도 눈에 보이지 않게 되어, 은유적으로는 멀어졌고 실제로는 다른 여성들에 의해 수행되었다."라고 지적했다.

그러다가 20세기 후반부에 새로운 이상이 장려되었다. 남성에게는 의존성이 언제나 부끄러운 것이었지만, 점점 더 여성에게도 부끄러운 것이 되었다. 삶에서 의존성을 피할 수 없는 아동기, 장애, 질병, 노년은 '문제'로 여겨졌다. 사회의 지배적인 내러티브에 맞지 않았기 때문이다. 페더 키테이는 이어서 다음과 같이 언급했다. "여성들이 동등함을 추구하기 시작하면서 그동안 잘 드러나지 않던 의존성이 드러났다. 여성들은 자신에게 의존하고 있는 사람들을 버려두고 바깥 일자리를 잡을 수는 없었다. 하지만 두 공간에 동시에 존재하는 것은 불가능하거나 아주 힘든 투쟁을 통해서만 겨우 가능했다. 무언가를 잃어야 했다. 어떤 여성은 자율성과 동등하게 경쟁할 수 있는 능력을 잃었고, 어떤 여성은 자신에게 의존하는 사람들을 돌보지 못했고, 따라서 그들의 후생도 희생되었다."[1]

1960년대에 10대 여성들은 이러한 새 내러티브에 열렬히 참여하고자 했고 독립성을 주장했다. 1980년대에는 지배적인 문화가 독립성을 강조하면서 정치적, 경제적 맥락에서도 독립성이 강조되었다. 탈산업화로 인한 1980년대와 1990년대의 사회적 탈구 속에서 사람들은 각자도생에 내몰렸다. 노년이나 질병 등 의존이 필요해지는 시기에 돌봄을 제공하도록 고안된 복지제도는 가능한 한 최소한의 기간으로만 한정하는 강요적 프레임으로 바뀌었다. 독립성은 문화적으로 높이 평가되는 목표가 되었고 독립성의 부재는 경멸을 샀다. 이러한 변화는 사회적 관계의 많은 측면에서 근본적인 문제를 일으켰다. 특히 고령화 추세에서 이러한 일이 벌어지면서 문제는 더욱 첨예해졌다. 일반의인 조너선 톰린슨은 블로그 글에서 우리 사회에서 의존성이 "더러운 단어"가 되었다고 지적했다. 그는 자신이 오랫동안 "의존성의 중요성과 가치"에 대해 글을 쓰고 싶었고 은퇴한 목사인 장인어른도 독려해주었지만 트위터에 올라올 예측 가능한 반응들이 두려워 머뭇거렸다고 한다. "의존성을 방어하려고 애쓰는 것은 의료 가부장주의의 냄새를 풍긴다고 조롱과 경멸을 사는 일이다."[2]

미국 그레이 팬더스Grey Panthers 운동의 창립자이자 활동가인 매기 쿤Maggie Kuhn은 '의존'이라는 개념의 회복을 주장했다. "나는 도움을 요청하면서 위축되지 않는 법을 배웠다. 오히려 나는 인간의 사랑으로부터 새로운 종류의 보상을 느낀다." 작가이자 신학자인 헨리 나우번Henri Nouwen은 교통사고로 생명이 위험해졌을 때 "삶이란 하나의 의존성에서 또 하나의 의존성으로 이동하는 과정"임을, 그리고 "가장 깊은 측면에서 나의 존재는 의존적인 존재"임을 알 수 있었다고 말했다. 수술을 기다리면서 그는 "완전한 의존성을 경험했다. 그리고 이 경험은 너무나 진짜이고 생생하고 기본적이고 속속들이 퍼져 있어서 자아에 대한 나의 감각을 근본적으로 바꾸었다."[3]

국가가 복지를 제공해야 한다는 개념을 강력히 옹호한 베아트리스 웹은 1880년대 런던 빈민의 생활 여건을 조사하던 시기에 아버지가 뇌졸중을 겪었다. 아버지를 간병하는 일은 결혼하지 않은 딸인 그가 맡게 되었다. "훗날 여기에서의 날들을 뒤돌아볼 때, 평화로움과 휴식, 나에 대한 아버지의 사랑스러운 의존성, 조용한 생각과 독서가 슬픈 후회와 함께 떠오를 것이다. 이곳은 삶에서 휴식의 장소 중 하나였고, 지속적이고 고통스러운 이 투쟁에서 그런 장소는 드물다. 느린 부패를 지켜보는 것은 슬픈 일이다. 내 삶은 완벽하게 의무에 충실한 삶이다. 내가 사랑했고 지금도 사랑하는 또 다른 인간에 대한 헌신에는 달콤함이 있다."[4] 하지만 이러한 감수성은 점점 더 커지는 좌절과 분노와 상충했다. 자신의 일에 몰두할 수 없는 데서 오는 좌절과 분노 말이다. 아버지가 사망하고 나서 베아트리스 웹은 일기에 다시는 누군가가 자신에게 의존하고 자신의 일을 방해하게 두지 않겠다고 다짐했다. 베아트리스 웹은 시드니 웹과 결혼했지만 아이는 없었다. 베아트리스 웹은 여성의 삶이 전적으로 다른 이들의 의존성에 의해 규정되어야 한다는 관습을 거부한, 당대에 드문 여성이었다.[5]

의존성과 돌봄이라는 문제는 『리어 왕』의 핵심 주제다. 셰익스피어 연구자인 에드워드 윌슨 리Edward Wilson Lee는 내게 이렇게 설명했다. "『리어 왕』에는 돌봄에 대한 성찰이 가득합니다. 누가 누구를 돌볼 것인가? 돌봄을 제공하는 사람에게 어디까지 요구할 수 있는가? 부모에 대한, 또 자신에 대한 우리의 의무는 무엇인가? 『리어 왕』은 돌봄의 부재라는 주제로 계속 돌아옵니다. 그리고 서브플롯은 돌봄의 중심성을 다시금 강조합니다. 에드거는 아버지 글로스터 백작을 돌보기 위해 신분을 위장합니다. 켄트 백작은 리어 왕이 미쳤을 때 그를 돌봅니다. 리어 왕은 톰과 함께 쫓겨난 신세가 되어 황야를 떠돌 때 미친 톰을 신경 쓰고 걱정하면서 자신의 인간성을 발견하고, 이러한 의존성과 취약성의 경험은 그에게 계시와도 같은 순간이 됩니다."

가난하고 헐벗고 가련한 이여, 너희가 어디에 있든지 이 무자
　비한 폭풍우를 맞고 있겠구나
누일 곳 없는 머리와 주린 배, 구멍 나고 해진 누더기가 어떻게
　이러한 계절을 막아줄까
오, 이제껏 이런 것들을 너무도 신경 쓰지 않았구나

"셰익스피어는 아버지가 막 사망한 뒤였고 본인도 딸을 둔 아버지였습니다. 따라서 이 질문들은 매우 개인적인 것이기도 했습니다. 스스로를 더 이상 돌볼 수 없는 사람을 돌볼 의무를 우리는 어디까지 가지는가? 도덕적 고결함을 계속해서 유지하는 사람은 에드거와 켄트, 이렇게 두 명인데, 이들은 개인적으로 매우 큰 위험을 감수하고 돌봄을 제공합니다." 윌슨 리는 『리어 왕』에서 '돌봄'이라는 개념이 관심, 윤리적 명령, 부담, 책임 등 여러 형태로 등장한다고 설명했다.

의존성은 다들 꺼리고 원하지 않지만 그래도 우리 삶에 출현한다. 많은 이들이 의존성을 나이 드는 것에 대한 엄청난 공

포와 함께 이야기한다. 리어 왕은 두 딸에게 의존하려 했다가 잔인하게 배신당한다. 의존에는 막대한 신뢰가 필요하다. 흥미롭게도 불교 수도원은 명시적으로 의존성을 요구한다. 불교 수도원의 규율로서, 승려들은 돈을 소유하거나 돈을 다루는 일을 하지 말아야 하며 명시적으로 보시되는 것 외에는 어떤 것도 직접 취하지 말아야 한다. 의자나 음식 같은 기본적인 것들도 그렇다. 승려들은 음식을 평신도에게 보시받아야 하고, 차도 얻어 타야 하며, 돈이 관여된 일에는 누군가 다른 사람이 함께해야 한다. 이러한 사원에서는 모든 것을 평신도의 자발적인 기부에 의존한다. 하트퍼드셔의 불교 사원인 아마라와티는 게시판에 화장실 휴지나 비누처럼 현재 부족한 물품의 목록을 적어둔다. 보시가 들어오지 않으면 없이 지내야 한다. 부처의 의도는 불교 승려 공동체가 별도의 권력기관이 되지 말고 늘 평신도에게 의존하면서 늘 평신도에게 봉사할 방법을 찾아야 한다는 뜻이었을 것이다. 아마라와티의 주지住持 아마로Amaro는, 충실히 실행된다면 이것은 상호의존성이라는 현실을 지속적으로 상기시켜주고 자아를 지속적으로 겸손하게 만들어주는, 매우 근본적이고 급진적인 삶의 방식이라고 말한다.

7

뱃사공의 임무
: 임종의 침상에서

우리 앞에 위대한 죽음이 서 있다. 우리의 운명은 그의 조용한 손에 들려 있다.

라이너 마리아 릴케Rainer Maria Rilke, 「죽음Death」, 『라이너 마리아 릴케 시선Poems』(1918)

뱃사공이 노를 젓는 동안 그의 굽은 등 위에 카메라가 가만히 고정되어 있다. 배의 양옆이 화면의 프레임을 이룬다. 관객의 관점에서 보면 템스강을 따라 매장지까지 마지막 여정을 가는 시신이 보인다. 노가 부드럽게 물살을 가르고 배가 나아가면서, 물에 닿는 노의 꾸준한 리듬과 배의 목재가 삐걱거리는 소리가 들린다. 뱃사공의 어깨 너머로 맑은 하늘에 떠가는 구름이 잠깐씩 보인다. 뱃사공 카론은 스틱스강을 건너 망자의 땅인 하데스로 시신을 인도할 것이다. 15분도 안 될 이 짧은 영화는 상상할 수 없는 무언가를 숙고해보도록 우리를 안내한다. 바로 우리가 생애에서 밟게 될 맨 마지막 여정이다.

그 영화를 보니 임종을 앞두고 의식 없던 아버지의 침상을 지키던 때가 생각났다. 몇 주간 아버지를 돌보느라 고생한 뒤에 남겨진, 잉여 존재가 된 것 같은 허탈감도 생각났다. 내가 할 수 있었던 어떤 일도 소용없이 결국 아버지는 세상을 떠났다. 아버지의 귀에 속삭이는 것, 아버지 손을 잡아드리는 것도 아무 의미 없는 일이 되었다. 그 영화는 또 다른 기억도 불러왔다.

친척 중 한 명의 임종이었는데, 무거운 숨소리가 헐떡이다 멎을 때까지 가족과 친지 들이 조용히 그 주위에 서서 하나의 숨소리도 놓치지 않고 듣고 있었다. 미동도 없는 모습과 침묵. 그분은 저쪽 세상에 마침내 평화롭게 도달했다.

어떤 여정도 죽는 과정만큼 힘들지는 않을 것이다. 또 어떤 여정도 이렇게 낯선 영역을 향해 가지는 않을 것이다. 이 시점에는 모두가 고통, 슬픔, 두려움이 가득한 여정을 헤쳐갈 기술을 초심자로서 터득해야 한다. 사회인류학자 로버트 머피 Robert Murphy는 척추 질환 진단을 받은 뒤 이를 "연장된 인류학 현장 연구" 기회로 삼기로 하고 "처음에는 아마존 밀림만큼이나 낯설었던 이 사회적 세계를 탐험"했다.[1] 그는 예전에 아마존 밀림에서 인류학 현장 연구를 했을 때만큼 강렬한 호기심을 발휘했다. 작가들은 질병과 죽음이 가져오는 낯설고 심각한 상황을 묘사하기 위해 공간 은유를 즐겨 사용한다. 수전 손택 Susan Sontag은 우리 모두 두 개의 여권을 가지고 태어난다고 말했다. 하나는 건강의 왕국에, 다른 하나는 질병의 왕국에 들어가는 여권이다. 그리고 어느 시점에 우리는 이주한다.[2] 이 은유를 따라가보면 우리는 병상에 도착하고 나중에는 임종의 침상에 도착한다. 방향 감각을 잃고 향수병에 걸린 채 말도 통하지 않는 나라로 들어가는 이주자로서 말이다. 때때로 이 이주자들은 아직 건강의 왕국에 살고 있는 사람들에게 편지를 쓴다. 의사인 키어런 스위니 Kieran Sweeney는 《영국의학저널 British Medical Journal》에 실린 일련의 칼럼에서 불치병을 앓고 있는 자신의 경험을 반추했다. "이 세계에서 우리가 지침으로 삼는 것들은 두 가지 역할을 한다. 하나는 지도를 읽고 그에 맞게 방향을 잡도록 이끌어주는 것이고, 다른 하나는 그 풍경에서, 그 막대한 불확실성의 공간에서, 나와 함께 있어주는 것이다."[3]

뱃사공은 노 젓는 법을 알아야 하고, 물살을 어떻게 헤치고 방향을 잡아야 할지 알아야 하며, 승객을 어디에 내려줘야 할지 알아야 한다. 우리 모두 죽음에 홀로 직면하지만, 대개는 다른 이들의 돌봄에 의존해서 그 자리에 도달한다. 누구라도 갑자기 뱃사공 역할을 맡을 수 있다. 그러면 노를 들어야 한다. 아무리 작은 길이더라도 그 여정의 일부가 되어야 한다. 죽는 것은 사회적인 경험이며 많은 사람이 내키지 않아 하지만 그 경험에 끌려 들어간다. 죽음은 단지 의료적인 과정이기만 한 것이 아니므로 의료 전문가에게만 맡겨놓을 수는 없다. 뱃사공의 역할은 많은 형태를 띨 수 있다. 기본적인 위로와 고통의 경감을 가져다줄 수도 있고, 웃음과 우정과 유쾌함으로 삶을 지탱해줄 수도 있고, 죽음의 여정에 의미를 부여할 수도 있고, 지켜봐주는 목격자 역할을 할 수도 있고, 상실을 함께 나눌 수도 있고, 작별 인사를 해줄 수도 있다.

이 책에서 살펴본 여러 형태의 돌봄 중 죽음을 향해 가는 사람의 필요를 보살피는 것이 아마도 가장 어려운 일일 것이다. 여기에는 슬픔이 가득하고 돌봄제공자는 자신의 필멸성이라는 미지의 세계에도 직면해야 한다. 이것은 우리가 알지 못하는 막대한 두려움의 세계다. 임종을 지키는 일을 해본 사람들과의 인터뷰는 독특한 분위기를 띠었다. 강렬하고 진이 빠지지만, 솔직한 경험을 찾아나가는 흥분이 어렸다. 여기, 인간 경험의 맨 가장자리까지 누군가와 함께 갔던 사람들, 여전히 그것의 의미를 이해하려 애쓰고 있는 사람들의 이야기가 있다.

아버지는 74세에 심장마비를 겪었다. 내가 막내를 낳고 3주 뒤였다. 얼마 뒤에 우리는 간, 신장, 심장 등 아버지의 주요 신체 기관 모두가 제대로 기능하지 않고 있으며 몇 개월 못 사실 거라는 이야기를 들었다. 그 이후의 시간은 너무나 지치는 기억들이 정신없이 뒤섞인 혼합이었고, 거기에 갓 태어난 나의 아기와 임종을 앞둔 아버지의 취약함이 나란히 놓였다. 내가 아버지 병상 옆에 있는 동안 고모가 우는 아기를 유모차에 태우고 주차장을 왔다 갔다 했다. 나는 걸핏하면 성질을 내시는 아버지에게 무언가를 드시라고 설득하느라 애를 먹었고, 그러고 나면 배고파 칭얼대는 아이에게 수유를 하러 서둘러 달려갔다. 아버지가 퇴원해 집으로 오셨을 때, 안락의자에 너무나 왜소하게 파묻혀 계시는 모습이 낯설어 가슴이 미어졌다. 아버지가 쇠약해지는 동안 아기는 건강해졌다. 포동포동 살이 오르고 얼굴이 발그레해졌다. 배불리 젖을 먹고 나면 쌔근쌔근 잠이 들었고 평화로운 얼굴은 무척 만족스러워 보였다. 아버지는 그 모습을 정말 좋아하셨다. 살이 오르는 아기에게서 눈을 떼지 못했다. 아버지는 아기를 "점보"라고 부르며, 깊은 부러움을 나타내는 말을 하셨다. 나는 무엇이 그러한 말을 촉발했을지 지금까지도 내내 궁금하다. 삶이 새로이 시작된다는 것? 평화로운 편안함? 아니면 보살핌을 받는다는 느낌 때문이었을까?

　나는 삶의 국면 중 돌봄이 절대적으로 필요한 두 가지 국면, 즉 탄생과 죽음에 직면해 있었다. 이 두 국면에는 공통점이 있다. 둘 다 긴요하며 타인에게 요구하는 바가 압도적으로 막대할 수 있다. 둘 다 명백한 호혜성이 존재하지 않는 방식으로 나를 내어줄 것을 요구한다. 즉 타인에 대한 돌봄이 나보다 우선이어야 한다. 그리고 그에 따르는 비용은 터무니없이 비싸다. 잠을 못 자는 것뿐 아니라 시간과 자유를 잃는다는 면에서도 그렇다. 나는 두 세대 사이에 끼어서 우리 삶의 궤적을 통렬하도록 명백하게 직면하게 되었다. 아기의 새로운 가능성들을 양육하면서, 아버지가 삶의 가능성들을 잃어가는 것에 적응해야 했다. 아기가 손발을 움직이고 목을 가누는 것을 보면서 아버지가 쇠약해지고 보조 기구 없이는 걷거나 움직이지 못하게 되는 것을 보아야 했다.

　아버지의 마지막 3개월 동안 나는 신생아와 어린 두 아이를 돌보는 일, 그리고 친지들과 함께 아버지를 돌보는 일 사이를 탁구공처럼 오갔다. 엄마 노릇에는 어느 정도 자신감이 붙은 상태였지만 아버지를 돌보는 것은 너무나 생소했다. 아버지는 지극히 독립적이고 모든 형태의 의료를 불신하는 경향이 있는 고집불통 남성이어서 간호하기 힘든 환자였다. 아버지는 자신의 저항하는 신체에 깊이 좌절했다. 아버지에게 질병의 왕국은 폭력적인 혁명의 장소였다. 그의 삶에 내내 함께했던 의지력이 무참히 전복된 것이다. 이렇게 분노에 휩싸인 사람에게 돌봄이 어떤 의미일 수 있을까? 잠을 못 자서 비몽사몽인 상태로 아버지 병원에 가기 위해 아기를 안고 기차에 올라 북쪽을 향해 가는 동안 나는 자문하곤 했다.

처음 병원에 갔을 때는 시집 한 권을 선물로 가져갔다. 아버지와 시를 읽어본 적은 한 번도 없었다. 하지만 나도 모르게 모종의 환상 같은 것이 있었던 모양이다. 삶이 얼마 남지 않은 아버지와 딜런 토머스Dylan Thomas를 함께 읽는 기쁨을 다시금 발견하고 병상에서 아버지와 조용한 동지애를 느끼리라는 환상 말이다. 하지만 현실은 무척이나 달라서, 아버지는 대뜸 음식에 대해 불평하셨다. 그 책은 나중에 내가 도로 가져왔는데, 아버지는 펴보시지도 않은 것 같았다. 아버지 간병은 도무지 쉬워지지가 않았다. 마지막 몇 주 동안은 아버지 옆에서 내가 무엇을 해야 할지 알 수가 없었다. 이야기를 해야 하나? 그렇다면 무슨 이야기를 하지? 기도를 해야 하나?(아버지는 독실한 가톨릭 신자였다.) 아니면 그냥 옆에 가만히 앉아 있기만 하면 되나? 세 가지를 다 해보았지만 어느 것도 도움이 되는 것 같지 않았다. 존경할 만한 정직함으로, 아버지는 죽어간다는 것은 참으로 지루한 일이라고 했다. 예술, 노스요크셔, 책, 친구, 음식, 술에 대한 사랑이 가득했던 아버지에게 이런 것들이 끝나는 불가해한 시점이 온 것이다. 삶에 왕성한 식욕을 가지고 있었던 한 남성이 죽어가는 과정을 이보다 더 잘 요약할 수는 없을 것이다. 내가 시도한 돌봄(혼란스러운 연대와 의무의 느낌으로 이렇게 아버지를 찾아가는 것)도 지루한 일이라고 대꾸할 수도 있었을 것이다. 하지만 지금 돌아보면, 아버지 병상 옆에서 꾸역꾸역 견뎌낸 순간들이 기쁘다. 아버지와 나의 관계가 일단락된 이 경험은 나에게 꼭 필요했고, 그 이후 지금까지 15년 동안 나에게 긍정적인 영향을 미쳤다. 아버지가 머물던 호스피스 병동에서는 무엇을 해야 할지 몰라 그저 말없이 앉아서 시간을 보내는 세계에 있다가, 집으로 돌아오면 어린아이 셋을 돌보느라 분 단위로 할 일(빨래, 요리, 청소, 양말 정리, 그리고 작은 신체를 가진 존재들이 아무 데나 돌아다니지 않도록 챙기는 것 등)이 있는 세계가 펼쳐졌다.

탄생과 죽음은 극적으로 새로운 현실, 즉 시작과 끝을 가져오며, 둘 다 그 경로를 이끌어주는 산파 역할이 필요하다. 그러나 탄생에 대해서는 조언과 지침이 무수하지만 죽음에 대해서는 침묵의 조용한 세계에 맞닥뜨리게 된다. 사람들은 이 임무의 속성을 묘사하기를 꺼리고 상투적인 표현 뒤로 숨는다. 다른 면에서는 다 솔직한 친구들도 이 부분에 대해서만은 그들답지 않게 말을 아꼈다. 나를 보호하려는 것이었는지 그들 자신을 보호하려는 것이었는지는 잘 모르겠다. 한 친구는 가까운 친척의 임종을 돌본 경험을 회상하면서 1차 대전 때 참호에 있는 군인 같았다고 했다. 그 친구는 이 비유의 의미를 설명하지 않았고 나는 어쩐지 물어보면 안 될 것 같았다. 전쟁터에서의 경험을 이야기하고 싶어 하지 않는, 그리고 가족들도 그에 대해 꼬치꼬치 묻지 않는 상이용사 같았다. 그래서 나는 매번 그것이 끔찍하고 무서운 경험일 것이라고 짐작했다. 한편, 내가 누군가의 임종을 지키는 경험을 하게 되었을 때도 이 복잡하고 강렬한 경험을 듣고 싶어 하는 사람을 별로 보지 못했다. 공감하며 안아주었지만 이야기를 들으려 하지는 않았다. 중간에 끊고 나가기 어려운 이야기일 것이라 예상한 바쁜 사람들의 반응이었을까? 아니면 어렵고 익숙하지 않은 주제에 대한 두려움 때문이었을까?

이와 같은 이유에서, 내가 해보았던 모든 돌봄노동 중 임종을 돌보는 일에 대해서 이야기를 나눠볼 기회가 가장 없었다. 또한 묘사하기 가장 어렵기도 했는데, 임종을 돌보는 과정에 역설이 가득했기 때문이다. 삶의 마지막이라는 것이 주는 위압적인 무게가 무심한 일상이나 어처구니없는 상황과 어울리지 않게 엮여 있었다. 이 돌봄은 죽어가는 사람과의 관계, 그리고 나 자신의 필멸성을 그 무엇보다도 강력하고 다양한 방식으로 표면에 불러온다. 하지만 이 강렬한 경험, 그 기다림과 불확실성의 시간은 죽음이라는 사건 자체(준비, 의례, 상실 등)에 의해 사라진다. 몇 주 혹은 몇 달간 경험했던 임종까지의 기간은 종종 흐릿해진다.

임종 환자를 돌보는 의사와 간호사도 그 일의 여러 측면에 대해 매우 조심스러워하며 말한다고 했다. 한 완화치료 전문 간호사는 "우리는 이 일이 종종 '엉망진창'일 수 있다는 사실을 인정하면서 우리의 대화를 편집하고 잘라낸다."라고 말했다. 죽어간다는 것은 신체에 대한 통제를 잃고 의존성과 취약성으로 한층 더 가까이 가는 모멸적인 과정에 대한 이야기를 굳이 보태지 않더라도 그 자체로 충분히 고통스럽다. 죽어가는 과정에서 우리 신체의 물질성은 성인으로서 살아온 기간 내내 규율된 사회적 관습에 저항한다. 그리고 우리는 강력하고 잊을 수 없는 죽음의 냄새를 맡는다. 이상화된 신체(젊음, 날씬함, 건장함, 살짝 그을림, 섹슈얼함 등)의 이미지로 가득한 문화는 나이 들어가면서 신체가 쇠약해지고 해체되는 과정에 대한 지식을 우리 사회에서 몰아냈다.

이러한 조심스러움은 학술 문헌에서도 볼 수 있다. 인류학자 줄리아 로턴Julia Lawton은 호스피스 병동에서 수행한 연구에 대해 이렇게 언급했다. "대소변의 악취, 수년간 질병과 고투를 벌인 환자의 무기력과 낙담 …… 가족과 친지가 겪는 번아웃과 탈진. 이런 것들은 호스피스 문헌들에 나오는 내용과 매우 다르다. 죽음 전에 거치게 되는 연장된 고통의 기간은 거의 혹은 전혀 등장하지 않는다." 삶의 마지막이 평화롭고 위엄 있을 수 있다고 상상하면 위안을 줄 수는 있겠지만 그 상상이 정확한 묘사는 아닐 것이라고 로턴은 결론짓는다. "죽음과 그 과정에 대한 낭만화된 이미지가 사회에 가득하면 많은 사람을 안심시키는 데는 도움이 되겠지만 잘못된 기대를 불러일으키고 실망과 환멸을 가져오기도 한다."[4] 로턴은 강연을 하고 나면 종종 사람들이 다가와서 자신이 누군가의 임종을 돌보았을 때 제대로 하지 못했던 것 같다고 말하는데, 그 이유가 바로 여기에 있지 않을까 생각한다.

대개는 이 임무에 근본적으로 경험이 없는 상태로, 준비되지 않은 상태로 들어온다. 과거에는 대부분의 사람이 성인 시기에 타인의 죽음을 여러 차례 겪었다. 하지만 이제는 노년이 될 때까지 시신을 한 번도 보지 않는 것이 일반적이다. 중세 문헌인 『죽음의 기술Ars moriendi』은 금욕과 회개 등 좋은 죽음을 맞는 법을 알려준다. 하지만 오늘날에는 좋은 죽음이 무엇인지에 대한 합의가 없다. 임종 환자를 돌보는 임무는 충격과 어리둥절함으로 가득하게 되었다. 죽어가는 사람을 가까이에서 돌보는 경험을 해본 사람들과 이야기를 나눠보면 두려움에 대한 묘사가 대화 내내 흐른다. 10대 시절 이래로 삶을 함께해온 아내의 임종을 돌본 한 남성은 "상상할 수 없는 일"이었다고 묘사했다.

표현할 적절한 말은 찾지 못할지 모르지만, 뱃사공은 자신의 손에 들렸던 노의 감각과 물살의 저항을 잊지 못한다. 죽어가는 사람을 돌본 기억은 그 이후로도 내내 생생하게 남는다. 영유아를 돌본 것은 거의 기억하지 못하지만 내가 곁에서 지켰던 죽음, 혹은 내가 알았던 죽음은 여전히 선명하다. 이것은 돌봄이 아무리 싫어도 배워야 하는, 엄격한 형태의 교육이 되는 지점이라고도 말할 수 있을 것이다. 작가 케빈 툴리스Kevin Toolis는 아버지의 죽음을 다룬 책에서 "자신의 필멸성의 무게를 지는 유일한 방법은 다른 이의 필멸성의 무게를 지는 것"이라고 언급했다.[5]

의사와 간호사 들은 환자의 죽음이 수십 년 동안 생생하게 남기도 한다고 말했다. 그 죽음의 의학적 중요성 때문이 아니라 비범한 용기, 감동적인 따뜻함, 깊은 감사, 그리고 물론 두려움 때문이다. 자신의 일을 이해하는 방식을 형성하고 그러한 이해에 영감을 주었던 순간들에 대해 이야기하다 울음을 터뜨리는 사람들도 있었다. 죽어가는 사람에 대한 돌봄이 삶에서 가장 강력하고 오래 남는 경험 중 하나라는 말을 취재 과정에서 여러 번 들었다. 그 기억은 사라지지 않는다. 우리 또한 결국

가게 될 장소에 대한 생생한 지식이 우리에게도 필요해지리라는 것을 본능적으로 알기 때문이다.

리즈는 남편이 루게릭병 진단을 받은 후 계속 그를 돌보았다.

"어떤 사람들은 누군가가 계속 쇠약해지는 것을 지켜보는 과정이 너무나 고통스럽다고 합니다. 하지만 제 남편 올리버는 이렇게 말했습니다. '언젠가는 모두 죽어. 나는 고통스럽지 않아. 나는 정말 좋은 사람이랑 결혼했어.' 남편은 190센티미터가 넘고 몸무게도 제 두 배쯤 되는 거구였어요. 그가 넘어지기 시작했을 때 그를 붙잡아줄 수가 없었습니다. 몇 번 앰뷸런스가 와서 구급대원이 그가 일어서고 앉는 것을 도와주었습니다. 저는 침착함을 유지하기 위해 노력해야 했습니다. 그리고 간병인을 구했어요. 50대 나이지리아 여성이었는데 아침에 와서 그가 씻고 옷 입는 것을 도와주고 식사와 약을 챙겨주었어요. 간병인이 그 일을 맡아주는 동안, 저는 프로젝트 매니저 역할을 할 수 있었습니다. 아파트에 조정하고 바꿔야 할 것이 너무 많았거든요. 병원용 침대를 찾아야 했고 가구 중 3분의 1, 신문, 책의 절반을 버려야 했어요. 필요한 장비가 들어올 공간을 마련하기 위해서요. 얼마나 어마어마한 일인지 상상도 못 하실 거예요. 이런 일을 제가 할 수 있으리라고는 생각해본 적도 없지만, 저는 해냈어요.

돌봄이 무엇을 의미하는지에 대해서는 아무것도 몰랐어요. 돌봄이라는 단어가 의미 없이 쓰이는 공허한 단어가 되기도 했지요. 어머니와 언니는 돌봄 관련 일에 종사했지만 저는 평생 정보통신 분야 일을 했고 동료 대부분이 남성이었어요. 언니는 저한테 잔소리를 해요. 저는 언니를 사랑하고 언니가 이런 일들을 잘 안다는 것도 알지만 잔소리 때문에 미치겠어요. 저는 계획을 세우고 일을 완수하는 스타일이거든요."

리즈는 자신이 과학자였고 50대가 될 때까지는 직업 경력을 쌓는 것이 삶의 중심이었다고 또다시 말했다. 아이도 갖지 않았다. "저에게는 돌봄이 50대에 시작된 것 같아요. 그 전에는 해본 적이 없었어요. 전 부모님을 부양하려고 노력했어요. 아버지는 어머니가 81세에 뇌졸중이 온 뒤에 5년간 엄마를 보살피셨어요. 어머니가 돌아가시고 나서 아버지는 5년을 더 사셨죠. 아버지가 돌아가신 직후에 남편이 중증근무력증 진단을 받았고 4년 뒤에는 루게릭병 진단을 받았어요. 그에게 제가 돌봄에는 별로 소질이 없다고 했더니 이렇게 말하더군요. '그러면 소질을 좀 키워보는 게 좋을지도 몰라.' 그는 자신의 삶을 끝까지 책임졌습니다. 자신이 소포 꾸러미가 아니라고 말하곤 했어요. 그는 진정으로 놀라운 사람이었습니다. 그 자체로 완전한 사람이었어요. 그는 자신이 누구인지 알고 있었습니다. 우리는 40년을 부부로 살았어요. 거기에는 내가 아니라 우리가 있었습니다. 우리는 서로를 너무 잘 알았어요."

"엄청나게 바쁘게 돌아가던 삶에서 이렇게 느린 삶으로 들어오는 것은 충격적이었어요. 올리버는 자신에게 벌어지고 있는 일을 평정심을 유지하면서 잘 받아들였습니다. 두려움은 없어 보였어요. 저는 그가 고통받았다고 말하고 싶지 않습니다. 전 그가 무엇을 원하는지 알았어요. 바로 평온이었죠. 패닉이나 경악, 드라마는 원하지 않았어요. 저는 해야 할 일을 알고 있었습니다. 난리 피우지 않고 모든 것을 균형과 질서가 잡힌 채로 유지하는 것이었죠.

그가 세상을 떠나고 얼마 뒤 텅 빈 기차를 타고 어디를 가고 있었는데 한 여성이 다가왔어요. 무언가를 보여주면서 '진주예요, 진주.'라고 말하더군요. 남편이 사망한 뒤에 바깥 나들이를 처음 하는 것이라고 했어요. 그리고 그게 자신이 발견한 세 번째 진주라고 했지요. 남편이 아내에게 진주 주는 것을 좋아했다고 해요. 저는 웃었습니다. 딱히 할 말은 없었어요. 두 개의 세상 사이에는 세포막 같은 얇은 경계만 있을 뿐이었습니다.

올리버의 장례식에 까마귀 한 마리가 나타났어요. 얼마 후면 크리스마스였고 저는 끔찍한 시간을 보내고 있었어요. 그런데 문가에서 까마귀 한 마리가 걱정스럽게 주위를 둘러보는 것이 보였어요. 까마귀가 문 앞에 오는 법은 거의 없었거든요. 그것이 전하는 메시지는 분명했습니다. '자, 마음 추슬러. 당신은 혼자가 아니야.'

전에는 까마귀를 좋아해본 적이 없었는데 지금은 까마귀가 나한테 매우 중요해졌어요.

어머니가 돌아가시고 나서 아버지는 제게 당신이 어머니를 충분히 잘 보살핀 것이냐고 물어보셨어요. 저는 아버지 인생에서 가장 큰 성취라고 할 만하다고 말씀드렸죠. 제게도 올리버를 돌본 것이 가장 큰 성취라고 생각합니다. 저는 식구들의 곁을 끝까지 지키는 가정에서 자랐고 그렇게 해서 강인해질 수 있었어요. 인생의 마지막 시기에는 '있어주는 것'이 의미가 있습니다. 저는 그것을 '지적으로 있어주기', 또는 '이해하면서 있어주기'라고 말하고 싶어요. 모르고 있거나 부인하는 것이 아니거든요. 저는 무엇이 벌어지고 있는지 알았고, 그는 제가 그것을 안다는 것을 알았고, 저도 그가 안다는 것을 알았습니다. 그것이 우리입니다. 저는 그것이 여전히 있다고 믿어요. 까마귀의 의미도 그런 것이겠지요. 제가 정신을 차려야 할 때면 말이에요."

돌봄 경험을 작품 소재로 삼은 예술가로 작가 필립 로스Philip Roth와 화가 파울라 레구Paula Rego를 꼽을 수 있다. 로스는 뇌종양으로 죽어가는 아버지를 돌보고서 자서전적 회고록 『아버지의 유산Patrimony』을 펴냈다.[6] 화가 파울라 레구는 다발성 경화증으로 고생하는 남편을 돌본 것을 그림으로 남겼다. 그들의 작품은 1980년대 후반부터 시작되며, 존엄과 프라이버시를 둘러싼 관습을 전에 없던 솔직함으로 깨뜨린다. 그들 모두 위축되지 않고 직시한 채 병든 신체에 분명히 초점을 맞추면서 독립적이고 정력 넘치고 강인하던 남성성이 어떻게 파괴되는지 묘사했다.

로스의 아버지는 활기차고 의견이 뚜렷하며 논쟁을 좋아하는 자수성가형 인물이었다. 발병 당시 아내는 사망한 뒤여서 수발은 아들이 맡아야 했다. 너무나 익숙하지 않은 영역이라 그 역할에 이름을 붙여준 것은 언어의 달인인 필립 로스가 아니라 아버지였다. 그는 친구에게 전화로 이렇게 털어놓았다. "필립이 엄마 노릇을 하고 있어." 로스는 그 일에 정말 준비가 되어 있지 못했지만, 병에 굴하지 않는 아버지에 대한 사랑이 경험과 자신감 부족을 극복하게 해주었다. 연줄이 많은 사람이 었던 만큼 처음에는 해야 할 일이 비교적 명백했다. 여러 의사와 상의를 하고 최대한 다양한 견해를 들으려 했다. 하지만 아버지에게 진단 결과를 언제 이야기해야 할지, 아버지가 계속 혼자 살 수 있을지 등의 문제에 대해서는 자신감이 훨씬 없어졌다. 자기도 모르게 로스는 걱정으로 밤새 잠을 설치곤 했다.

'돌봄'은 로스가 사용한 단어가 아니다. 그는 한 번도 자신을 '돌보는 사람'이라고 말한 적이 없다. 아들은 이 단어를 쓰기 꺼렸지만 아버지는 그런 거부감이 없었다. 한 편지에서 아버지는 손주들에게 잔소리하는 자신의 습관을 변명하면서 이렇게 적었다. "이 세상에는 조언을 해주는 사람이 많단다. 또 돌보고 행동하는 사람도 많지." 이어서 그는 자신이 아내와 아들이 치료를 받도록 설득하기 위해 여러 방법으로 애쓴 일화를 나열했다. "나는 나의 방식으로 사람들을 돌본단다." 그리고 돌봄의 일부는 닦달임을 인정하면서 이것을 "못살게 굴기"라고 표현했다. 편지 말미에 이렇게 적었다. "닦달꾼. 무명씨. 돌보는 사람은 그래야 해. 사랑을 담아, 아빠."

책에 등장하는 일화에서, 한번은 아버지가 화장실에서 장을 통제하지 못했다. 필립 로스는 아버지를 씻기고 물기를 닦고 깨끗한 잠옷을 입혀 침대에 들어가게 한 후 화장실을 청소했다. 아버지는 부끄러워하면서 아무에게도 말하지 말라고 신신당부했다.

"그의 영웅적이지만 불행한 투쟁이 끔찍하게 느껴졌다.

…… 그리고 그것에 따르는 수치와 부끄러움, 본인이 겪었을 모멸감도 말이다. …… 하지만 모든 것이 끝났고 아버지가 아주 깊은 잠에 든 지금 생각해보니, 돌아가시기 전에 나 자신을 위해 무언가를 더 바랄 수는 없었으리라는 생각이 든다. 그것 역시 옳았고 마땅히 그래야 하는 것이기도 했다." 이어서 그는 이렇게 말한다. "이것을 깨달은 것은 그때가 처음이 아니었다. 혐오를 극복하고 메스꺼움을 무시하고 터부처럼 단단해진 공포를 헤치고 나오면, 소중한 삶의 측면들을 정말로 많이 발견할 수 있다." 로스는 자신이 "아버지의 취약함을 부드럽게 보호하고 있었다."라고 생각했다. 그리고 아버지의 죽음 자체에 대한 그의 설명은 간결했다. "죽음은 노동이다. …… 아버지는 노동자였다."

로스가 아버지에 대해 글을 쓰던 무렵과 비슷한 시기에 파울라 레구는 거동이 불편한 남성에게 두 여성이 옷을 입혀주는 모습을 담은 그림 「가족La Família」을 그렸다. 두 여성 중 한 명은 침대에 앉은 그의 뒤쪽에 서 있는데, 얼굴에 희미하고 명랑한 미소를 띠고 있으며 머리에는 분홍 리본이 돛대에서 용감하게 펄럭이는 깃발처럼 매어져 있다. 한 손은 남자의 손목을 움켜잡고 있고 다른 쪽 팔은 남자의 얼굴을 가로질러 가리고 있다. 그는 그를 받쳐주려는 손에 질식할지도 모른다. 팔에 가려진 남성의 얼굴은 한쪽 눈과 이마의 일부만 보이는데, 그래도 고통스러워하고 있다는 것은 명백하다. 다른 한 명의 여성은 자기 몸으로 아버지를 받치고 바지를 올리기 위해 애쓰고 있다. 힘을 주고 있다는 것이 얼굴에 역력히 드러난다. 침대에는 누비 이불이 흘러내리듯 걸쳐져 있고, 그의 다리가 쓸모없이 툭 뛰어나와 있다. 남자는 양복에 넥타이를 맸다. 전에는 권위와 지위를 가진 사람이었음을 암시한다. 하지만 이 침실에서는 짚으로 만든 가이 포크스 인형처럼 볼품없으며, 여성들과 이불, 빨간색 식탁보, 분홍색 카펫 같은 여성스러움에 둘러싸여 있다. 세 여성은[그림의 오른쪽에 조금 멀찍이서 지켜보는 또 다른 여성이 있다.] 각각 복잡한 양가성을 드러낸다. 좌절, 심지어는 분노가 일상적인 극기과 함께 존재하는 것이다. 보살핌은 이상화되어 있지 않고 부드럽지도 않다. 하지만 용감하다. 그림 속 침실 뒤쪽 구석에는 자그마한 성소가 있는데, 용기와 강인함, 분쟁과 폭력으로 점철된 삶을 살았던 두 전사 성인인 성 잔 다르크와 성 조지의 이미지가 그려져 있다.

10년 후 레구는 「난파선The Shipwreck」에서 또다시 돌봄을 주제로 삼았다. 한 여성이 몸집이 두 배는 되어 보이는 남자를 무릎에 올린 채 소파에 앉아 있다. 남자는 여자의 무릎에 가로로 누워 있다. 여성의 눈은 옆을 응시하고 있고, 남성은 눈을 감은 것이 아마도 잠든 것 같다. 여성은 남성의 무게에 눌려 움직일 수 없다. 두 사람의 위치는 이해하기 어렵다. 여성이 직접 남성을 들어 자신의 무릎에 올렸을 리는 없고 어쩌다 보니 남성이 여성의 위에 있게 되었을 텐데, 잔인한 질병의 예기치 못한 우발성을 상기시킨다. 남성은 반쯤 벌거벗은 채이고 마치 침대에 누워 있는 것처럼 머리에는 베개가 받쳐져 있다. 여성이 일시적으로 그의 침대가 되었다. 그의 손은 배 위에서 십자 모양으로 다소곳이 겹쳐져 있는데, 보통 노인 여성을 연상시키는 자세다. 축 늘어진 다리는 쓸모없어 보인다. 이것은 양가적인 감정을 가진 듯 보이는 여성에게 의존하고 있는 무력한 남성의 이미지다. 여성은 하이힐을 신고 있어서 이 방 밖에서의 사회생활이 있음을 암시한다. 간병에는 실용적이지 않아 보이는 옷차림이다. 여성은 남성의 무게를 지탱하기 위해 양다리를 벌린 채 발끝이 안쪽으로 모이도록 자세를 잡고, 손과 팔로 그가 굴러 떨어지지 않게 붙잡고 있다. 두 사람의 앞에는 깡마른 고양이가 있는데, 놀라서 날카로운 비명을 지르며 그림을 보는 관객 쪽을 똑바로 쳐다보고 있다.

경험이 부족하고 충격을 받은 채로 뱃사공의 역할에 임하게 되는 것은 아마추어만이 아니다. 의사인 셰이머스 오마호니 Seamus O'Mahony는 『우리는 어떻게 죽는가 How We Die』에서 전문가들도 죽어가는 사람들을 어떻게 보살필지, 그들이 무엇을 제공받으리라 기대하는지에 대해 깊이 고민한다고 말했다. 그는 튜브를 통한 영양 섭취나 인공 소생술 같은 침투적 개입이 불필요하게 생명과 고통을 연장한다고 보며, 죽음에 대한 치료가 "친절함이 아니라 비겁함, 회피, 속임수"로 점철되었다고 생각한다. 이러한 절절한 비판은 아툴 가완디의 『어떻게 죽을 것인가』에도 잘 드러난다. 그는 "실패한 사회공학 실험"에서 죽음과 노년이 의료화되었다고 말했다.

응급실 선임 간호사인 질리는 나와의 인터뷰에서 이렇게 말했다. "지금은 누구에게도 죽음이 허용되지 않아요. 요양병원에 계시던 할머니들까지 응급실로 오고, 그러면 의사들은 소생시키려 하는데, 그다음에 어쨌거나 그들은 죽습니다." 질리는 "누군가의 삶에서 마지막 시간을 보내는 곳이 응급실이어서는 안 됩니다."라고 강조했다. "여기에는 늘 술주정뱅이가 있고 온갖 종류의 일들이 벌어집니다. 임종을 맞은 사람은 위엄과 존중을 필요로 합니다. 이것이 제가 가장 큰 문제라고 생각하는 것 중 하나입니다."

내가 따라다니며 지켜본 또 다른 간호사도 이러한 마음 불편함을 이야기했다. "바쁜 병동에서 누군가 홀로 죽음을 맞는 것은 드문 일이 아닙니다. 얼마 전에는 입원한 환자가 30분 후에 사망했습니다. 가족들은 들어오려 하지 않았고 그는 혼자 죽었습니다. 저는 다른 일로 바빴어요. 그런 일이 생기기도 합니다." 그 간호사는 "집에 가서 우는 날도 있습니다."라고 했다.

대부분의 사망은 병원에서 발생하지만 대부분의 사람은 집에서 죽는 것을 선호한다. 죽음에 대한 최근의 논쟁은 주로 '자신이 선호하는 죽음의 장소'를 어떻게 선택할 것인가를 둘러싸고 이뤄져왔다. 완화치료 전문 간호학자인 캐럴라인 니컬슨 Caroline Nicholson 박사는 "왜 당신이 죽는 장소가 지배적인 주제가 되어야 합니까?"라며 이 논쟁의 무의미함에 분개했다. "측정이 될 수 있고 '선택'의 문제인 것처럼 이야기될 수 있기 때문이겠죠. 하지만 이는 죽음의 장소에 영향을 미치는 모든 변수들에 대해 생각하지 않는 게으른 논쟁입니다. 간단해 보이지만 간단하지 않아요. 선택이 있다고 암시함으로써 NHS와 사회적 돌봄에 쏟아지는 요구가 막대하게 가중되었는데 거기에는 그 요구들을 수행할 수 있는 자원이 없습니다. 무엇에 대해 선택할 수 있는지, 언제 선택지가 없어질지 알 수 없는 상태에서 '선택권'을 주는 것은 가장 사악한 형태의 은밀한 조작입니다. 그런데도 이것은 무해하게 들리지요. 죽어가는 사람이 죽을 장소를 선택할 수 있어야 한다는 걸 누가 부정할 수 있겠습니까? 냉소적으로 들리지 않게 이 이슈를 제기하기는 어렵습니다. 아니면, '그럼 죽는 장소를 선택할 수 없어야 한다는 말이냐.'라는 비난을 사겠지요. 하지만 죽어가는 과정과 관련해 진짜 이슈는 시민정신에 대한 것이고, 잘 지지받고 사랑받는다는 느낌을 갖게 하는 것입니다. 타협과 유연성을 발휘해야 하는 면들이 있습니다. 죽어가는 사람이 '지지해줄 공동체'를 가지고 있는지가 관건입니다. '충분히 괜찮은' 죽음을 맞는 것은 가능합니다. 그런데 우리는 그럴 수 있는 역량을 잃고 있습니다."

대부분의 사람들은 직원들이 시간을 낼 수도 없고 [임종에 대한] 교육 훈련도 거의 받지 못해 잘 도울 수도 없는 바쁜 병원에서 죽는다. 호스피스가 인기를 얻고 있지만 사망자의 40퍼센트와 그 간병인만이 호스피스 서비스를 이용한다.[7] 인생의 마지막 1년 동안 평균 약 세 번의 긴급한 입원을 하게 되며 잉글랜드에서 이는 매년 총 150만 건 정도 된다. 이러한 입원 치료 비용은 증가하고 있으며, 임종 환자를 위한 더 적절한 서비스가 시급하다는 데 많은 이들이 동의하고 있다. 사망자의 많은 친지들이 급성 환자 치료 위주인 병원에서 맞은 사망의 경험을 깊이 불행하게 기억하고 있다. 그들은 비인간성, 감수성과 존엄의 부족을 이야기했다. NHS에 제기되는 불만 사항 절반 이상이 임종 환자에 대한 돌봄과 관련이 있다.[8] 의학과 의료 시스템은 질병과 부상 치료 위주로 설계되어 있다. 죽음은 실패의 일종으로 간주된다. 우리는 가장 사적이고 개인적인 경험이 이와는 잘 맞지 않는, 부상과 질병의 의료적 처치와 효율성이라는 의제를 가진 기관들에서 이뤄져야 하는 상황에 처해 있다.

잉글랜드와 웨일스에서 매년 50만 명이 사망하는데, 그중 4분의 3은 그 과정이 느리게 진행되는 경우다.[9] 과거와 달리 갑작스럽거나 빠른 사망을 맞는 경우는 이제 거의 없다. 사망자의 대부분은 매우 나이가 많으며, 평균 6년 동안 쇠약한 상태가 지속되다가 숨진다.[10] 또 점점 많은 비중의 인구가 치매를 겪는다. 85세 이상 노인은 3명 중 1명꼴로 치매의 영향을 받는 것으로 추산된다. 또한 이 연령대의 사람들은 여러 가지 약을 복용해야 하고 관리해야 할 것이 많으며 몸이 더 쇠약해짐에 따라 병원을 자주 들락거려야 하는 만성질환을 여럿 가진 경우가 많다. 현대 의학에 의해 죽음은 작은 진보와 큰 좌절로 가득한 기나긴 과정이 되었다. 죽어가는 사람과 도움을 주려는 사람 모두에게 이것은 정말 지치는 과정이 될 수 있다.

'느린 죽음'이라는 패턴은 영국에서 발달해온 어떤 의료 제도와 기관의 구조에도 들어맞기가 힘들다. 의료 제도가 급성환자 치료를 중심으로 설계되어 있기 때문이다. 최근 몇 년간 호스피스 운동과 자선단체의 광범위한 로비가 있었지만 지역사회 서비스를 개선하는 데는 기껏해야 제한적인 성공만 가져왔다. 우리의 가장 커다란 취약성과 관련해서는 도움받을 수 있는 것이 거의 없다. 그래서 우리는 갑작스럽고 예기치 않게 가족, 친구, 그리고 종종 자신의 재정에 다시 의존하게 된다.

니컬슨은 이렇게 말했다. "방 안의 코끼리는 세 가지로 이뤄져 있습니다. 국가는 돌봄을 제공하지 않고, 사람들은 더 오래 살게 되었고, 가족은 돌봄을 제공하기에는 허약해져 있습니다. 우리는 사람을 산 자와 죽어가는 자로 나누지만, 허약한 노인들은 둘 다의 상태에 속하고 우리의 의료 시스템은 그것을 허용하지 않습니다. 제가 목표하는 바는 이 둘을 다시 합치는 것입니다. 어떻게 우리가 동시에 살면서 죽는지를 더 잘 알 수 있게요. 예방의학은 성배가 되었지만, 훨씬 더 복잡하고 알려지지 않은 것은, 시간이 가면서 사람들이 살아가고 또 죽어가는 과정입니다."

니컬슨은 박사 학위 연구를 위해 17개월 동안 노약자들의 사례를 추적했다. 니컬슨은 마음 아픈 한 사례를 들려주었다. 한 남성 노인이 정신적으로도 육체적으로도 기능이 해체되고 있었다. 감당할 수 없어진 가족들은 도움을 구하려 했다. "그는 병원에 갔습니다. 하지만 병원은 그에게 해줄 수 있는 것이 없다며 집으로 돌려보냈어요. 그는 병원으로 들어갔다가 다시 나오기를 반복했습니다. 완화치료 팀도 그를 돌볼 수 없었어요. 그들이 관리할 증상이 없었거든요. 호스피스에서 제공하는 종합적인 서비스는 가족과 간병인이 더 이상 감당할 수 없을 만큼 아픈 사람들에 대한 것이지만, 야간 간병인을 지원받기에는 충분히 아프지 않은 것으로 간주될 수도 있습니다. 지금 또 어느 분이 계신데, 댁에서 지내실 수 있도록 밤에 진정제를 드리는 것을 생각하고 있어요. 낙상하면 고관절 골절로 응급실에 가실 수도 있으니까요."

죽어가는 환자를 돌보는 일은 의료화되었을 뿐 아니라 관료화되었다. 돌봄이 배분되는 방식에서 핵심은 시간이다. 호스피스는 언제 돌봄을 제공할지, 얼마나 오래 제공할지에 대해 기준을 가지고 있다. 관료제의 중요한 특성은 예측 가능성을 요구하는 것이다. 그런데 죽음은 악명 높게도 여기에 순응하지 않는다. 한 완화치료 의사는 말기의 징후에 대한 진단은 결코 날짜를 확정해서 이야기할 수 없다고 말했다.[11] 많은 경험을 가진 숙련된 의사인 그도 타이밍은 종종 틀리곤 한다. 미국의 보험 업계는 죽음의 시점을 예측하는 데 상당한 투자를 했다. 의료비 지급에 들어가는 관료제적 절차의 비용을 줄이기 위해서였는데, 그리 성공적이지는 못했다. 여기에서 돌봄제공자들은 불합리함을 붙들고 씨름해야 하는 상황에 처하게 된다. 어떻게 죽음을 시간표에 깔끔하게 맞출 것인가?

4장에서 언급한 지역사회 간호사 피트(나는 그의 가정 방문을 참관했다.)는 임종 환자에 대한 (국가의) 돌봄 서비스를 받으려면 매우 복잡한 기준을 충족해야 한다고 설명했다. 우리는 시골 국도를 차로 달리는 중이었고 나는 돌봄 서비스의 지원 기준과 영문 약어로 된 용어들을 따라잡고자 애썼다. 그의 설명에 따르면, 임종 돌봄에 대한 자금 지원 신청서는 보건부로 직접 발송해야 한다. 이 양식은 54쪽이나 되고 신청 처리에 7개월 정도가 걸린다. 기술적인 문제로 신청이 거부당하는 경우도 많다. 돌봄 지원을 받기 위해 NHS를 상대로 소송까지 가는 경우도 있다. 그럴 만한 시간이 있다면 말이다. 지원을 받을 수 있는 또 다른 경로가 있는데, 이것은 환자의 남은 삶이 12주 밖에 안 되는 상태여야 가능하다. 피트는 이 책이 출간될 무렵이면 시스템이 또 바뀌어 있을 거라고 씁쓸하게 말했다.

피트의 하루 일과를 함께한 날, 그는 6명의 NHS 간병인에게 브리핑을 해야 했다. 루게릭병을 앓고 있는 노신사 마이크를 날마다 방문해야 할 사람들이었다. 피트는 마이크의 삶의 마지막 단계가 어떨지에 대해 설명했다. 간병인들은 순번을 정해서 그가 아내와 살고 있는 집을 방문해 옷을 입히고 식사를 돕고 씻겨 주는 일을 하게 될 것이었다. 대부분의 간병인은 마이크 부부를 1년 가까이 알고 지냈고 그의 고통스러운 쇠락을 지켜보았다. 나는 전에 피트가 마이크의 집을 방문할 때 따라가본 적이 있었다. 그는 팔다리 움직임을 통제하지 못했고 말도 하지 못했다. 그래도 대화를 알아듣기는 했다. 대화에 끼어들고 싶으면 손을 뻗었고, 때로는 노트에 삐뚤빼뚤 글자를 썼다. 누군가 그의 말을 알아들으면 엄지를 내밀면서 아주 애를 써서 고개를 들고 미소를 지었다.

간병인들이 큰 회의실의 탁자에 조용히 둘러앉았다. 그들이 사무실로 나오는 경우는 거의 없다. 대개는 혼자 고객의 집을 방문하기 때문에 서로를 모른다. 피트는 마이크가 질식해 죽게 될 상황에 대해 분명하고 정확하게 설명했다.

"그럴 경우, 999[영국 긴급재난신고 번호]에 전화할 수 있습니다. 하지만 그들이 제시간에 도착하지 못할 가능성도 큽니다. 여러분은 교육받은 대로 마이크의 등을 다섯 번 두드려주세요. 그것 외에 여러분이 하실 일은 없습니다. 아내분이 그를 진정시키는 약을 가지고 계시고, 투약도 아내분이 하실 수 있습니다."

한 간병인이 울기 시작했다. 양옆에 앉은 사람 중 누구도 위로의 제스처를 하지 않았다. 이들이 동료 관계라고 볼 수는 없을 것이고, 마이크가 죽을 때 그와 아내를 돕는 일도 그날의 담당자 혼자 하게 될 터였다. 다른 사람들도 눈물을 글썽이기 시작했다.

"마이크가 기침을 하기 시작하면 좋은 신호입니다. 공기가 들고 난다는 뜻이니까요." 피트는 말을 멈추었다가 조용히 덧붙였다. "누군가가 숨이 막혀 죽는 것을 보는 것은 매우 괴롭습니다."

회의실은 조용했다. 한 여성 간병인이 조용히 울었고 눈물이 얼굴을 타고 흘러내렸다. 관리자가 테이블을 돌아가서 그 여성의 어깨를 두드려주었다. "우리가 여기에서 여러분을 도울 겁니다." 하지만 간병인들의 표정을 보니 관리자의 말은 그리 의미가 없어 보였다. 그 말이 절반만 맞는다는 것을 모두가 알고 있었기 때문이다.

마이크는 키가 컸고 몸을 가누지 못해서 일으키고 씻기고 옷을 입히는 것이 1시간을 들여도 쉽지 않았다. 방문 간병인은 한 군데서 시간을 지체하면 다음 집으로 갈 때 서둘러 달려야 한다. 피트와 관리자는 간병인들의 노고에 감사드린다는 말로 그날 회의를 마무리했다. 간병인들의 표정을 보니 이번에도 그 말은 의미가 없는 듯했다.

사무실로 돌아가면서 피트는 걱정된다고 털어놓았다. "그 사람들은 내가 받은 교육을 받지 못했습니다. 간병인들은 심각한 합병증을 가진 환자가 있는 어려운 상황에 계속해서 무작정 내던져집니다. 날마다요. 내 일은 훨씬 쉽습니다. 가끔만 가니까요. 하지만 그들은 날마다 이 일을 겪습니다. 죽음의 순간에 그들이 거기 있게 된다면 어떻게 될까요? 그들은 어떤 도움과 지원을 받을 수 있을까요?"

간병인들의 무표정을 보는 것은 이 책을 위한 취재를 통틀어 가장 괴로운 순간 중 하나였다. 그 표정이 모든 것을 말해주고 있었다. 삶의 고통스러운 이면을 직접 대면하는 사람들에게서 너무나 많은 자원이 박탈되었다. 가장 명백하게는 시간이 부족하고, 금전적인 보상도 적절하지 않다. 게다가 사회가 문화적으로 죽음을 잘 이해하고 있지도 않아서, 그들의 일과 가치를 인정해주기를 바랄 수도 없다. 그들은 서로에게서만 고립된 게 아니라 경험에 의미와 존엄을 부여하는 더 큰 사회적 맥락에서도 고립되어 있다. 그들에게 남겨진 것은 쇠락하는 신체의 순전히 날것 그대로의 현실과 비극이다.

피트는 나와 함께 마이크를 방문했을 때 마이크의 아내에게 친구나 이웃 중 필요할 때 전화할 만한 사람이 있는지 물었다. 아내는 없다고 했다. 아들은 차로 여러 시간 떨어진 곳에 살고 있었다. 피트가 떠날 때 그를 올려다보는 마이크의 얼굴이 슬픔으로 일그러졌다. 그가 피트의 손을 잡았고 그의 얼굴에 눈물이 흘러내렸다. 마이크는 시간이 거의 남지 않았다는 것을 알고 있었다. 전에 이미 자신이 언제 죽을지, 또 어떻게 죽을지 물어보았고 답도 이해한 터였다. 하지만 용감한 사람이 두려워하고 있었다. 피트는 마이크의 손을 잡고 팔을 두드려주었다. 그가 할 수 있는 것은 그게 전부였다.

매리언 쿠츠는 남편인 미술평론가 톰 러벅이 52세에 뇌종양으로 사망하기 전까지 2년 동안 그를 돌보았고 수상작인 회고록 『빙하』에 그 내용을 담았다. 쿠츠가 "증인의 책"이라고 부르는 이 책은 톰이 서서히 언어 능력을 잃어가는 동안의 돌봄에 대한 드물고 생생한 묘사다.

"이 책을 쓴 이유는 사람들이 그 느낌을 알았으면 해서입니다. 그 경험의 느낌에 언어를 부여하고 싶었어요. 이 책은 죽음에 관한 것이 아니라 죽어가면서 살아가는 것, 양육, 연결, 소속감, 그리고 이 모든 것이 의료 및 사회적 돌봄 시스템에 의해 공격받을 때 어떻게 되는지에 관한 것입니다. 우리의 관계는 질병으로 공격받지 않았습니다. 우리는 끝까지 관계를 유지했습니다.

그것은 깨어 있는 모든 시간에 그에게 면밀히 주의를 기울이는 것에 달려 있었습니다. 제게는 그것이 윤리적인 반응인 것 같았어요. 그를 돌보는 것만이 아니라 그에 대해 글을 쓰는 것도요. 저는 단어를 매우 적확하게 써야 한다고 느꼈고 부풀리지 말아야 한다고 생각했습니다. 저뿐 아니라 그도 주의를 기울였습니다. 그는 이 과정을 지적으로 즐겼습니다. 이렇게 말하곤 했지요. '물론 나는 무력해. 자, 무력함을 가지고 뭘 해볼까?'

우린 젊은 가족이었습니다. 우리는 바깥세상 쪽으로 향하기로 했고 그의 죽음이 사회적인 것이 되도록 노력했습니다. 톰에게 일어난 일은 특별하고, 즉흥적이고, 흥미로웠습니다. 대화가 불가능해지기 시작했을 때 친구들은 그와 함께할 수 있는 새로운 방법을 고안해냈고, 재미있었습니다. 놀라웠어요. 너무 예측 불가능한 일이 많아서 그와 함께 있는 것은 쉽지 않았습니다. 대화조차 위험으로 가득했습니다.

한마디로 말하면, 많은 돌봄이 주의를 기울이는 것으로 귀결됩니다. 상대방이 기능하고 있는 영역에 구체적으로 집중해 주의를 기울이는 것입니다. 그러면 무언가가 실제로 발생하기 전에 미리 살필 수 있습니다. 다른 것은 아무것도 저의 주의를 필요로 하지 않았습니다. 이것은 부정적이기보다는 긍정적으로 느껴졌습니다. 제 직업보다도, 아니 어느 누구의 직업보다도 중요하게 느껴졌습니다. 누군가가 그의 죽음이 제 삶에서 가장 중요한 부분인 것 같다고 말하더군요. 그 말이 맞았어요. 일상에서 흔히 숨겨져 있던 부분들이 갑자기 매우 명백해졌습니다. 저는 '목격자 되기'가 주는 감각이 매우 많은 가르침을 준다는 것을 알게 되었습니다. 적어도 저에게는요.

남편이 진단을 받은 이후 제가 시간을 경험하는 방식이 바뀌었습니다. 매 순간에 대한 압박감의 차원이 달라졌어요. 무심히 하는 일은 있을 수 없었습니다. 모든 것을 의도를 가지고 의식적으로 했어요. 일상이 육체적으로나 정신적으로나 다르게 느껴졌습니다. 흔히 우리는 일상이 죽 이어지리라는 가정하에 삽니다. 희망, 갈망, 계획을 이야기할 때 알 수 있듯이, 늘 우리가 미래와 연결되어 있으리라고 생각하지요. 하지만 톰과 저와 우리 아들에게 미래는 지금 여기에 있었습니다. 사람들은 '하루하루 다가오는 대로 살아야 한다.'라는 진부한 말을 했는데, 저는 화가 났습니다. 그걸 문자 그대로 받아들인다면 일종의 정신장애의 상태일 테니까요. 뾰족한 대안이 있으리라는 환상은 가지지 않았습니다. 그보다 무슨 일이 일어나고 있는지 계속 주시했습니다. 그리고 정말 유능해졌어요. 말도 안 되는 일이었죠. 필요한 능력의 영역이 아주 방대했으니 말이에요. 항상 따라잡기 위해 내달렸습니다. 늘 생각하고 배우면서 치료, 약물, 질병에 대해 새로운 것을 알아갔어요. 압박으로 인해 초인적인 능력이 생겼던 것 같아요. 적어도 전 그렇게 느꼈습니다.

톰이 입원해 있었을 때 말이에요, 그가 아무 말을 하지 않을 때도 저는 그가 가진 카리스마 넘치는 힘을 알 수 있었습니다. 한번은 옷을 주려고 병원에 일찍 도착했는데, 그의 침대 주위에 커튼이 쳐져 있었고 세 명의 간병인이 침상에서 그의 몸을 씻겨주고 있었습니다. 그들은 여러 언어로 이야기를 나누었어요. 그것은 우연히 발견한 놀라운 장면이었어요. 톰은 전적으로 편안하고 느긋해 보였습니다. 파티 같았어요. 제가 그것보다 더 잘하지는 못했을 것이고, 돈 주고도 사지 못했을 거예요. 값으로 따질 수 없는 소중한 것이었습니다. 그런 종류의, 저임금이고 저평가된 일의 목격자가 되는 것이 중요하다고 느꼈습니다. 그런 일은 더 적극적으로 이야기되어야 합니다.

직원들이 얼마나 세심하게 주의를 기울이는지를 걸음걸이,

목소리 톤, 손길에서 느낄 수 있었습니다. 한 고참 의사는 엄청난 시간 압박을 받고 있었지만 우리에게 그것을 드러내지 않았어요. 우리에게 시간을 온전히 할애할 수 있다고 느끼게 했습니다. 직업적으로 또 개인적으로 그렇게 관리하는 것은 최첨단 예술이라고 할 만합니다. 전율이 일 정도였어요."

톰의 상태가 악화되면서 매리언이 감당할 수 있는 정도를 넘어서는 돌봄이 필요해졌다. 발병 초기에 친구들과 함께 개발한 방식은 더 이상 적합하지 않았다. 그리고 이 단계에서 보건 서비스 및 지역 당국이 제공하는 치료는 트라우마를 불러올 정도였다.

"그 책에는 많은 분노가 담겨 있습니다. 어떻게 살아야 하고 어떻게 돌보아야 하는지에 대해 우리가 만든 패턴이 다른 사람들의 패턴과 대립했습니다. 우리는 돌봄 관련 기관들에서 기다리느라 세월을 보냅니다. 건물 공간은 또 얼마나 칙칙한지, 말도 마세요. 완벽한 시스템이 없다는 것은 저도 잘 압니다. 사람들은 우리가 난리를 칠까 봐 조심하더라고요. 자신을 위해 목소리를 내주고 싸워줄 사람이 없는 환자라면 훨씬 더 힘들 것입니다.

방문 간병인이 배정되었습니다. 그런데 어떤 간병인은 문을 열어놓았고, 어떤 간병인은 톰의 이름도 몰랐고, 어떤 간병인은 노골적으로 적대적이었습니다. 그들은 그저 우리에게 배정되었고, 친절하고 적절하게 대응해주는 사람이 걸리느냐 아니냐는 전적으로 운에 달려 있었습니다. 그들은 우리를 인간으로서도 존중하지 않았고 우리의 사생활도 존중하지 않았습니다. 우리 부부 중 한 명이 매우 아프긴 했지만, 여전히 우리는 우리 자신이었습니다. 하지만 그 자아 감각이 위협을 당했습니다. 너무 충격적이었어요. 이 시스템은 저임금과 교육 훈련 부족이라는 면에서 전적으로 역기능적이었습니다. 그런데도 매우 비쌌어요. 그 시점에 제가 무너졌을 수도 있을 거예요. 저는 일을 그만두고 병가를 냈어요.

다행히 우리는 2주 반만 그런 경험을 하면 되었습니다. 톰의 증세가 갑자기 악화되어 병원에 입원했거든요. 그런데 5주 후에 병원에서는 우리가 나가길 원했고, 너무 무서웠습니다. 우리는 그 병원에 거의 2년 반 동안 다녔고 시스템을 이해하고 있다고 생각했는데, 갑자기 시스템이 없어져버린 것 같았죠. 톰은 24시간 치료가 필요했습니다. 병원은 톰이 요양원에 들어가기를 원했지만 요양원은 치료를 제공하지 않습니다. 우리는 막다른 골목에 다다랐고 무언가 더 내세울 만한 게 생기기를 기다려야 했습니다. 호스피스 병원은 죽음이 임박하기 전까지는 받아주지 않고, 완화치료를 제공해주긴 하지만 그 이상은 아니에요. 집도 선택지가 아니었습니다. 계단이 너무 많아서 집에는 있을 수 없었어요. 우리는 선택의 여지가 없는 선택지를 들고 있었습니다. 너무 무서웠고, 상황을 헤쳐나갈 능력이 우리보다 부족한 사람들에게는 이런 상황이 어떤 영향을 미칠지도 정말 무서웠습니다.

마침내 톰은 호스피스에 들어갔고 사망할 때까지 6주 동안 머물렀습니다. 호스피스로서는 긴 기간이었고, 한번은 어느 의사가 쫓아내지 않겠다고 농담하기도 했습니다. 끔찍이도 충격적인 농담이었어요. 쫓겨날 수 있다는 것 자체를 이해하지 못하고 있었거든요. 그들이 우리를 쫓아냈다면 우리는 어디로 갔을까요? 한번 들어가면 거기서 우리를 내보내기 어렵다는 사실이 안심이 되었습니다.

마지막 5개월은 엉망진창이 되었을 수도 있었어요. 생각하면 섬찟합니다. 죽어간다는 사실만으로도 충분히 나빠요. 부드럽고 순조롭게 전개되리라는 기대는 하지 않았지만, 만약 톰이 우리에게서 멀리 떨어진 형편없는 곳에서 죽어야 했다면 그 분노는 저와 아들에게 정말로 심각한 상처가 되었을 것 같습니다. 호스피스에서 맞이한 죽음은 일종의 구원이었어요. 우리가 함께 있을 수 있는 장소가 주어졌으니까요. 하지만 이것이 얼마나 운에 좌우되는지 저는 잘 알고 있습니다.

병원은 사람들을 가족, 인맥, 활동과 같은 맥락에서 떼어냅니다. 그런데 톰에게는 그러한 맥락이 정말로 중요했어요. 그는 죽어가는 동안 좋은 시간을 보냈고 호스피스는 그것을 이해했습니다. 그들은 엄청나게 유연하고 융통성이 있었어요. 톰의 생에서 마지막 몇 주 동안 그의 작품 전시회가 있었는데, 오프닝 날 호스피스에서는 우리와 함께 가줄 간호사를 배정해주었습니다. 우리는 34일간의 미래를 선물받았고 그것은 우리에게 너무나 중요했습니다. 우리는 외부와 단절되지 않았어요. 톰은 이 새롭고 유동적인 형태 안에서도 계속 그 자신일 수 있도록 허용되었습니다. 뇌종양으로 움직일 수도, 말을 할 수도 없게 되었지만 지각하고 인식하는 힘은 남아 있었어요. 그는 늘 우리를 알아보았고 무슨 일이 벌어지고 있는지 알았습니다. 죽어가는 것이 그의 성품을 앗아가지는 않았어요."

몇몇 전문가들은 삶의 마지막에 다다른 사람들에 대한 돌봄을 향상시키는 데 정말 열정적이었다. 캐럴라인 니컬슨 박사는 이렇게 말했다. "의료가 실패했다고 느꼈기 때문에 완화치료 분야에 들어오게 되었습니다. 전문가들은 죽음을 무언가 비정상적인 것으로 만들었습니다. 의료는 새로운 현실을 매개하고 사람들이 새로운 공간에 있을 수 있도록, 또한 그들이 앞으로 다가올 공간에 대비할 수 있도록 도울 수 있을 때 가장 잘 작동합니다. 하지만 완화치료 분야의 많은 사람들이 그것을 자신의 일이라고 생각하지 않습니다. 그래서 현실을 비현실적으로 느껴지게 만들고 맙니다. 그들은 당신더러 나아지게 해주겠다고 합니다. 증상을 통제하는 데는 물론 저도 동의합니다만, 진짜 이슈는 남아 있는 시간을 가지고 무엇을 할 것인가, 내게 주어진 초대장을 어떻게 사용할 것인가입니다. 정말 흥미롭다고 생각한 부분은 사람들이 이 현실을 두고 어떻게 협상하는가이고, 우리 사회가, 그리고 개인으로서의 내가 무엇을 배우고 따라 할 수 있을까입니다."

이것은 샌프란시스코의 완화치료 의사 B. J. 밀러B. J. Miller가 채택하고 있는 방식이기도 하다. 그는 이 주제에 대해 열정적인 인식 개선 운동가다. 그는 독특한 인생 경험에서 자신의 일에 대한 관점을 끌어냈다. 그는 19세 때 장난 삼아 전차에 뛰어올랐다가 감전되어 죽을 뻔했다. 1년 동안 화상 병동에 있었고 두 다리와 한쪽 팔을 잃었다. 그는 흔치 않은 권위를 가지고 고통에 대해 이야기할 수 있는 설득력 있는 웅변가다. 그의 TED 강연은 가장 많이 다운로드된 회차 중 하나다. 그는 회의 참석차 런던에 왔을 때 짬을 내어 나와 이야기를 나누었다.

"고통은 이 완화치료 분야에서 중요한 버팀목입니다. 우리는 필요한 고통과 불필요한 고통을 구분해야 합니다. 고통은 인간 경험에서 근본적인 것이지만, 우리는 고통 없이 통증만 가질 수도 있습니다. 이것은 주관적인 현상입니다. 이것은 환자와 의사의 관계에서 권력의 작동을 뒤집습니다. 의사가 환자에게서 배울 수 있는 것이 아주 많기 때문입니다. 이것은 우리를 겸손하게 만들어줍니다. 고통은 배움의 기회입니다. 고통은 자아의 크기를 알맞게 조정해줍니다. 고통이 없다면 우리는 자아를 계속 부풀리고 확장하게 되지요. 고통은 조각용 칼과 같습니다.

환자가 본인이 아픈 것에 대해 자책하면서 '싸움'과 '전쟁'의 언어를 사용할 때, 저는 단어 선택에 주의를 환기할 수 있습니다. 이런 유형의 고통은 불필요한 고통입니다. 내 역할의 일부는 슬픔을 '신성화'하는 것이고 죽어감이 수반하는 상실을 인정하게 하는 것입니다. 환자를 돌보는 보호자의 역할은 옹호자, 조언자, 반사장치 및 반향판일 수 있습니다. 나는 그것을 '안전한 사랑'의 실천이라고 부릅니다."

밀러는 《뉴욕타임스 *The New Tork Times*》와의 인터뷰에서 "나의 일부는 내 삶에서 일찌감치 죽었고, 이런저런 방식으로 우리 모두가 그렇게 이야기할 수 있을 것이라고 생각한다."라고 말했다. 그리고 "이 사실을 중심으로 내 삶을 다시 설계했고, 내가 어떤 삶에 던져지든 의미와 아름다움의 충격을 발견할 수 있다는 깨달음은 해방의 경험이었다."라고 언급했다.[12]

사고에서 회복된 후 밀러는 미술사로 진로를 바꿨다. 관점의 변화를 가지고 노는 법을 이해할 필요가 있어서였는데, 한 가지 사례로 초등학교를 방문했을 때의 일을 말해주었다. 거기에서 아이들이 그에게 한 손밖에 없는 것이 어떤지 물었고 그는 자신의 한 손이 굉장하다고 대답했다.

"관점에는 재미있는 면이 있습니다. 어느 시점이 되면 잃은 것보다 아직 남아 있는 것에 초점을 맞추기 시작합니다." 사고 이후 그는 그의 삶을 추가적인 어려움으로 보기를 거부했다. 그의 삶은 "그저 고유하게 어려울 뿐"이었다. "다른 모든 이의 삶처럼" 말이다. 그의 삶은 "임종의 침상에 있는 사람과 자동차 키를 어디다 두었는지 잊어버린 사람 사이의 스펙트럼 위 어딘가에" 있었다.[13]

그는 뉴저지 병원 지하의 무균시설인 화상 병동에서 받은 놀라운 치료를 이야기했다. "화상 병동은 고통의 집입니다. 일하기 좋은 장소나 머물기 좋은 장소가 아니기 때문에, 놀라운 사람들을 여기에서 볼 수 있습니다. 창문이 없어서 낮인지 밤인지 알 수 없었습니다. 모두가 보호복을 입었고 방문객도 없었습니다. 간호사들이 출근길에 운전이 얼마나 힘들었는지 말하는 것을 듣고 눈이 오는 것을 알았습니다. 간호사 중 한 명이 나가서 눈덩이를 들고 와서 내 손에 쥐여주었습니다. 고통, 외상, 간호사의 처치가 아닌 무언가로 내 몸을 다시 알게 되었습니다. 그 순간에는 간호사의 친절함, 무언가를 느끼는 감각 경험, 그리고 그 모든 것에 대한 놀라움 등 많은 것이 있었습니다. 그것은 상징적 가치와 직접적인 경험적 가치를 모두 가지고 있었습니다. 이 모든 것을 느낄 수 있는 몸이 있다는 것은 놀라운 일입니다. 그것은 내가 인생과 내 주변의 모든 것을 사랑하게 만들었습니다."

"눈을 손에 쥐었을 때의 황홀함, 타는 듯한 피부로 떨어지는 차가움, 그 모든 것의 기적, 녹아서 물로 변하는 것을 바라보았을 때의 매혹은 말로 표현하기 어렵습니다. 그 순간, 단지 이 우주에서 이 행성의 한 부분이 되는 것이 내가 살고 죽는 것보다 더 중요했습니다."

미술사 이후에는 의학을 공부하기 시작했다. "저는 완화치료 분야와 그 주요 원칙에 반했습니다. 질병으로부터 배우는 것, 죽을 때까지 살아가는 것, 죽음을 두려워하지 않는 것. 이것들은 모든 돌봄의 특성이어야 합니다. 죽음은 단순히 임상적인 과정이 아니며 누구도 예외가 아닙니다. 여기에서 전문지식은 인간이 되는 법에 대한 것입니다. 그러니까 의사가 꼭 전문가인 것은 아닙니다."

"완화치료 분야에서 우리는 '실존적 고통'을 종종 언급하는데 이것은 해소되지 않는 부분들을 뭉뚱그린 용어입니다. 의사는 약으로 고통과 우울을 치료할 수 있지만, 실존적 고통은 남습니다. 저는 이것이 의미의 위기라고 생각합니다. 이것이 모든 의사의 진료에서 제일 많이 드러나는 것이라고 해도 과언이 아닐 겁니다. 신체적 통증 및 온갖 종류의 증상 속에서 고립과 무의미함이 신체화되는 것 말이에요. 이것은 막대합니다.

의사로서 제 일은 환자 앞에 나타나서 환자가 말하는 내러티브 속에서 저의 역할을 받아들이고 그것에 의해 영향을 받는 것입니다. 우리는 의사로서 힘을 가지고 있고, 환자는 우리가 하는 말과 행동에 크게 좌우됩니다. 우리가 하는 모든 일에는 매우 많은 상징적 의미가 부여됩니다. 의사는 사람들의 삶에서 과도하게 큰 역할을 합니다. 완화치료 분야에서 그것은 정말 명백합니다. 우리는 환자 앞에 있어주어야 합니다. 하지만 있어주는 것은 이제 사라져가는 기술입니다. 정신을 흩뜨리는 너무나 많은 것들에 노출되어 있기 때문입니다. 있어주는 것은 기술이자 선물, 세상에 존재하는 방식입니다. 때로는 누군가를 돌보는 것이 그저 옆에 함께 있어주는 것인 경우도 있습니다. 여기에는 어색한 침묵이 포함되기도 하지요. 근본적으로 말해서 완화치료는 도망가지 않는 행동입니다."

밀러는 왜 죽음과 죽음에 대한 논의가 선택의 문제, 특히 언제 어디서 죽을지에 대한 질문에 온통 쏠려 있는지 의문을 제기했다. 그는 조력 자살이 합법화된 국가에서도 극히 일부(네덜란드에서는 사망자의 4퍼센트)만 그것을 이용한다고 지적했다. "조력 자살의 목적이 고통을 더는 것이라면, 왜 이 거대한 논쟁이 완화치료에 대한 관심과 투자 증가로는 이어지지 않는 것일까요? 이것도 고통을 경감하는 것인데 말입니다."

"우리는 마치 통제하기를 늘 원하는 것처럼 이야기합니다. 하지만 항상 통제가 가능한 것은 아니며, 우리가 원하지 않는 통제도 있습니다. 우리가 얼마나 통제할 수 있을까요? 우리는 통제력을 찾고, 갖추고, 유지하는 것에 집착하지만, 통제할 수 없는 것에 대해 현실적이어야 합니다. 바로 이것이 흥미로운 부분입니다. 그것은 우리의 자아를 세상과의 균형이 잡히게 해줍니다. 그것은 겸손한 진실이며 그 안에 지식과 신비가 있습니다."

『행운아』에서 존 버거는 의사를 "죽음에 익숙한 사람"이라고 표현했다. 많은 죽음을 목격하고 그럼으로써 죽어가는 사람과 가족들에게 자신감을 주는 사람이라는 것이다. 의사들은 중개 자로서 가치를 갖는다. 그들은 죽어가는 사람을 "다양한 죽은 사람들"과 연결한다. 버거는 "그들이 제공하는 힘들지만 진정한 위안은 …… 우애의 위안"이라고 결론 내렸다.

제인은 완화치료 간호사로 일하는 동안 그런 식으로 "죽음에 익숙해졌다." 그래서 친구, 이웃, 지인 들은 죽음에 직면하면 본능적으로 제인에게 의지한다.

"간호사로서 우리는 다른 사람의 고통을 목격하는 사람입니다. 우리는 그들과 함께 있습니다. 상태를 낫게 하기 위해서는 많은 것을 할 수 없을지 모르지만 우리는 절대적으로 환자와 함께 있습니다. 그들이 말하는 것을 듣고 그들이 느끼는 것의 일부라도 이해합니다. 그리고 도망가지 않습니다. 너무 끔찍해서 도망치고 싶을 때가 있지만 말이에요. 아주 경험 많은 간호사는 사람들에게 거의 거울 같은 존재가 됩니다. 그들은 언제 물러나고 언제 개입해야 하는지 압니다. 직관적으로 그들은 환자와 가족이 죽음을 맞이할 수 있는 환경을 만듭니다. 누군가가 정말로 통증이 심하고 가족들 간에 갈등이 있을 때는 이 일이 매우 힘들 수 있습니다. 이 일을 하면서 매우 지치지만, 힘이 나기도 합니다. 이는 가장 강력한 순간이고 또 보람 있는 순간입니다.

이는 인간 존재의 가장 밀도 있고 가장 날것인 상태입니다. 저는 종교가 없지만 가톨릭 집안에서 자랐고 부모님은 친절, 관용, 긍휼을 가르쳐주셨습니다. 저는 신보다는 인류에게 막대한 믿음을 가지고 있고 그것이 저의 삶에 큰 의미를 줍니다. 여기에서는 우리가 모두 함께라고 느낍니다. 우리는 거의 같은 것을 경험합니다. 이러한 생각이 제가 하는 일의 토대입니다.

완화치료 일을 하면서 정말 감동적인 친절한 행동들을 보았습니다. 때로는 사람들이 자신이 가진 것을 너그럽게 베푸는 행동처럼 간단한 일이지요. 늘 무언가를 '행하는' 것은 아닙니다. 한 동료는 최근에 어린 환자가 축구 시합에 갈 수 있게 하려고 정말 애를 썼어요. 줄곧 심각한 병을 앓았고 몸이 매우 약해서 축구 시합에 가본 적이 없었대요. 그는 그날이 인생 최고의 날이었다고 했습니다. 이러한 종류의 너그러움이 갖는 자발성은 정말 중요합니다. 사람들에게 이것을 해야 한다, 저것을 해야 한다 하고 말하는 데는 너그러움을 파괴하고 진정성을 사라지게 하는, 그리고 헛구역질을 일으키는 무언가가 있습니다.

문제는, 어떻게 내면의 반응을 유지하느냐입니다. 긍휼과 보살핌은 내면에서 번성해야 합니다. 제가 교육받았던 1970년대에는 각자에게서 긍휼의 역량을 찾는 데 교육이 집중되었습니다. 그래서 자기만의 방식으로 긍휼의 역량을 찾아내고 발전시킬 수 있었습니다. 저는 굉장히 영감을 주는 교수들에게 교육받았습니다. 그런데 현재 교육은 법령 및 규제 준수에 초점을 맞추고 있습니다. 호스피스는 달라지고 있습니다. 정체성의 위기를 겪고 있고 채용에도 큰 문제를 겪고 있습니다.

때로는 사람들을 더 편안하게 해주거나 그들에게 도움이 되는 대화를 나누기 위해 정말 실용적인 일을 할 수도 있습니다. 최근에 루게릭병이 있는 젊은 환자가 있었는데 고통이 매우 심했습니다. 간호사들은 이틀 동안 그가 좀 더 편안해질 수 있도록 하는 데 많은 시간을 보냈습니다. 그러고 나서 그는 가족과 대화할 수 있도록 호흡기를 떼어달라고 부탁했고 곧 사망했습니다. 간호사들은 그의 평화로운 죽음을 자랑스러워했습니다. 그것이 우리가 여기 있는 이유입니다."

제인은 간호사들이 이런 종류의 힘든 일을 하려면 다른 사람들의 지원이 반드시 필요하다고 강조했다. 죽어가는 사람들을 돌보는 것은 서로 돕고 보살피는 여러 관계의 그물망에서 이뤄져야 한다. "1980년대 후반에 에이즈에 걸린 청년을 돌보았을 때가 제 경력에서 중요한 순간이었어요. 우리는 사이가 아주 좋았어요. 그는 저에게 호스피스에 간다고 말했고 병원에서 제가 돌봐준 것에 대해 감사하다고 했습니다. 그는 죽어가고 있었어요."

여기까지 말하더니 제인은 말을 잠시 멈추었다. 30년 전의 기억을 떠올리다가 눈물이 나 목이 멘 것이다.

"그때 저는 선택할 수 있었습니다. 그러니까 화장실에 가서 마음을 가다듬을 수도 있었고, 아니면 다른 간호사들 중 한 명에게 가서 울음이 터질 것 같으니 옆에 있어달라고 할 수도 있없어요. 저는 그렇게 했습니다. 그런 감정을 내보여야 한다는 것을 깨달았거든요. 그렇지 않으면 탈진할 위험이 있습니다. 저는 일하면서 많이 웁니다."

제인이 가장 보람을 느끼는 일 중 하나는 간호사의 대화에 관해 진행한 연구다. 제인은 병동에서의 인수인계 방식으로 확립되어 있는 SBA(상황Situation, 배경Background, 행동Action) 시스템이 간호사들의 업무 공유 및 성찰 방식, 그리고 서로를 지원하는 방식을 규율하는 것에 대해 우려한다. 제인과 동료 연구자들은 임종 환자를 돌볼 때는 비공식적인 대화가 필수적이라고 주장했다. 이 일의 부담은 집합적으로 져야만 감당이 가능하다. 즉 연대가 핵심이다. 관을 멜 때 항상 여러 사람이 메고 무게를 지탱하기 위해 서로의 어깨에 팔을 두르는 것은 그 상징성 때문에 지속되는 전통이다.

"간호사들은 많은 감정을 다루고 대처하기 위해 팀 내에서 의례를 개발합니다. 웃음을 빠르게 분출하는 블랙유머일 수도 있고, 사망 후 24시간 동안 침대를 비워두는 의례일 수도 있습니다. 간호사들은 컨베이어벨트 위에 있다는 느낌을 좋아하지 않습니다. 상징과 의례가 없다면 버티기 어려울 것입니다.

우리 사회는 질병, 의존성, 죽음을 이야기하지 않습니다. 이런 것과 관련된 일을 하는 사람들은 더럽혀졌다고 간주되지요. 사람들은 현실을 보지 못합니다. 너무 고통스럽기 때문에 간호사를 천사 아니면 악마로 보는 고정관념에 의존합니다. 간호사들은 종종 끔찍한 상황에 대처합니다. 때때로 간호사는 비밀 모임에 속해 있다고 느낍니다. 제 경험을 대변하는 글을 하나도 읽어본 적이 없거든요. 19년간 병동 관리를 해왔지만 그것이 실제로 어떤 것인지 말하는 사람은 본 적이 없습니다. 간호사로서 우리는 종종 투명인간처럼 느껴집니다. 낮은 자존감이라는 문제는 이 직군에 만연해 있습니다."

15년 동안 완화치료 분야에서 사회복지사로 일해온 캐시는 아프고 죽어가는 사람을 돌보는 것에 대해 사회가 잘 이해하지 못한다는 제인의 의견에 동의한다. "돌봄은 지속적인 학습을 필요로 하는데 사람들은 그것을 잘 이해하지 못합니다. 저는 늘 더 배울 것이 있다는 것을 알고 있습니다. 모든 환자는 우리에게 처음입니다. 매번 처음부터 시작하는 것과 같지요. 저는 그 사실이 주는 에너지가 좋습니다. 돌봄은 우리가 생각하는 곳으로 환자를 끌고 가는 것이 아닙니다. 암 진단을 받은 친구가 있었는데요, 저는 그 친구가 어떤 식으로 상황을 이해할지 스스로 선택하고 있다는 것을 알게 되었습니다. 그렇게 하기 위해 어떤 사람들은 허락을 필요로 합니다. 의사에게 자기 이력서를 주겠다고 막무가내로 우기는 환자도 있었어요. 그 여성은 4개월밖에 더 살지 못했고, 오랜 정신질환 병력과 높은 수준의 불안 증세가 있었어요. 하지만 그 여성은 예술가이기도 했고, 단순히 질병으로서가 아니라 인간으로서 사람들에게 알려지기를 원했습니다."

"돌봄은 매우 다차원적이며 모든 의사소통과 상호작용은 서로 영향을 주고받습니다. 하지만 많은 돌봄 전문가들이 고립된 채 일하는 까닭에 다른 이들이 자신의 행동에 영향을 미친다는 사실을 알아채지 못합니다. 저는 시스템 이론을 공부했기 때문에 한 걸음 물러서서 넓은 시야에서 사람들의 반응을 생각하는 습관이 생겼습니다. 칼 로저스Carl Rogers의 공감과 긍정적인 배려에 대한 연구에서 많은 것을 배웠습니다. 저는 환자가 자신에 대해 가장 전문가라고 생각하고, 항상 환자에게서 '사람'을 봅니다. 이것은 인정의 과정입니다."

캐시는 30대 초반에 어머니를 임종까지 돌본 뒤 완화치료 분야에 들어왔다. "어머니를 돌본 것은 제가 한 일 중 가장 지치고 힘든 일이었습니다. 해외에 거주하고 있었는데 지체 없이 일을 그만두고 티사이드로 돌아왔어요."

"저는 언어에 관심이 많은데요, 사람들이 종종 돌봄을 부담과 연결 짓는다는 것을 알게 되었습니다. 하지만 어머니를 돌본 것은 제가 한 일 중 가장 보람 있었어요. 저는 저의 돌봄이 엄마가 제게 하신 투자가 가치를 갖도록 만든다고 느꼈습니다. 매우 헌신적인 유형의 엄마셨거든요. 늘 아이들을 먼저 생각하셨고요. 저는 엄마가 모르는 사람보다는 제가 씻겨드리는 것을 더 좋아하셨을 거라고 생각합니다. 엄마도 저에게 똑같이 하셨을 거예요. 엄마는 대화하기 매우 유쾌한 분이었습니다. 유머감각도 있고, 아프고 죽어가는 상황에서도 재미있는 분이었어요."

캐시는 "완화치료에서는 실패에 관대해야 하지만 안주해서는 안 된다."라고 말했다. 나는 관대한 것과 안주하지 않는 것 사이의 미세한 차이를 관리자, 가족, 환자 들이 어떻게 이해하는지 궁금했다. 절망, 공황, 슬픔, 분노, 충격 등 죽음에 직면했을 때 나타나는 명백한 실패의 형태에 직면하고 그것을 관대하게 용인하는 데는 엄청난 용기와 겸손이 필요할 것이다. "저는 때때로 변화를 만듭니다. 그리고 그것에 만족합니다." 캐시가 말했다.

이와 같은 겸손은 '죽음에 익숙한 사람들'의 본질적인 특성이다. 죽음은 강렬하고 강력한 감정을 불러일으키는 극적인 사건이다. 임종 때 내가 보면서 감탄했던 돌봄에는 요령과 기술이 가득했다. 언제 물러서야 할지 언제 위로를 건네야 할지 알고, 그와 동시에 다른 사람이 중심 역할을 한다는 것을 인식해야 한다. 완화치료 분야의 젊은 의학도인 리비는 전문가만이 아니라 일반인도 그러한 기술을 개발할 수 있다고 말했다. 인도 남부 케랄라에서 일하고 있는 22세의 의대생인 리비는 한 프로젝트에 참여했다가 완화치료 쪽으로 진로를 잡게 되었다. '케랄라 완화치료 이웃 네트워크Kerala Neighbourhood Network in Palliative Care'는 가정을 방문해 기본적인 통증 완화 및 돌봄을 자원봉사로 제공할 의료인을 양성하는 프로젝트였다.[14] 창립 10년 사이 이 프로그램에 참여해 교육받은 자원봉사자는 1만 2000명에 달하고 어느 한 시점에 돌봄을 받는 환자가 1만 명이 될 정도로 성장했다. 임종 환자를 돌보느라 소진된 가족과 부족하기만 한 병원 치료 사이의 격차를 메우는 데 도움이 된다. 지금은 '인정 많은 이웃Compassionate Neighbours'으로 알려진 이 프로그램은 전 세계적으로 찬사를 받고 있으며 많은 곳에서 비슷한 프로그램이 생겨나고 있다.

"케랄라에서 이 프로젝트가 어떻게 의사들을 탈중심화하고 죽음을 사회적 사안으로 만들 수 있는지 보았습니다." 리비가 말했다. "공동체가 책임을 지고 있었습니다. 그것은 사회 운동이었습니다. 남녀노소 각계각층에서 자원봉사자들이 나섰습니다. 저는 죽는다는 것이 어떤 모습일 수 있을지에 대해 전체적인 비전을 보았고 영국에서도 그 원칙에 입각한 프로젝트를 만들고 싶어졌습니다. '인정 많은 이웃'은 환자 대 전문가의 관계가 아니라 동등한 사람들의 관계를 이야기합니다. 의미 있는 관계와 상호주의를 발전시키는 것입니다. 자원봉사자들은 환자와 동등하게 관계를 맺으면서 고통을 받아들이고 고통을 완화합니다. 진정한 친밀감이 있을 수 있어요. 죽어가는 사람들을 보살피는 것은 상호적이어야 하고 역량을 강화하는 것이어야 합니다. 그것이 저의 핵심 결론입니다."

남겨진 사람들이 망자의 삶, 성취, 행복했던 시간 등을 이야기하는 장례식에는 상징적인 무게가 부여된다. 이것은 집합적인 선언이다. 이 의례는 죽은 사람을 위한 것이기도 하지만 남겨진 사람을 위한 것이기도 하다. 장례는 망자에 대한 마지막 돌봄의 행동이지만 슬픔에 잠긴 사람들을 위한 돌봄의 행동이자 연대의 표현이기도 하다.

"주변 사람들에게 자신의 일부를 계속 남겨둘 수 있다면 정말 잘 죽는 것이라고 생각합니다." 캐럴라인 니컬슨 박사는 이렇게 말했다. "그러면 당신의 삶은 의미가 있고 그 삶은 계속됩니다. 노인에게는 젊은 사람들과의 유대가 가장 중요합니다.

한 할머니가 아이들이 계단 오르내리는 것을 보는 게 너무 좋다고 말씀하셨던 것이 생각나요. 할머니 본인은 달리기는커녕 계단을 이용할 수도 없었지만 아이들의 자유로운 움직임을 보면서 기쁨을 느꼈습니다. 그것은 평범함 속의 비범함이었습니다. 그 할머니는 지속될 일들 속에서 자신의 일부를 확인함으로써 떠나는 방법을 알아내는 매혹적인 능력을 가지고 있었습니다."

내 친구 카를라의 장례식은 아름다웠다. 사교적이고 따뜻한 이탈리아인인 카를라는 자녀, 남편, 형제자매, 부모를 남겨두고 떠났다. 장례식 날 런던 전역에 눈이 많이 내렸다. 교회에 도착해보니 꽃이 수북하게 덮인 관이 있었다. 파스텔 색상 양귀비의 하얀 꽃과 초록빛 잎이 마치 결혼식장에서처럼 교회를 가득 채우고 있었다.

아버지는 몇 주 동안 혼수상태에 빠졌다. 조용한 호스피스 방에서 강인하고 완고한 한 남자로부터 마지막 생명이 서서히 사라졌다. 대조적으로 장례식은 장엄하게 치러졌다. 어린 시절부터 은퇴 때까지 아버지의 삶을 형성해온 가톨릭 방식으로 한 수도원에서 장례 미사를 지냈다. 아버지의 삶을 돌아보는 너그러운 이야기들이 이어졌고 수도사들이 아버지의 교육과 신앙의 성가이던 라틴어 단음 성가를 불렀다. 아일랜드 가톨릭에 뿌리를 둔 가족과 친구 들로 수도원 교회가 가득 찼다. 자녀들과 많은 손주들이 긴 행렬을 지어 관을 따랐고 그 순간 장례식의 웅장함이 한층 드높아졌다. 이스트런던에 있는 호스피스의 휑한 방에서 신체가 붕괴해가던 고통스러운 구체적 현실이 존엄하고 중요한 행사로 바뀌었다. 이 마지막 돌봄은 수십 년 동안 영향을 미친다.

삶이 어떻게 끝나는지, 또 어떻게 끝나야 마땅하며 어떻게 끝날 수 있는지 아는 것은 삶에서 필수적인 기술이다. 어떻게 시작하는지 아는 것보다 훨씬 중요할지도 모른다. 아버지의 삶의 결말은 아버지뿐만 아니라 쌀쌀한 11월의 그날에 참석한 모든 사람에게 도움이 되었다. 그것은 하나의 삶이 갖는 가치와 존엄을 확인시켜주었다. 아버지는 이 장례식을 고마워하셨을 것이다. 이러한 의례는 아버지에게 중요했고 유언장에 장례 미사를 지내달라고 부탁해놓으시기도 했다. 사후 세계에서 영혼이 받을 돌봄을 마련해두신 것이다.

suffering

명사 통증, 우울, 어려움 등을 겪는 상태. 라틴어 수페레르 sufferer에서 나왔으며 페레ferre는 '견디다'라는 뜻.

suffer

동사 좋지 않거나 불쾌한 일을 겪거나 견디다. 고어로, 허용하다, 참다.

정신의학과 의사이자 의료인류학자 아서 클라인만Arthur Kleinman은 "현대의 의료 관료주의와 돌봄 분야 전문가들이 고통을 기술적으로 고칠 수 있는 기계적 고장의 문제로 다루는 데 치우쳐 있다."라고 지적했다. 그는 고통을 "환자의 이야기에서 가장 두텁게 인간적인 차원"이라고 본다. 그는 임상 및 행동과학 연구자들이 고통을 설명할 수 있는 개념상의 범주를 가지고 있지 않다고 말했다. "증상 척도와 설문조사로 기능 장애를 수치화할 수는 있지만 고통에 대해서는 침묵한다."라는 것이다. 대조적으로 중세 기독교와 불교는 "고통을 관리해야 할 무가치한 경험으로 저평가하지 않았고 …… 고통과 죽음을 문화적 과정의 작동을 통해 초월할 수 있는 기회로 여겼다."[1] 조지 엘리엇George Eliot은 소설 『애덤 비드』에서 고통을 "세례, 재생, 새로운 상태로의 시작"이라고 표현했다.

철학자 이반 일리치Ivan Illich는 "통증은 감각이고 고통은 실천"이라며 "사람들에게 모든 고통이 치유될 수 있다고 확신 시키려 한 현대의 의학이 오히려 고통을 견딜 수 없게 만들었 다."라는 논쟁적인 주장을 폈다. 그는 고통이 "의무, 사랑, 매 혹, 일상, 기도, 긍휼을 통해" 존엄하게 감내될 수 있는 것임에 도, 의학이 가진 문화적 권위가 고통과 통증과 죽음을 없애주 겠노라는 가짜 약속을 하면서 서구 사람들이 존엄을 지키면 서 의미 있게 고통을 겪을 수 있는 능력을 앗아갔다고 지적했 다. 더 최근에 제임스 데이비스James Davies도 『고통의 중요성 The Importance of Suffereing』에서 비슷한 주장을 폈다. 오늘날에 는 "일상의 고통 중 많은 부분이 되도록 빨리 제거해야 좋은 해 로운 불편함으로 여겨진다."라는 것이다. 그는 이러한 믿음이 "고통을 우리 삶에서 전적으로 부정적인 요인으로만 간주하 는 세계관 속에 우리를 점점 더 가두고 있다."라며 "만족스러 운 삶은 이성적인 진보와 직접적인 행복의 추구에 의해서만 이 루어지는 것이 아니라 고통에 기꺼이 맞서고 그것으로부터 배 우려는 의지에 의해서도 달성된다."라고 주장했다.[2] 그는 스위 스 철학자 앙리 프레데릭 아미엘Henri Frederic Amiel의 다음과 같은 말을 인용했다. "친구여, 삶의 기술을 알고 싶은가? 그것 은 이 말에 담겨 있다네. 고통을 이용하라."

의사는 진통제를 처방할 수 있고 간호사는 제때 그것을 투 여할 수 있지만, 둘 다 상실의 실존적인 고통에 어떻게 반응해 야 할지, 혹은 어떻게 그것을 완화할 수 있는지를 꼭 알고 있지 는 않다. 임종 시기 돌봄을 제공하는 사람들의 이야기를 들어

보면, 적절하게 대응하고 있지 못하다는 느낌, 부분적으로 실패했다는 느낌이 꼭 따라다닌다. 이것을 인식하는 방식은 부인, 불편함, 무관심, 실질적인 괴로움, 그리고 고통의 무의미함에 대한 분노까지 다양하다. 고통에 직면했을 때 우리는 아무리 작더라도 위로나 안도감을 줄 수 있는, 공유된 의미를 찾기 위해 발버둥친다.

고통의 경험은 소외감을 가져오며 이는 깊은 충격으로 다가올 수 있다. 뇌 외과의사 헨리 마시는 "고통의 지하 세계"에 대해 언급했다.[3] 그것은 종종 숨겨지거나 무시된다. 클라인만은 "긍정해주는 목격자 되기"를 통해 "그 경험에 의미와 가치를 부여할 수 있는" 이야기를 만들게 해주는 것이 고통받는 사람에게 해줄 수 있는 헌신이라고 말했다.[4] 돌봄제공자와 환자 모두 그 이야기를 만드는 데 기여할 수 있고 그 이야기로부터 의미를 얻을 수 있다. "공감과 연민의 경험에서 도덕적 통찰이 나올 수 있으며 이것이 만성적인 질병과 돌봄의 내면에 있는 도덕적 의미"라는 것이다.

의료사회학자 아서 프랭크Arthur Frank는 고통이 야기하는 딜레마에서 핵심은 관대함이라고 말했다. 그는 의료적 돌봄은 "사회에서 개인들이 맺는 돌봄의 관계를 반영하는 동시에 규정한다."라며 "과도하게 사용되고 있는 돌봄이라는 단어를 통해 내가 의미하려는 바는, 다른 이와의 관계에서 자신이 무엇일 수 있는지 발견하게 되는 기회를 말한다."라고 언급했다. 의사나 간호사의 역할은 "고통받는 자를 환영하는 은총"을 제공하는 것이다. 의학은 진단과 약물을 줄 때 항상 위로도 함께

주어야 하며, 이것은 "한 사람을 버리지 않겠다는 또 다른 사람의 약속"이다. 그 과정에서 "고통을 포함하는 삶이 갖는 의미에 대한 믿음에 변화를 가져올 수 있다."[5]

8

가능한 미래

관심은 너그러움의 가장 드물고 순수한 형태다.

시몬 베유Simone Weil, 『처음과 마지막 노트First and Last Notes』(1942~1943)

돌봄은 많은 식민지를 거느린 강력한 제국이고 나는 몇 곳
만 방문했을 뿐이다. 여정을 마무리하면서 사람들의 삶에 대
한 수백 쪽의 메모를 다시 읽어보니 공통적인 패턴이 있었다.
2008년 글로벌 금융위기 이후 영국 정부가 도입한 긴축 정책
의 영향으로 사회적 돌봄 예산이 야만적으로 삭감되면서 장
애인과 노인이 압도적으로 큰 타격을 입었다. 한편 NHS는 증
가하는 의료 수요를 따라잡기 위해 고군분투하고 있다. 돌봄
경제에는 긴급한 투자가 필요하다. 의료는 '작은 국가' 주창자
들이 말하는 사치가 아니라 사회의 직조와 수백만 명의 삶의
안정성에 필수적인 것이다. 하지만 자금 지원을 늘리는 것이
꼭 필요하긴 해도 그것만으로 충분하지는 않다. 의료 위기는
2008년 금융위기와 뒤이은 복지 지출 삭감보다 먼저 시작되
었다. 위기의 더 깊은 원인은 모든 돌봄에서 관계의 중심성을
인식하고 관계를 일구는 활동에 적절한 보상을 하는 데 근본적
으로 실패했기 때문이다. 관련 논의와 정책은 '개인화', '사람
중심 의료' 같은 어휘를 주워섬기지만 현실은 많이 다르다. 내
가 만난 사람들은 몇 번이고 한탄하며 환자를 대면해 관계를

구축할 시간과 기회가 없어지고 있다고 말했다. 돌봄이 취약성과 의존성을 다루는 것임을 생각하면, 이 추세가 돌봄제공자와 돌봄을 받는 사람 모두에게 매우 심각한 영향을 미치리라는 것은 자명하다. 우리의 존엄은 다른 사람들의 행동에 달려 있다. 인간관계가 일궈지지 않는다면 상호작용은 빠르게 굴욕적이고 모멸적인 것이 될 수 있다. 돌봄은 이 아슬아슬한 균형에서 줄타기를 한다. 인간 삶의 기본적인 허약함을 다루는 경우가 많기 때문이다.

나는 세심하지 못하게 진행된 정기 유방 검진에서 이것을 절실히 깨달았다. 간호사는 예약시간보다 늦게 나타났다. 간호사가 왔을 때 나는 사람들과 조용한 대기실에서 줄 서서 기다리고 있었다. 간호사는 급하게 몇 명을 탈의실로 보내 옷을 벗게 했다. 그러고서 나는 어떤 기계 앞으로 떠밀려 갔다. 판대기가 내 유방을 사정없이 내리누르고 쥐어짰다. 건성으로 인사 정도 나눈 게 간호사와 한 의사소통의 전부였다. 간호사는 가능한 한 빨리 나를 유방 촬영실에 밀어넣고 촬영하고 나가게 하는 데만 집중했다. 나는 그저 몸뚱어리일 뿐이었다. 나는 내 반응에 놀랐다. 비인간적인 촬영 과정에서 갑작스럽게 겪은 굴욕에 가슴이 철렁 내려앉아 눈물이 터졌다. 많은 노인이 경험하는 신체에 대한 난폭한 취급과 그가 인간으로서 가지는 면모를 인식해주지 않는 과정이 미치는 영향을 알 것 같았다. 대부분의 시간에 우리는 잘 인식하지 못하지만, 우리의 존엄은 위태로우며 타인과의 관계 및 신체의 프라이버시에 관한 일련의 관습에 크게 좌우된다.

이러한 취약성은 강력한 연결(조산사의 재치와 섬세함을 나는 여전히 기억하고 있다.)과 깊은 목적의식 및 충족감의 토대가 될 수도 있다. 하지만 취약성은 돌봄을 제공하는 사람과 받는 사람 모두에게 불편함을 불러올 수도 있다. 독립성과 자율성에 대해 우리가 견지해온 믿음이 흔들릴 수 있기 때문이다. 그리고 돌봄에는 위험을 판단하는 일이 늘 수반된다. 돌봄제공자의 역량은 함께 있어주면서도 자신의 감정을 억제하는 방법을 알고, 상대의 취약성을 넘어 그가 가진 인간으로서의 가치를 알아봐주는 데 있다. 쉽게 들려도 무척이나 어려운 일이며, 돌봄제공자의 인생 경험과 세계관 깊숙한 곳에서 끌어내야 하는 감정노동의 한 형태다. 이것은 동료나 관리자와의 끈끈한 관계를 통해서만 유지될 수 있는데, 종종 둘 다 존재하지 않는다는 점이 돌봄노동을 한층 더 어렵게 만드는 요인이다.

관계가 주변으로 밀리는 추세는 돌봄경제의 저임금 부문에서 가장 극명할 수 있지만, 사실 모든 돌봄 영역에 파고들어 있다. 일반의들은 환자가 컨베이어벨트를 탄 듯 줄줄이 들어오면 불과 몇 분 만에 진료해야 하는 과도한 처리량에 대해 호소했다. 간호사들은 잠시 멈춰서 환자와 대화를 나누는 것을 누가 보면 잘못했다고 사과하며 대부분의 시간을 컴퓨터 화면이나 전화 앞에서 보낸다. 시설 간병인들은 끝도 없이 서류의 칸을 채워 넣어야 한다. 모든 곳에서 돌봄 업무는 엄청난 양의 관료제적 업무와 맞물려 있다. 새로운 형태의 관리, 감사, 책임, 검사 및 규제는 귀중한 시간을 잡아먹는 방대한 기술 구조를 만들어냈으며, 인간관계를 형성할 수 있는 여지는 거의 남지 않게 되었다. 지난 30년 동안 관료주의는 의료 관련 사건사고가 터질 때마다 그에 대응해 늘었고 효율성을 높여야 한다는 압력에 따라 계속 증가했다. 서류 작업은 비난을 피하고 위험을 관리하는 수단이 되었다. 때로는 그것이 돌봄노동에 대한 평가와 점검에 주된 기준이 되기도 하며, 이는 사람보다 관료제적 절차를 우선시하는 행동 패턴을 만들어냈다. 사람이 중요하다고 늘 이야기하긴 하지만, 그 모든 좋은 말과 정치적 약속에도 불구하고 (취재 내내 숱하게 들었듯이) 부족한 자원을 관리해야 한다는 반대 방향의 압박이 관계 형성의 기회를 계속해서 몰아내고 있었다. 이러한 경향은 2010년에도 이미 명확했고, 인력 자원을 최소한으로 삭감한 긴축에 의해 한층 더 극명해졌다.

돌봄(의료와 노인 간병)의 시장화는 언어를 혼란스럽게 했고, 이는 의미와 목적을 갉아먹고 있다. 돌봄은 소비 상품이 아니라 언제나 한 사람과 또 한 사람의 만남이며 영감, 이상, 모범에 의해, 즉 조직의 문화에 의해 유지되어야 한다. 조지프 론트리 트러스트의 존 케네디는 돌봄을 제공하는 조직은 항상 소명의식을 가져야 하며 경영진은 사람이 우선이라는 목적을 명시적으로 천명해야 한다고 촉구한다.

비난, 관료주의, 시장화 및 테크놀로지의 유독한 조합이 돌봄의 인간화에 꼭 필요한 진정성, 자발성, 창조성을 질식시키고 있다. 어떤 규제나 검사도 웨스트컨트리의 한 일반의가 묘사한 다음과 같은 가치를 포착할 수 없다. "지난 금요일 오후에 정신건강, 자해, 트라우마에 특히 초점을 두는 진료소에서 일했습니다. 많은 환자가 형사 사건과 관련이 있었습니다. 한 여성이 육체적, 정신적 고통에 빠져 있었는데 삶에서 여러 번 정신적 충격을 겪어 발생한 '의학적으로 설명할 수 없는' 증상의 극단적인 형태였습니다. 내가 할 수 있는 일이 없었고 무슨 일이 벌어지고 있는 것인지 당사자에게 설명할 수조차 없었습니다. 환자는 감정적으로 너무 혼란스러워서 제대로 생각을 하지 못했거든요. 나는 다른 의자로 가서 환자를 향해 앉아 눈을 마주 보고 이렇게 말했습니다. '우리가 여기에 당신과 함께 있어요. 우리가 여기에 있을 것입니다. 거절하거나 도울 수 없다고 말하지 않을 것입니다.'라고요.

옳은 일을 한 것 같았습니다. 정신과 몸의 연결을 우리가 다 알지 못하고 의학이 줄 수 있는 답이 동이 났을 때, 우리가 가진 것은 돌봄을 보여주는 것밖에 없습니다. 매우 고통스럽지만 나는 그런 상황을 다룹니다. 그러한 순간이 되면 나의 역할을 재설정합니다. 답을 가진 사람이 아니라, 그 환자가 살면서 너무나 자주 경험했을 실망과 낙담을 여기에서는 겪게 하지 않도록 헌신하는 사람으로 말입니다. 그 환자는 진심으로 고마워하는 것 같았습니다."

고령화로 돌봄경제, 가족, 공동체의 모든 부분에 압력이 가해지면서 위기는 더 악화할 수 있다. 깊이 우려스러운 또 다른 요인도 있다. 지난 20년 동안 정치인들이 NHS의 보험요율을 높이는 메커니즘을 도입하거나 세금을 인상하는 등 재원 확보에 필요한 조치를 꺼리면서, 돌봄경제에 자금을 조달할 방법에 대한 논의가 파행을 겪어왔다. 2017년 선거에서 테리사 메이가 제시한 재원 마련 공약의 결과가 좋지 않자 보수당은 사회적 돌봄에 꼭 필요한 과감한 조치를 취하는 것을 조심스러워하게 되었다. 2019년 12월 선거에서는 이런저런 돌봄 공약들이 비중 있게 나왔지만(보수당은 5만 명의 신규 간호사 충원을 약속했고 노동당은 무료로 사회적 돌봄을 받을 수 있는 성인 대상자 수를 두 배로 늘리는 전국 돌봄 서비스National Care Service 등 야심찬 공약을 제시했다.) 브렉시트 논의에 밀려났다. 게다가 경제 동향이 돌봄 분야의 상대적 비용을 증가시키면서 돌봄 의제를 실행하기는 정치적으로 더 어려워질 전망이다. 이 문제는 미국의 경제학자 윌리엄 보멀William Baumol이 1993년에 처음 지적한 바 있다. 그는 제조업과 농업 전반의 자동화 확산에 따라 생산성 향상으로 미국의 부가 세 배로 증가할 것이라고 보았지만, 보건과 교육의 생산성은 성장 속도가 상대적으로 더 느릴 것이고(혹은 성장을 아예 못 할 수도 있고) 계속해서 노동집약적일 것이라고 내다보았다. 따라서 이러한 서비스는 상대적으로 (그리고 절대적으로도) 더 비싸지게 된다. 보건과 교육 관련 서비스에 돈을 댈 방법은 있겠지만, 사회가 정말로 부를 그쪽으로 보내 비용을 충당하기로 결정할지는 결국 정치의 문제가 될 것이다.[1] 보멀의 분석을 현재의 돌봄 문제에 가져와보면, 우리는 돌봄의 정치화라는 거대한 산의 기슭에 서 있는지도 모른다.

또 다른 절박한 걱정거리는 가뜩이나 심각한 의료 인력 부족이 영국 정부의 이민 축소 정책으로 악화되리라는 점이다.

영국 돌봄경제는 이주 노동력에 크게 의존해왔다. 초창기부터 NHS는 아일랜드와 카리브해 지역에서 간호 및 간호조무 인력을 수입했으며(1971년에는 간호사의 12퍼센트가 아일랜드인 인 것으로 추산되었다.[2]) 1960년대에는 인도와 파키스탄에서 1만 8000명의 의사가 들어왔다. 최근에는 EU 국가에서 들어온 사람들이 수천 개의 빈자리를 채웠다. 2012년 영국 간호사의 5분의 1 이상과 의사의 3분의 1 이상이 해외 출신이었다.[3] 2017년 하원 보고서에 따르면 NHS 직원의 13.1퍼센트가 영국 국적이 아니었다.[4] 프랑스나 이탈리아는 이 숫자가 훨씬 작다.[5] 영국 의료 인력의 외국인 비중이 높은 데는 훈련 장소의 부족, 훈련 비용 절약을 위해 이미 훈련받은 인력을 수입해온 안일함, 의료 업무를 구직자에게 충분히 매력적으로 만들지 못한 점 등 다양한 요인이 있다. 사회적 돌봄 분야는 상황이 더 심각하다. 영국 돌봄노동자의 약 20퍼센트가 해외 출신이며, 많은 수가 인도, 폴란드, 필리핀, 루마니아 태생이다.[6] 이는 런던과 남동부 지역에서 특히 두드러지는데, 런던의 경우 간병인의 절반 이상이 해외 출신이다.[7]

전 세계적인 의료 종사자 부족으로 임금과 노동조건이 더 나은 호주와 미국 같은 나라와의 경쟁도 점점 더 치열해지고 있다. 2016년 브렉시트 투표 이후 상당수의 EU 출신 인력이 이탈했고 신규 입국자는 줄었다.[8] 게다가 영국 정부는 이주 규모를 더욱 줄이기 위해 엄격한 통제를 시행하려 한다. 2019년에는 이주 가능한 숙련 노동자 급여 기준선이 연 3만 파운드[약 4700만 원]로 제시되었다. 그러면 모든 돌봄 분야에서 [연

급여 3만 파운드가 되지 않는] 낮은 직위에는 이주 노동력이 들어오지 못한다. 저숙련 노동자의 경우, 농업 이외의 분야 종사자가 영국으로 오려면 12개월의 임시 비자를 받아야 한다. 이러한 변화는 이민 인력 유입을 틀어막을 것이고 런던 같은 곳의 의료 시스템은 위기 지점에 도달하게 될 것이다. 높은 결원율에 대처하느라 고투를 벌이면서, 그리고 계속해서 달라지는 인력에 겨우겨우 의지해가며 버텨야 한다. 간병 업무의 결원율은 이미 9퍼센트이며, 이민 기준 강화는 재앙을 초래하게 될 것이다.

채용을 늘려야 하는 상황인데 지원자는 줄어들고 있다. 내가 돌봄에 대해 취재를 시작한 2015년만 해도 아직 조치를 취할 기회가 있어 보였다. 하지만 브렉시트 쟁점을 두고 싸움이 계속되는 상황에서 효과적인 정책 대응은 거의 이뤄지지 않았고, 이 이슈는 정치적 무인도에 표류하고 말았다.

감당 가능한 가격대의 의료 및 돌봄 시스템에 대한 희망은 점점 더 테크놀로지를 답으로 여기는 추세다. 인공지능과 로보틱스 기술이 향후 30년 사이에 극적인 혁신을 이뤄서 삶의 많은 영역에 적용될 수 있으리라는 것이다. 기술 발달이 돌봄에 혁명을 가져오리라고 전망하는 정책 보고서들에는 경탄이 가득하다. 세계 전역에서 로봇을 사용한 수술 사례가 늘고 있는데, 이 방식이 안전성은 더 높고 합병증 가능성은 더 낮다고 한다.[9] 로봇이 매듭을 짓거나 꿰매는 일에서 사람보다 솜씨가 좋고 정확하다는 것이다. 진단 기능 개선을 위한 인공지능도 개발되고 있다. 사람이 하는 진단보다 신뢰도가 더 높은 경우도 있다. 예를 들어 새로운 인공지능 시스템인 '림프 노드 어시스턴트Lymph Node Assistant'는 슬라이드를 분석해서 유방암 발견율을 높일 수 있다. 구글 딥마인드DeepMind는 건강한 조직과 암세포 조직을 구별하기 위해 암 환자들의 CT와 MRI를 인공지능으로 분석하기 시작했다.[10] 모두 엄청난 혁신으로 이어질 수 있을 것이고, 많은 이들이 병리학 같은 분야는 거의 완전하게 자동화될 수 있을 것이라고 내다본다. 점차적으로 모든 진단에서 알고리듬이 더 많이 사용될 것이다. 덴마크의 한 소프트웨어 회사는 딥러닝 프로그램을 긴급 신고 전화에 적용했다. 전화 건 사람의 말과 어조, 배경 소음 등을 분석해 심장마비를 사람보다 높은 93퍼센트의 성공률로 감지하며(사람의 성공률은 73퍼센트), 그 판단에 사람보다 빠르게 도달한다고 한다.[11]

디지털 플랫폼에 센서와 삽입 장치를 결합한 치료 모니터링과 혈당이나 심박 같은 데이터 수집을 통한 '원격의료telehealth'는 당뇨나 심장병 같은 장기 질환 관리에 막대한 잠재력을 가지고 있다. 노인 돌봄을 위해 개발되고 있는 원격의료 앱도 있다. 동영상 소프트웨어에 기반한 한 프로젝트는 가족이나 간병인이 동영상 채팅을 통해 노인에게 약을 먹으라고 알려줄 수 있게 한다. 또 다른 통합 지능 팔찌는 낙상이나 발작을 감지하고 심박과 체온을 모니터링한다. 이러한 데이터에 기반해 이상 징후가 포착되면 돌봄제공자의 대시보드에 경고가 발송된다. 이 프로젝트는 돌봄 종사자가 여러 대의 모니터 앞에 앉아 자신의 집에서 생활하는 수십 명의 노인을 모니터링하면서 실시간 의료 정보를 가지고 일하는 미래를 암시한다. 가족과 친지도 너무 많은 할 일에 시달릴 필요 없이 자신의 사무실에서 로그인해 돌보아야 할 노인에게 약을 먹으라고 알리거나 물을 충분히 마시고 있는지 확인할 수 있을 것이다.

급속하게 열리고 있는 또 다른 개척지는 가정 내 간병에 로봇을 사용하는 것이다. 이미 제조업에서 널리 쓰이고 있는 로봇은 2040년이면 그 대수가 인구를 상당히 능가할 것이라는 추산도 있다. 로봇은 청소와 설거지를 할 수 있을 것이고 노인의 몸을 씻길 수도 있을 것이다. 한 회사는 보도 자료에서 로봇이 "그것이 없었더라면 암울했을 미래에 구매 가능한 가격대의 노인 돌봄을 현실적으로 가능하게 해줄 뿐 아니라" "노인들이 마땅히 받아야 하지만 인간이 제공하기 어려운 수준의 관심과 이동성을 줄 수 있다."라고 설명했다. 이제 돌봄은 인간이 잘 못하는 일로 재규정되고 있다. 기업의 홍보 문구는 로봇이 인간보다 더 관심을 잘 기울이고 더 참을성 있다고 말한다.

이러한 미래는 그리 멀리 있지 않다. 2021~2025년이면 로봇이 옷을 입히고 음식을 먹이고 용변 보는 것을 도울 수 있을 것이다.[12] 이미 '케어로봇Care-o-bot'은 독일 요양원에서 식사와 음료를 나르고 기억력 게임을 하는 데 사용되고 있다. 향후 15년 사이에 로봇이 "돌봄과 지원을 위해 안전하고 솜씨 있게 신체적 밀착이 필요한 종류의 상호작용을 하게 될 것"이라는 전문가들의 예측도 있다. 로봇 시스템은 몇 년 안에 집 안의 모든 물건과 사람을 인식할 수 있게 되고 대화 및 학습 기능도 갖게 되는 등 획기적으로 발전하리라 예상된다. 또 머지않아 로봇은 의도와 감정도 알게 될 것이고 복잡한 업무를 계획할 수도 있게 될 것이다. 20년 이내에 로봇이 자연어로 대화하고 자신의 행동을 설명하는 일도 가능할 것으로 보인다.

이런 기술을 돌봄에 적용하는 데 가장 앞선 나라는 일본이다. 저임금의 간병 일자리를 이민자로 채우는 것을 오래도록 꺼려온 일본은 고령화로 인한 인력 문제가 특히 심각하다. 이미 약 36억 파운드[약 5조 6300억 원]가 로봇에 투자되었고, 병원과 요양원에서 환자를 들어 올리고 환자에게 음식을 제공하는 데 로봇이 사용되고 있다.[13] 2020년까지 일본에서 간병이 필요한 사람 5명 중 4명은 어떤 형태로든 로봇의 지원을 받게 될 것으로 보인다. 일본 시장을 위해 개발된 로봇 간호사 '로비어'는 환자를 들어 올리고 머리를 감길 수 있고, 사람 같은 외모를 한 '페퍼'는 기쁨, 놀라움, 분노, 슬픔 같은 인간의 감정을 읽고 반응할 수 있다. 이러한 로봇은 인간과의 상호작용이 클라우드에 업로드될 때마다 인간의 감정에 대한 반응을 지속적으로 학습해서 미세 조정하도록 설계되어 있다. 한 기업은 홍보 자료에서 "로봇은 사람보다 인내심이 강하다."라고 언급했고 이곳의 최고경영자는 잠재 고객들에게 자사의 로봇이 "순수하고, 착하고, 사람들에게 많은 연민을 가질" 것이라고 말했다.[14]

로봇 기술과 인공지능의 가능성은 열렬한 환호를 받고 있다. 한 저명한 보고서는 NHS가 "놀라운 일련의 기회"를 갖기 위해 "기술 쪽으로 기울어야" 한다고 촉구했다. 이 보고서는 "테크놀로지가 소비자 경험을 훨씬 빠르고 쉽고 편리하게 만들었다."라며 "NHS와 사회적 돌봄이 앱에서 탭을 몇 번 두드리는 것으로 서비스를 쉽게 이용하게 하지 못할 이유가 없다."라고 언급했다. 나아가 "의료 및 관리 분야에 필요한 생산성 향상 및 비용 절감 규모와 일선 인력 부족을 고려할 때 자동화는 NHS의 효율성과 의료의 질을 개선하는 데 중요한 기회를 제공한다."라고 결론 내렸다. 이 보고서는 영국 보건 정책에서 가장 영향력 있는 인물 중 한 명인 아라 다지Ara Darzi(수술에 로봇을 적용하는 것을 개척한 외과의사이기도 하다.)가 이끈 위원회가 작성한 것으로, 자동화를 통해 125억 파운드[약 19조 5490억 원]가 절약될 것이라는 전망으로 정치인들의 주목을 끌고자 작성되었다. 보고서에 따르면, "원격 모니터링과 현장 진단 기능이 포함된 스마트홈"이 가능해질 것이며, 이는 "상태가 악화될 경우 금방 도움을 받을 수 있다는 것을 아는 상태로 독립적인 생활이 가능해진다는 의미"다. "로보틱스와 가상 현실 시스템은 가정에 설치돼 재활 치료를 가능하게 해줄 것이며" 홈 헬프 로봇은 "사람들이 침대에서 일어나 씻고, 옷 입고, 먹고 마시고, 이동하고, 사회적 활동에 참여하는 데 도움을 줄 수 있을 것이다." 또한 로봇은 "집을 유지 관리하는 데도 도움을 줄 수 있으며 …… 미래는 로봇이 노인들에게 더 좋은 삶, 더 충족적인 삶을 더 오래 살도록 역량을 강화해줄 가능성으로 가득하다." 보고서는 나아가 "로봇이 사람들이 가족, 친지와 더 친밀한 관계를 맺게 해줄 것"이라고도 내다봤다. 또한 "자동화가 의료 기록 전달, 예약, 처방전 처리 등 관리 업무 부담을 줄여줌으로써 인간의 기술과 재능을 보완하는 데 주로 배치될 것이며, 인간 의료진은 임상적인 의사 결정과 돌봄에 더 많은 시간을 쓸 수 있게 될 것"이라고 전망했다. 하지만 이 마지막 부분은 너무 건성으로 보인다. 이 보고서는 접근성과 품질, 두 가지로만 돌봄을 언급하고 있으며 여기에서 접근성은 "시의적절하고 편리한 방법으로 필요한 돌봄을 받는 것"으로만, 품질은 "안전성과 효과성" 측면으로만 간주된다. 또한 "잘 보살피는 돌봄"을 언급하면서 "공감, 존엄, 존중을 가지고 서비스를 제공하는 것"에 대해 언급하고는 있지만 이러한 특성이 새로운 테크놀로지와 어떻게 부합할지에 대해서는 거의 고려하지 않는다. 그리고 돌봄이 "삶의 다른 영역에서 기대하는 것과 유사한 수준의 품질과 편리성을 갖춘 서비스와의 상호작용"을 포함해야 한다고 언급되는데, 이 문장은 돌봄 종사자가 상충하는 기대 사이에 끼어 있는 모순을 잘 요약하고 있다.[15] 이 문장은 마치 '아마존 프라임'처럼 '익일 배송' 가능한 간병인을 예약할 수 있다는 말로 들리는데, '공감'과 '편리함'은 각각 매우 상이한 두 가지 가치 체계에 속한다. 돌봄에 대한 우리의 이해에 상업화된 소비문화가 깊이 뿌리를 내리면서 관계를 빈약하게 만들고 왜곡하며 기대를 부풀리고 좌절을 일으키고 있다. 이것은 기술이냐 관계냐의 문제가 아니라 양자가 상호작용하는 방식의 복잡성을 인식하고 양자의 중요성을 동등하게 인정하는 것의 문제다.[16]

NHS의 자동화를 지지하는 또 다른 열정적인 보고서는 자동화가 "NHS 직원들이 자신이 사랑하는 중요한 일을 하는 데 더 많은 시간을 내게 해줄 것"이라며 "의료 전문가들이 반복적인 업무로부터 해방되어 환자를 돌보는 데 집중할 수 있게 해서 인력 부족 문제 해결에 도움이 될 것"이라고 전망했다. 또한 이 보고서는 사회적 돌봄 분야가 자동화 기술의 발달로 연간 59억 파운드[약 9조 2270억 원]를 절약할 수 있을 것이라고 추산하면서 옥스퍼드 대학 의학 교수 존 벨John Bell을 인용해 "인공지능이 NHS를 구할 수 있을 것"이라고까지 언급했다. 하지만 이 보고서는 "공감과 긍휼은 양질의 의료 서비스에서 핵심 요소이고 환자들이 높은 가치를 부여하는 것"이어서 "자동화를 대규모로 도입하는 데 장벽이 될 것"이라고 인정했다. 하지만 이것이 "넘을 수 없는 장애물은 아니"라며 인간이 로봇을 의인화하고 로봇에 인간성을 투영하는 경향이 있으므로 곧 로봇을 더 잘 받아들이게 될 것이라고 내다봤다. 또한 이 보고서는 자동화로 용변을 돕는 것과 같이 간병을 하는 사람과 받는 사람 모두가 불편하게 느끼는 일을 로봇이 수행하게 하면 인간 사이의 더 많은 상호작용과 대화를 끌어낼 수 있으리라고 전망했다.[17]

이처럼 안심을 주는 태평스러운 전망에 모두가 설득되는 것은 아니다. 영국의 주요 인공지능 연구기관인 영국 로보틱스 및 자동화 시스템 네트워크UK Robotics and Autonomous Systems Network는 기술이 사람과의 상호작용을 대체할지 모른다는 우려를 인정하면서, "돌봄의 인간적인 측면이 줄어드는 것과 같은 위험을 막을 안전장치가 필요하다."라고 언급했다. 이곳의 보고서는 "사회적 돌봄에는 언제나 인간의 기여가 있어야 할 것"이라며 "로보틱스와 인공지능 기술의 발달과 함께 환자가 인간 돌봄제공자와 직접적인 접촉을 할 권리를 보호하는 법 제도가 필요하다."라고 주장했다. 또한 이 보고서는 "로보틱스와 자동화 시스템이 가까운 미래에 인간 돌봄제공자의 기능에 필적하거나 그 기능을 대체할 것이라고 보지 않는다."라고 언급했다. "돌봄에서 공감이나 이해 같은 인간 사이의 상호작용은 인간 고유의 것이다. 인공지능 비서와 사회적 로봇은 사람들이 흥미롭게 여기는 몇몇 인공 동반자 역할을 제공할 수는 있겠지만 결코 인간 동반자를 대체하지는 못할 것이다."[18] 정신이 번쩍 들게 하는 이 보고서의 내용은 향후 몇십 년 동안 벌어질 돌봄에서의 전투를 예고하는 암울한 전조로 보인다.

미국 심리학자 셰리 터클Sherry Turkle은 1970년대부터 기술이 사람에게 미치는 영향을 연구해왔다. 그는 우리 삶의 모든 영역에서 "대화로부터의 이탈"이 벌어져왔다고 지적했다.[19] 사람들이 대면 상호작용에 따르는 어려움과 혼란을 다루려 하기보다 기술에 의존하려 한다는 것이다. 가령 이메일을 통한 소통은 통제력이 있다는 느낌을 주고 이런 기술은 스트레스 상황에서 돌봄을 제공해야 하는 것과 같은 맥락에서 더욱 유혹적이다. 병상 옆에 있으면 환자의 고통과 두려움이 너무 생생하고 자신이 줄 수 있는 위안과 완화의 역량이 제한적이라는 것도 너무나 명백하다. 하지만 몇 발짝 떨어진 책상의 컴퓨터 앞에 앉아 있으면 내가 도움이 되지 않는다는 불편한 감정이 흐릿해질 수 있다.

고도의 불안과 스트레스가 존재하는 맥락(가령 의료)에서 조직이 관리를 위해 방어 시스템을 발달시킨다는 사실은 잘 알려져 있다. 1960년에 출간된 간호사에 대한 한 혁신적인 연구에서 이저벨 멘지스 리스Isabel Menzies Lyth는 모든 간호사가 업무 리스트를 엄격하게 따르도록 교육하는 "의례적 업무 수행"이 발달하게 되었다고 언급한다.[20] 각각의 간호사는 모든 환자에게 해야 하는 활동(씻기기, 식사 전달하기 등)을 하나씩 할당받았다. 그에 따라 개별 환자와 보내는 시간이 줄었고 친밀한 관계를 맺을 가능성에서 풀려났다. 탈인간화(가령 환자를 '3번 병상, 간 질환'으로 부르는 것), 의사 결정을 피하기 위한 일과의 표준화, 책임의 부담을 줄이기 위한 확인 및 대조 작업 등도 멘지스 리스가 발견한 간호업의 특징이었다. 멘지스 리스는 돌봄의 관계로부터 너무 멀어졌다고 생각해서 교육 도중에 그만두는 간호사 비율이 높다고 언급했다. 멘지스 리스의 연구 이래로 간호 업무에 많은 변화가 있었지만 이 연구 결과는 여전히 시사점을 준다. 스크린 기반 업무는 고통에 대한 반응으로 나타나는 깊은 불안에서 정신을 다른 곳으로 돌려주는 반가운 수단이 될 수 있다. 그러면 간호사의 일과에서 스크린 기반 업무가 더 큰 비중을 차지하게 된다. 애덤 필립스와 바버라 테일러는 "극단적인 필요에 직면했을 때 발생할 수 있는 불편한 긴장"이 도망치고 싶다는 생각을 불러일으킬 수 있다고 언급한다. 근원적인 인간의 필요를 목격하면 "그것을 감당할 준비가 되어 있지 않다는 두려움"에 직면하게 되기 때문에 "돌아서서 나가고 싶다는 욕망이 압도적으로 커질 수 있다."[21] 그러한 상황에서는 이메일에 답하고 데이터를 입력하고 양식을 채우는 것이 환자와 어려운 대화를 나누는 것보다 우선할 수 있다.

터클은 기술의 영향이 새로운 "침묵의 봄"을 불러오고 있다고 말했다.[22] 환경 피해에 대해 레이철 카슨Rachel Carson이 만든 말인데 "테크놀로지가 공감에 공격을 가하고" 있다는 것을 나타내기 위해 빌려 온 것이다. 터클에 따르면, 이 공격은 모든 연령대에서 벌어지고 있다. 12세 아동에 대한 연구에서 터클은 교실에서 아이들이 서로에게 직접 이야기하게 하기가 어렵다는 것을 발견했다. 아이들은 점심시간에 휴대전화를 들여다보거나 휴대전화에 있는 것을 서로 공유했다. 터클은 "대면 대화는 우리의 활동 중에서 가장 인간적이고 우리를 인간답게 만들어주는 활동"이며 "듣는 역량과 공감 역량을 키워주고 누군가가 내 이야기를 듣고 나를 이해한다는 데서 오는 기쁨을 느끼게 해주는 활동"이라고 언급했다. 터클에 따르면, 과거 20년 동안 대학생의 공감 지표가 20퍼센트 감소했는데 대부분 지난 10년 사이에 감소한 것이었다.

터클이 말한 '침묵의 봄'과 비슷한 관점을 정신의학과 의사이자 과학자인 이언 맥길크라이스트Iain McGilchrist도 이야기했다. 기념비적인 저서 『주인과 심부름꾼The Master and His Emissary』에서 그는 평생에 걸친 연구와 임상 활동을 통해 도출한 몇 가지 개념을 제시했는데, 그에 따르면 인간의 뇌는 두 가지 상이한 방식으로 사고한다. 두 가지 다 꼭 필요하지만 서구 문화에서는 둘 중 하나에만 점점 더 높은 특권을 부여해왔다. 대체로 이 두 가지 사고 방식은 뇌의 두 반구와 각각 관련이 있다. 좌뇌는 추상적이고 도구적인 사고를 한다. 자신감 있고 확실하고 업무 지향적인 사고다. 우뇌는 더 맥락적이고 임시적이며 직관적이고 종종 말로 표현하기 어려운 종류의 사고를 한다. 이러한 두 가지 활동은 상이한 관심 패턴을 발달시킨다. 즉 좌뇌와 우뇌는 서로 다른 것을 본다. 서구 문화는 좌뇌의 사고방식을 주로 발달시켜왔고 과학과 기술의 성취에서 그것의 중요성을 입증했다. 맥길크라이스트는 하지만 우뇌는 "더 정확하고 더 현실과 관련되어 있으며, 다시 말해 더 진실되다."라고 언급했다. 좌뇌가 지배적일 때, 우리 뇌는 도구화하려 하고 아이디어와 사물을 포착해 획득하려 하며 통제와 확실성을 추구한다. 맞아떨어지지 않는 것은 "무의미한 것으로 치부"한다. 반면, 우뇌는 창조적인 예술이나 신화에서 나타나는 직관적이고 상상적인 반응을 산출한다. 그리고 이것이 좋은 돌봄에 필수적이다. 맥길크라이스트는 이 역량이 "겉보기에는 관련이 없어 보이는 것들 사이에서 연결을 발견하고 다른 사람의 경험을 상상하며 더 큰 그림을 볼 수 있게 해준다."라고 언급했다. 그는 "좌뇌의 기능이 확실성을 향해 좁혀가는 것이라면 우뇌의 기능은 가능성을 향해 넓혀가는 것이라고 말할 수 있다."라고 설명했다.[23]

좌뇌는 무언가를 이용하려 하고 모든 것에서 효용을 계산한다. 좌뇌는 조작하고 관리하는 데는 능하지만, 의미를 설명하고 이해하는 데는 덜 능하다. 좌뇌는 데이터(단어와 숫자)를 다루는 일은 잘하겠지만 경험에서 알게 되는 암묵적인 지혜는 무시할 것이다. 개인들이 "합리적 설명이 불가능한 수많은 것들에 기초한 호혜적인 네트워크 속에 연결되어 있음"을 볼 수 있는 것은 우뇌다. 맥길크라이스트는 이를 통해 우리가 근본적인 외로움의 자리, 즉 떨어져 있는 관찰자의 자리보다 "경험의 살아 있는 연결망"에 존재하는 것의 가치를 더 잘 이해하게 된다고 주장했다. 맥길크라이스트는 많은 디지털 소통 형태가 좌뇌의 과업 지향적인 사고방식을 강화한다고 우려했다.[24] 디지털 소통 형태는 빠른 심리적 보상을 줌으로써 계속해서 집중을 붙잡아두도록 고안되어 있으며, 세상을 경험하는 데서도 그러한 방식을 강화한다는 것이다.

한 유명한 심리학 실험이 이러한 측면을 잘 드러내주었다.[25] 연구자들은 두 팀의 학생이 공을 서로서로 패스하게 하고 실험 대상자들에게 공의 움직임을 기록하게 했다. 실험 중간쯤에 고릴라 분장을 한 사람이 등장해 공을 패스하는 사람들 사이로 걸어 다녔다. 그런데 실험 대상자 중 절반이 공의 움직임을 기록하는 과제에 너무나 집중한 나머지 고릴라의 존재를 알아차리지조차 못했다. 더 걱정스럽게도, 그들 중 절반은 고릴라가 거기 있었다고 말해줘도 믿으려 하지 않았다. 우리는 단순히 보지 못하는 데서 그치는 것이 아니라 자신이 보지 못한다는 사실마저 보지 못한다. 우리는 바로 눈앞에 있는 것을 전혀 보지 못할 수도 있다. 맥길크라이스트가 말했듯이, "우리가 쏟기로 선택하는 관심의 속성에 따라 경험하는 세상의 속성도 달라지며 그 세상에서 무엇을 발견하게 될지도 영향을 받는다. 이는 다시 우리가 적절하다고 생각하는 관심의 종류에 영향을 미친다. 오래지 않아 우리는 자신이 보는 것에 점점 더 확신을 갖게 되면서 특정 세계관에 갇히게 된다."[26]

좌뇌는 매우 강력한 사고방식임을 입증했다. 그것이 확실성과 더 간단한 설명을 제공하기 때문이다. 하지만 맥길크라이스트의 주장이 암시하는 바를 생각해보면, 우리는 돌봄에 꼭 필요한 관심의 패턴을 잃어버리는 위험을 지고 있는지도 모른다. 그는 현대 문화는 "전에 우리를 거울의 방에서 나오게 해주었던 길들이 막혀 있거나 끊겨 있거나 납작하게 눌려 지워져 있기 때문"에 "가장 통찰력이 적고 가장 위험하다."라고 주장했다.

터클은 "우리가 기술에 더 많은 것을 기대하고 서로에게서는 더 적은 것을 기대하는" 디스토피아적 미래의 모습을 암시한다. "관계에 대한 요구 없이 동반자라는 착각을 제공하는 기술에 끌리는 세계" 말이다.[27] 그러한 미래에서 돌봄제공자와의 대면 접촉은 매우 희귀한 사치품일 것이다. 어쩌면 아주 부자만 그런 것을 이용할 수 있고, 나머지는 디지털 플랫폼과 센서와 인공지능 동반자에 의지해야 할지도 모른다.

이것이 꽤 현실적인 가능성인 이유는, 이미 우리가 그 길에 들어서 있기 때문이다. 최근 몇십 년 동안 의료 시스템에서 관계가 부재하면서 보완대체의학 시장이 성장했다. 일반의는 진료를 10분밖에 못 하지만 돈 있는 사람들은 다른 곳에서 인간적인 관심과 상호작용을 구한다. 가령 영국에서 15만 명의 상담사가 활동하고 있는 것으로 추산된다. 인구의 16퍼센트는 침술, 마사지, 접골요법, 카이로프랙틱 치료를 받은 경험이 있다.[28] 이러한 형태의 돌봄은 값이 싸지 않으며(종종 1회에 70파운드[약 11만 원]나 한다.) 수년간 이어진다. 일반적으로 1회는 1시간이고 시술자와의 관계가 중요하며 지속적으로 유지된다. 돈 있는 사람은 관계를 돈으로 사게 될 것이다.

대면 접촉이 드물어지고, 외로움이 커지고, 점점 더 기술에 의존하는 미래는 있을 법한 현실이다. 하지만 그렇지 않을 수도 있다. 대안 또한 얼마든지 가능하다. 가령 우리는 돌봄의 문화적 가치가 완전하게 재구성될 극적인 순간의 문턱에 서 있는 것일 수도 있다. 자동화가 수백 만 개의 일자리에서 인간 노동력을 쓸모없게 만들 수 있지만, 대부분의 전문가가 돌봄 영역에서는 고용이 꾸준히 유지되거나 심지어는 증가할 수도 있다고 본다. 배관 일처럼 돌봄 일은 너무 많은 솜씨가 필요하고 복잡해서 자동화를 대규모로 진행하는 것이 비용 효율적이지 않기 때문이다. 영국은행의 수석 경제학자 앤디 홀데인Andy Haldane은 1500만 개의 일자리가 없어질 것이라고 내다보았고, 경제학자 아데어 터너Adair Turner는 "자동화가 빠르게, 멈출 수 없이, 그리고 한계 없이 진행될 것"이라며 "우리는 현재 거의 모든 경제활동, 그리고 거의 모든 노동활동을 자동화하게 될 기술혁명의 초기 단계에 있다."라고 분석했다. 그에 따르면, 이것은 "그럴 것이냐 아니냐의 문제가 아니라 언제 그럴 것이냐의 문제"다.[29] 이미 자동화는 제조업과 유통업 분야를 변모시켰다. 상하이의 물류센터는 하루에 20만 건의 주문을 겨우 네 명의 직원으로 처리할 수 있으며, 아마존은 샌프란시스코에 계산대가 없는 무인 슈퍼마켓을 열었다. 바이에른에 있는 아디다스 공장은 연간 50만 켤레 신발을 만드는데 직원은 160명뿐이다. 자율주행자동차가 23만 명의 택시 운전사를 영국에서 몰아내게 되리라는 추산도 있다. 제조업, 창고업, 교통업, 유통업에서는 일자리가 사라질 것이다. 저숙련 노동력만 자동화에 영향받는 것이 아니다. 법조나 회계 등 화이트칼라 일자리도 취약하다. 소수의 영역만이 완전한 자동화에 대해 저항력을 가질 수 있을 것이다. 특히 돌봄care, 요리cooking, 창조적 산업creative industry 등 '세 개의 C' 분야가 대표적이다. 대부분의 경제학자는 돌봄 영역의 자동화에 대한 흥분된 예측에 회의적이며 돌봄이 고용이 증가할 드문 영역이 되리라고 본다. 2009년에서 2019년 사이 돌봄노동력이 20퍼센트 증가했다.[30] 그리고 이 증가세는 지속될 것으로 보인다.

홀데인은 이 새로운 경제에서는 요구되는 역량의 종류가 크게 달라질 것이라고 지적했다. 지난 300년 동안에는 기술적 역량이나 사회성 역량보다 인지적 역량에 대한 수요가 꾸준히 증가했다. 좋은 기억력과 빠르고 수준 높은 지적 역량을 발휘하는 영역이 수요도 높았고 임금도 가장 높았다. 교육 시스템은 인지적 역량을 키우는 쪽에 치중했고 인지적 역량에 문화적 특권과 권위가 축적되었다. 홀데인은 "머리"가 "손"과 "심장"을 지배했다고 표현했다. 그런데 이것이 지금 달라지려고 한다. 그는 이렇게 설명했다. "향후 100년 동안 지배적인 역량이 역전될 것이다. …… 트렌드를 보면, 가까운 미래에 인간이 로봇보다 비교우위(꼭 절대우위는 아니더라도)를 가질 것으로 보이는 영역이 세 군데 있다. 첫 번째는 창조성과 직관력을 요구하는 인지적 업무다('머리'). 이것은 해법이 순차적인 단계를 밟아 도출되기보다 커다란 논리적 도약을 필요로 하는 종류의 문제 해결 업무일 것이다. 인간이 가진 기술에 대한 수요가 여전히 존재할 것으로 보이는 두 번째 영역은 맞춤 생산을 하는 제조업과 디자인이다. …… 세 번째는, 그리고 아마도 잠재적으로 가장 큰 성장 여력이 있는 영역은 사회성 기술('심장')이다. 인지적 지능만이 아니라 정서적 지능(공감, 연민, 관계 구축, 협상력, 회복력, 성품 등)이 필요한 종류의 기술을 말한다. 이러한 역량은 로봇이 복제하기 어려울 것이고 설령 복제할 수 있다고 해도 사람들은 여전히 인간이 이러한 기능을 수행해주기를 더 원할 것이다. 미래의 일의 세계는 숙련의 패권 면에서 EQ가 IQ에 필적하는 세계일 것이다."[31]

홀데인은 의료, 돌봄, 교육, 레저 등 개인적, 사회적 상호작용이 많은 종류의 일자리에서 인간 노동력에 대한 수요가 증가할 것이라고 본다. 과거의 일자리 중 인지적 역량과 사회성 역량이 결합된 일자리는 사회성 역량을 더 중요시하는 쪽으로 변화할 것이고 인지적 역량 부분은 자동화될 것이다. 의사가 그런 사례다. 홀데인은 진단 알고리듬이 더 효과적일 수 있기 때문에 의사의 임상적 역량은 덜 중요해질 수 있다고 설명했다. 하지만 환자들은 의사와의 관계를 전보다 더 원하게 될 것이다. 홀데인뿐 아니라 아데어 터너 등 다른 학자들도 이와 비슷한 예측을 내놓았다. 터너는 딱 두 가지 유형의 일자리만 확장될 것이라고 보았는데, 하나는 하이테크 일자리이고 다른 하나는 돌봄, 외식숙박업 등이 포함되는 '하이터치(그의 표현이다.)' 일자리다. 과학자 마틴 리스Martin Rees도 "돌봄은 미래에 가장 큰 전문 직업군 중 하나가 될 것"이라고 언급했다.[32]

자동화의 영향에 대한 대부분의 예측은 높은 실업률과 증가하는 불평등으로 인한 사회적 혼란을 경고한다. 소수의 엘리트만 경제적 부를 산출하는 고소득 직종을 차지할 것이고 대다수는 그러한 일자리에 접근하지 못하리라는 것이다. 생계 유지가 가능한 소득을 올리게 해주고 자아존중감과 지위에 대한 감각을 주는 전통적인 일자리 모델은 소수에게만 가능할 것이다. 홀데인은 "높은 임금 불평등, 노동분배율의 감소, 사회적 결속 훼손 등의 면에서 이러한 전환이 야기할 사회적 비용이 매우 클 수 있다."라고 우려했다. 터너는 국내총생산GDP을 진보의 척도로 삼거나 생산성에 최우선순위를 두는 정통 경제학의 핵심 신조는 유의미하지 않을 것이라고 본다. 2018년 존스 홉킨스 대학에서 열린 강연에서 그는 "더 높은 생산성 성장을 추구하는 것은 더 이상 가장 중요한 정책 목표가 아니게 될 것"이라고 내다봤다. 그보다 "인류의 노동에 대한 필요가 거의 사라진 상황에서도 충족감을 느끼는 삶을 살 수 있는 역량을 키우는 교육에 집중해야" 하리라는 것이다. 그는 "높은 수준의 내재적인 복리후생을 가져다주는 일자리로서" 돌봄 서비스에 적절한 보수와 지위를 부여하는 정책의 필요성을 주장하면서, 이에 필요한 자금을 확보할 수 있는 정치적 결단을 촉구했다. 홀데인과 터너 등 몇몇 주류 경제학자들은 보편기본소득 같은 정책까지 고려한다. 보편기본소득이란 우리의 시간이 일자리 위주로 돌아가지 않을 때도 생활 수준을 유지할 수 있도록 국가가 모든 사람에게 일정액의 돈을 지급하는 것이다. 사람들의 노력에 동기를 부여하고 보상을 분배하는 노동 윤리의 원칙이 무너지고 있다. 가치 있는 삶의 의미가 재규정되면서, 앞으로는 돌봄과 창조성이 핵심이 될 것이다. 한때는 주변적이던 아이디어가 주류 경제학자들에 의해 중심으로 들어와 진지하게 논의되고 있다.

2018년 옥스퍼드 대학에서 이 주제에 대해 강연하던 홀데인은 고등교육이 목적을 재고해야 한다고 촉구했다. "수십 년 동안 고등교육 기관의 주된 초점은 젊은이들에게 인지적 기술을 가르치는 것이었습니다. 하지만 미래에는 그만큼의 강조, 혹은 더 많은 강조가 삶의 전체 경로에 걸쳐 이용할 수 있는 기술적 역량과 사회성 역량을 발달시키는 데 놓여야 할 것입니다. 머리, 손, 심장이 동등한 비중의 중요성을 요구하게 될 것입니다." 그는 옥스퍼드의 청중에게 다음과 같은 질문을 생각해 보라고 촉구했다. 학위를 받는 데 정서적 지능이 핵심이 된다면 대학은 어떤 모습일까?

그러한 교육이 어떤 모습일지를 사회적 교수법social pedagogy 전문가를 양성하는 덴마크의 한 대학에서 엿볼 수 있었다. 20세기 초에 독일, 폴란드, 스칸디나비아 등에서 하나의 운동이 생겨났다. 돌봄을 전문 직업으로 야심차게 재상상하고 사회적 교육론과 교수법을 개발하려는 운동이었다. 영어 사전에서 pedagogy 항목을 찾아보면 "가르치는 방법과 실천"이라고 설명되어 있지만 많은 유럽 국가에서 사회적 교수법은 더 폭넓은 의미를 가지고 있다. 즉 인생 경로의 모든 단계에서 인간의 발달을 육성하는 것을 말한다. 핵심은 관계를 발달시켜서 개인이 성장하도록 하는 것이다. 개인의 후생과 공동체의 발달은 상호연결되어 있고, 인간은 머리, 손, 심장 모두를 통해 세상과 상호작용한다. 사회적 교수법을 훈련받은 전문가는 아동 돌봄부터 지역사회 정신의학까지, 또 노인을 위한 시설 돌봄까지 다양한 맥락에서 활동할 수 있다.

나는 덴마크의 오르후스에 있는 한 대학을 방문했다. 3년간의 학위 과정으로 사회적 교수법을 가르치는 곳이다. 복도와 강의실을 돌아다니면서 좀 의아했다. 예술대학에 잘못 온 건가? 벽에는 그림이 가득했고 몇몇 강의실에는 조각, 도기, 악기 등이 가득했다. 하지만 그곳은 틀림없이 사회적 교수법을 훈련하는 대학이었고, 춤, 음악, 연극, 미술은 학생들에게 정체성과 인간으로서의 감각을 일깨우는 방법으로 이용되고 있었다. 학생들은 이러한 창조적 역량을 교육자로서 일할 때 적용하게 될 것이다. 이들 중 일부는 노인을 돌볼 것이고, 일부는 아이들을 돌볼 것이며, 또 일부는 신체적, 정신적 장애인을 돌볼 것이다. 나중에 각 분야에 필요한 특수한 역량도 키워야 하겠지만, 일단 이 다양한 돌봄 영역 모두가 필요로 하는 공통된 역량이 있다. 바로 인간성, 공감, 창조성이다.

나는 사회적 교수법이 실제로 일에 어떻게 적용되는지 볼 수 있는 현장을 둘러보았다. 처음 들른 곳은 아이들을 돌보는 거주시설이었다. 이곳을 이끄는 50대 후반의 교사가 커피와 케이크가 놓인 테이블로 나를 안내하고 촛불을 켰다.(한겨울이었다.) 그는 우리가 서로를 알아야 한다고 했다. 내가 그의 일을 이해하고 싶으면 먼저 우리가 관계를 쌓아야 한다는 것이었다. 그리고 나에 대해 질문을 했다. 이 시설에서 지내는 10대 아동들과 직원들이 우리가 대화하는 도중에 들락날락했다. 그는 교육 과정에는 자기를 발달시키는 과정이 필요하다고 했다. 그 과정에서 자기에게 다른 사람을 육성하는 역량이 있음을 발견할 수 있는 것이다. 사회적 교수법을 수행하는 사람에게는 창조성, 자율성, 인내가 필요하고, 가장 중요하게는 언제 개입하고 언제 물러설지를 판단할 수 있어야 한다. 이 모든 기술이 매일, 또는 매주 있는 회의에서 동료들과 사례들을 논의하며 한층 더 강화된다. 촛불을 두고 케이크를 나눠 먹으면서, 나는 이런 방식으로 돌봄을 전문직화하고 시간과 개인의 발달이 필요하다는 점을 정당화하는 것에 깊은 인상을 받았다. 하지만 그는 자신을 이 분야로 오게 한 1960년대와 1970년대의 낙관주의 조류(인간의 본성에 믿음을 가졌던 조류)가 오늘날 후퇴했다고 한탄했다.

그다음에 방문한 곳은 숲속학교 유치원이었다. 오르후스 외곽에 위치한 이 학교에서 3~6세 아동 20여 명이 두껍게 누빈 겨울옷을 입은 채 날씨에 아랑곳없이 날마다 숲에서 시간을 보내고 있었다. 나는 사회적 교수법 교사들이 아이들과 상호작용하는 방법에 크게 흥미를 느꼈다. 그들은 아이들에게 과제나 활동을 부여하지 않았다. 아이들에게 공간과 자유를 주고 스스로 게임을 만들게 했다. 교사는 아이들의 아이디어를 받아서 더 발달시키기 위해 아주 미세하게만 개입했다. 강조점은 언제나 교수자와 아이들 사이의, 또 아이들끼리의 협업에 놓였다. 그 결과로 나타나는 학습의 양태는 바삐 움직이며 노는 아이들의 모습이었다. 책상도 없었고 자나 칠판도 없었다. 이러한 방법론을 개척한 폴란드 교육자 야누시 코르착Janusz Korczak은 "교수자가 되기를 원한다면 아이들에게 이야기하는 법이 아니라 아이들과 이야기하는 법을 알아야 한다."라며 "아이들의 역량과 가능성을 신뢰하는 법을 배워야 한다."라고 말했다.[33]

이곳의 사회적 교수법 학위 과정 학생 중 일부는 막 영국 대학에서 사회복지사 자격증 과정을 수료한 참이었다. 우리는 두 나라의 교수법이 어떻게 다른지에 대해 이야기를 나눴다. 그들은 관료적 절차와 위험 관리에 초점을 맞춘 영국에서 공부하면서 어리둥절했다며 덴마크로 돌아와서 안심이 되었다고 했다. 덴마크 모델의 사회적 교수법 중 내게 특히 인상적이었던 것은 돌봄을 창조성 및 개인의 발달과 긴밀하게 연결한다는 점이었다. 이 세 가지 모두 호기심과 상상력에 토대를 두고 있다. 사회적 교수법은 자생성, 그리고 예측 불가능한 것에 대한 조정과 적응의 필요성을 인정한다.[34] 또한 사회적 교수법은 교수자들이 자주 검토 회의를 열어서 이론과 실천을 함께 가져가는 방식을 옹호한다.

영국에도 관계를 돌봄의 초점으로 불러오고자 하는 프로젝트가 있다. '슈워츠 라운드Schwartz Round'라고 불리는 이 프로젝트는 직원들이 겪는 정서적, 사회적 어려움을 되짚어보고 다루기 위해 수천 곳의 병원에 도입되었다.[35] 프로젝트 이름은 켄 슈워츠Ken Szhwartz에게서 따온 것으로, 미국 변호사인 슈워츠는 의료 분야에서 공감을 육성하는 데 크게 기여했다. 말기 폐암 치료를 받는 동안 그는 가장 중요한 것은 수술 기술이나 신약이 아니라, 그를 돌보는 사람들이 그에게 희망을 주고 그가 스스로를 질병이 아니라 인간으로 인식하게 해주는 공감 능력이라는 것을 알게 되었다. 슈워츠 라운드 회의는 병원의 모든 의료 직원에게 열려 있고 1시간 정도 걸린다. 서너 명이 각각 그들의 일에서 발생한 사건을 설명하고 모인 사람들이 자신의 경험에 비추어 의견을 낸다. 이를 통해 직원들은 일반적인 직업적 위계 없이, 그리고 꼭 문제를 해결해야 한다는 압박 없이 열린 분위기에서 동료들과 이야기를 나눌 수 있다. 믿기지 않을 정도로 단순하지만, 이 과정은 스트레스와 고립감을 줄이는 데 도움이 되며 직원들 사이에 협업을 촉진하고 좋은 의도를 되새기게 하는 데도 도움이 된다. 슈워츠 라운드를 수행할 수 있도록 직원을 교육하는 주요 조직 하나는 '포인트 오브 케어 재단Point of Care Foundation'인데, 의료에서 돌봄의 가치가 더 잘 인정되는 것을 목표로 활동하는 곳이다.

또 다른 고무적인 사례를 앞의 사례와 매우 상이한 거주 돌봄의 맥락에서도 찾아볼 수 있다. '셰어드 라이브스 플러스 Shared Lives Plus'인데,[36] 여분의 방이 있는 사람이 며칠이나 몇 달 동안 손님이 묵어가게 할 수 있다. 손님은 장애인, 정신질환자나 치매 환자, 노인 등 다양하다. 주인은 숙소에 더해 돌봄을 제공할 수도 있는데, 이에 대해 보수를 받는다. 이 체계는 관계를 일구는 데 도움이 되었고, 모든 것이 가정 같은 환경에서 이뤄질 수 있다는 특징도 있다. 이 모델은 영국 전역에서 확산되고 있으며 1만 명의 셰어드 라이브스 돌봄제공자가 1만 4000

명을 돌보고 있다. 그레이터맨체스터주는 학습장애가 있는 사람 중 15퍼센트가 이 시스템하에서 돌봄을 받을 수 있게 하겠다는 목표를 가지고 있다.

또한 1980년대 이래로 사용되어온 사회적 처방social prescribing 시스템은 많은 일반의 진료소에서 접할 수 있다.[37] 일반의를 찾는 환자 중 5분의 1이 사회적 혹은 정서적 문제를 겪는 사람들이다. 따라서 진료소 직원들이 환자가 요리 교실이나 정원 가꾸기, 합창, 스포츠 등 지역 당국이 제공하는 활동에 참여하는 데 보조를 받도록 도울 수 있다. 런던의 브롬리 바이보 센터는 직원이 환자와 여러 세션에 걸쳐 함께 논의하면서 법률 조언부터 수영 강습까지 다양한 활동에 접할 수 있게 하며 이러한 접근을 개척하고 있다.

돌봄 화폐를 실험하는 나라들도 있다.[38] 고령 인구가 많은 일본은 자식이 부모를 돌볼 만큼 가까이 살지 않는 경우가 많다는 사실을 감안해 '후레아이 키푸ふれあい切符'라는 돌봄 기부 티켓을 만들었다. 내가 인근 지역의 노인에게 돌봄을 제공하면 크레딧을 얻을 수 있고, 내 부모가 그것으로 근처에 사는 사람에게 돌봄을 '구매'할 수 있다. 미국에는 신체적 능력이 있는 사람이 다른 사람에게 돌봄을 제공하고 크레딧을 얻는 '엘더 플랜Elderplan'이 있다. 인도네시아의 발리에서는 수세기 전부터 이러한 개념이 시행되어오고 있다. 발리에는 현금경제 외에 '공동체를 위한 노동'이라는 뜻의 '나라얀 반자르Narayan banjar'라는 것이 있다. 50~100가구로 구성되는 반자르가 그때그때 해야 할 일을 공동으로 결정한다. 사회과학자 데이비

드 핼펀은 이러한 시스템이 상호작용을 촉진하며 "사람들에게 실물경제와는 질적으로 다른 종류의 활동으로 경험된다."라고 설명했다. 그에 따르면 이 시스템은 "다른 종류의 동기부여에 의해 움직이며 그러한 동기부여를 강화한다. 공동체에 대한 배려를 가지고 임하는 것이다." 또한 이들은 "다른 이에 대한 돌보는 마음과 연결됨의 감각으로 동기부여되며, 여기에는 호혜성이 내재되어 있다."

국가 지원이 여기에 적절히 제공된다면 이러한 시스템이 얼마나 증가하고 확장되겠는가? 이득은 많은 방향으로 흐를 수 있다. 무엇보다 사용자에게 이득이 될 것이고, 비용이 줄어서 공동체와 납세자에게도 이득이 될 것이다. 이러한 종류의 사회적 인프라에 투자하는 것이 좋다는 주장은 경제 논리로도 이야기할 수 있다. 이를테면 경제학자 제롬 드 헤나우Jerome De Henau와 [비영리기구] '여성예산그룹Women's Budget Group'은 GDP의 2퍼센트를 돌봄경제에 투자하면 영국에서 150만 개의 일자리를 창출할 수 있을 것으로 추산했다.[39] 경제성장을 위해 정부가 사용하는 일반적인 방법은 물리적 인프라에 투자하는 것이지만, 돌봄경제에 대한 투자가 더 많은 일자리를 창출하며 경제 성장 효과와 부채 감소 효과도 더 탄탄할 것이라는 주장이다. 그들에 따르면, 이 분야는 더 노동집약적이며 고용을 (더 전망 있는 영역으로만 집중시키지 않고) 국가 전역에서 증대할 수 있다. 이러한 투자는 가계소득에도 더 큰 영향을 미칠 것이며 소비도 촉진할 것이다. 또한 미래 수익으로도 연결된다. 미래 세대가 더 잘 교육받고 더 건강하고 더 잘 양육될 것이기 때문이다. 사실 경제적으로 낙후된 지역의 주된 고용 원천이 될 수 있도록 방위 산업을 보호하자는 논리를 돌봄 산업에 대해서도 그대로 펼 수 있다. 이 연구는 그러한 논리를 개진한 대담한 시도였고, 이러한 주장은 노동당의 2019년 총선 공약에도 일부 반영되었다.

급진적인 경제학에서는 본질적인 인간 활동으로서 돌봄에 완전히 새로이 (그리고 환영할 만하게) 초점을 맞추기도 한다. '기본 경제foundational economy'라는 개념을 중심으로 생겨나고 있는 이론들이 그러한 사례다. 기본 경제란 날마다의 삶이 의존하는 본질적인 서비스를 말한다. 물, 가스, 전기 같은 물질적인 것과 교육, 의료, 돌봄 등 사회적인 것 모두 포함된다. 이것들은 통틀어서 "일상의 인프라이자 후생의 토대"를 구성하며 마땅히 "시민의 권리"가 되어야 한다. 유럽 노동력의 40퍼센트가 기본 경제에 종사하고 있는 것으로 추산되며, 일부 학자들은 국가의 역할이 기본 경제를 촉진하고 지원하는 쪽으로 방향을 새로 잡아야 한다고 주장한다.[40] 웨일스 정부는 기본 경제가 국제 경쟁에 노출되지 않고 "보호되는" 영역이라는 점에 착안해 최근 이 개념을 도입했다.[41] 자동차 공장이나 철강 공장 등 해당 기업체에 내향적으로 이뤄지는 투자와 달리, 기본 경제 영역은 더 값싼 노동력이 있거나 조세 혜택이 있는 다른 나라로 생산이 이전되지 않을 것이다. 또한 기본 경제에 이뤄지는 투자는 낙후된 지역에도 도달할 수 있을 것이다. 웨일스 정부는 돌봄을 실행하는 다른 방식을, 또한 (유급과 무급 모두) 돌봄을 지역사회의 핵심적인 기여 요인으로 더 많이 인정하고 역량을 더 많이 키울 수 있는 방식을 탐구하고 있다. 기본 경제에 들어간 투자는 리스크도 낮다. 투자 자본에 대한 수익이 지속적으로 발생할 것이고 전망이 장기적일 수 있기 때문이다. 이러한 개념이 정책으로 실현되려면 몇 가지 전환이 필요하다. 우선순위를 정할 때 지역 시민들의 참여가 있어야 한다. 기본 경제에서 활동하는 기업의 수입 일부가 지역에서 다시 돌도록 요구할 수 있는 시스템도 필요하다. 또한 중소규모 기업과 사회적 기업이 더 많은 수익을 재투자할 수 있도록 독려해야 한다. "지역 급진주의"라고도 일컬어지는 이러한 움직임이 던지는 메시지는 "취약한 사람에 대한 돌봄은 중요하며 우리는 그것을 더 잘 할 수 있다는 주장에서부터 시작해야 한다."라는 것이다.[42]

지난 150년은 서구 유럽의 민주주의 국가들에서 돌봄 영역이 놀라운 발달을 보인 시기였다. 가장 중요한 성취 중 하나는 간호의 전문화다. 병원이 죽음의 장소이자 만연한 알코올중독의 장소에서 현대적인 치료의 공간으로 변모하려면 꼭 필요했던 일이다. 영국에서 또 다른 중대한 주춧돌은 전후 노동당이 추진한 복지제도 수립이다. 이로써 정부가 사회적 돌봄과 의료에 자금을 대고 서비스를 조직할 책임을 갖게 되었다. 20세기 후반에는 장애, 정신건강, 아동 발달에 대한 지식에도 엄청난 진전이 있었다. 돌봄의 질은 진보를 가늠하는 가장 중요한 척도 중 하나였고 영국이라는 국가의 자기존중감과 정체성에서도 핵심이었다. 2012년 런던올림픽 개막식에 NHS를 테마로

한 공연이 포함된 것은 돌봄이 연대의 표현인 동시에 국가 정체성의 강력한 요인이기도 하다는 사실을 상기시켜주었다.

돌봄을 모든 시민이 누릴 자격이 있는 것으로서 제공한다는 개념의 기저에는 두 가지 믿음 체계에 기반한 이상이 놓여 있다. 하나는 그리스도교이고 다른 하나는 휴머니즘이다. 둘 다 돌봄에 영감과 동기를 주는 강력한 내러티브를 제공했고, 모든 개인의 삶이 내재적인 가치를 가지며 개개인이 인류의 일부로서 번성하고 온전하게 발달하도록 지원하는 데는 사회의 행동이 필요하다고 주장했다. 둘 다 영국에서 사회민주주의 정치의 핵심이었고 전후 복지제도의 형성과 실행에서도 핵심이었다. 누군가가 말했듯이, 영국 노동당은 마르크스Karl Marx에게만큼이나 감리교에도 빚진 바가 컸다.

하지만 역사학자 유발 하라리Yuval Harari는 『호모 데우스』에서 이러한 종류의 의미 체계가 노동에 대한 절박한 필요성이 없어지면 무너질지 모른다는 무서운 가능성을 제기했다. 자동화는 부의 창출 과정에서 수백만 명의 노동이 불필요해지게 만들 수 있다. 그렇다면 우리는 어떻게 개인의 삶의 가치를 평가하게 될 것인가? 하라리는 이렇게 질문했다. 종교는 "사회적 질서를 지탱하는" 이데올로기의 한 형태다. 모든 사회적 질서에서 본질적인 측면 하나는 돌봄이 어떻게 조직되고 동기부여되느냐다. 누가 돌봄을 제공하고, 어떻게 그들이 그다음에도 지속적으로 돌봄을 제공할 수 있도록 지원받는가?[43] 모든 종교는 돌봄노동이 자아를 희생하는 비용을 치러야 한다고 인정한다. 이것은 봉사의 이상이며 돌봄노동은 역사적으로 이 이상에 뿌리를 두고 있다. 그렇다면 종교가 쇠퇴하고 있는 영국의 상황에서, 이제 무엇이 돌봄을 동기부여하고 장려하며 그 가치를 규정할 것인가? 무엇이 소비주의의 가치와 그것의 물질주의적 신화에 맞서 돌봄의 가치에 참호를 제공할 것인가? 무엇이 성공과 개인적 정체성 추구에 맞서 돌봄의 가치를 지킬 것인가? 효용과 같은 시장의 가치(내가 어떻게 이 사람을 이용할 수 있는가, 혹은 나에게 저 사람이 어떤 이득을 제공할 수 있는가 등)는 인간관계를 훼손하고 연결에서 개인주의로, 실존재에서 이미지로, 장기간에서 순간으로 초점을 이동시킨다. 이렇게 초점이 이동할 때, 돌봄은 자율성의 쇠퇴를 의미하기 때문에 불리해지고 의존성, 고통, 노년, 죽음을 연상시키기 때문에 낙인찍힌다.

그 과정에서 우리는 돌봄이 갖는 관계의 힘에 대한 이해를 잃어버렸다. 돌봄이 가장 깊이 있고 가장 의미 있는 연결을 일굴 수 있다는 것을 인정하지 않게 되었다. 돌봄은 음악, 시, 예술처럼 우리를 인간적으로 만들어주는 행위다. 돌봄은 우리가 가진 부드러움과 너그러움의 역량을 반영하고 이기심을 벗어나 타인의 번영을 위해 봉사할 수 있도록 관점을 넓혀준다. 오늘날 우리가 잃어버릴 위기에 처한 종교는 사실 우리 안에 있다. 문제는, 우리가 삶을 소셜미디어의 엔터테인먼트에 내어줌으로써 우리 자신에게서 자본주의적 착취와 추출의 전략이 작동하게 만들었다는 점이다. 자본주의는 안정되지 않으며 지속적으로 새로운 개척지를 찾으려 한다. 금전 거래로 이윤을 뽑아낼 수 있는 곳이면 어디라도 말이다. 성숙한 경제에서 이

제 남아 있는 마지막 변경 중 하나는 친밀한 관계다. 우리 자신과의, 또 타인과의 관계 모두 말이다. 이 영역은 돌봄과 합치되지 않는 시장가치의 영역에 서서히 자리를 내어주었다. 인간관계에서 의존성, 취약성, 책임, 너그러움의 가능성을 지키기위해 세운 바리케이드가 무너지고 있다.

우리는 돌봄에 대해 '효율성', '품질', '동력', '선택', '전달', '생산성'이라는 마초적 언어를 무작정 되풀이하지 말고 다른 언어로 말해야 한다. 『선물』에서 시인 루이스 하이드Lewis Hyde는 예술가의 딜레마에 대해 성찰하면서 예술가들이 그들의 노동을 시장경제에서 어떻게 설명할 수 있을지 묻는다. 시장경제에서 그들의 작품의 가치가 매우 낮게 평가될 때 말이다. 하이드의 결론은 예술적 창조성과 '가깝지만 가엾은' 친척인 돌봄에도 잘 맞아떨어진다. 그는 예술가의 노동이 두 가지 "경제", 즉 시장경제와 증여경제에 동시에 존재한다고 언급했다. 하지만 그에 따르면 "둘 중 하나만 본질적이다. 예술작품은 시장이 없어도 살아남을 수 있지만 증여[선물]가 없다면 예술은 있을 수 없다." 돌봄을 증여의 형태로 보는 것은 증여하는 사람의 자율성과 창조성을 인정하는 것이다. 하이드는 선물이란 우리에게 '주어지는' 것임을 상기시킨다. 그것은 구매하거나 강요할 수 없다. 하이드는 우리에게 중요한 예술, "마음을 움직이고 영혼을 고양하고 즐거움을 주고 삶의 용기를 주는 예술"은 우리에게 "선물로서 받아들여진다."라고 언급했다. '예술'의 자리에 '돌봄'을 넣어보아도 마찬가지일 것이다. "미술관이나 공연장 티켓을 돈 내고 샀더라도 작품에서(또는 돌봄에서)

우리가 느끼는 것은 그 가격과 관계가 없다."[44]

리처드 티트머스는 1970년 출판된 『선물 관계』에서 자발적인 헌혈의 사례를 통해 스스로를 사랑하기 위해서는 낯선 사람을 사랑해야 한다는 것이 인간 존재의 근본적인 진리라고 주장했다. 좋은 사회는 이 통찰을 토대로 하는 사회다. 반대로 "시장은 강요적이어서 자연적인 이타심을 왜곡해야 하는 환경에 사람들을 밀어 넣으며" 우리에게 "베풀 권리"가 있음을 부인한다.[45] 일반의 줄리언 튜더 하트는 NHS가 증여경제라고 주장했다. 실제로 많은 이들이 그렇게 인식한다. 그래서 병원과 일반의 진료소 벽에는 감사의 메모가 빼곡하다. 심지어 민간 돌봄 회사들도 고객에게 "늘 한층 더 제공할 수 있는 것을 찾겠다."라고 약속하면서 돌봄에서 너그러움의 역할을 인정한다. 하이드는 자본주의의 "신화"가 지위의 상징으로서 무언가를 "베푸는" 게 아니라 "획득"하는 데 치중하는 문화를 만들었다고 주장했다. 이는 많은 토착민들의 증여경제에서는 무언가를 베푸는 행위가 지위의 상징이었던 것과 대조된다. "이러한 [상품경제의] 가정이 지배적인 한, 상품이라고 묘사될 수 없는 것을 산출하면서 증여경제에서 서비스를 제공하는 사람들을 괴롭히는, 이들과 이들의 노동은 사소하고 심지어는 무가치하게 보는 개념이 생겨나게 된다." 예술과 돌봄은 시장의 언어만으로는 이해될 수 없고 따라서 "그것들을 상업화하는 데는 한계가 있다." 물론 돌봄노동에 대한 충분한 임금과 적절한 노동조건은 돌봄제공자에게 필수적이다. 하지만 돌봄을 인간관계의 선물로 보는 문화적 프레임 또한 돌봄제공자에게 필수적이다.

많은 토착 사회에서 증여경제는 세 가지 특징을 갖는다. 이 개념을 처음 개진한 마르셀 모스Marcel Mauss에 따르면 그것은 줄 의무, 받을 의무, 되갚을 의무다.[46] 하이드도 증여경제에서 중요한 조건은 선물이 "늘 움직이면서" 돌고 돌아야 한다는 점이라고 설명했다. 증여의 정신은 "지속적인 베풂에 의해 유지된다." 이것이 6장에서 소개한 돌봄노동자 켈리가 이해하는 방식의 돌봄이다. 켈리는 좋은 돌봄에 대한 자신의 헌신이 수십 년 뒤에 자신에게도 되돌아올 것이라고 믿는다. 여기에서 켈리는 직접적으로 주고받는 관계를 말한 것이 아니라 세대를 거쳐, 또 사회 전체적으로 순환하는 증여경제의 작동을 말한 것이다. 켈리 외에도 내가 만난 많은 사람들이 비슷한 생각을 이야기했다. 타인의 행동에서 친절과 인간적인 따뜻함을 받으면 나도 어딘가에서 돌려주려 하게 되고, 따라서 돌봄은 '늘 움직이게' 된다. 수많은 만남 속에서 이러한 동기부여와 영감은 한 사람에게서 다른 사람에게로 계속 이어진다. 어떤 것은 짧게 지속되고 어떤 것은 평생 가지만, 거의 어느 것도 잊히지는 않는다. 그런데 오늘날에는 이러한 증여경제가 사건사고와 비난에만 집착하는 언어, 제도적 구조, 또 정책 문서와 공공 담론에 의해 흐릿해져 파묻혀버렸고, 사회적 인정을 받지 못한 채 각자의 마음속에만 조용히 담아두는 것이 되었다. 돌봄의 가치를 다시 주장하고 돌봄에 수반되는 상상력, 용기, 그리고 고된 노동에 마땅한 찬사를 보낼 수 있으려면, 제대로 인식되고 보상되는 증여경제가 필요하다. 돌봄은 (레구, 톨스토이, 로스 같은 예술가들의 예외적인 작품을 제외하면) 결코 언어로 표현되거나 측정될 수 없다. 하지만 이것은 우리가 우리 자신과 타인의 인간성을 경험하는 날것의 질료다.

감사의 글

이 책을 쓰는 내내 친구들로부터 많은 영감을 받았다. 그들은 너그럽게 생각을 나누어주었고 새로운 통찰을 전해주었으며 많은 이들이 인터뷰에 응해주거나 돌봄제공자로서 겪은 고투와 딜레마를 들려주었다. 또 어떤 이들은 책을 쓰는 힘겨운 노동 과정에서 나를 지원해주었다. 매주 일요일 아침에 '햄스테드히스 여성의 연못Hampstead Heath Women's Pond'에서 살얼음 덮인 물속에 함께 뛰어들었던 여성 회원 모두에게 감사를 전한다. 그들의 동지애, 용감함, 에너지는 변하지 않는(때로는 조금 위축되기도 했지만) 영감의 원천이었다. 깊이를 알 수 없는 컴컴한 물속으로 뛰어드는 미친 짓은 가정에서의 복잡한 의무를 벗어버리는 순간을 의미했고, 모든 생각이 한 가지('앗, 차가워!')로만 집중되는 경험이었다. 질리언, 마티나, 매기, 폴리, 마리아나, 샐리, 에린, 돔, 모두 고마워요.

특히 중요한 아이디어, 흥미, 격려의 원천이 되어준 브리짓에게 감사를 전한다. 브리짓은 이 책의 많은 부분을 생각했고 겪었으며, 실제로 많은 제안이 브리짓에게서 나왔다. 우리 딸들이 생후 몇 개월이던 시절부터 지속된 우정 속에서, 브리짓은 줄곧 영감의 원천이었다. 평생의 친구인 케이트, 루시, 케이시, 그리고 나의 여동생 에밀리와 테리사에게도 감사를 전한다. 또한 나는 굉장히 멋진 숙모와 이모가 있어서 행운이었다. 부모 자식 간의 기대치가 개입하지 않는 상태로, 그들은 경험으로부터 지혜와 관점을 나눠주었다. 돌봄을 주는 것과 받는 것 모두가 삶에서 어떻게 펼쳐지는지에 대해 생각을 발달시키는 데 큰 도움을 얻을 수 있었다. 특히 바버라 외숙모와 애나벨 이모에게 감사드린다. 나도 열다섯 명의 내 조카에게 도움을 베풀 수 있게 되기를 바란다. 또한 이 책의 여러 장에 엄마의 존재가 스며들어 있다. 엄마가 베풀어주신 모든 지원과 돌봄에 감사드린다.

남성들 중에도 이러한 삶의 노동에 온전히 관여하는 사람들이 있다. 특히 톰 설터와 족 엔컴에게(머슬버러 해변에서 어느 맑은 날 나눴던 좋은 대화도 포함해) 감사를 전한다. 두 사람 모두 여러 가지 삶의 상황들로 인해 돌봄이라는 주제를 더 깊이 통찰하게 되었고 그것을 내게 나눠주었다. 제임스 매리엇과 라미로 오르테가, 그리고 짐, 크리스, 소피, 헤더, 아미나에게도 큰 빚을 졌다. 이들이 없었으면 몇몇 장은 쓰지 못했을 것이다. 마지막으로, 늘 뒤에서 든든하게 통찰과 영감을 제공해준 남편 사이먼에게 감사를 전한다. 사이먼은 경력을 돌봄에 바친 사람이다. 또한 집에서 돌봄노동을 분담해준 덕분에 많은 여성에게 아직도 드문 자유를 나는 누릴 수 있었다. 마지막 몇 년 동안에는 또 다른 두 남성 크리스 컬런과 저크시즈 달랄의 도움을 간헐적으로 받았고 많은 것을 배웠다.

그 밖에도 많은 분들이 도움과 영감을 주었다. 이 자리를 빌려 다음 분들께 감사를 전한다. 헤니 보몬트, 멀리사 벤, 리사 바라이서, 스티븐 배철러, 리처드 빙, 로웨나 채프먼, 조애나 쿡, 매리언 쿠츠, 레이철 데드먼, 소피 덕워스, 오데트 듀어든, 샬럿 엔컴, 메리 프랫리, 재클린 고든, 데니스 페레이라 그레이, 앨리슨 리어리, 이언 누넌, 캐럴라인 니컬슨, 폴린 옹, 팀 오언 존스, 크리스틴 포머트, 프랜 패네타, 브리지드 필립, 컬럼바 퀴글리, 앤 마리 래퍼티, 헤더 리처드슨, 리비 샐노, 길리 토머스, 마우리 비야스, 버너뎃 렌. 내가 슬럼프에 빠졌을 때 이 주제가 워낙 방대하고 중요해서 우리가 아무리 애써도 결과물은 야망에 못 미칠 수밖에 없다는 것을 상기시켜주면서 격려해준 마고에게도 감사를 전한다.

맨체스터 대학의 연구 지원금이 큰 도움이 되었다. 감사를 전한다. 폴라 하이드가 집필 초기에 콘퍼런스에서 발표를 하도록 초청해주어서 생각을 다듬는 데 큰 도움을 얻을 수 있었다. 또한 2016년에 BBC 라디오3을 위해 영국아카데미에서 돌봄에 대한 에세이 시리즈를 녹음할 수 있게 주관해준 레이나 미터에게도 감사를 전한다. 라디오 방송이 나간 뒤 런던 킬번에 있는 킬른 극장은 브렌트 위원회의 의뢰와 레이철 데드먼의 큐레이션으로 돌봄을 주제로 한 전시회를 열었다. 레이철 데드먼이 돌봄에 대해 제시한 해석(행동주의와 카니발 개념도 포함해서)은 너무나 흥미로웠다.

언제나처럼 출판 에이전트 세라 챌펀트의 한결같은 헌신에 큰 도움을 받았다. 세라의 돌봄은 수많은 면에서 이루 말할 수 없이 소중했다. 또한 그랜타 출판사의 팀은 저자가 출판사에게 바랄 수 있는 모든 것을 가진 곳이었다. 벨라 레이시의 편집

작업은 꼼꼼하고 상세했으며 열정이 수그러들 줄을 몰랐다. 교열 담당인 대프니 태그는 모두의 본보기라 할 만했다.

　마지막으로, 세 아이 엘리, 루크, 맷에게 감사를 전한다. 지난 25년 동안 그들과 주고받은 돌봄이 나의 삶을 풍성하게 해주었다. 그리고 남편 사이먼의 탄탄한 안정감과 한결같은 고결함에 감사를 전한다. 이 책은 사이먼에게 바친다.

주

(웹사이트는 모두 2019년 12월에 마지막으로 접속함)

서문

1 Carers UK, *Facts about Carers*, 2015, https://www.carersuk. org/for-professionals/policy/policy-library/facts-about- carers-2015; 다음도 참고하라. *State of Caring: A Snapshot of Unpaid Care in the UK*, 2019, http://www.carersuk.org/images/ News_campaigns/CUK_State_of_Caring_2019_Report.pdf.

2 *Facts about Carers*, 2015.

3 Department of Education, *Ethnicity Facts and Figures*, 14 May 2019, https://www.ethnicity-facts-figures.service.gov.uk/ workforce-and-business/workforce-diversity/school-teacher- workforce/latest.

4 Nick Bostock, 'The Rise of Women in General Practice', *GP*, 8 March 2018, https://www.gponline.com/rise-women-general- practice/article/1458988.

1 보이지 않는 심장

1 Carers UK, *Valuing Carers*, 2015, https://www.carersuk.org/ for-professionals/policy/policylibrary/valuing-carers-2015.

2 Office for National Statistics (ONS), *Living Longer: Caring in Later Working Life*, March 2019, https://www.ons.gov.uk/ peoplepopulationandcommunity/birthsdeathsandmarriages/ ageing/articles/livinglongerhowourpopulationischangingand whyitmatters/2019-03-15#overview.

3 다음에 인용됨. Joe Dromey and Dean Hochlaf, 'Fair Care: A Workforce Strategy for Social Care', *IPPR*, 25 October 2018, https://www.ippr.org/research/publications/fair-care.

4 Pat Thane and Lynn Botelho, *The Long History of Old Age* (Thames and Hudson, 2005).

5 다음을 참고하라. ONS, *Living Longer*, March 2019, https://www.ons.gov.uk/peoplepopulationandcommunity/birthsdeathsandmarriages/ageing/articles/livinglongerhowourpopulationischangingandwhyitmatters/2019-03-15; Carers UK, *State of Caring: A Snapshot of Unpaid Care in the UK*, 2019, http://www.carersuk.org/images/News__campaigns/CUK_State_of_Caring_2019_Report.pdf.

6 Carers UK, *Facts about Carers*, 2015, https://www.carersuk.org/for-professionals/policy/policy-library/facts-about-carers-2015.

7 ONS, *Living Longer*, March 2019.

8 Department of Health and Social Care, *Long Term Conditions Compendium of Information*, 30 May 2012, https://www.gov.uk/government/publications/long-term-conditions compendium-of-information-third-edition; 다음도 참고하라. Diabetes UK, *Facts and Figures*, https://www.diabetes.org.uk/professionals/position-statements-reports/statistics.

9 David Halpern, *The Hidden Wealth of Humans* (Polity Press, 2010).

10 Barra Roantree and Kartik Vira, *The Rise and Rise of Women's Employment*, Institute of Fiscal Studies, 2017, https://www.ifs.org.uk/uploads/BN234.pdf.

11 International Longevity Centre UK, *The Grandparent Army*, 21 February 2017, https://ilcuk.org.uk/the-grandparent-army/.

12 ONS, *Young Adults Living with Their Parents*, 15 November 2019, https://www.ons.gov.uk/peoplepopulationand community/birthsdeathsandmarriages/families/datasets/yo ungadultslivingwiththeirparents.

13 Lucy Lethbridge, *Servants: A Downstairs View of Twentieth-century Britain* (Bloomsbury, 2013).

14 Nancy Folbre, *The Invisible Heart: Economics and Family Values* (New Press, 2001).

15 Mary Astell, *Reflections Upon Marriage* (1706).

16 John Stuart Mill, *The Subjection of Women*, Longmans, Green, Reader and Dyer, 1869; http://library.umac.mo/ebooks/b32202945.pdf.

17 Sharon Hays, *The Cultural Contradictions of Motherhood* (Yale University Press, 1998).

18 Virginia Woolf, 'Professions for Women.' 다음에 수록됨. *The Death of the Moth and Other Essays*, 1942; http://gutenberg.net.au/ebooks12/1203811h.html.

19 다음에 인용됨. Melissa Benn, *Madonna and Child: The Politics of Modern Motherhood* (Vintage, 1999).

20 Anne McMunn, et al., 'Gender Divisions of Paid and Unpaid Work in Contemporary UK Couples', *Work, Employment and Society*, 2019, https://journals.sagepub.com/doi/abs/10.1177/0950017019862153?journalCode=wesa.

21 OECD, *Balancing Paid Work, Unpaid Work and Leisure*, 2018, https://www.oecd.org/gender/balancing-paid-work-unpaid-work-and-leisure.htm.

22 Virginia Held, *The Ethics of Care: Personal, Political and Global* (Oxford University Press, 2005).

23 Lethbridge, *Servants*.

24 같은 책.

25 UK Commission for Employment and Skills, *Working Futures, 2014-2024*, https://assets.publishing.service.gov.uk/government/uploads/system/uploads/attachment_data/file/543301/WF_Headline_Presentation_v3.pdf.

26 Sue Yeandle and Lisa Buckner, University of Sheffield, *Valuing Carers*, Carers UK, 2015.

27 Michael Sandel, *What Money Can't Buy: The Moral Limits of Markets* (Farrar Straus Giroux, 2012).

28 Alison Leary, 나와의 인터뷰.

29 Will Davies, 'They Don't Even Need Ideas', *London Review of Books*, 20 June 2019.

30 Simone De Beauvoir, *The Second Sex* (Vintage, 2015).

31 Betty Friedan, *The Feminine Mystique* (Penguin, 2015).

32 다음에 인용됨. Hilary Graham, 'Caring: A Labour of Love.' 다음에 수록됨. Janet Finch and Dulcie Groves (eds), *A Labour of Love: Women, Work and Caring* (Routledge & Kegan Paul, 1983).

33 Maureen Freely, *What About Us? An Open Letter to the Mothers Feminism Forgot* (Bloomsbury, 1995).

34 ONS, *Childbearing for Women Born in Different Years, England and Wales*, 2017, https://www.ons.gov.uk/peoplepopulationandcommunity/birthsdeathsandmarriages/conceptionandfertilityrates/bulletins/childbearingforwomenbornindifferentyearsenglandandwales/2017.

35 Angela McRobbie, *Analysis*, BBC Radio 4, 13 December 2006.

36 Lisa Baraitser, et al., 'Who Cares? The Care Emergency and Feminist Responses', *Feminist Emergency*, International Conference, Birkbeck, University of London, 오디오 버전을 다음에서 들을 수 있음. https://backdoorbroadcasting.net/2017/06/feminist-emergency-international-conference/.

37 Held, *Ethics of Care*.

38 Dromey and Hochlaf, 'Fair Care.'

39 Age UK, *Care in Crisis*, 2019, https://www.ageuk.org.uk/our-impact/campaigning/care-in-crisis/.

40 UK Homecare Association, 다음에 인용됨. Dromey and Hochlaf, 'Fair Care'.

41 Communities and Local Government Committee, *Adult Social Care*, March 2017, https://publications.parliament.uk/pa/cm201617/cmselect/cmcomloc/1103/110303.htm.

42 'Skills for Care', 2018. 다음에 인용됨. Dromey and Hochlaf, 'Fair Care'.

43 같은 글에 인용됨.

44 같은 글.

45 ONS and Public Health England, *Suicide by Occupation*, March 2017, https://www.ons.gov.uk/peoplepopulation andcommunity/birthsdeathsandmarriages/deaths/articles/suicidebyoccupation/england2011to2015.

46 Skills for Care, *The State of the Adult Social Care Sector and Workforce in England*, October 2019, https://www.skillsforcare.org.uk/adult-socialcare-workforce-data/Workforce-intelligence/publications/The-state-of-the-adult-social-care-sector-and-workforce-inEngland.aspx.

47 NHS Digital, *Personal Social Services: Staff of Social Services Departments*, February 2018, https://digital.nhs.uk/data-and- information/publications/statistical/personal-social-services-staff-of-social-services-departments.

48 Ipsos Mori, 'Public Perceptions of the NHS and Social Care: General Election Polling 2019', December 2019, https://www.ipsos.com/ipsos-mori/en-uk/publicperceptions-nhs-and-social-care-general-election-polling-2019.

49　James Buchan and Ian Seccombe, *In Short Supply: Pay Policy and Nurse Numbers*, Health Foundation, 2017, https://www.health.org.uk/publications/in-short-supply-pay-policy-and-nurse-numbers. 2018년에 3년간 임금을 6.5퍼센트 인상하기로 협상이 이뤄졌지만, 인플레이션을 따라잡는 데는 어느 정도 도움이 되더라도 임금이 하락하는 추세를 뒤집지는 못할 것이다.

50　Full Fact, *Pay Rises: How Much Do Nurses, the Police, Teachers and MPs Get Paid?*, September 2018, https://fullfact.org/economy/pay-rises-how-much-do-nursespolice-teachers-and-mps-get-paid/.

51　House of Commons Health Committee, *Expand the Nursing Workforce*, 26 January 2018, https://www.parliament.uk/business/committees/committeesa-z/commons-select/health-committee/news-parliament-2017/nursing-workforce-report-published-17-19/.

52　다음에 인용됨. Early Years Alliance, *40 Per Cent of Childcare Workers on National Living Wage are Underpaid*, 2018, https://www.eyalliance.org.uk/news/2018/11/40-childcare-workers-national-living-wage-are-underpaid.

53　Ceeda, *The About Early Years Annual Report, 2017-18*, https://aboutearlyyears.co.uk/our-reports/.

54　Early Years Alliance, *Mental Health and the Early Years Workforce*, https://www.eyalliance.org.uk/mental-health-and-early-years-workforce.

55　All Party Parliamentary Group on Childcare and Early Education, *Steps to Sustainability*, https://connectpa.co.uk/wp-content/uploads/2019/07/Steps-to-sustainability-report.pdf.

56　Sue Cowley, *Freeing the Angel*, https://suecowley.wordpress.com.

57 Ceeda, *About Early Years*.

돌봄

1 Warren T. Reich, *History of the Notion of Care*, Georgetown University, https://theology.georgetown.edu/research/historyofcare/classicarticle/.

2 Winton Higgins, *A Path with Care*(미출간 논문); 다음도 참고하라. *The Dictionary of Untranslatables*, ed. Barbara Cassin (Princeton, 2014).

3 Erik Erikson. 다음에 인용됨. Reich, *Notion of Care*.

4 Joan Tronto, *Moral Boundaries: A Political Argument for an Ethic of Care* (Routledge, 1993).

5 Sara Ruddick, *Maternal Thinking: Towards a Politics of Peace* (Beacon Press, 1995).

6 Rollo May. 다음에 인용됨. Reich, *Notion of Care*.

7 Held, *Ethics of Care*.

2 유지의 예술

1 Wendy Hollway, *The Capacity to Care* (Routledge, 2006).

2 Maurice Hamington, *Embodied Care* (University of Illinois Press, 2004).

3 Iris Murdoch, *The Sovereignty of the Good* (Routledge & Kegan Paul, 1970).

4 Maurice Hamington, 'A Father's Touch: Caring Embodiment and A Moral Revolution.' 다음에 수록됨. Greg Johnson, et al. (eds), *Revealing Male Bodies* (Indiana University Press, 2002).

5 Erna Fullman. 다음에 인용됨. Lisa Baraitser, *Maternal Encounter: The Ethics of Interruption* (Routledge, 2008).

6 Melissa Benn, *What Should We Tell Our Daughters? The*

Pleasures and Pressures of Growing up Female (Hodder & Stoughton, 2013).

7   Melissa Benn, *Madonna and Child: Towards a New Politics of Motherhood* (Jonathan Cape, 1998).

8   Virginia Woolf, *To the Lighthouse* (Hogarth Press, 1927).

9   Baraitser, *Maternal Encounters*.

10 Valerie Bryson, *Gender and the Politics of Time* (Policy Press, 2007).

11 E. P. Thompson, 'Time, Work-Discipline and Industrial Capitalism', *Past & Present*, 38:1, December 1967.

12 Johan Goudsblom. 다음에 인용됨. Bryson, *Gender*.

13 John Tomlinson, *The Culture of Speed: The Coming of Immediacy* (Sage, 2007).

14 Bob Dylan, *Chronicles: Volume One*. 다음에 인용됨. Bryson, *Gender*.

15 Adrienne Rich, *On Lies, Secrets and Silence* (W. W. Norton & Co., 1979).

16 Mierle Laderman Ukeles, *Maintenance Art Manifesto 1969*, http://www.queensmuseum.org/wp- content/uploads/2016/04/Ukeles_MANIFESTO.pdf; 다음도 참고하라. https://www.tabletmag.com/jewish-arts-and-culture/138254/mierle-laderman-ukeles.

17 Arthur Kleinman, *Illness Narratives: Suffering, Healing and the Human Condition* (Basic Books, 1988).

18 Iain Crichton Smith, *Towards the Human* (Saltire Society, 1988).

19 Marion Coutts, *The Iceberg: A Memoir* (Atlantic, 2014).

20 James Joyce, *Stephen Hero* (Jonathan Cape, 1944).

21 Cyril Connolly, *The Enemies of Promise: Charlock's Shade* (Routledge, 1938).

22 Virginia Woolf, *On Being Ill* (Hogarth Press, 1930).

23 Norman Doidge, 'How Oliver Sacks Put a Human Face on the Science of the Mind', *The Globe and Mail*, 5 February 2016, https://www.theglobeandmail.com/arts/books-and-media/awakenings-howoliver-sacks-put-a-human-face-on-the-science-of-the-mind/article28599283/.

24 Alan Bennett, *The Lady in the Van* (Profile Books, 1999).

25 George Orwell, *Nineteen EightyFour* (Secker and Warburg, 1949; Penguin, 2004).

26 Michael Ignatieff, *The Needs of Strangers* (Viking, 1985).

27 다음에서 개최된 '돌봄의 수행Performing Care' 심포지엄 참가자. Royal Central School of Speech and Drama, 15 December 2016.

28 Leo Tolstoy, *The Death of Ivan Ilyich* (1886). 다음에서 볼 수 있음. https://www.ccel.org/ccel/tolstoy/ivan.txt.

공감

1 Barack Obama, 다음에서 한 연설. K.I.D.S/Fashion Delivers, 2006, https://www.youtube.com/watch?v=4md_A059JRc.

2 Brene Brown on Empathy, *RSA Shorts*, 2013, https://www.youtube.com/watch?v=1Evwgu369Jw.

3 Susan Lanzoni, 'A Short History of Empathy', *The Atlantic*, 15 October 2015, https://www.theatlantic.com/health/archive/2015/10/a-shorthistory-of-empathy/409912/.

4 같은 글.

5 다음에 인용됨. Rae Grainer, '1909: The Introduction of the Word "Empathy" into English', *BRANCH: Britain, Representation and Nineteenth-Century History*, ed. Dino Franco Felluga Romanticism and Victorianism on the Net), http://www.branchcollective.org/?ps_articles=rae-greiner-1909-the-

introduction-of-the-word-empathy-into-english.

6 Theresa Wiseman, *Journal of Advanced Nursing*, 23: 6 June 1996.

7 John Carvel, 'Nurses to be Rated on How Compassionate and Smiley They Are', *Guardian*, 18 June 2008, https://www.theguardian.com/society/2008/jun/18/nhs60.nhs1.

8 J. Ward, et al., 'The Empathy Enigma', *Journal of Professional Nursing*, 28:1, Jan-Feb 2012, https://www.ncbi.nlm.nih.gov/pubmed/22261603.

9 다음에 인용됨. Siobhan Nelson and Suzanne Gordon (eds), *The Complexities of Care: Nursing Reconsidered* (Cornell, 2000).

10 Gavin Francis, 'Why Physicians need "right compassion"', *New York Times*, 26/27 December 2015.

11 Raymond Tallis, *Hippocratic Oaths: Medicine and Its Discontents* (Atlantic, 2004).

12 *Stanford Encyclopedia of Philosophy*, https://plato.stanford.edu/entries/emotions-17th18th/LD8Hume.html#SymCom.

13 Woolf, *On Being Ill*.

14 Martha Nussbaum, *Political Emotions: Why Love Matters for Justice* (Belknap Press, 2013)

3 비발디를 들으며: 시민단체에서

1 Eve Feder Kittay, *Love's Labor: Essays on Women, Equality and Dependency* (Routledge, 1999).

2 Parliamentary Joint Committee on Human Rights, *The Detention of Young People with Learning Disabilities and/or Autism*, November 2019, https://www.parliament.uk/business/committees/committees-a-z/joint-select/human-rights-committee/news-parliament-2017/detention-learning-

disabilities-autism-young-people-reportpublished-19-20/.

3 Rebecca Gilroy, 'Learning Disability Care Facing a "Crisis" Following 40% Drop in Nurses', *Independent Nurse*, 15 August 2018, http://www.independentnurse.co.uk/news/learning-disability-carefacing-a-crisis-following-40-drop-in-nurses/180928/.

4 Care and Support Alliance, *Social Workers Speak Out*, 2017, http://careandsupportalliance.com/social-workers-speak-out-report-from-the-care-and-supportalliance/.

5 National Autistic Society, *Autism: Overview of UK Policy and Services*, 2016, https://dera.ioe.ac.uk/26154/2/CBP-7172_Redacted.pdf.

6 National Autistic Society, *School Report 2016*, https://www.autism.org.uk/getinvolved/media-centre/news/2016-09-02-school-report-2016.aspx.

7 Chaminda Jayanetti and Michael Savage, '"Devastating" Cuts Hit Special Educational Needs', *Observer*, 10 November 2018, https://www.theguardian.com/education/2018/nov/10/councils-face-crisis-special-needs-education-funding.

8 Hilary Cottam, *Radical Help*, Virago, 2018.

9 Luke Haynes, 'Majority of Social Workers Looking to Leave Their Job Within the Next 16 Months', *Community Care*, 30 October 2018, https://www.communitycare.co.uk/2018/10/30/majority-social-workers-looking-leave-job-within-next-16-months-says-new-research/.

10 같은 글.

11 Charlotte Carter, 'Adult Care Staff Turnover Rises for Sixth Consecutive Year', *Community Care*, 4 October 2019, https://www.communitycare.co.uk/2019/10/04/adult-care-staff-turnover-rises-sixth-consecutive-year-report-finds/.

12 Sydney Webb. 다음에 인용됨. Cottam, *Radical Help*.

13 Hannah Arendt, *On Violence* (Harcourt, Brace, Jovanovich, 1970).

14 David Runciman, *How Democracy Ends* (Profile, 2018).

15 Penelope Ismay, *Trust Among Strangers: Friendly Societies in Modern Britain* (Cambridge University Press, 2018).

친절

1 John Ballat and Penelope Campling, *Intelligent Kindness: Reforming the Culture of Healthcare* (RCPsych Publications, 2011).

2 Adam Phillips and Barbara Taylor, *On Kindness* (Hamish Hamilton, 2009).

3 Jonathan Tomlinson, 'Do Doctors Need to be Kind?', *A Better NHS*, 4 May 2012, https://abetternhs.net/2012/05/04/kindness/.

4 돌봄이라는 암흑물질: 병원에서

1 Full Fact, *The Number of Nurses and Midwives in the UK*, 23 January 2018, https://fullfact.org/health/number-nurses-midwives-uk/.

2 NHS Confederation, *NHS Statistics, Facts and Figures*, 14 July 2017, https://www.nhsconfed.org/resources/key-statistics-on-the-nhs.

3 Jake Beech, et al., *Closing the Gap*, Health Foundation, King's Fund and Nuffield Trust, March 2019, https://www.health.org.uk/publications/reports/closing-the-gap.

4 인구 10만 명당 간호사 수는 604명에서 576명으로 떨어졌다. 다음을 참고하라. Richard Murray, *Falling Number of Nurses in the*

NHS Paints a Worrying Picture, King's Fund, 12 October 2017, https://www.kingsfund.org.uk/blog/2017/10/falling-number-nurses-nhs-paints-worrying-picture.

5 Eurostat, *Healthcare Personnel Statistics*, November 2019, https://ec.europa.eu/eurostat/statistics-explained/index.php/Healthcare_personnel_statistics_-_nursing_and_caring_professionals.

6 Mimi Launder, '"Urgent Investment" Needed in Learning Disability Nursing', *Nursing in Practice*, 21 June 2019, https://www.nursinginpractice.com/urgent-investment-needed-learningdisability-nursing-warns-rcn.

7 Mental Health Network, 'Drop in Mental Health Nurses Shows NHS under "Severe Strain"', NHS Confederation, 27 September 2018, https://www.nhsconfed.org/news/2018/09/drop-in-mental-health-nurses-shows-nhs-under-severe-strain.

8 Royal College of Nursing, *The UK Nursing Labour Market Review 2017*, https://www.rcn.org.uk/professional-development/publications/pub-006625.

9 House of Commons Health Committee, *Expand the Nursing Workforce*, 26 January 2018, https://www.parliament.uk/business/committees/committeesa-z/commons-select/health-committee/news-parliament-2017/nursing-workforce-report-published-17-19/.

10 *Report of the Mid Staffordshire NHS Foundation Trust Public Inquiry*, 6 February 2013, https://www.gov.uk/government/publications/report-of-the-midstaffordshire-nhs-foundation-trust-public-inquiry.

11 Jenny Firth-Cozens and Jocelyn Cornwall, *Point of Care*, King's Fund, 2009.

12 Christina Patterson, *Healthcare: Nursing and the NHS*, https://christinapatterson.co.uk/healthcare/.

13 Siobhan Nelson and Suzanne Gordon (eds), *The Complexities of Care: Nursing Reconsidered* (Cornell, 2006).

14 Gosia Brykczynska (ed.), *Caring: The Compassion and Wisdom of Nursing* (CRC Press, 1996); Suzanne Gordon, *Nursing Against the Odds* (Cornell, 2006).

15 Florence Nightingale, *Notes on Nursing: What It Is and What It Is Not*, 1859.

16 Ann Oakley, *Taking it Like a Woman* (Jonathan Cape, 1984).

17 Nelson and Gordon, *Complexities of Care?*

18 Nuffield Trust, *Hospital Bed Occupancy*, 26 April 2019, https://www.nuffieldtrust.org.uk/resource/hospital-bed-occupancy.

19 Prime Minister's Commission, *The Future of Nursing and Midwifery*, 2010, https://webarchive.nationalarchives.gov.uk/20100331110440/. http://cnm.independent.gov.uk/the-report/.

20 같은 글.

21 Debbie Field. 다음에 인용됨. Lisa Baraitser, et al., 'Who Cares? The Care Emergency and Feminist Responses', *Feminist Emergency*, International Conference, Birkbeck, University of London. 다음에서 들을 수 있다. https://backdoorbroadcasting.net/2017/06/feminist-emergency-international-conference/.

22 Prime Minister's Commission, *The Future of Nursing*.

23 Firth-Cozens and Cornwell, *Point of Care*.

24 Prime Minister's Commission, *The Future of Nursing*.

25 Penelope Campling, 'Reforming the Culture of Healthcare: The Case for Intelligent Kindness', *BJPsych Bulletin*, February 2015, https://www.cambridge.org/core/journals/bjpsych-

bulletin/article/reforming-the-culture-of-healthcare-the-case-for-intelligentkindness/61BE20409A5D80340AC35BFD437A23A2.

26 Nelson and Gordon, *Complexities of Care*.

27 Mark Bostridge, *Florence Nightingale* (Viking, 2008).

28 같은 책에 인용됨.

29 Walt Whitman, *Memoranda During the War 1875-6*, https://whitmanarchive.org/published/other/memoranda.html.

30 Roy Morris Jr., *The Better Angel: Walt Whitman in the Civil War* (Oxford University Press, 2000).

31 Walt Whitman, *Memoranda*.

32 Anne Marie Rafferty, et al., *An Introduction to the Social History of Nursing* (Routledge, 1988).

33 Siohban Nelson, *Say Little, Do Much: Nursing, Nuns and Hospitals in the Nineteenth Century* (University of Pennsylvania Press, 2001).

34 Rafferty, et al., *Social History of Nursing*.

35 다음에 인용됨. Bostridge, *Florence Nightingale*.

36 John Pierson, *Understanding Social Work: History and Context* (Open University Press, 2011).

37 Peter Benson Maxwell. 다음에 인용됨. Bostridge, *Florence Nightingale*.

38 Elizabeth Gaskell. 같은 책에 인용됨.

39 Gosia Brykczynska (ed.), *Caring: The Compassion and Wisdom of Nursing* (CRC Press, 1996).

40 '돌봄의 수행' 심포지엄. Royal Central School of Speech and Drama, 15 December 2016.

41 Sanchia Aranda and Rosie Brown, 'Ethical Expertise and the Problem of the Good Nurse.' 다음에 수록됨. Nelson and Gordon, *Complexities of Care*.

42 Ipsos Mori, *Veracity Index*, November 2019.

43 Valerie Isles, 'The Simple Hard and the Complicated Easy',
    Really Learning, http://www.reallylearning.com/the-simple-
    hard-and-the-complicated-easy/.

44 Suzanne Gordon, https://suzannecgordon.com; Gordon,
    Nursing Against the Odds.

45 George Monbiot, 'Through My Cancer, I Have Found the
    Key to a Good Life', *Guardian*, 8 May 2019, https://www.the
    guardian.com/commentisfree/2018/may/08/my-prostate-
    cancersurgery-key-to-good-life.

긍휼

1 Department of Health, *Hard Truths: The Journey to Putting
    Patients First*, January 2014, https://assets.publishing.service.
    gov.uk/government/uploads/system/uploads/attachment_
    data/file/270368/34658_Cm_8777_Vol_1_accessible.pdf.

2 아킨카노Akincano와 스티븐 배철러Stephen Batchelor와의 인터뷰.
    둘 다 불교를 가르치고 있다.

3 Paquita de Zuleta, 'Compassion in Healthcare', *Clinical Eth-
    ics*, November 2013, https://journals.sagepub.com/doi/full/
    10.1177/1477750913506484.

5 하루 300건의 의사 결정: 일반의 진료소에서

1 NHS England, *NHS Survey says nine out of ten patients have
    'confidence and trust' in their GP*, 11 July 2019, https://www.
    england.nhs.uk/2019/07/nine-out-of-10-patients-have-con
    fidence-and-trust-in-theirgp/.

2 Raymond Tallis, *Hippocratic Oaths*: Medicine and Its Discon-
    tents (Atlantic, 2004).

3 British Medical Association, *General Practice in the UK: Background Briefing*, April 2017, 다음에 게시된 PDF 파일. www.bma.org.uk.

4 'GP Shortages: A Symptom That Won't Go Away', *Guardian*, 9 May 2019, https://www.theguardian.com/commentisfree/2019/may/09/the-guardianview-on-gp-shortages-a-symptom-that-wont-go-away; Billy Palmer, *Is the Number of GPs Falling Across the UK?*, Nuffield Trust, 8 May 2019, https://www.nuffieldtrust.org.uk/news-item/is-the-number-of-gps-falling-across-the-uk.

5 Lea Legraien, 'Revealed: More Surgeries Than Ever Closed Last Year,' *Pulse*, 31 May 2019, http://www.pulsetoday.co.uk/hot-topics/stop-practice-closures/revealed-more-surgeries-than-ever-closed-last-year/20038773.article.

6 Julia Gregory, 'GPs Have Almost Twice the Safe Number of Patient Contacts a Day', *Pulse*, 18 January 2018, http://www.pulsetoday.co.uk/home/finance-and-practice-life-news/gps-have-almost-twicethe-safe-number-of-patient-contacts-a-day/20035863.article.

7 해럴드 시프먼의 사례가 특히나 많은 이들을 경악시킨 이유 중 하나는 그의 환자 다수가 그가 매우 잘 돌봐주고 관심을 가져주는 의사라고 생각했다는 데 있었다. 그는 자신의 끔찍한 행위를 동네 삼촌 같은 친절한 태도로 가리고 있었다.

8 환자들에게 내가 참관하고 있음을 알렸고 환자들은 내가 있는 것을 원하지 않을 경우 나에게 나가달라고 요구할 수 있었다.

9 Tallis, *Hippocratic Oaths*.

10 같은 책.

11 Jonathan Tomlinson, *A Better NHS*, https://abetternhs.net/about/.

12 Greg Irving, et al., 'International Variations in Primary

Care Physician Consultation Time', *BMJ Open*, 7:10, https://bmjopen.bmj.com/content/7/10/e017902.

13 Ruth Robertson, et al., *Public Satisfaction with the NHS and Social Care in 2018*, King's Fund, 2019, https://www.kingsfund.org.uk/publications/public-satisfaction-nhs-social-care-2018.

14 Julian Tudor Hart, *The Political Economy of Health Care* (Policy Press, 2010).

15 Iona Heath, *The Mystery of General Practice*, Nuffield Trust, 1995, https://www.nuffieldtrust.org.uk/research/the-mystery-of-general-practice.

16 E. J. Cassell, *The Nature of Suffering and the Goals of Medicine* (Oxford University Press, 2004).

17 Tudor Hart, *Political Economy of Health Care.*

18 John Berger, *A Fortunate Man: The Story of a Country Doctor* (Canongate, 2015).

19 다음에 인용됨. Gaby Hinsliff, 'Why Shouldn't the Over-50s Start a New Career?' *Guardian*, 25 November 2016, https://www.theguardian.com/commentisfree/2016/nov/25/over-50s-new-career-teacher.

20 Ipsos Mori, *Veracity Index*, November 2019.

21 Steve Iliffe, *From General Practice to Primary Care: The Industrialization of Family Medicine* (Oxford University Press, 2008).

22 Tudor Hart, *Political Economy of Healthcare.*

23 King's Fund, *Improving the Quality of Care in General Practice*, 2011.

24 Isaac Barker, et al., 'Association Between Continuity of Care in General Practice and Hospital Admissions', *BMJ*, February 2017.

25 Annemarie Mol, *The Logic of Care: Health and the Problem of Patient Choice* (Routledge, 2008).

26 Dr Margaret McCartney, 'Farewell Doctor Finlay', *BBC Radio 4*, January 2017, https://www.bbc.co.uk/programmes/b07j7nty.

동정

1 *Internet Encyclopedia of Philosophy*, https://www.iep.utm.edu/rousseau/.

2 Gwen Raverat Darwin, *Period Piece: A Cambridge Childhood* (Faber, 1952).

6 목격자 되기: 간병인의 곁에서

1 모든 수치는 2017년 상황이다. 이때는 가장 최근의 '전국기본생활임금'이 적용되기 전이었다.

2 Hft, *Sector Pulse Check*. 다음에 인용됨. Liam Kay, 'More Than Half of Social Care Providers "Handing Contracts Back to Local Authorities"', *Third Sector*, 12 February 2019, https://www.thirdsector.co.uk/half-socialcare-providers-handing-contracts-back-local-authorities/finance/article/1525528.

3 Richard Humphries, et al., *Social Care for Older People: Home Truths*, King's Fund and Nuffield Trust joint report, 15 September 2016, https://www.nuffieldtrust.org.uk/research/social-care-for-older-people-home-truths.

4 같은 글.

5 Nuffield Trust, *What are the Reasons for Delayed Transfers Of Care?*, 29 October 2019, https://www.nuffieldtrust.org.uk/chart/what-are-the-reasons-for-delayed-transfers-of-care.

6 LaingBuisson, *Care Homes for Older People*, 24 July 2018,

https://www.laingbuisson.com/blog/laingbuisson-report-reappraisesthe-care-home-capacity-crisis-in-the-light-of-new-data/.

7 'Britain's Biggest Care Homes Rack up Debts of £40,000 a Bed', *Financial Times*, July 2019, https://www.ft.com/content/17c353c8-91b9-11e9-aea1-2b1d33ac3271.

8 *Care Markets*, December 2017/January 2018, https://www.laingbuisson.com/wpcontent/uploads/2017/12/CareMarkets_Dec17Jan18.pdf.

9 Incisive Health, *Care Deserts: The Impact of a Dysfunctional Market in Adult Social Care Provision*, May 2019, https://www.incisivehealth.com/wpcontent/uploads/2019/05/care-deserts-age-uk-report.pdf.

10 Amelia Hill, 'UK Running Out of Care Home Places', *Guardian*, 6 June 2019, https://www.theguardian.com/society/2019/jun/06/uk-running-out-of-carehome-places-says-geriatrics-society-chief.

11 노동당은 무료로 사회적 돌봄을 받을 수 있는 대상자 수를 두 배로 늘리겠다고 약속했다. 보수당은 정당 간 합의를 통해 사회적 돌봄의 위기를 해결하겠다고만 약속했다.

12 Humphries, *Social Care*.

13 Bent Greve (ed.), 'Long-term Care for the Elderly in Eleven European Countries.' 같은 책에 인용됨.

14 *The Cavendish Review*, July 2013, https://assets.publishing.service.gov.uk/government/uploads/system/uploads/attachment_data/file/236212/Cavendish_Review.pdf.

15 Humphries, *Social Care*; 다음도 참고하라. *Financial Times*, April 2017, https://www.ft.com/content/3eac5a0e-1536-11e7-80f4-13e067d5072c.

16 'Glasgow Council Carers "Could Quit" After Equal Pay

Settlement', *BBC News*, 21 March 2019, https://www.bbc.co.uk/news/uk-scotland-glasgow-west-47652900.

17 Humphries, *Social Care*.

18 킹스펀드에 따르면 이에 대해 정확한 숫자는 알기 어렵다. 돌봄에 사적으로 지출하는 전체 비용에 대해 믿을 만한 데이터가 없기 때문이다.

19 US Department of Health and Human Services, *How Much Care Will You Need?*, https://longtermcare.acl.gov/the-basics/how-much-care-will-you-need.html.

20 Chris Phillipson, *Ageing* (Polity Press, 2013).

21 Royal Commission on Population. 같은 책에 인용됨.

22 Claire Hilton, *Improving Psychiatric Care for Older People* (Palgrave Macmillan, 2017).

23 Charles Webster, *The NHS: A Political History* (Oxford University Press, 2002).

24 Nicholas Timmins, *The Five Giants: A Biography of the Welfare State* (HarperCollins, 1995).

25 같은 책.

26 같은 책.

27 Barbara Robb, *Sans Everything: A Case to Answer* (Nelson, 1967).

28 Richard Crossman, *The Diaries of a Cabinet Minister*, Vol. 3 (Hamish Hamilton and Jonathan Cape, 1977).

29 브라이언 에이블 스미스Brian Abel-Smith와의 인터뷰. Hugh Freeman, *BJPsych Bulletin*, 1990.

30 John Kennedy, *John Kennedy's Care Home Inquiry*, Joseph Rowntree Foundation, 26 October 2014, https://www.jrf.org.uk/report/john-kennedys-care-home-inquiry.

31 John Berger, *A Fortunate Man: The Story of a Country Doctor* (Canongate, 2015).

의존

1 Eve Feder Kittay, *Love's Labor: Essays on Women, Equality and Dependency* (Routledge, 1999).

2 Jonathan Tomlinson, *A Better NHS*, https://abetternhs.net/about/.

3 Henri Nouwen, *Our Greatest Gift: A Meditation on Caring and Dying* (HarperCollins, 1994).

4 다음에 인용됨. Royden R. Harrison, *The Life and Times of Sidney and Beatrice Webb, 1858-1905* (Palgrave Macmillan, 2000).

5 Chris Renwick, *Bread for All: The Origins of the Welfare State* (Penguin, 2017).

7 뱃사공의 임무: 임종의 침상에서

1 Robert Murphy, *The Body Silent: The Different World of the Disabled* (Henry Holt & Co., 1987).

2 Susan Sontag, *Regarding the Pain of Others* (Penguin, 2004).

3 다음에 인용됨. Seamus O'Mahony, *The Way We Die Now* (Head of Zeus, 2016).

4 Julia Lawton, *The Dying Process* (Routledge, 2000).

5 Kevin Toolis, *My Father's Wake: How the Irish Teach Us to Live, Love and Die* (Weidenfeld & Nicolson, 2018).

6 Philip Roth, *Patrimony: A True Story* (Simon and Schuster, 1991).

7 Hospice UK, *Hospice Care in the UK 2016*, https://www.hospiceuk.org/docs/default-source/What-We-Offer/publications-documents-and-files/hospicecare-in-the-uk-2016.pdf?sfvrsn=0.

8 'Care of Dying Patients and Safety Dominate Complaints',

BMJ, 10 February 2007, https://www.ncbi.nlm.nih.gov/pmc/articles/PMC1796720/.

9 Office of National Statistics, https://www.ons.gov.uk/people populationandcommunity/birthsdeathsandmarriages/deaths.

10 완화치료 전문 의사 캐럴라인 니컬슨Caroline Nicholson과의 인터뷰.

11 Dr Karen Groves, Conference on Palliative Care, Crewe, 2017.

12 Jon Mooallem, 'One Man's Quest to Change the Way We Die', *New York Times*, 3 January 2017, https://www.nytimes.com/2017/01/03/magazine/one-mans-quest-to-change-the-way-we-die.html.

13 같은 글.

14 Suresh Kumar, 'Public Health Approaches to Palliative Care', *International Perspectives on Public Health and Palliative Care*, Libby Sallnow, et al. (eds.) (Routledge, 2012).

고통

1 Arthur Kleinman, *Illness Narratives: Suffering, Healing and the Human Condition* (Basic Books, 1988).

2 다음에 인용됨. James Davies, *The Importance of Suffering: The Value and Meaning of Emotional Discontent* (Routledge, 2011).

3 Henry Marsh, *Admissions: A Life in Brain Surgery* (Weidenfeld & Nicolson, 2017).

4 Kleinman, *Illness Narratives*.

5 Arthur Frank, *The Renewal of Generosity: Illness, Medicine and How to Live* (University of Chicago Press, 2004).

8 가능한 미래

1 다음에 인용됨. Julian Tudor Hart, *The Political Economy of*

Healthcare (Policy Press, 2010).

2 Patrick Butler, 'How migrants helped make the NHS', *Guardian*, 18 June 2008, https://www.theguardian.com/society/2008/jun/18/nhs60.nhs2.

3 ONS, *International Migration and the Healthcare Workforce*, 15 August 2019, https://www.ons.gov.uk/people populationandcommunity/populationandmigration/inter nationalmigration/articles/internationalmigrationandthe healthcareworkforce/2019-08-15.

4 Carl Baker, *One NHS: Many Nationalities: 2017*, House of Commons Library, 19 October 2017, https://commonslibrary. parliament.uk/social-policy/health/one-nhs-many-nationalities-2017/.

5 OECD, 'Foreign-trained Doctors and Nurses', *Health at a Glance 2017*, https://www.oecd-ilibrary.org/docserver/health_ glance-2017-59-en.pdf?expires=1580487457&id=id&accname =guest&-checksum=F8C2A3BFFBB6DB1FA6420DA775A575 E1.

6 Independent Age, *Moved to Care: The Impact of Migration on the Adult Social Care Workforce*, https://independent-age-assets.s3.eu-west-1.amazonaws.com/s3fs-public/2016-05/ IA%20Moved%20to%20care%20report_12%2011%2015.pdf.

7 같은 글.

8 Michael Savage, 'NHS Winter Crisis Fears Grow After Thousands of EU Staff Quit', *Guardian*, 24 November 2019. EU 출신 NHS 직원 1만 1600명이 2016년 브렉시트 이후 떠났다는 자유민주당Liberal Democrat 연구를 인용함. https://www. theguardian.com/society/2019/nov/24/nhs-winter-crisis-thousands-eu-staffquit; 간호사및조산사협회Nursing and Midwifery Council에 따르면 EU에서 들어오는 간호사의 수는

2016/2017년 6382명에서 2017/2018년에 805명으로 87%나 줄었다. https://www.nmc.org.uk/news/news-and-updates/new-nmc-figures-continue-to-highlight-major-concern-asmore-eu-nurses-leave-the-uk/.

9   Taxpayers' Alliance, *Automate the State: Better and Cheaper Public Services*, 20 June 2019, https://www.taxpayersalliance.com/automate_the_state_better_and_cheaper_public_services.

10 같은 글; 다음도 참고하라. 'Using AI to Plan Head and Neck Cancer Treatments', *DeepMind*, September 2018, https://deepmind.com/blog/article/ai-uclh-radiotherapy-planning.

11 'AI That Detects Cardiac Arrests During Emergency Calls Will Be Tested Across Europe This Summer', *The Verge*, April 2018, https://www.theverge.com/2018/4/25/17278994/ai-cardiac-arrest-corti-emergency-call-response.

12 UK-RAS Network, *Robotics in Social Care: A Connected Care Ecosystem for Independent Living*, 2017, https://www.ukras.org/wp-content/uploads/2018/10/UK_RAS_wp_social_spread_low_res_ref.pdf.

13 Malcolm Foster, 'Aging Japan: Robots May Have Role in Future of Elder Care', *Reuters*, 27 March 2018, https://www.reuters.com/article/us-japan-ageing-robots-widerimage/aging-japan-robotsmay-have-role-in-future-of-elder-care-idUSKBN1H33AB.

14 Riken. 보도자료. 2015, https://www.riken.jp/en/news_pubs/research_news/2015/20150223_2/.

15 Ara Darzi, et al., *Better Health and Care for All: A Ten-Point Plan for the 2020s*, IPPR, 15 June 2018, https://www.ippr.org/research/publications/better-health-and-care-for-all.

16 Valerie Iles, 'Why Reforming The NHS Doesn't Work: The Importance of Understanding How Good People Offer Bad

Care', *Really Learning*, 2011.

17 Taxpayers' Alliance, *Automate the State*.

18 UK-RAS Network, *Robotics in Social Care*.

19 Sherry Turkle, *Alone Together* (Basic Books, 2011).

20 Isabel Menzies Lyth, *Social Systems as a Defense Against Anxiety*, 1960, http://www.moderntimesworkplace.com/archives/ericsess/sessvol1/ythp439.opd.pdf.

21 Adam Phillips and Barbara Taylor, *On Kindness* (Hamish Hamilton, 2009).

22 Sherry Turkle, *Reclaiming Conversation: The Power of Talk in a Digital Age* (Penguin, 2015).

23 Iain McGilchrist, *The Master and His Emissary: The Divided Brain and the Making of the Western World* (Yale University Press, 2015).

24 Iain McGilchrist. 다음과의 대화. Jonathan Rowson, *Divided Brain, Divided World*, RSA, 1 February 2013, https://www.thersa.org/discover/publications-and-articles/reports/divided-brain-divided-world.

25 Daniel Simons and Christopher Chabris, *Selective Attention Test*, 1999, https://www.youtube.com/watch?v=vJG698U2Mvo.

26 McGilchrist and Rowson, *Divided Brain*.

27 Sherry Turkle, 'The Flight from Conversation', *New York Times*, 21 April 2012, https://www.nytimes.com/2012/04/22/opinion/sunday/the-flight-fromconversation.html.

28 BBC에 사용된 숫자. 2009년. 다음도 참고하라. Debbie Sharp, et al., 'Complementary Medicine Use, Views and Experiences: A National Survey in England', *BJGP Open*, 2:4, December 2018, https://www.ncbi.nlm.nih.gov/pmc/articles/PMC6348322/.

29 Adair Turner, *Capitalism in the Age of Robots: Work, Income*

and Wealth in the 21st Century. 다음에서 한 강연. Johns Hopkins University, Washington DC, 10 April 2018.

30 Shereen Hussein, PSSRU, January 2019, https://www.pssru. ac.uk/our-people/shereen-hussein/?page=all.

31 Andy Haldane, *Ideas and Institutions: A Growth Story*, speech at Oxford University, 2018, https://www.bankofengland. co.uk/-/media/boe/files/speech/2018/ideas-and-institutions-a-growth-story-speechby-andy-haldane.

32 Martin Rees, 'How Soon Will Robots Overtake the World?', *Daily Telegraph*, 23 May 2015, https://www.telegraph.co.uk/ culture/hay-festival/11605785/Astronomer-Royal-Martin-Reespredicts-the-world-will-be-run-by-computers-soon. html.

33 다음에 인용됨. Gabriel Eichsteller and Sylvia Holthoff, *The Art of Being a Social Pedagogue: Practice Examples of Cultural Change in Children's Homes in Essex*, Essex County Council, http://www.thempra.org.uk/downloads/Essex_Report_2012. pdf.

34 같은 글.

35 Point of Care Foundation, https://www.pointofcare foundation.org.uk/our-work/schwartz-rounds/.

36 Shared Lives Plus, https://sharedlivesplus.org.uk.

37 King's Fund, *What is Social Prescribing?*, 2 February 2017, https://www.kingsfund.org.uk/publications/social-prescri bing.

38 David Halpern, *The Hidden Wealth of Humans* (Polity Press, 2010).

39 De Henau, et al., *Investing in the Care Economy*, 2016, https:// wbg.org.uk/wp-content/uploads/2016/11/De_Henau_Per rons_WBG_CareEconomy_ITUC_briefing_final.pdf.

40   Justin Bentham, et al., *Manifesto for the Foundational Econ-omy*, CRESC Working Paper 131, November 2013, http://hummedia.manchester.ac.uk/institutes/cresc/working papers/wp131.pdf.

41   Lee Waters, *Foundational Economy*, 15 February 2019, https://gov.wales/written-statement-foundational-economy.

42   Bentham, et al., *Manifesto for the Foundational Economy*.

43   Yuval Harari, *Homo Deus* (HarperCollins, 2017).

44   Lewis Hyde, *The Gift* (Penguin, 2007).

45   Richard Titmuss, *The Gift Relationship: From Human Blood to Social Policy* (Allen and Unwin, 1970).

46   Marcel Mauss, *The Gift* (1925; English translation, W.W. Norton & Co., 1954).

Avent, Ryan, *The Wealth of Humans, Work and its Absence in the Twenty First Century*, 2016, Allen Lane

Ballat, John, and Campling, Penelope, *Intelligent Kindness: Reforming the Culture of Healthcare*, 2011, RCPsych Publications

Baraitser, Lisa, *Maternal Encounters: The Ethics of Interruption*, 2008, Routledge

Benn, Melissa, *What Should We Tell Our Daughters? The Pleasures and Pressures of Growing up Female*, 2013, Hodder & Stoughton

Benn, Melissa, *Madonna and Child: The Politics of Modern Motherhood*, 1998, Jonathan Cape

Bennett, Alan, *The Lady in the Van*, 1999, Profile Books

Berger, John, *A Fortunate Man: The Story of a Country Doctor*, 2015, Canongate

Borsay, Anne, *Disability and Social Policy in Britain since 1750*, 2004, Palgrave

Bostridge, Mark, *Florence Nightingale*, 2008, Viking

Brown, Guy, *The Living End: The Future of Death, Aging and Immortality*, 2007, Macmillan Science

Brykczynska, Gosia, *Caring: The Compassion and Wisdom of Nursing*, 1996, CRC Press

Bryson, Valerie, *Gender and the Politics of Time*, 2007, Policy Press

Burggraf, Shirley P., *The Feminine Economy and Economic Man: Reviving the Role of Family in the Post Industrial Age*, 1995, Basic Books

Carr, Nicholas, *The Shallows*, 2011, W. W. Norton & Co.

Case, Molly, *How to Treat People: A Nurse at Work*, 2019, Viking

Casell, E. J., *The Nature of Suffering and the Goals of Medicine*, 2004, Oxford University Press

Cottam, Hilary, *Radical Help*, 2018, Virago

Coutts, Marion, *The Iceberg: A Memoir,* 2014, Atlantic

Dalley, Gillian, *Ideologies of Caring: Rethinking Community and Collectivism*, 1996, Palgrave

Daly, Mary, and Rake, Katherine, *Gender and the Welfare State: Care Work and Welfare in Europe and the USA*, 2003, Polity Press

Davies, James, *The Importance of Suffering: The Value and Meaning of Emotional Discontent*, 2011, Routledge

De Beauvoir, Simone, *The Second Sex*, 2015, Vintage

Feder Kittay, Eve, *Love's Labor: Essays on Women, Equality and Dependency*, 1999, Routledge

Folbre, Nancy, *The Invisible Heart: Economics and Family Values*, 2001, New Press

Ford, Martin, *The Rise of the Robots, Technology and the Threat of Mass Unemployment*, 2015, Oneworld

Finch, Janet, and Groves, Dulcie (eds) *A Labour of Love: Women, Work and Caring*, 1983, Routledge & Kegan Paul

Frank, Arthur, *The Renewal of Generosity: Illness, Medicine and How to Live*, 2004, University of Chicago Press

Fraser, Nancy, *Fortunes of Feminism: From Women's Liberation to Identity Politics to Anti-capitalism*, 2013, Verso

Freely, Maureen, *What About Us? An Open Letter to the Mothers Feminism Forgot*, 1995, Bloomsbury

Friedan, Betty, *The Feminine Mystique*, 2015, Penguin

Gawande, Atul, *Being Mortal: Illness, Medicine and What Matters in the End*, 2015, Profile Books

Gerrard Nicci, *What Dementia Teaches Us About Love*, 2019, Allen Lane

Gilligan, Carol, *In a Different Voice: Psychological Theory and Women's Development*, 1990, Harvard University Press

Gordon, Suzanne, *Nursing Against the Odds*, 2006, Cornell

Halpern, David, *The Hidden Wealth of Humans*, 2010, Polity Press

Hamington, Maurice, *Embodied Care*, 2004, University of Illinois Press

Harari, Yuval, *Homo Deus*, 2017, HarperCollins USA

Harrison, R., *The Life and Times of Sidney and Beatrice Webb*, 2000,

Palgrave Macmillan

Himmelweit, S. (ed.), *Inside the Household: From Labour to Care*, 2016, Palgrave Macmillan

Himmelweit, S., and Plomien, A., 'Feminist Perspectives on Care.' 다음에 수록됨. Mary Evans, et al. (ed.) *The Sage Handbook of Feminist Theory*, 2014, Sage

Hays, Sharon, *The Cultural Contradictions of Motherhood*, 1998, Yale University Press

Heath, Iona, *The Mystery of General Practice*, 1995, Nuffield Trust, https://www.nuffieldtrust.org.uk/research/the-mysteryof-general-practice

Held, Virginia, *The Ethics of Care: Personal, Political and Global*, 2005, Oxford University Press

Hilton, Claire, *Improving Psychiatric Care for Older People*, 2017, Palgrave Macmillan

Hochschild, Arlie Russell, *The Commercialization of Intimate Life*, 2003, University of California Press

Hollway, Wendy, *The Capacity to Care*, 2006, Routledge

Howarth, Glennys, *Death and Dying: A Sociological Introduction*, 2006, Polity Press

Hyde, Lewis, *The Gift*, 2007, Penguin Random House, USA

Ignatieff, Michael, *The Needs of Strangers*, 1985, Viking

Iliffe, Steve, *From General Practice to Primary Care: The Industrialization of Family Medicine*, 2008, Oxford University Press, USA

Ismay, Penelope, *Trust Among Strangers, Friendly Societies in Modern Britain*, 2018, Cambridge University Press

Karpf, Anne, *How to Age* (The School of Life), 2014, Macmillan

Kellehear, Allan, *A Social History of Dying*, 2007, Cambridge University Press

Kellehear, Allan, *Compassionate Cities: Public Health and End-of-life Care*, 2005, Routledge

Kleinman, Arthur, *Illness Narratives: Suffering, Healing and the Human Condition*, 1988, Basic Books

Lawton, Julia, *The Dying Process*, 2000, Routledge

Leadbeater, Charles, and Garber, Jake, *Dying for a Change*, 2010, Demos

Lethbridge, Lucy, *Servants: A Downstairs View of Twentiethcentury-Britain*, 2013, Bloomsbury

Marçal, Katrine, *Who Cooked Adam Smith's Dinner?*, 2015, Granta

Marquand, David, *Mammon Kingdom: An Essay on Britain, Now*, 2014, Allen Lane

Marsh, Henry, *Admissions: A Life in Brain Surgery*, 2017, Weidenfeld & Nicolson

McGilchrist, Iain, *The Master and His Emissary: The Divided Brain and the Making of the Western World*, 2015, Yale University Press

McKenna, Hugh, *Nursing Theories and Models*, 1997, Routledge

McRobbie, Angela, *The Aftermath of Feminism: Gender, Culture and Social Change*, 2008, Sage

Mol, Annemarie, *The Logic of Care: Health and the Problem of Patient Choice*, 2008, Routledge

Morris Jnr, Roy, *The Better Angel: Walt Whitman in the Civil War*, 2000, Oxford University Press, USA

Murphy, Robert, *The Body Silent: The Different World of the Disabled*, 1987, Henry Holt & Co.

Nelson Siobhan, *Say Little, Do Much: Nursing, Nuns and Hospital in the Nineteenth Century*, 2001, University of Pennsylvania Press

Nelson, Siobhan, and Gordon, Suzanne (eds) *The Complexities of Care: Nursing Reconsidered*, 2000, Cornell

Noddings, Nel, *Caring: A Feminine Approach to Ethics and Moral Education*, 2013, University of California Press

Nouwen, Henri, *Our Greatest Gift: A Meditation on Caring and Dying*, 1994, HarperCollins

Nussbaum, Martha, *Political Emotions: Why Love Matters for Justice*, 2013, Belknap Press

O'Mahony, Seamus, *The Way We Die Now*, 2016, Head of Zeus

Patel, Raj, and Moore, Jason W., *A History of the World in Seven Cheap Things*, 2018, Verso

Phillips, Adam, and Taylor, Barbara, *On Kindness*, 2009, Hamish Hamilton

Phillips, Judith, *Care*, 2007, Polity Press

Phillipson, Chris, *Ageing*, 2013, Polity Press

Pierson, John, *Understanding Social Work: History and Context*, 2011, Open University Press

Prochaska, Frank, *Christianity and Social Services in Britain: The Disinherited Spirit*, 2008, Oxford University Press

Rafferty, Anne Marie, et al., *An Introduction to the Social History of Nursing*, 1988, Routledge

Rafferty, Anne Marie, *The Politics of Nursing Knowledge*, 1996, Routledge

Raverat Darwin, Gwen, *Period Piece: A Cambridge Childhood*, 1952, Faber

Renwick, Chris, *Bread for All: The Origins of the Welfare State*, 2017, Penguin

Rich, Adrienne, *On Lies, Secrets and Silence*, 1979, W. W. Norton & Co.

Ruddick, Sara, *Maternal Thinking: Towards a Politics of Peace*, 1995, Beacon Press

Robb, Barbara, *Sans Everything: A Case to Answer*, 1967, Nelson

Roth, Philip, *Patrimony: A True Story*, 1991, Simon and Schuster

Runciman, David, *How Democracy Ends*, 2018, Profile

Sandel, Michael, *What Money Can't Buy: The Moral Limits of Markets*, 2012, Farrar Straus Giroux

Saunders, Cicely, *Selected Writings, 1958-2004*, 2006, Oxford University Press

Sevenhuijsen, Selma, *Citizenship and the Ethics of Care*, 1998, Routledge

Smith, Pam, *The Emotional Cost of Nursing Revisited: Can Nurses Still Care?*, 2011, Palgrave

Sontag, Susan, *Regarding the Pain of Others*, 2004, Penguin (new edn)

Tallis, Raymond, *Hippocratic Oaths: Medicine and Its Discontents*, 2004, Atlantic

Thane, Pat, and Botelho, Lynn, *The Long History of Old Age*, 2005, Thames and Hudson

Thomson, Rachel, *Making Modern Mothers*, 2011, Policy Press

Timmins Nicholas, *Five Giants: A Biography of the Welfare State*, 1995,

HarperCollins

Titmuss, Richard, *The Gift Relationship: From Human Blood to Social Policy*, 1970, Allen and Unwin

Tolstoy, Leo, *The Death of Ivan Ilyich*, 1886; 2008, Penguin

Tomlinson, John, *The Culture of Speed: The Coming of Immediacy*, 2007, Sage

Toolis, Kevin, *My Father's Wake: How the Irish Teach Us to Live, Love and Die*, 2018, Weidenfeld & Nicolson

Tronto, Joan, *Moral Boundaries: A Political Argument for an Ethic of Care*, 1993, Routledge

Tudor Hart, Julian, *The Political Economy of Health Care*, 2010, Policy Press

Turkle, Sherry, *Alone Together*, 2011, Basic Books

Watson, Christie, *The Language of Kindness: A Nurse's Story*, 2018, Chatto & Windus

Wolf, Alison, *XX Factor: How Working Women are Creating a New Society*, 2013, Profile

Woolf, Virginia, *On Being Ill*, 1930, Hogarth Press; 2002, Paris Press

Woolf, Virginia, 'Professions for Women.' 다음에 수록됨. *The Death of the Moth and Other Essays*, 1942; http://gutenberg.net.au/ebooks12/1203811h.html

찾아보기

사랑의 노동

가정, 병원, 시설, 임종의 침상 곁에서,
돌봄과 관계와 몸의 이야기

1판 1쇄 찍음 2022년 9월 29일
1판 1쇄 펴냄 2022년 10월 7일

지은이 매들린 번팅
옮긴이 김승진

편집 최예원 조은 조준태
미술 김낙훈 한나은 이민지
전자책 이미화
마케팅 정대용 허진호 김채훈 홍수현 이지원 이지혜 이호정
홍보 이시윤
저작권 남유선 김다정 송지영
제작 임지헌 김한수 임수아 권혁진
관리 박경희 김도희 김지현
펴낸이 박상준
펴낸곳 반비

출판등록 1997. 3. 24.(제16-1444호)
(06027) 서울시 강남구 도산대로1길 62 강남출판문화센터
대표전화 515-2000 | 팩시밀리 515-2007
편집부 517-4263 | 팩시밀리 514-2329
한국어판 ⓒ (주)사이언스북스, 2022. Printed in Seoul, Korea.

ISBN 979-11-92107-93-6 (03300)

반비는 민음사출판그룹의 인문·교양 브랜드입니다.

만든 사람들
책임편집 조은
교정교열 안강휘
디자인 서주성